本书出版得到"国家科技支撑计划项目——气候变化与国家安全战略的关键技术（编号：2012BAC20B06）"的资助

本书出版得到"北京市属高等学校高层次人才引进与培养计划项目（The Importation and Development of High-Caliber Talents Project of Beijing Municipal Institutions）"的资助（项目编号为IDHT20130319）

谨致谢忱

The Rise of Asia-Pacific and International Relations

亚太崛起与国际关系

陈峰君 ◎ 著

北京大学出版社
PEKING UNIVERSITY PRESS

图书在版编目(CIP)数据

亚太崛起与国际关系/陈峰君著. —北京:北京大学出版社,2016.1
ISBN 978-7-301-26504-8

Ⅰ.①亚… Ⅱ.①陈… Ⅲ.①国际政治—亚太地区—高等学校—教材 ②区域经济—亚太地区—高等学校—教材 ③国际关系—亚太地区—高等学校—教材 Ⅳ.①D5 ②F114.46 ③D81

中国版本图书馆 CIP 数据核字(2015)第 267188 号

书　　　名	亚太崛起与国际关系 Ya-Tai Jueqi yu Guoji Guanxi
著作责任者	陈峰君　著
责任编辑	耿协峰
标准书号	ISBN 978-7-301-26504-8
出版发行	北京大学出版社
地　　　址	北京市海淀区成府路 205 号　100871
网　　　址	http://www.pup.cn
新浪微博	@北京大学出版社　　@未名社科-北大图书
电子信箱	ss@pup.pku.edu.cn
电　　　话	邮购部 62752015　发行部 62750672　编辑部 62753121
印　刷　者	三河市博文印刷有限公司
经　销　者	新华书店
	650 毫米×980 毫米　16 开本　25.5 印张　377 千字 2016 年 1 月第 1 版　2016 年 1 月第 1 次印刷
定　　　价	59.00 元

未经许可,不得以任何方式复制或抄袭本书之部分或全部内容。
版权所有,侵权必究
举报电话:010-62752024　电子信箱:fd@pup.pku.edu.cn
图书如有印装质量问题,请与出版部联系,电话:010-62756370

序

本书是《当代亚太政治与经济析论》(北京大学出版社1999年版)的修订与续编。《析论》问世至今已16个年头,其间亚太形势发生巨变,《析论》内容已远远落后于时代的变迁。《析论》原是作为"亚太学"首部著作的尝试①,同时也是作为北大国际关系学院"亚太概论"课程的教学用书。为适应亚太巨变之形势与教学之需要,特撰写本书。

恰逢此时乃本人生平三大节点:执教满五十载、金婚之后第一春、迈入耄耋之年。故此书与不久前问世的《印度社会与文化》(北京大学出版社2014年版)这两部收官之作,可作为最珍贵之礼品奉献给北大、给学生、给夫人、给儿女,也给我自己。

本书书名为《亚太崛起与国际关系》,顾名思义,由亚太崛起与国际关系两大版块合成。"亚太崛起",中心是论述亚太崛起的标志、意义与崛起之因。"国际关系",中心是从经济与安全两大层面论述亚太国际关系。

全书由四编十四章构成:

第一至第二章为崛起编(亚太崛起的特征、意义以及亚太与中国世纪之说)。

第三至第六章为模式编("亚化"新识、东亚模式、印度模式、中国模式)。

---

① "亚太学"这一概念,最早在20世纪90年代被提出。详见《当代亚太政治与经济析论》,第1页。

第七至第十章为合作编(亚太新地区主义、亚太三大合作组织、美国组建的TPP、中国"一带一路"战略)。

第十一至第十四章为安全编(亚太安全新格局、美国亚太战略与中美关系、日美同盟与中日关系、朝鲜半岛弃核与统一)。

本书独具三个特色:

一是宏观性。亚太地区要探讨的问题多如牛毛,有微观的国别以及分门别类的学科问题,本书论述的是亚太地区中最为突出的宏观性与综合性的重大问题,如亚太崛起特征意义,亚太与中国世纪,东亚模式、印度与中国模式,亚太合作组织、美国的TPP与中国"一带一路"战略,亚太安全格局,美国亚太战略与中美关系,美日同盟与中日关系,朝鲜半岛问题等。

二是现实性。上述论述的亚太地区各大问题均是人们最为关注的当今一系列现实话题。虽也涉及历史等问题,但均围绕当代亚太崛起与国际关系的最为现实的重大课题展开。

三是学术性。本书虽重在现实,但不是简单时事与具体材料的综合汇编与梳理,而是力求在理论上与学术上进行评析。学术界对上述各大问题均有争议。本书在介绍不同观点的同时阐明自己的观点,力求有理有据有新意。

本书存在的问题与弱点也颇多。宏观性与现实性是本书的一大优点,但同时也是最大缺点。一是本书题目与内容过大过宽,难于驾驭。本书论述的上述宏观问题仅侧重在亚太政治、经济与国际关系,尚有许多重大问题,诸如文化、环保、反恐、金融、法律、两岸关系等尚未详尽论及,颇有挂一漏万之感。二是所论述问题受篇幅限制,即便是中心议题,论述也往往简而概之。三是同样由于论题过于宽泛,引用资料难以做到翔实,有蜻蜓点水之嫌。

但无论有再多缺憾,本书作为亚太国际关系的宏观论著与教学用书,国内外尚不多见。仅此引以自慰,还望学界与读者谅解。

本书得以问世首先要感谢的是我的学生王庆东,是他帮我整理了我在北大的通选课"亚太概论"的教学零散文稿,在此基础之上加工完成全部初稿。更值得一提的是,王庆东还协助我完成了另两部著作《印度社会与文化》《世界现代化历程(南亚卷)》(江苏人民出版社2012年版)。可以说连同此书一共助我完成了三部作品。应该说这三部作品是我们师生二人共同合作的结晶。没有王庆东,年迈的我根本无力完成。为师为有庆东这样品学兼优的高徒而无比自豪,感激之情难以言表。

这里要重重感谢我的另外两位高徒。一位是北大著名教授张海滨,一位是北京联合大学教授李振广。他们二位与我情深义重,将其研究经费中一部分慷慨解囊相助,此书能够顺利出版得益于他们二位的奉献。

还要重谢我的另一位学生北大出版社编审耿协峰,承蒙他与北大出版社的厚爱与关照,此书方能得以问世。

最后还要再次感谢我的夫人。我与夫人风雨同舟、相濡以沫,她把心血全部倾注在我与孩子身上,没有她就无我,更无我耕耘的一切成果。感激她给我的无私的体贴与关爱。此书与《印度社会与文化》是献给她的金婚礼物。

目 录

崛起编

第一章 亚太崛起特征与意义 / 003
 第一节 亚太崛起概念的界定 / 003
 第二节 亚洲崛起的特征 / 007
 第三节 亚太崛起的世界意义 / 015

第二章 亚太与中国世纪之说 / 022
 第一节 "亚太世纪"之说 / 022
 第二节 "中国世纪"之说 / 026
 第三节 亚太与中国世纪的困境与前景 / 032

模式编

第三章 "亚化"新识 / 043
 第一节 现代化的共性与个性 / 043
 第二节 东亚："亚化"的开拓者 / 047
 第三节 中印："亚化"新型模式 / 054

第四章 东亚模式 / 057
 第一节 东亚经济模式 / 057
 第二节 东亚政治模式 / 079
 第三节 东亚文化模式 / 103

第五章 印度模式 / 133
 第一节 政治制度：具有印度特色的议会民主制 / 134

第二节 经济体制：独辟蹊径的发展战略 / 143
第三节 社会模式：严重不平等但却相对稳定 / 150
第四节 改革开放以来中印经济发展的比较 / 163

第六章 中国模式 / 170
第一节 中国模式的特色 / 170
第二节 政治模式：中国共产党领导下的强势政府 / 174
第三节 经济模式：发达的国有经济和制造业 / 183
第四节 文化模式：多元与包容的社会思潮 / 191
第五节 社会模式：不平衡而相对稳定的社会结构 / 196

合 作 编

第七章 亚太新地区主义 / 201
第一节 亚太新地区主义特征 / 201
第二节 亚太新地区主义动因 / 206
第三节 亚太地区主义面临的困境 / 210
第四节 亚太新地区主义模式与前景 / 214

第八章 亚太三大合作组织 / 220
第一节 APEC发展历程与成就 / 220
第二节 东亚合作组织的发展及成效 / 235
第三节 上海合作组织及其成就 / 247

第九章 美国组建的TPP / 254
第一节 TPP的进展与障碍 / 254
第二节 美国的战略意图与影响 / 257
第三节 中国应对之策 / 261

第十章 中国"一带一路"战略 / 263
第一节 "一带一路"战略的提出 / 263
第二节 "一带一路"战略地域与合作重点 / 266
第三节 "一带一路"战略的意义 / 270

安 全 编

第十一章 亚太安全新格局与新安全观 / 277
第一节 亚太安全新格局 / 277

第二节　亚太新安全观 / 283
　　第三节　战略选择与安全共同体 / 287
第十二章　美国亚太战略与中美关系 / 294
　　第一节　美国的全球战略 / 294
　　第二节　美国的亚太战略 / 298
　　第三节　美国对华双重战略 / 301
　　第四节　美国的亚太再平衡战略 / 311
　　第五节　中美关系 / 313
第十三章　日美同盟与中日关系 / 322
　　第一节　日本的战略价值 / 322
　　第二节　日美同盟形成和发展 / 324
　　第三节　影响中日关系的三大症结 / 331
　　第四节　中日症结难解之因与解决之道 / 348
第十四章　朝鲜半岛弃核与统一 / 355
　　第一节　朝鲜半岛战略价值 / 355
　　第二节　朝鲜核问题 / 368
　　第三节　朝鲜半岛统一问题 / 383

崛起编

第一章 亚太崛起特征与意义

第一节 亚太崛起概念的界定

一、关于"亚太"

有关"亚太"概念的由来与界定,在《当代亚太政治与经济析论》中,已详尽分析①,这里仅概要说明。

"亚太"概念看似简单,实际学界与政界有种种解读,分歧颇大。目前的界定相对混乱,很难有一个相对大范围公认的确凿的界定。原因在于:一是"亚太"这一名词本身的复合型所导致的界定的模糊性。以两个洲和大洋为基础定义地理范围的名词,"亚太"属于首例,几乎没有人使用"欧大"(欧洲和大西洋)、"美大"(美洲和大西洋)、"美太"(美洲和太平洋)、"非大"(非洲和大西洋)等概念,因而各方都会有自己根据实际情况的不同理解。二是该地区包含一些本身界定就不甚清晰的地缘大国,如美国、俄罗斯、加拿大本身就是属于两洋或两洲国家,难以界定其绝对的属性。三是"亚太"这一概念已远超于地理范畴。由于国际关系的发展,"亚太"已融入相当程度的地缘政治和地缘经济因素。亚太地区的各类国家为谋求其国家利益,往往在亚太概念上作有利于它自身的解释。日本和马来西亚就根据自己国家的利益对美国是否属于该地区有不同的界定。四是现在相对权威性的说法是 APEC 的范畴,南亚与中亚诸国均未在 APEC 的范畴,但却不能否

---

① 陈峰君:《当代亚太政治与经济析论》,北京大学出版社 1999 年版,第 3—16 页。

认它们属于亚太地区。未加入 APEC 的一些国家和地区同样不能否定其存在。

亚太地区的地域概念有广义和狭义的区分。归纳起来，主要有以下几类解释和界定。

第一类：广义上的亚太可以包括整个环太平洋地区与全部亚洲。在这一广泛的地域内共有 78 个国家和地区，人口总共占世界人口的 66% 以上，面积占地球的 45.6%，涉及四大洲：亚洲、大洋洲、北美洲和南美洲。

第二类：指环太平洋地区，即 APEC 的范围，目前该组织成员有美国、日本、加拿大、澳大利亚、新西兰、巴布亚新几内亚、中国、中国台湾、香港、韩国、印尼、菲律宾、马来西亚、新加坡、泰国、文莱、墨西哥、智利、俄罗斯、越南、秘鲁共 21 个。加入该组织的成员均为亚太地区经济上有较强实力或较大发展的国家和地区。该类地区范围大体上是以太平洋为中心，其周围的国家和地区属于"亚太"范畴，它与"太平洋区域共同体""环太平洋经济圈"或"太平洋经济区"说法类似。其面积占地球表面总面积的 1/3，这一地区共有 30 多个国家，集结了全世界人口的一半以上和人类创造的生产力的大半。在这一地区有 1 亿人口的大国有 8 个、经济产值最高的有 5 个、联合国常任理事国 3 个。

第三类：范围更小的一种定义就是东北亚地区和东南亚地区的相加，将亚太的概念限定在亚洲的东部地区，有人称"太平洋亚洲"（Pacific Asia），有人称"小亚太"或"大东亚"，指的是亚洲太平洋东岸的边缘和半边缘地带，包括亚洲大陆东部、半岛与海岛，甚至可把南亚即印度半岛诸国也包括在内，但主要集中在中国（包括台湾和香港地区）、日本、朝鲜、韩国以及东盟各国这个范围内。这大体上是汉字文化圈影响所及地区。① 这一地区人口约占世界人口的 1/3，面积约占世界面积的 1/10 多。②

总结以上，为了称谓上的统一，可将"亚太"归纳为："大亚太""中

---

① 罗荣渠：《深入探讨东亚现代化进程中的新经验》，香港《中国社会科学季刊》1995 年春季号，第 167 页。

② 王逸舟：《当代国际政治析论》，上海人民出版社 1995 年版，第 437 页。

亚太""小亚太"三种称谓。① "大亚太"可以涵盖整个亚洲、大洋洲、北美洲和南美洲靠太平洋沿岸的西部地区;"中亚太"可以包括东北亚(含俄罗斯远东地区)、东南亚、大洋洲(主要指澳大利亚和新西兰)和北美洲西部(美国、加拿大、墨西哥)。"小亚太"指东亚(东北亚、东南亚)即大、中亚太的核心部分。

随着上海合作组织的发展与壮大,特别是中国"一带一路"战略的实施,"亚太"西移趋势将明显增强,亚太地域概念无疑已向西转移,甚而把"亚太"与"亚洲"混为一谈或等同。现今谈"亚太"多指"亚洲"。本书虽名曰"亚太",但也重在探讨"亚洲","亚太的崛起"实质或真正的意义是"亚洲的崛起"。

亚太特征有四:一是地域广阔、人口众多、资源丰富、海运发达。二是人种民族宗教繁多。三是政治经济差异极大、国际格局多极、安全机制无形。四是历史文化多元,从百年到数千年,核心部分历史悠久,东亚文化价值观独具特色。② 因此,单就亚洲而言,它与世界其他大陆相比,是最具多样化和多元性的一个异彩纷呈的大洲。

但亚洲也有独特共性,该地区是世界四大古老文明中三大文明的发祥地,陆海两大丝绸之路将整个亚洲联系在了一起;近代殖民主义列强的掠夺使其衰落几百年,从而有着相同的悲惨命运;在近代历史上,亚太在世界上的地位非常低下,是世界的二等公民,这里绝大部分是殖民地、半殖民地和附属国,军事上遭侵略、政治上受奴役、经济上被掠夺,在世界事务中几乎没有任何发言权。当时的世界是在大英帝国控制下的"和平时代"。但是,20世纪的下半叶,特别是自70年代末期以后,亚洲居然成为国际政治、经济活动以及舆论的中心。各种有关亚太地区的经济、文化、教育和研究机构及团体,如雨后春笋,在各国应运而生,各国有关亚太地区和问题的国际会议及有关文件更是层出不穷,有关亚太的学术论文、论著也如过江之鲫不计其数,"亚洲"成为世界各方人士瞩目的焦点。世界地图由以大西洋为中心转而以太平洋为中心,大西洋则被分为左右两侧。更有甚者,世界各大国政

---

① 王逸舟:《当代国际政治析论》,上海人民出版社1995年版,第437页。
② 详见陈峰君:《当代亚太政治与经济析论》,北京大学出版社1999年版,第17—29页。

府均纷纷调整过去以欧洲为中心的战略,转而把亚太作为其战略的重心,或向亚太地区倾斜。亚太在世界上的地位之所以发生这种翻天覆地的变化,究其本质,是亚太国家的现代化取得成功,实现了亚太的崛起。历史与现实使亚洲由多样性异常的亚洲变成了统一共存的"亚洲命运共同体"。

多样性与共性二者是亚洲现在与未来发展的出发点与客观基础。

二、关于"崛起"

"崛起"有两种解释:一是地势突起、隆起,二是指兴起、奋起,使事物突出,突显。现代普遍使用的所谓"崛起",特指国家或地区的经济与政治社会突飞猛进或突起(rise abruptly; rise sharply),迅速追赶或超越其他地区,它与"发展"(develop, progress)概念不同。崛起是发展的最高境界或高速发展。

近年来,"崛起"已成为习以为常的通用词。"亚洲崛起"特别是"中国崛起"已成为出现频率最高的网络热搜词,也是国际问题研究学术界探讨最多和最热烈的话题。登录中国知网 CNKI 数据库输入"中国崛起"的中文关键词,发现有 4224 条相关记录。英文 Google 搜索引擎共发现包含英文"rise of China"的词条高达 3.37 亿条。而全球最大的学术信息与商业信息综合数据库 EBSCO Host 发现包含"rise of China"相关词条文章共计 1.2072 万条。据说,"中国崛起"一度与"奥巴马"一道成为全球出现频率最高的网络热搜词。①

在历史上存在暴力型与和平型两种主要的大国崛起道路,暴力型大国崛起是西方大国普遍采用的方式,即以对外武力扩张、掠夺资源和争霸为主要动力。后者即"和平崛起"是以内部的经济增长和制度、技术创新为主要动力。在人类历史上,后起大国的崛起,往往导致国际格局和世界秩序的严重失衡,甚至引发世界大战。这既是西方国际关系理论的一个重要观点,也是西方国际政治实践的一个重要举动,在一些西方学者和政客脑海中这种观念根深蒂固,同时也有很多相应的政策主张。但这些西方学者和政客并不完全理解中国,中国的传统和现实都决定了中国的崛起不会重蹈覆辙,不会完全重复西方大国的

---

① 喻常森编著:《亚太国家对中国崛起的认知与反应》,时事出版社 2013 年版,第 1 页。

崛起模式,尤其是不会走一些西方国家依靠武力扩张掠夺资源和市场的崛起模式。中国与亚洲大多数国家正在寻求不同于历史上暴力崛起的道路,正在实现和平式崛起。

第二节 亚洲崛起的特征

一、速度惊人

亚洲的发展速度呈爆破性跨越式。其迅速发展的速度,超越了以往且持续时间长,没有任何一个经济学家包括美国的经济学家曾经预测过。日本战后以惊人的速度在战争遗留的废墟上迅速重新崛起,在1955年经济就已经恢复到了战前水平;1964年举办了东京奥运会,表示日本正式开始崛起;1970年大阪举办了亚洲历史上第一次世博会(从1961年到1970年的10年间,日本经济年均增长11.6%);1975年成为G7成员中唯一的一个亚洲国家;1985年日本更是超越苏联而一举成为世界第二经济大国。韩国的"汉江奇迹"使得韩国仅用30年时间就走完了西方国家近百年的工业化道路,发展速度甚至超过日本。这个人口不足日本一半的国家,如今在汽车、电子产品和计算机等众多领域后来居上,竞争力已经超过日本。

地域广阔、人口众多的中国的崛起是当前亚太崛起最主要的标志。2000年中国的GDP排在世界的第六位。从2004年开始,一年一个台阶,2004年超意、2005年超英、2006年超法、2007年超德,2010年超日成为世界第二大经济体。日本正式公布的2010年GDP数据是5.47万亿美元,中国则是5.88万亿美元,超过日本4000亿美元。以保守算法估计,1984—2010年26年间中国GDP增长了10倍,超过了现代化历史上的所有国家。历史上英国在1830年后花了70年才使GDP增长了4倍。对此,世界银行曾尖锐地做出了自我批评,对中国等国发展的预测全都不准而且相差极大,1985年对中国经济的预测与后来的实际数据只相当于中国实际1995年经济总量的一半。当然,由于中国人口基数大,虽然经济总量很大,人均数量仍然较低,但目前中国人均GDP也在逐渐增长,是美国的19%,而30年前仅为美国的4%。美国基辛格博士称中国的发展成就"超人类极限",看"1971年北京当时的样子,可能完全想不到中国这么多年会发生如此大的剧变,我觉得这的确是超越人类极限的一个梦想"①。

二、规模空前

过去300多年西方实现现代化的国家不过30多个,人口、面积仅占世界的12%,是相对的小范围地区。亚洲国家的现代化数量与规模则均远远超过西方。亚洲真正崛起的关键是中国与印度。现在中印两国人口相加近26亿,相当于发达国家人口三倍,是美国的十几倍,欧洲的八倍。可以说第三次现代化浪潮的规模与前两次浪潮的规模不可同日而语。

目前,亚洲经济在世界经济中占据的份额不断加大。1980年,亚太地区的经济比重仅占世界的14.5%,到1993年,比重就已经达到了24.3%,显示出了极快的发展速度。以东亚地区为例,1960年,东亚地区GDP仅占世界总额的9.4%,到1994年,这一数字上升到了25.9%。据韩国银行发表的名为《亚洲经济的未来》展望报告,亚洲经济总量在2020年就可赶上欧元区,并与北美自由贸易区三国相当。到2040年,亚洲经济在世界经济中的比重,据保守估计,更将达到42%,远高于北美自由贸易区三国的23%和欧元区的16%。

亚洲在国际贸易中所占的比重不断上升。1966年亚太地区的贸易总额在全球总额中仅占一成,到1993年已经占了四分之一左右。1990—2003年间,亚洲经济在世界出口中所占的比重从23.8%上升到29.4%。当今,中国贸易额已取代美国居世界第一位。1978年,中国货物进出口总额只有206亿美元,在世界货物贸易中排名第32位,所占比重不足1%。2010年,中国货物进出口总额达到29740亿美元,比1978年增长了143倍。中国政府2014年1月10日公布:2013年全年中国贸易总额为4.1603万亿美元,同比增长7.6%。中国超越美国首次成为世界第一大贸易国。中国2001年加入世贸组织(WTO)后,商品进出口总额每年保持20%以上的高速增长。中国年出口额在2009年超越德国跃升为世界第一位。②

---

① 基辛格:《中国的成就超越人类极限》,东方财富网,2015年3月21日。
② 《朝鲜日报》中文网(chn.chosun.com)。

在吸引外资方面,长期以来,美国是全球吸收外资第一大国。但近年来,美国吸收外资不断下滑,亚洲却不断上升。中国2014年吸收外资规模首居世界第一。据联合国贸发会议日前发布的《全球投资趋势监测报告》称,2014年全球外国直接投资流入量达1.26万亿美元,比2013年下跌8%,中国2014年吸收外资规模达1196亿美元(不含银行、证券、保险领域),同比增长1.7%,外资流入量首次超过美国成为全球第一。值得注意的是,由于国际金融危机之后中国吸收外资的速度开始减缓,不再像前三十年那样高速增长,同时中国国内还出现了一些外资制造业撤离中国的现象,因此国际社会出现了一种"中国不再是外资理想投资地"的论调。但事实上,中国仍是全球范围内对外国直接投资最具吸引力的经济体,外商对华投资增长动力未减,有关外商投资企业从中国大规模撤资的说法不实。① 中国吸收外资速度之所以有所下降与国际经济环境密切相关,世界经济整体仍处于缓慢恢复之中,企业对外投资的意向并不强烈,中国吸收外资的速度有所下降也是自然的事情。一些外资制造业撤出中国,原因比较多,有中国劳动力成本、资源成本上升的原因,也有中国主动调整产业结构、推动产业升级的原因,同时还有中国本土制造业竞争力提升的原因,因此并不能简单地说中国对外资的吸引力开始下降。要看到的一个事实是,一些外资撤离的同时,更多的外资投入进来,中国的整体环境仍然是发展中国家最吸引外资的地区。

三、连片崛起

西方发达国家在其发展历史中也都曾有过快速发展时期,但每个国家出现快速发展时期的时间距离拉得较长,基本上孤立进行。先由英国进行工业革命,很多年之后法国才进行,接着是其他国家,加在一起将近一两百年时间。亚洲现代化则群雄叠起、此起彼伏。这种势头正向纵深发展,现代化浪潮几乎已辐射到最落后的地区,从东向西、从北向南、从低向高。亚洲现代化正呈现瀑布式或阶梯式状态。下面用几个国家的例子进行具体说明。

---

① 中国经济网(http://news.online.sh.cn),2015年1月31日。

亚洲新小虎：越南

越南战争后，越南的经济一度凋零。但近20年来，越南实行改革开放政策，经济获得高速发展，平均增长达到6.6%，在亚洲仅次于中国，是世界上经济增长第二快的国家。2008年越南受金融危机影响，增长一度放缓，2009年为5.32%，但2010年后越南经济逐步恢复，表现出强劲的发展势头。近三年又快速发展，2013年增长9.9%。连续三年快过中国。人均GDP达1908美元，**超过印度**。商品出口额和股市均创新高纪录。出口达1322亿美元，同比增长15.4%。越南经济发展的很多方面都有学习中国发展方式的影子。

金砖第六国：印尼

印尼一直以来经济相对落后，在东盟中一度有发展，后来一蹶不振，发展迟缓。但近年来印尼经济步入稳定发展轨道，印尼人口多且速度相对以前较快。根据摩根斯坦利的报告，东南亚最大经济体印尼经济已步入发展轨道，近年保持6.5%的较高增长率，印尼2013年GDP快速增长6.6%，总值达到8200亿美元，人均收入增加至3509美元，比印度高一倍多；全年进出口贸易总额3809.2亿美元。2011年5月27日，苏西洛总统正式公布了目标宏伟的国民经济15年中期建设规划（2011—2025），国民经济15年的年均经济增长率保持在7%至8%，争取2025年进入世界经济十强，2050年至少成为全球第六大经济强国。

高山两小鹰：尼泊尔与不丹

这两个国家处于高山之上，海拔均在四五千米左右，宗教非常发达，但长期以来经济非常落后。和其他亚洲国家一样，这两个国家近年来的政治经济发展相当可观。尼泊尔人民2008年在印共（毛）领导下发动了自下而上的"人民战争"，推翻君主立宪制，建立新民主主义国家。不丹从20世纪80年代末，开始推行"全民幸福计划"，以GNP取代国民生产总值（GDP），向全体国民提供免费医疗，开放了卫星电视和互联网市场。2009年人均GDP为2081美元。2001年旺楚克国王下令结束世袭君主制，建立议会民主制国家，通过民主进程治理国家。旺楚克国王的儿子吉格梅在留美归国后继续推进不丹的民主政治进程,国内民众生活方式也逐渐现代化。①

四、全面追超

亚洲在经济规模、贸易总额、金融外汇、科技、区域合作、政治地位、文化传播、军事装备等方面虽然落后于西方,但在诸多领域全方位追赶发达国家,甚至在某些领域已经超过西方一些国家,下面举几个例证。

例证一,金融中心东移,亚洲紧追西方。全球金融中心指数(GFCI)报告(2010.9)显示,伦敦和纽约继续保持在全球金融中心城市的领先位置,且在短时间之内其他城市很难取而代之。但是在亚太地区经济持续大踏步前进的趋势下,紧随其后排名第三到第五的金融中心分别是香港、新加坡和东京这三大亚洲金融中心。北京、首尔和台北的竞争力指数和排名的上升幅度也十分显著。在这一期金融中心指数中,亚洲金融中心占据前十位中的四席和前十五位中的六席,数量均超过欧洲和北美洲。

亚洲基础设施投资银行(Asian Infrastructure Investment Bank,简称亚投行,AIIB)的成立标志亚洲在金融体系中已开始占有重要地位。2013年10月2日,习近平主席提出筹建倡议,2014年10月24日,包括中国、印度、新加坡等在内21个首批意向创始成员国的财长和授权代表在北京签约,共同决定成立亚洲基础设施投资银行。2015年3月12日,英国正式申请加入亚投行,成为首个申请加入亚投行的主要西方国家。截至2015年4月10日,法国、德国、意大利、韩国、俄罗斯、澳大利亚、埃及、瑞典等国先后同意加入亚洲基础设施投资银行,这将使亚投行扩围至57个成员国,涵盖了除美日之外的主要西方国家,其中38个国家已成为正式的意向创始成员国。亚投行虽名为"亚投行",其创始成员却遍及亚洲、欧洲、非洲、南美洲和大洋洲,中国这一倡议获得了全球认可,掀起了一股"亚投行热"。亚投行倡议的成功实现,成为标志性事件。美国《国家利益》杂志称:"由中国主导的亚

---

① 有关尼泊尔与不丹的现代化进程,详见陈峰君主编:《世界现代化进程(南亚卷)》,江苏人民出版社2012年版,第438—505页。

洲基础设施投资银行扩容成功,这是中国'软实力'的一次标志性胜利。"①

除了亚投行这种新设立的组织,在中国和其他发展中国家的努力下,原有一些国际经济组织也在逐步改革。比如,国际货币基金组织(IMF)份额改革完成后,中国的份额将从目前的3.72%升至6.39%,投票权也将从目前的3.65%升至6.07%,地位在增长,超越德国、法国和英国,位列第三,居于美国和日本之后,得到在这一国际组织中的更大话语权。

例证二,制造业赶超西方。发达的制造业是一个国家成为经济强国的重要标志。世界经济中心的转移伴随着制造业中心的转移。美国制造业已持续116年领先世界(1885年美制造业开始超英,从此军事上美也开始占据领先地位)。中国制造业2009年商品价值为1.6万亿美元,已超过德日,美国为1.7万亿美元。2011年,根据联合国统计数字,按照当前汇率,中国制造业产值为2.05万亿美元,超过规模为1.78万亿美元的美国制造业。换言之,美国制造业世界老大的地位已被中国取代。需要特别指出的是,中国的制造业已有相当一部分是高端产品,正在走出低档制造业水平。据统计,在世界500种主要工业品中,中国已有220种产品产量位居全球第一位②,其中钢铁、电力、汽车等尤为突出。钢铁方面,亚洲钢铁业产量现已占世界一半多(57.91%)。发电量方面,早在2011年中国净发电量就超过美国的年净发电量4.1万亿千瓦时③,2013年中国的年发电量达4.8万亿千瓦时,居世界第一位。汽车业方面,亚洲汽车在世界汽车制造业排名中也已名列前茅。2010年世界七大汽车生产国依次是中国、日本、美国、德国、韩国、巴西、印度。其中一些国家具体产量为:韩国351万辆,巴西318万辆,印度263万辆。2000年,中国的汽车产量居世界第十,到2009年,中国汽车产量1379万辆,不仅成为世界第一,而且刚好超过日本和美国的产量总和(日本为793万辆,美国为570万辆),占全球汽车总产量6000万辆中的22.35%,欧盟27国产量合计为1524万辆。2010年

---

① 美刊:《亚投行的成功是中国"软实力"标志性胜利》,中国网,2015年4月10日。
② http://blog.sina.com.cn/s/blog_6cbe58230102vf0t.html。
③ 中国排行网,2013年6月21日。

的中国汽车产量为1800余万量,数量依然相当可观。印度是亚洲日本之后最早的汽车制造国。而且,印度汽车90%是自主研发、设计与制造的,自主品牌为印迪卡,汽车的几个核心部分,比如底盘、发动机都是该公司自主研发的。2009年印度生产汽车263万辆,占据第7位,已经成为全球的微型车制造基地。

例证三,中国企业在世界举足轻重。企业是经济的基本细胞,一个国家的崛起必然伴随着一批优秀企业崛起。2014年7月7日,美国《财富》杂志发布最新的世界500强排行榜,中国上榜公司数量创纪录地达到100家,连续第11年实现增长,继续位居全球第二。特别是在新兴产业方面,10年前中国互联网与美相差几十倍之多[1],但经过十多年发展,全球现有十家互联网大公司,中国已占4家:阿里巴巴、腾讯、百度、京东。阿里巴巴在美交易所上市,已成全球第四大高科技公司(前三是苹果、谷歌、微软)与第二大互联网公司。

例证四,高科技追赶西方。当今世界,大国之间的竞争已主要变成高科技的竞争。美国之所以至今位居世界唯一超级大国地位,一个重要原因就是在高科技方面遥遥领先于其他国家。因此,新崛起的国家均将高科技作为重要发展目标,并取得了不俗的成就。这里列举几个方面,一是高铁技术。截至2010年底,中国高铁运营里程达到8358公里,占全世界高铁运营里程的三分之一,位居世界第一,节省造价一半,超前日欧10年,拥有专利过千。目前,中国是世界上高速铁路系统技术最全、集成能力最强、运营里程最长、运行速度最快(最高时速486.1公里,超出飞机巡航速度)、在建规模最大的国家。中国用不到7年的时间走完其他发达国家三四十年的研发之路。目前高铁项目正在向世界上17个大国输出,如俄罗斯等,还有和很多国家的合作项目。有分析认为,中国将引领世界进入高铁时代。

二是软件、宽带手机的快速更新换代。经过了仅仅十年的历程,印度软件业就继美国之后,占领了全球软件市场20%的份额。世界银行的调查评估显示,印度软件出口的规模、质量和成本等综合指数名列世界第一。中国手机与因特网宽带网发展在世界排名第一。其中

---

[1] 全球市值最高20家互联网公司排名出炉前十名4家中国企业,http://www.chuanqyechang.com/MsgDetail-180.html。

宽带网在2000年,中国和美国的相对差距是311倍,2008年中国达到了2.7亿户用户,已经超过美国。2010年中国手机用户数达7.4亿,一半的人口都有手机使用。印度的手机用户达到5亿,已经远超过了美国。

三是超级计算机技术。超级计算机的应用代表一个国家科学研发的深度和广度。继美国之后,中国成为第二个能够研制千万亿次超级计算机的国家并且逐步赶超了美国。2013年中国"天河二号"夺回世界超级计算机的冠军,而且运算速度是第二名美国"泰坦"的4倍,体积却只有"泰坦"的1.5倍。截至2012年底,全世界最快的500个超级计算机,其中72个是中国制造,仅次于美国,遥遥领先德、日、英、法这些传统工业强国。中国在超级计算机的制造总量和实际应用上超过美国只是时间问题。

四是航天技术。按照国际统计的航天指数排名,世界的航天大国排名为:美国、俄罗斯、欧洲、中国、日本、印度。除此之外,韩国、马来西亚和中国台湾地区都有自己的卫星。中国是亚洲唯一具有将宇航员送上太空能力的国家。亚洲的航天大国中除了中国,印度近年来的航天事业发展也是蒸蒸日上。2008年印度首个月球探测器"月船1号"成功发射,这一成就帮助印度跻身到了世界太空五强之列。同时,印度2010年7月成功发射一枚极地卫星运载火箭,把5颗卫星送入太空轨道。2013年11月5日,印度成功发射首个火星轨道探测器,正在运行中,2014年9月已进入火星轨道。韩国首枚运载火箭"罗老"号于2010年6月9日升空。

五是深海载人潜水器技术。2012年中国已研制成功7063米载人潜水器"蛟龙号"。目前世界上只有美国、日本、法国、俄罗斯拥有深海载人潜水器,最大工作深度未超过6500米。中国研制的7000米载人潜水器,成为目前世界下潜工作深度最深的载人潜水器。潜水器可用于截获或剪断海地通信线缆,回收海床上的外国武器,或者是维修或救援海军潜艇。加上航天技术,中国可谓已经实现"上天揽月,下海擒龙王"。

六是海洋钻井技术。未来的世界是海洋的世界,人类未来能源供应将大幅度依靠海洋,向海洋要石油、要能源成为世界各国努力的目标,在这方面中国取得很大成就。中国深水"海洋石油981"号平台,作业水深能力达3050米,钻井深度可达1.0—1.2万米,人类目前在陆地上钻探的最大深度也不过1.17万米,综合技术指标进入世界前列,是中国海洋石油工业走向开发深海油气和参与国际竞争的必需重大装备,堪称海洋工程领域的"航空母舰"。2014年9月15日,中国海洋石油总公司宣布,981钻井平台在海南深水勘探出第一个重大油气田,平均作业水深1500米,为超深水气田。

第三节　亚太崛起的世界意义

关于亚太崛起的世界意义,笔者在《当代亚太政治与经济析论》中已做了详尽论述,本书只就有关几个基本观点做一强调与补充。

一、亚太崛起打破了世界传统的五大中心学说,亚洲崛起雄辩证明世界重心已开始由西方转向东方

亚太崛起对整个世界经济、政治、军事、文化等诸多方面均产生不可估量的重大影响,其最重要的意义在于它打破了世界传统的五大中心学说:西方经济增长和主要动力中心说、现代化西化说、欧洲战略中心说、发达国家中心说、西方文明中心说。这五个中心说看起来很相似,而且互相重叠、互相关联。但五者有一定区别,内涵与外延均有不同。第一个中心说是指世界经济增长的中心在欧洲和西方,推动世界经济发展的动力,也主要靠西方。西方乃世界经济的中心地带。第二个中心说是指世界现代化不仅发源于西方,而且世界各国只能走西方现代化的道路,现代化就是西化或欧化,西化是现代化的唯一可行的模式。第三个中心说是指当代世界政治、军事战略重点而言,相对亚非拉大洋洲等地方,欧洲是战略中心。第四个中心说是探讨世界上发达国家与不发达国家哪类国家是经济发展的轴心,根据这种学说,发达国家是发展中心,其他发展中国家则是外围。第五个中心说是探讨世界文化或文明的中心,根据这种学说,西方文明是先进的文明,是世界文明的中心,而东方文明则是落后、愚昧的文明。这五个中心说可以说在世界近现代历史上一直占绝对统治地位。

但是自20世纪70—80年代以来,亚太的崛起对这五大传统的权威理论提出了有力的挑战,而且将以新的学说取而代之,这不能不说在学术领域是一场具有划时代意义的巨大变革。具体内容可详见《当代亚太政治与经济析论》一书,这里不再赘述。

这里要强调的是,亚太崛起打破了世界传统的五大中心学说的核心意义在于:**它雄辩地证明了世界重心已开始由西方转向东方**。亚洲崛起正在或将彻底改写世界现代历史的发展性质和方向。

近代近 500 年的世界历史中,重大事件均起源并发生在西方,东方则被边缘化。因而在近代化的进程中,西方国家无疑是占据了引领现代化潮流的前线,成为世界的经济政治文化中心。

纵观东亚近现代历史上出现过的几件重大事件,诸如日本明治维新、东亚的民族解放斗争、中国革命的胜利等,这些事件虽然都对世界近现代历史产生过较大的影响,但它们的意义大多局限于本地区,并没有对当时的全球进程产生极强的具有辐射性和扩散性的影响。近年来东亚的崛起对整个世界现代化进程的影响则远远超过上述事件,其影响已经不仅仅局限于对地区内部的强烈影响,而是对整个世界的进程与发展产生极其深远和全面的影响。

众所周知,在从 15 世纪开始至 20 世纪中期的近现代长达 500 年的历史中,影响世界历史进程的几乎所有重大事件都发生在大西洋东岸的欧洲,有时也发生在西岸的北美洲。根据世界现代化问题专家罗荣渠教授的说法,最突出的有四件大事:第一件是 18 世纪后期英国开始的工业革命,它使欧洲或西方优于亚洲或东方;第二件大事是 18 世纪末在法国爆发的资产阶级大革命,它使资产阶级成为近代历史上世界舞台的领导阶级或中心;第三件大事是 19 世纪后期在北美大陆崛起的头号金融帝国,它向全世界显示了现代生产力的巨大威力;第四件大事是俄国十月革命后建立起来的苏联,开创了通向工业化的非资本主义道路。[①] 这四件大事改变并影响了人类历史的发展进程和方向。

古老的东方文明正是在这四大浪潮的冲击波之下,发生了解体并改变了旧传统的历史方向,从而卷入了现代世界发展的大潮之中。大西洋两岸的西欧和北美成为世界经济、政治、军事、文化的中心和实

---

① 罗荣渠:《东亚崛起的现代历史意义与 21 世纪前景》,《天津社会科学》1992 年 2 月。

体。当然,亚太地区特别是东亚地区对西方的冲击并非仅仅是被动回应,东亚国家和地区也曾一次又一次主动创造性地出击,其中包括日本明治维新及其参与西方列强的争夺,20世纪40年代和50年代初东亚各国人民掀起的反殖民主义的民族解放斗争最终结束了帝国主义的殖民体系,1949年中国革命胜利并走上了独立富强的新道路。这几桩在东亚地区发生的事件无疑对世界近现代历史产生深远的影响,但它们的影响更多是地区性的。①

二、亚洲崛起意味着世界经济格局发生了重大历史性的根本转变

在第一次世界大战前,世界经济与西方经济或大西洋经济几乎是画等号的,第一次世界大战后和俄国十月革命后,苏联崛起,单独构成新的世界经济体系,但与西方相比,仍有相当大的距离,世界经济核心仍在西方,推动世界经济发展的仍是西方世界。从严格意义上讲,苏联主体部分也属西方范畴(相对亚太或东亚而言)。但第二次世界大战后特别是70年代以来,东亚经济却突飞猛进地发展,以每年7%—9%的惊人速度持续不断发展,从而构成了世界经济增长中心,而与此相对照,西方世界增长呈放慢趋势。西方国家年增长率至多为3.5%,这主要是因为美、日、欧等发达国家增长缓慢,某种程度上已失去带动世界经济增长的能力,恰逢此时,亚太地区出现了一个充满生机活力的世界经济增长中心,所以人们有理由相信今后世界经济的增长将越来越有赖于亚太地区的带动。

这里仅借助美国未来学家约翰·奈斯比特在其名著《亚洲大趋势》中提到的八大趋势来说明亚洲的崛起:(1)从单一国家经济走向网络集团经济;(2)从传统模式走向多种模式;(3)从出口导向走向消费导向;(4)从政府调控走向市场驱动;(5)从乡村走向城市;(6)从劳动力密集走向高科技密集;(7)从男性统治走向女性崛起;(8)从西方走向东方。"'世界'一词过去曾意味着'西方世界'。今天,全球大趋势迫使西方人接受一个事实:东方在崛起。东方人和一些西方人已开

---

① 罗荣渠:《东亚崛起的现代历史意义与21世纪前景》,《天津社会科学》1992年2月。

始明白,我们正迈向一个亚洲化的新世界。操纵世界的轴心已从西方转入东方。亚洲曾经是世界的中心,现在它将重振昔日风采。"亚洲的崛起,冲破了列强几百年来主宰和垄断世界政治经济事务的局面,这是历史走向新的进步的重要标志。亚洲崛起已是一个不可逆转的发展趋势。

目前,发达国家内部市场扩大的余地已经非常有限,它们越来越依赖于发展中国家的市场,特别是经济增长较快的发展中国家的新兴市场。亚太地区地域广阔,人口众多,市场潜力巨大,而且正处于迅速的扩展之中,无疑具有很大的吸引力。美国商务部认定的十大新兴市场中,有四个(中国、韩国、印度尼西亚、泰国)便在亚太地区。

三、亚太崛起标志着世界政治军事战略格局发生了重大而根本性转变

第二次世界大战前几百年间,世界政治乃至军事舞台的重心均在欧洲,国际关系和世界政治舞台都是以西欧为中心展开的;第二次世界大战后至苏联解体之前,由于第三世界和不结盟运动的兴起,世界格局与战前不大一致,但世界政治的重心并未发生根本变化。美苏两个超级大国争霸的主要阵地和战略重心也一直在欧洲,尽管美国因越南战争曾一度乱了阵脚,但尼克松上台后很快作了调整。然而,随着亚太经济的飞速发展,加上苏联解体,世界政治战略重心正在发生向亚太地区转移的重大变化。世界各大国政府均纷纷调整过去以欧洲为中心的战略,转而把亚太作为其战略的重心,或向亚太地区倾斜。

美国尽管是东临大西洋、西濒太平洋的两洋国家,但它过去一直把欧洲当作自己的"故乡",自视为大西洋国家。在商品交易、资本流动、人员来往等方面基本上都以西欧为中心进行,而把亚太地区视为地理上的存在和世界经济中的附庸,几乎不予以重视。但是自20世纪60年代末以来,美国改变以往的政策,开始重视亚太地区了。1969年的"尼克松主义"和1972年中美建交是政策变化的开始。后来经过福特、卡特和里根时期,美国与亚太地区的关系特别是经济关系有了很大发展。1975年,福特访华后归国途中发表了"新太平洋主义",申明美国是"太平洋国家",在1984年再次强调美国是"太平洋国家",并主张"重视亚洲";克林顿总统上台后,公开宣布在对外关系中把亚太地区作为美国外交战略的重点。为保持美国在亚太地区的领导地位,美国更加重视亚太经济合作组织(APEC),竭力推进 APEC 活动,促成了西雅图非正式领导人会议的召开,为其"新太平洋共同体"的主张扩大了影响,同时也把"亚太热"推向了高潮。小布什上台后,美国对亚太的关注有所减弱,这主要是由于"9·11"事件的发生使美国将主要精力转向反恐,但奥巴马上台后,美国再次对全球战略进行调整,再次把亚太列入美国全球战略重点,并提出了"重返亚洲"战略。"重返亚洲"战略的提出及其一系列措施的跟进,显示亚太在美国未来的战略中再次上升为重要角色。种种迹象表明,美国战略已从以欧洲为重点逐渐转变为欧亚两大战略中心同时并重,或甚至可能将战略重心转向亚太。奥巴马 2009 年在日本的演讲中自称是"美国首位太平洋总统":美国是太平洋国家,与亚洲命运有密不可分的关系。世界上没有哪个地区比亚太地区的变化更剧烈,美国与亚太地区的命运也在这种变化中更紧密地联系在一起。美国将更多地参与讨论如何构筑亚太地区未来,并参加该地区合适的多边组织。

　　美国重视亚太的一个直接结果就是开始形成中美博弈新格局。回顾战后国际关系史,三个阶段分别是:第一阶段从战后到苏联解体前(20 世纪 80 年代末)约四十五年,即美苏争霸两极格局;第二阶段从苏联解体到 21 世纪金融危机前约二十年,即美国一极独霸世界的格局;第三阶段从 21 世纪金融危机后开始,世界进入中美博弈或"G2"新格局。世界一超局面开始被打破。世界已进入中美博弈的新时代,美国学者称"G2"时代。美国总统奥巴马 2009 年明确宣称:"中美关系将塑造 21 世纪的历史。"而随着中国的快速发展,世界舆论关于"中国崛起""中国威胁""中国世纪""中国模式"的内容到处可见。据《华盛顿邮报》与美国广播公司进行的一项民意调查显示,超过四成美国民众认为 21 世纪将是中国世纪。而在世界事务方面,美国人则更倾向于中国。43% 的受调查者认为 21 世纪是中国世纪,38% 的人说是美国世纪。同时有近半数人认为,美国在世界事务中的地位正在广泛地降低。① 美国心态的变化将对其全球战略产生极大影响,在面对新的格局时,在国际关系的研究中需要考虑一些问题,如对美国与

---

① 《华盛顿邮报》2010 年 2 月 26 日。

中国国际地位如何评估,中国能否取代美国,世界中心是否已经转移;如何评估美对华围堵战略,是否冷战的回归;中国应以何种思维与政策回应美对华战略,是对抗还是结盟。世界格局未来三种可能的发展方向为:全球合作共荣、抗衡回归冷战和合作抗衡并存,而世界前景很大程度上取决于中美长期角力与共同智慧。

日本从位置上说本是亚太一员,但长期以来都以"脱亚入欧"为追求目标并以西方大国自居。然而,自20世纪70年代以来则开始立足亚太,重视同该地区国家的经济合作,由"脱亚入欧"改为"脱欧入亚"。近年来,日本一直在加紧构筑以其为中心的多层次东亚经济区,并以此为依托,力图建立一个范围更大的亚太经济圈。目前,日本对东亚地区的直接投资已占其海外投资的50%,成为该地区最大的投资国;日本对亚洲的援助是美国的5倍,同亚太地区的贸易额也已超过美国。目前,经济仍处于低迷的日本已经将亚太列为恢复经济增长的重要借助力量,特别是同东南亚的关系更是成为近年来日本外交的重点。

苏联时期,俄罗斯的战略重心一直都在欧洲,在各方面都把亚太地区放在次要地位,对亚太经济发展视而不见。戈尔巴乔夫上台后,调整了亚太政策,大谈亚太,强调亚太在苏的对外政策中具有头等重要意义,并认为亚太是世界的一个中心。苏联解体后,俄罗斯最初几年外交政策严重向西方倾斜(1991—1992),但俄罗斯的西进战略并没有使西方真正接纳俄罗斯,受到冷落后的俄罗斯自1992年后又调整外交政策,改为既依赖西方又重视东方的"双头鹰政策",试图跳上已错过的"亚洲列车"。普京执政后,对西方采取强硬政策,更是将亚太列为俄罗斯外交的重点,同亚太地区的贸易往来和经济合作日趋紧密。

澳大利亚过去一向以与英国人有着特殊关系而自豪,连国旗上都有英国国旗的标志。就地理位置而言,澳大利亚应为亚太国家,但其心却一直在欧洲。近些年来澳大利亚外交政策发生重大变化,一反过去态度,实际上执行了一条"脱离欧洲融进亚洲"或与日本一样"脱欧入亚"的外交政策。澳前总理基廷在东京会见报界记者时曾说,如果澳大利亚继续把"大英帝国的鬼魂"拖在自己后面,那将是犯错误;澳大利亚既不是"欧洲教区牧师",也不是"美国的代理","澳大利亚的前途在亚洲"。现在澳70%左右的出口商品运往亚洲和太平洋周边国家和地区。近年来,澳大利亚从陆克文开始的几任总理,虽然在国内政策上有很大差异,但在亚太外交政策上基本一致,重视亚太的外交立场从未改变。

从20世纪90年代开始,欧洲也紧跟美日澳展开一场争夺亚太市场的激烈竞争,实施新亚太战略。早在1994年7月中上旬欧洲委员会就正式通过了一项加强与整个亚洲在政治、安全、经济和发展方面联系的《关于亚洲新战略》。欧委会在一项声明中称:"亚洲的兴起正极大地改变着世界经济力量的对比","如果欧洲联盟不能采取一个较为协调的战略,那么它将因来自日本、美国以及亚洲地区的公司的激烈竞争,而坐失亚洲正在出现的经济奇迹所提供的良机"。欧洲各大国中最为积极者要属德国。它不断调整亚太政策,推行以中国为重点的亚太新战略,强调与日本建立战略同盟关系,与中国保持"长期稳定的合作关系"。英、法等西欧大国也相继制定政策加速重返亚洲的步伐。1996年3月亚欧会议首次召开,进一步表明亚洲在世界和欧洲心目中地位的重要变化。目前,欧洲除了继续以亚欧会议为中心扩大同亚太的合作,还特别重视同中国和东盟等国家和地区的关系,欧洲政要频繁访华,通过多种形式加强与东盟的合作。

第二章　亚太与中国世纪之说

第一节　"亚太世纪"之说

"亚太世纪"的提法是在20世纪80年代中后期出现的。据查1985年日本前首相中曾根以《亚太世纪正在到来》的著名演说震惊世界。在此之前,只有"太平洋世纪"之说(1896年美国前总统罗斯福提出)与"新太平洋主义"之说(1975年美国前总统福特提出)。

"亚太世纪"的提法在上世纪末至本世纪初是学界争议的一大问题。① 至今,对此问题虽然仍有争议,但对"亚太世纪"的提法已有普遍性的认同。"亚太世纪"说的诸多论据正在被亚太崛起的事实所验证。一些著名学者大书特书,进一步论证了亚太与亚洲世纪的到来。如德国学者卡尔·皮尔尼著《亚洲的世纪》与《印度中国如何改变世界》②,美国恩盖迪欧编著《Chindia:中国和印度如何改革全球经济》③,新加坡马凯硕著《新亚洲半球——势不可挡的全球权力东移》等。马凯硕在其著作中称:近两个世纪以来,亚洲沦为世界历史的旁观者,手足无措地面对西方商业、思想和力量的冲击。但是现在,那个时代已经一去不复返了。亚洲回到了在西方崛起之前它一度占据达

---

① 详见陈峰君:《当代亚太政治与经济析论》,北京大学出版社1999年版,第三章"亚太世纪说"第49—82页。
② 〔德〕卡尔·皮尔尼(Karl Pilny):《亚洲的世纪》,Campus出版社2005年版;〔德〕卡尔·皮尔尼:《印度中国如何改变世界》,国际文化出版公司2008年。
③ 〔美〕恩盖迪欧(Peter Engardio)编:《Chindia:中国和印度如何改革全球经济》(Chindia:How China and India are Revolutionizing Global Business)。

18个世纪之久的舞台的中心。"我们现在进入一个新的时代,一个新的纪元,一个新的历史阶段。""西方在这个世界历史舞台中所占领的主导角色已经结束了,这并不代表西方结束了,只是主导角色结束了。而亚洲又再度崛起,最近发生的这个全球金融危机加速了权力向亚洲转移。"①

综合目前各方对"亚太世纪"的论述,可以看出如何准确把握"亚太世纪""亚洲世纪",有待全面科学地论证。以笔者初见,有两个并行不悖的观点,其一是"亚太世纪"或"亚洲世纪"成立说。其根据有四:

根据之一:亚太地区经济增长速度最快;经济规模(国民生产总值)占世界一半以上,超过欧洲;出口占世界四成以上;经济潜能最大、经济发展最具活力、对世界经济增长贡献份额最大、引进技术和吸纳国际资本最多;军事力量世界最强;人口、面积等占世界首位。

根据之二:全世界各地区将亚太作为对外关系的重点。日本"脱欧返亚";澳大利亚"脱欧入亚";美国、加拿大经济重心西移且宣称是亚太国家,特别是美国近年来高调重返亚洲,并且四处出击;欧洲开展"亚洲攻势",实行"新亚洲政策"。非洲和拉丁美洲也心向亚太,借鉴"亚洲模式"等等。

根据之三:世界经济长周期波理论。这一理论是俄国经济学家尼古拉·康德拉季耶夫和奥地利经济学家约瑟夫·熊彼特等人所创立。根据这一理论,50年左右为一周期。人类社会进入工业时代的200多年的历史中,世界经济已经历了4次长波,而世界经济增长重心也出现了数次位移现象。第一次长波周期中,英国率先成为经济增长重心(1782—1845)。第二次长波(1845—1892)上升期,英国仍是经济增长重心,并于19世纪70年代达到发展顶峰。从1873年至1874年的大萧条起,英国经济开始走下坡路,而美国、德国因经济正处于起飞阶段,经济增长速度远高于英国,重心转移到美国、德国。第三次长波(1892—1948)重心移到欧美,但德国由于第二次世界大战战败,其重心很快消失,美国成为新的增长重心。第四次长波(1948—)美国开

---

① 马凯硕(Kishore Mahbubani):《新亚洲半球——势不可挡的全球权力东移》,当代中国出版社2010年版。

始仍是世界经济重心,但随着日本东亚经济的崛起,经济增长重心移至亚太。第五次长波应是 21 世纪上半期,亚太应成为增长的新重心地带。目前世界经济正处于第四次长波下降与第五次长波上升的交替阶段。当前,由于国际金融危机的爆发,国际经济正处于深刻调整之中,很多分析认为,世界经济因这次金融危机而结束第四波增长,走出这次金融危机之后,将迎来新一波的增长周期。这一波周期就可能是预计中的第五波。从各方面因素看,这一波增长的重心很大可能就是亚太地区。可见世界经济长波周期波动与经济增长重心转移有着内在联系,而长波周期波动的根本动力是科学技术革命。

根据之四:历史文明西迁理论。世界历史文明不断西迁已为历史所证明;越来越多的历史学家与有识之士均已论证,其西迁的大体轨迹是:两河流域(公元前 11—前 7 世纪)→古代希腊罗马(公元前 5 世纪—公元 4 世纪)→意大利(14—15 世纪)→西班牙、葡萄牙(16 世纪)→荷兰、法国(17 世纪)→英国(18—19 世纪)→美国(20 世纪)→亚太(20 世纪末—21 世纪)。至于世界文明重心为何西迁,目前尚无系统科学的解释。有的中国学者认为是"历史必然性与偶然性的结合"。这是由于历史各种条件所决定,而非在未来继续循环往复。这些历史条件包括:第一,早期文明的发祥地(号称四大文明古国)由于自我封闭的原因不能自觉地向外发展;加上地理和气候条件的限制,特别是东部高山的阻隔不能向东发展,北部冬季寒冷漫长不能向北发展,从而不自觉地使世界文明"选择了西进的方向,被西部的较新的但更具有扩张性的文明种类取代"。第二,技术进步乃是决定文明中心在哪里出现的关键,与此相联系,航海事业的发展总是从比较小的水域向更宽广的水域演进,先是地中海的威尼斯,后是大西洋的英国,再后是太平洋的美国。亚洲的崛起特别是东亚的崛起已是公认事实,否定东亚奇迹的说法虽然如前介绍确有人在,但毕竟是少数,而且论据不足。

另一观点是"亚太世纪"或"亚洲世纪"与"亚美欧世纪"并行不悖说。

根据之一:亚洲虽然崛起但总体水平依然相当低下,在未来的世纪内大多数亚洲发展中国家赶上发达国家并非易事。我国领导人一再申明这一观点:中印两国不发展起来就不是亚洲世纪。真正的亚太世纪或亚洲世纪,是要等到中国、印度和其他一些邻国发展起来才算到来。构成亚洲主体的多是发展中国家,经济和科技基础均较薄弱,并不同程度地存在一些历史遗留下来的困难,保持政治上的安全独立和长期稳定,实现经济的全面繁荣和实力的壮大,需要继续作出很大努力,道路仍很漫长。没有亚洲大多数发展中国家的经济振兴,很难有一个真正的亚洲新世纪的到来。

根据之二:美国与欧洲虽然有衰落的趋势,但仍有巨大的实力,在许多领域中远远超过亚洲。《亚洲大趋势》的作者奈斯比特在另一名著《2000年大趋势》中明确宣布:"东方崛起,西方不一定衰落",并进行了详细论证。日本舆论界也这样认为:"从整个世界看,可以把亚洲、北美洲和欧洲划分为世界的三极",并且"以亚洲为舞台开展竞争,从而建立冷战后的新秩序"。中国研究亚太的一些学者也持这种看法:亚洲世纪的来临,并不表示东亚成为21世纪的唯一主宰者。事实上,20世纪末冷战时代结束后,世界经济已经出现了美、欧、日三足鼎立的格局,这种格局在下个世纪初将暗淡下去,21世纪将是一个多极化的世纪,日本、中国及亚洲大多数发展中国家将成为世界的重要力量。

根据之三:从东西方文明角度看,下一世纪以至未来的几个世纪,不可能以一种文明取代另一种文明,东西方文明虽然有冲突,但更重要的则是互相交融,取长补短,长期并存,其根据在于科学技术的飞速发展将对世界经济、政治和文化带来极大的影响,科技上的进步便带动了经济上的一体化和国际化、全球化,日益强大的跨国公司将冲破传统意义上的国际与洲际的界线,以往的以国家为主体的功能将逐渐减少或失去,不断增加并创造着新的非国家、非民族的成分,民族与国家将逐渐不再是无条件的主权拥有者,全球性问题、全球共同体将逐渐取代国家行为体,"地球村发展意识"、全球主义将逐渐取代国家民族意识。与此相应的精神、文明也将不再是对立和冲突,而更多的是融合和交融,但不是彼此吃掉对方,而是在长期的交融中并存。北京大学中文系著名学者乐黛云就认为:"将来的社会应该是一个按照中国古代文化传统所提倡的和而不同的多元共生的社会,大家一起活动,一起生活,你的文化我的文化能够和谐并处,发展一个多元共生的社会。不是一家独大,我来统治你,威胁你,你得听我的,大家不愿意这样了,谁都不接受这样的情形了。"①

第二节 "中国世纪"之说

与过去争议不同的是:世界关注焦点已由"亚太世纪或亚洲世纪"之说变为 21 世纪是否是"中国世纪"?围绕"中国世纪"之说,近年来相继出版了大量著述。其中有否定"中国世纪"的说法,也有赞成"中国世纪"的说法。

在否定"中国世纪"的说法中,有两种类别。一是带有恶意的嘲讽,即"唱衰中国"的论调。其中代表性著作有美华裔律师章家敦所著的《中国即将崩溃》。这部 2001 年出版的书断言:"中国现行的经济制度,最多只能维持 5 年。""中国的经济正在衰退,并开始崩溃,时间会在 2008 年北京奥运会之前。"②。另一代表性著作是中国问题专家、美国乔治·华盛顿大学教授沈大伟 2015 年在美国《华尔街日报》上发表的与章家敦著作同名的长文。沈大伟断定"共产党在中国的统治已开始进入残局(endgame)"。他写道:"我们不能预测中国共产党将在什么时候崩溃,但很难不得出结论说,我们正在目睹它的最后阶段。"他"唱衰中国"的所谓依据——中国经济放慢、社会关系紧张、内部的权力斗争以及新出现的金融和房地产泡沫都非新的"中国问题"③。沈大伟曾是著名的亲华派学者,曾对中国崛起抱有肯定和支持态度,因此他的"中国崩溃论"抛出后格外引人瞩目。应当说,沈大伟的"中国崩溃论"和章家敦的有所区别,作为一名国际政治领域的著名学者,沈大伟的这个观点并不完全是毫无理论的恶意攻击,他也列举了一些他的理由,但总的来看沈大伟的这篇文章和观点,并不是一个严谨的学者应有之举。毋庸讳言,沈大伟列举的很多问题,中国的确存在,有的还很严重,如果这些问题不能得到彻底解决,中国确实可能面临很大问题,能否崛起也存在很大疑问,但沈大伟并没有给出更详细的论证来说明这些问题是否能够解决,如果不能解决,理由又是什么。事

---

① 中央编译出版社总编辑刘明清与乐黛云先生深度对话,共识网。
② 章家敦:《中国即将崩溃》(*The Coming Collapse of China*),英文版在 2001 年 8 月由兰登书屋发行,中文版在 2002 年由雅言文化发行。
③ 沈大伟:《中国即将崩溃》,《华尔街日报》2015 年 3 月 6 日。

实上,沈大伟列举的这些问题并不是中国所独有,很多问题西方国家在发展过程中也曾遇到过,有的至今仍然存在,但我们并不能因此得出西方国家也将崩溃的结论。中国在过去几十年间的确曾经出现过很多问题,有很多比沈大伟列举的这些问题还要严重,但这些问题最终都得到解决,并未导致中国崩溃,这说明中国具有自我调节和自我解决问题的能力,因此沈大伟这篇文章的观点更多还是一种个人情绪的表达,并不能算作严谨的学术研究和论证。事实上,章家敦、沈大伟等人"唱衰中国"已被中国崛起的事实证明是无稽之谈,遭到众多学者与舆论的严厉批评与指责。显然,"唱衰中国者在西方属非主流"①。

另一类主要从学术上否定"21世纪是中国世纪"。美国著名学者莱斯特·瑟罗的著作《21世纪角逐》认为:中国"大国崛起"将不过是镜花水月,他认为:"中国世纪?也许是下个世纪吧!"作为一个不发达的经济体,中国要在人均收入上追上美国,至少需要100年以上的时间,因此,"也许会出现一个中国世纪,但那个世纪是22世纪,不是21世纪"。瑟罗的理由之一在于人口。中国人口在不久的未来,将呈下降趋势,然而美国与此相反,到22世纪初,其人口将是目前的两倍以上,两国目前巨大的人口差距将会持平。并且,美国并没有止步不前,经济增长仍快于其他许多大国。一个人口规模正在接近中国、仍在发展的美国,怎么会被中国超过呢?②

美国哈佛大学教授约瑟夫·奈2014年出版《美国世纪结束了吗?》一书,为美国延续其面向全球的影响而鼓与呼。他强调,世界变得更加复杂,美国虽然面临在经济总量上被中国超越的可能,但美国仍将保持政治、军事的强大,"美国世纪"至少还会持续数十年时间。他认为:"像中国、欧洲、俄罗斯、印度或巴西这样的挑战者在本世纪中叶超过美国不是没有可能,只是可能性不大。"作为一种整体认识,称21世纪为美国衰落的世纪是不准确和误导人的。虽然美国存在问题,但与古罗马不同,它的衰落不是绝对的,其实力在未来几十年可能仍比其他任何国家都更强大。"与那些宣称这是中国世纪的人所持的观

---

① 朱锋:《唱衰中国者在西方属非主流》,《环球时报》2015年3月24日。
② 〔美〕莱斯特·瑟罗:《21世纪角逐》中文版,社会科学文献出版社1993年版。

点相反,我们仍处于一个美国主导的世界中。"①

日媒《"中国世纪"真的到来了吗?》一文也对"中国世纪"之说提出三点质疑:第一,中国真的是全球最大经济体吗? 如果是这样,中国为什么对这类报道如此不安? 第二,中国世纪真的到来了吗? 用国际关系行话来讲,我们看到美国和中国开始进行真正的权力转移吗? 第三,中国是否开始通过其外交和军事行动来挑战美国?②

与上述否定"中国世纪"的言论相反,更多的是赞誉"中国世纪"的报道与著述。

早在 2005 年美国《新闻周刊》就推出了"中国的世纪"的专题报道。中国著名影星章子怡笑容可掬地出现在封面上。该刊以"未来是否属于中国?"为总题,用了 21 个版面进行了密集报道。其中心思想即:"过去四百年中,全球强权有两个主要变化:第一是 17 世纪欧洲的兴起;第二个是 19 世纪末 20 世纪初美国的独大。现在中国与印度兴起以及日本的持续发展,代表了亚洲的崛起。"③

有关"中国世纪"的著作,此间接踵而至。诸如约翰·奈斯比特、多丽丝·奈斯比特合著的《中国大趋势》,贝尔登的《中国震撼世界》,詹姆斯·金奇的《中国震撼世界:饥饿之国的崛起》,费代里科·兰皮尼著的《中国世纪》,沈大伟的《权力转换:中国与亚洲的新动力》,以及雅克的《当中国统治世界:中央帝国的崛起和西方世界的终结》等等。

其中,英国著名学者雅克的《当中国统治世界:中央帝国的崛起和西方世界的终结》一书颇受瞩目。他在书中预言:到 2050 年,中国将成为世界最大经济体,超过美国和那时的第三大经济体印度。雅克预测说,如果说英国曾是海上霸主,美国是空中和经济霸主,那么中国将成为文化霸主。随着中国告别两个世纪的屈辱,其自信也在同步增长,其最重要的姿态将不是赶上西方,而是重新坐上作为世界优秀文明的当仁不让的位置。中国的崛起预示着一个非常不同的新时代的

---

① 〔美〕约瑟夫·奈:《美国世纪不会因中国崛起终结》,参考消息网,2015 年 3 月 27 日。
② 〔日〕金凯:《"中国世纪"真的到来了吗?》,日本外交学者网站,2015 年 1 月 15 日。
③ 美国《新闻周刊》2005 年 9 月。

缓慢来临。①

美国知名投资家罗杰斯也认为：中国变化的方向非常正确。因此他认为今后将是"中国时代"。② 诺贝尔经济学奖获得者佛格尔撰文称：30年后，即2040年时，中国经济的规模将达到123万亿美元，相当于2000年全球经济总量的3倍。届时中国的人均国民收入将达到85000美元，是欧盟预估的两倍。虽然那时中国的人均收入仍然低于美国，但中国经济占全球经济总量的份额将达到40%，远超过美国所占的14%。而欧洲经济在全球所占的份额届时将只有5%③。

更有甚者，美国诺贝尔经济学奖得主约瑟夫·斯蒂格利茨在其撰写的《中国世纪》中提出"2015年为中国世纪元年"。他说："中国经济以拔得头筹之势进入2015年，并很可能长时间执此牛耳，即使不能永久保持。中国已回到它在人类历史上大多数时间里所占据的位置。"④斯蒂格利茨的主要依据是2014年4月世界银行发布的全球统计报告。根据这份报告推算，中国按照购买力平价法测算的国内生产总值（GDP）将在2014年底超越美国。对此，德国法兰克福大学经济学教授舍福尔德认为，以不同方式计算，中国经济规模超越美国只是时间点不同，但总体趋势不会改变，中国的经济崛起不容置疑。这也是多数海外受访专家的观点。美国CNA金融保险公司前董事长楚科斯坚也认为："斯蒂格利茨是对的。未来100年，只要中国能够管控住那些主要风险，这个世纪将是中国的。"

另据《华盛顿邮报》报道称，在被问及本世纪将更可能是"美国世纪"还是"中国世纪"时，美国人认为，从经济来看两国平分秋色，41%的人说是"中国世纪"，40%的人说是"美国世纪"。而在世界事务方面，美国人则更倾向于中国。43%的受调查者认为21世纪是"中国世

---

① 〔英〕雅克：《当中国统治世界：中央帝国的崛起和西方世界的终结》，中信出版社2010年版。
② 《中国进化的管理经济模式——专访美国知名投资家吉姆罗杰斯》，日本《呼声》2009年9月2日。
③ 〔美〕佛格尔：《2040年中国经济表现优异》，美国《外交政策》双月刊，2010年1/2月。
④ http://finance.qq.com/a/20150102/009936.htm，1941年，美国《时代》周刊联合创办人亨利·卢斯发表了著名的《美国世纪》："美国的经验是未来的关键，它将成为国际社会的领袖。"

纪",38%的人说是"美国世纪"。另外,有近半数人认为,美国在世界事务中的地位正在广泛地降低。①

笔者以为,"中国世纪"之说不无道理,但不能因此而否定美国的经济与政治实力,更不能轻易断言中国可以替代美国成为世界第一强国。中美之间的差距非短期内所能弥合,更别说超越。

这里的关键问题在于:美国是否衰落。各种材料表明,从20世纪60年代起,美国的地位开始下降。根据保守的估计,美国国民生产总值占世界生产总值的比例已由战后的1/3以上降到80年代的1/5左右。美国对其他国家的经济影响力也明显下降。50—60年代那种"美国一咳嗽,其他地区就患肺炎"的情况到80年代已不复存在了。90年代这种状况更趋明显。以获专利优胜为例。1980年美国十大专利获胜中有七家美国公司;1990年则只有三家美国公司,最出色的美国公司也只落个排在第五名的结局。在对23个工业国家管理状况的报告中,美国公司大部分项目居中,甚至居后,而日本大多排在第一,德国第二。美国衰落状况几乎与19世纪大英帝国衰落的进程相似。美国的衰落是公认的事实,但美国在未来21世纪会衰落到何种程度则有不同看法。有的认为美国会像英国那样沦为二流乃至三流国家。笔者则以为,美国经济地位乃至政治、军事地位不断下降将是21世纪发展的主要趋势,但不至于衰落到今日英国的地步。因为英美在经济规模、科技水平等方面有着重大差异。美国在未来仍具有强大的竞争力。美国经济规模至今仍居世界首位,国民生产总值占世界总额一直保持在23%左右。"从技术上来说,美国落后别人的领域不多,领先于别人的占多数。在人均收入和平均劳动生产率方面,美国亦首屈一指,其劳动力队伍受过良好的大学教育,是世界上最好的,国内市场要比日本大得多,比欧洲统一得多。"因此,美国"进入21世纪时,它有着更多的经济财产用于21世纪的经济竞争"。但其起点优势又为教育制度的衰落、实行高消费和低投资、欠大量国际债务等方面的问题所削弱。保罗·肯尼迪认为,按美国国土、人口、自然资源等因素计算,它在世界国民生产总值中占到16%—18%,或许较为正常。② 据一般

---

① 《华盛顿邮报》2010年2月26日。
② 〔美〕保罗·肯尼迪:《大国的兴衰》,商务印书馆1987年版,第647页。

估计,在未来可以预见的时期内,这种比重已是极限,不会再降到这个数字之下。美国确实在持续衰落之中,但这种"衰落是相对的,不是绝对的"①,美国在 21 世纪已不能保持 20 世纪的霸主地位可以肯定无疑,但却依然是世界重要一极,而且是最重要的一极。在可以预见的一段时间内,欧洲和东亚可能会对美国构成威胁,但要做到与美国平起平坐还为时尚早。笔者基于这一判断,对"中国世纪"的说法持保留看法。

笔者认为 2015 年是"中国世纪的元年"与约瑟夫·奈的"美国世纪"的延续这两种说法都有夸张与偏颇之处,"有零和思维的明显影子"。21 世纪不会是"中国世纪",但也非"美国世纪"。"美国世纪"或"中国世纪"的概括过于简单化或标签化了。"世界如果围绕它们削足适履,那将是整个国际政治的悲剧。人类已经嗅到国家之间合作共赢的最初气息,那些旧概念有可能让我们粗暴地忽略这种气息,错误地走上回头路。"②

本世纪是谁之天下?是中国还是美国?笔者的初步结论是:

亚洲与中国崛起是事实,为世界公认,"中国衰亡论"已成笑谈,中国崛起势头也会在相当长时期内继续。从中国与亚洲发展速度、发展趋势及经济规模几个大方面上说,"亚洲世纪"与"中国世纪"之说无可厚非,可以被认可。但对"中国世纪"之说应慎而又慎。

其一,从真正意义上的崛起,即全面赶上世界一流强国,全面实现第二次现代化,中国还相距甚远,即使从经济规模 GDP 总量上说,中国还不及美国,充其量是世界第二,即使再过几年 GDP 总量超过美国,但其他各个领域几乎也全方位落后美国二十几年甚至半个世纪。赶超美国谈何容易?即使我国在 2049 年实现第二个百年任务,"建成富强、民主、文明、和谐的社会主义现代化国家",美国也不必然因此就失去超级大国地位。我国经济已具有全球影响力,但政治和文化的影响力明显与经济影响力不匹配,并未得到世界广泛认同,而且影响也主要局限于西太平洋地区,在世界范围内影响有限,军事实力则最弱,仅是周边防御性的。我国综合国力要赶上美国的困难远大于经济实力超越美国,军事实力的赶超尤为困难。从"硬实力"和"软实力"的

---

① 〔美〕保罗·肯尼迪:《大国的兴衰》,商务印书馆 1987 年版,第 648 页。
② 《21 世纪既非中国世纪也非美国世纪》,《环球时报》2015 年 4 月 2 日。

角度讲,我国对世界的影响力主要靠硬实力中的经济力量。我国的软实力不仅与美国有较大差距,甚至可能弱于德国。①

其二,判断"21 世纪将是中国世纪"应在未来世界格局中拥有"绝对主导地位"。阎学通教授认为,在 19 世纪和 20 世纪,英美先后在单极格局中拥有绝对主导地位,因此被称为"英国世纪"和"美国世纪"。以此为准,目前看不到中国能在本世纪余下 85 年里同时满足这个条件,因此也谈不上"中国世纪"。② 阎学通教授的说法与评估虽然有些悲观,但也确有几分道理。

还要考虑未来世界应是"和而不同的多元共生的社会"③,不应有"一家独大"与"绝对主导地位"之国。中国即便成为实际上的主导之国,也会是一个完全不同于以霸权为主要标志的"英国世纪"和"美国世纪",是和谐世界为主轴的"中国世纪"。

基于这种分析:现在大谈"中国世纪"不仅言之过早,而且不可取。但将"中国世纪"之说,作为中国的未来梦想与终极目标,是应提倡的,我们应不懈努力百折不挠争取在本世纪中叶实现这一宏伟目标。在此目标未实现之前,既不要妄自菲薄,也不要自我陶醉、自我膨胀,大肆渲染,仍需将"韬光养晦"作为基本国策。④

第三节　亚太与中国世纪的困境与前景

亚太世纪与中国世纪真正到来有八大局限与困境:

1. 现代化总体处于初级阶段,综合国力仍处于与已实现现代化的西方发达国家相距甚远

目前,人们在谈论"亚洲崛起""亚太世纪"时,最主要的原因还在

---

① 阎学通:《现在谈"中国世纪"太早了》,《环球时报》2015 年 3 月 20 日。
② 同上。
③ 共识网:中央编译出版社总编辑刘明清与乐黛云先生深度对话。
④ 1989 年"北京政治风波"后,邓小平提出了在外交上韬光养晦的战略决策,即"冷静观察、稳住阵脚、韬光养晦、有所作为"的 16 字方针,其重点就是"韬光养晦,有所作为"。韬光养晦就是"掩藏锋芒,勿使外露",在英文中又常被译成"Hide one's capacities and bide one's time",给人一种不怀好意的印象。但自邓小平提出"韬光养晦,有所作为"的方针后,从这若干年来的实践看,无非是在外交上隐忍、低调,不事张扬,更不可飞扬跋扈,但又要有所作为,努力发展自己。

于只限于亚洲东部与南部部分国家的崛起,同时也主要从经济规模与发展速度上加以论证。就亚洲大部分国家而言,实际上仅仅是在开始步入现代化进程,而就正在崛起的中印及东亚多数国家而言,除日本、"四小"之外,其亚洲现代化水平仍处于初始阶段。根据中国科学院中国现代化研究中心的报告,世界现代化进程分为两大阶梯,即两次现代化。

第一次现代化即由农业国转化为工业国(西方发达国家上世纪60年代已实现),亚洲大部分国家正经历这个过程,尚未完成,2015年中国的现代化水平等于1960年的发达国家。第二次现代化即由工业社会转变为知识与信息社会,共有29个国家正在第二次现代化,其中10国已实现。

第一次现代化的典型特征是工业化和城市化等。其评价指标共10个,包括人均GNP、农业增加值比重、服务业增加值比重、农业劳动力比重、城市人口比例、医疗服务、婴儿存活率、预期寿命、成人识字率、大学普及率。第二次现代化的典型特征是知识化和信息化。其评价包括知识创新、知识传播、生活质量、经济质量4大类指标、16个具体指标(包括知识创新经费投入、因特网普及率等),还有工业增加值比重、物质产业增加值比重、工业劳动力比重、物质产业劳动力比重等4个信号指标。①

中国无疑是现代化进程最快的大国,但比起发达国家,仍处在中低下水平。据中国科学院中国现代化研究中心统计,在全世界131个国家中,中国社会的综合现代化水平居于第60至70位左右,处于发展中国家中间水平,属于世界初等发达国家水平。中国第一次现代化(工业化与城市化)实现程度达到90%。中国第二次现代化(知识化与信息化)约为发达国家的2/5。北京、上海已仅接近意大利水平。上述评估是在大约8年之前,现今情况已有新的变化,但基本态势应是适用的。

就目前中美实力对比而言,中国的经济实力不到美国的六分之一。中国的人均国内生产总值还属发展中国家水平,仅位列世界第89

---

① 中国科学院中国现代化研究中心:《中国现代化报告2007》,北京大学出版社2007年版。

位。而美国位列世界第6位。美国的劳动生产率在主要发达国家中处于领先地位。美国人认为现在中国的劳动生产率只占美国的15%。① 另据美国统计，中国的综合国力相当于美国的48%，其中政治力相当于美国的92%，外交力相当于美国的89%，资源力相当于美国的88%，军事实力相当于美国的36%，经济实力相当于美国的25%，科技实力相当于美国的20%，教育实力相当于美国的12%。中国综合国力在美、日、德之后，位居世界第四，其中经济实力世界第三，军事实力世界第三，科技实力世界第八，教育实力世界第十。中国要想赶上美国，还有很长的路要走。②

中国的奋斗目标或中国梦是：到2021年中国共产党成立100周年和2049年中华人民共和国成立100周年时，实现中华民族的伟大复兴——国家富强、民族振兴、人民幸福。政治、经济、文化、社会、生态文明五位一体化。根据中国社科院现代化中心的规划，四步走构想是：2020年中国进入第二次现代化，世界排名第60位；2040年中国进入发达国家，世界排名第40位；2080年中国进入先进发达国家，世界排名第20位；2100年中国进入前列国家，世界排名第10位。③

2. 人均水平与劳动生产率水平低下

亚洲绝大部分国家无疑处在第一现代化进程的初始阶段，其主要标志是人民生活普遍贫穷。亚洲人均产值目前只及世界平均水平的1/5，亚洲贫困人口占世界贫困人口的2/3。南亚的贫困人口近6亿，远多于撒哈拉以南非洲。据统计，1820年中国的人均GDP排名世界23位；1900年排名为34位；2009年中国的人均GDP不到4000美元，排名世界第99位；2011年为4382美元，世界排名第93位，不到世界平均值的1/2。目前中国贫困人口1.28亿。据联合国亚太经社发展部长级会议报告，亚太地区贫困人口超过8亿，约占世界贫困人口总数的72%，其中6.33亿为极端贫困。即使在经济发展较快的东亚国家里，贫困也普遍存在。号称东亚第五条小龙的泰国，最富的10%人口占有全国收入的40%，而最贫苦的10%人口却只占有全国收入

---

① http://www.360doc.com/content/14/0217/16/13149937_353256127.shtml.
② Ibid.
③ 曾丽雅：《中国社会主义现代化战略的构想与实践》，江西人民出版社2011年版。

的20%以下。曼谷地区人均收入在2500美元以上,而在广大农村人均收入只有500美元。单就国家整体的GNP数值而言,贫富之差距已达100倍,最穷的国家人均国民收入不足300美元,最富的国家人均国民收入超过3万美元。而这最富的国家是极少数,大多数则是前者。亚洲最大的贫困国家当属印度。即使到2021年印度还将有25%的农村人口和15%的城市人口生活在贫困线以下。印度各届政府均做了较大努力企图改变这种状况,但这一重大社会问题如癌症一般,难以在短期内得到根本医治。就连改革开放取得重大成就的中国,贫困问题也依然是有待解决的一大问题,目前中国至多是一个初步解决温饱的国家,在中国依然存在500多个贫困县需要国家财政扶持。据预测,按人均国民生产总值计算,2050年中国也只相当于美国的1/4,居世界第九位,赶上发达国家谈何容易。据联合国2011年各国人均GDP统计,排名第1位卢森堡108832美元,第2位挪威84444美元,第9位美国47284美元,第15位新加坡43117美元,第16位日本42820美元。印度排在第134位。2013年中国大陆人均GDP为6747美元,排名第81位,低于世界平均水平10486美元。亚洲其他国家如越南、缅甸、柬埔寨、蒙古、老挝等均排在百名之后。①

　　美国著名学者莱斯特·瑟罗认为:一个大国要想在人均收入方面赶上世界头号国家,需要100年以上的时间。19世纪,美国的增长率远远高于英国,然而却直到第一次世界大战才赶上来。日本明治维新过去了150年,然而按照购买力平价计算,人均国内生产总值仍然只有美国的80%。欧洲人均收入2007年只及美国66%。中国要赶上美日水平估计至少半个世纪,估计2080年。中国现代化中心估算:中国2040年人均国民收入2万美元,才进入世界前40名。

　　与此同时,亚洲大多数国家劳动生产率水平低下。亚洲可以说是世界上劳动生产率水平最为低下的地区之一。就整个经济而言,发展中国家与发达国家之间的差距大约是1:10,其中农业差距为1:18,工业为1:5.8。而亚洲地区(指南亚、东南亚和东北亚)与发展中国家的比例则是0.4:1,0.7:1,0.3:1,甚至低于非洲。当然东亚国家

---

① 2013年世界各国人均GDP排名(IMF2014年4月8日公布版本),2014年5月27日,http://news.51zjxm.com/bangdan/20140527/49803.html。

和地区近年来有较大提高,但就亚洲整体而言,劳动生产率无疑依然十分低下。以印度煤与铜的生产效率为例。印度生产 1.45 亿吨原煤要 60 万工人,澳大利亚只要 3 万人,印度生产率仅为澳大利亚的 5%。印度生产钢 600 万吨需要 12.5 万人,而韩国浦项钢厂生产 90 万吨只要 4500 人,二者相差 13 倍。

再者,亚洲大多数国家教育科技水平也较为低下。据统计,日本、韩国文盲率在 5% 以下,而印度文盲率高达 52%,中国达 27%,印尼和马来西亚各为 23%。1992 年,亚洲一些国家和地区人均公众教育经费,日本为 1113 美元,韩国为 294 美元,新加坡 769 美元,而印度只有 12 美元,中国更少,仅为 6 美元。在科技投入上,亚洲各国和地区经费 1992 年在国民生产总值中所占的比例是:日本 2.98%,韩国 2.33%,中国 0.71%,印尼 0.25%。

总之,亚洲除东亚一小部分地区外,其总体水平还相当低下。"太平洋沿岸确实存在着一条经济繁荣和收入富裕或比较富裕的弧形地带,但太平洋的东西两厢也存在着一条触目惊心的经济停滞和贫困带。随着东亚地区经济的迅速发展,亚太国家的经济分化在加剧,一些在发展大潮流中国家能否迅速跟上,令人担忧。"尽管亚太地区已出现了几棵挺拔的大树,但还不能就此说它们已构成一片森林。这种状况大约将延续到 21 世纪的后半期。

3. 竞争力与创新滞后

根据 2012—2013 年全球竞争力指数排行榜:"在过去两年中,亚洲发展中经济体近年来强劲的竞争力增长势头在趋于放缓。"世界经济论坛《2012—2013 年全球竞争力报告》排名显示,中国的排名在全球 144 个经济体中排行第 29 位,但仍然居于"金砖四国"(中国、印度、俄罗斯、巴西)之首。排在前 10 名的亚洲经济体有 3 个:新加坡(第 2 名)、中国香港(第 9 名)、日本(第 10 名),仍在全球最具竞争力的经济体之列。另据美国康奈尔大学、欧洲工商管理学院和世界知识产权组织发布的《2013 全球创新指数(Global Innovation Index)报告》显示,瑞士和瑞典继续位列全球创新指数前两名,中国排名第 35 位[①],中国

---

① 世界知识产权组织:《2013 全球创新指数报告》(2014 年 4 月 25 日),http://quan.sohu.com/pinglun/cyqemw6s1/380470391。

香港位列第 7。中国自评位于第 19 位。①

中国企业虽然在数量上在世界占有一定优势,但中国的品牌却难敌西方。美国名牌芭比娃娃在中国生产,每一个加工费仅 0.9 美元,而在美国卖到 9 美元,"中国制造"成了卖成本,而西方企业却凭着品牌创造财富。品牌意识缺乏是中国企业的一项历史负资产。从西方进行工业革命以后,中国就在对品牌的认识上步步落后,至今仍缺乏完整的品牌意识和经营能力。中国品牌意识比西方落后两百年。②

4. 科学、教育水平总体而言仍远落后于西方和日本

就科学技术水平而言,中国虽然在局部领域超越西方,但总体而言仍远远落后,而且科技的落后在短时间内很难追赶并超越。如美国的卫星数量超过 400 颗,占世界卫星总量的一半以上,军用卫星超过 100 颗。中国在轨卫星一共 20 颗,且中国官方一直声称都是民用卫星,最多也就是军民两用。③ 电讯领域,美国苹果公司一年创造的利润就相当于 45 个联想公司。美国的顶尖企业,从埃克森美孚、通用电气到波音、谷歌,尽管在中国都能找到同行,但在核心技术以及全球资源配置力方面的差距,远非中国所能比。④

就教育而言。二十年前邓小平说,中国最大的问题出在教育上。据香港大公网报道,2014 年 10 月初英国《泰晤士高等教育期刊》发布了 2014—2015 年度世界大学排名,位于综合排名前三位的大学分别是美国加州理工学院、哈佛大学和英国牛津大学。香港有 4 所高校进入前 200 名,比上年增加 1 所,其中香港大学排第 43 位。内地有 3 所高校进入前 200 名,比上年增加 1 所,其中北大排名第 48,清华排名第 49。

5. 金融处于起步的阶段

美元在国际结算中的地位很高,约占总额的 62%。中国的金融体系相比美国而言仍然处在起步的阶段,相对没有复杂的金融衍生品。比如中国银行的盈利模式仍然很大地局限在十几二十年前制度定好

---

① 中国科学技术发展战略研究院:《国家创新指数报告 2013》,http://quan.sohu.com/pinglun/cyqemw6s1/397491035。
② 《中国品牌意识落后西方两百年》,《环球时报》2011 年 4 月 2 日。
③ 百科知识网,http://www.wuker.com。
④ 同上。

的存贷利差躺着赚钱这种模式,直到最近才有变动的趋势。亚投行的成立虽然标志中国为主导的亚洲金融体系的作用的加强,但并没有从根本上改变美国为主导的世界金融体系。人民币虽然已经在一定程度上被中国周边国家或地区广泛接受,但人民币实现国际化尚有一个渐进发展阶段。

6. 环境污染、生态破坏

中国的世界地位确实今非昔比,有世界数一数二光辉夺目的许多工农业项目。但也有许多令人吃惊的落后的数据。其例不胜枚举。最为突出典型例证是,"几乎所有污染物的排放量,从目前来看,中国都是世界第一","环境污染、生态破坏、气候变化是压在中国头上的三座环境大山"(环境专家王金南语)。世界顶级学术期刊《自然》杂志的《自然·气候变化》专刊在线发表了英国丁铎尔气候变化研究中心的科研报告。研究显示,2011年全球碳排放最多的是中国、美国、欧盟和印度。中国排在世界第一。

7. 中美军力悬殊

就军事力量对比而言,中国军力虽有迅速发展,但与美国相比仍相差甚远。按照质量乘以数量的原则,中国空军的实力仅为美国空军的20%,中国海军的实力仅为美国海军的15%。战略核武也不成比例。有的媒体称中国目前的军事水平只相当于美国1980年的水平。

8. 亚洲安全问题突显

第二次世界大战以来的亚洲暴力冲突趋于显著,包括各种恐怖主义、国内民族与宗教冲突和叛乱、边境与海岛冲突与纷争、核扩散等。任何一个或多个地区或国家的冲突都能轻易破坏亚洲增长的轨迹。这是目前"亚洲世纪""面临的最大风险和问题"。①

除上述之外问题,还可列出许多。"亚洲在寻求一个亚洲世纪时面临着艰巨的挑战。"

美国哈瑞尔达·考利、阿肖克·夏尔马、阿尼尔·索德等著名学者撰写的《2050年的亚洲》一书中,对2011—2050年"亚洲世纪"的主要驱动力作了全面而深入分析。作者从三个方面加以论证:一、传统

---

① 〔美〕哈瑞尔达·考利、〔美〕阿肖克·夏尔马、〔美〕阿尼尔·索德等:《2050年的亚洲》,人民出版社2012年版。

意义上刺激经济增长的三种要素:技术变革、劳动、资本。二、两个颇具亚洲特色的社会变革驱动力:新兴中产阶级和通信革命。三、增长与社会福祉以及个人幸福之间的关系。该书认为:"亚洲掌握着自己的命运。"如果它们要实现和保持经济快速增长,就必须要在国家或区域的层次(或同时兼顾两者)处理好这些挑战。"亚洲的领导者们必须意识到未来的繁荣需要以过去40年间发达经济体取得成功的方式来取得。"①

总之,亚洲与中国世纪任重而道远,还需要付出极大努力!

---

① 〔美〕哈瑞尔达·考利、〔美〕阿肖克·夏尔马、〔美〕阿尼尔·索德等:《2050年的亚洲》,人民出版社2012年版。

模式编

第三章 "亚化"新识

第一节 现代化的共性与个性

实现国家现代化[①]，即将本国社会由传统社会转型为现代社会，是目前大部分[②]发展中国家正在经过的一个历史进程。由于(现实的和历史的)国情不同，不同的国家采用了不同的战略和政策，正在走各自不同的现代化道路。所谓现代化模式的概念由此产生。因此，现代化模式可以定义为：一个国家实现现代化目标所采用的战略和政策选择。换言之，现代化模式也可以界定为：一个国家实现现代化目标所走过的不同道路。由于一个国家实现现代化目标必然是一个动态过程，因此模式也必然是一个动态过程，不仅不是一成不变、不断改革和调整的，而且也无法保证最终一定获得成功。第二次世界大战之后的相当长一段时间内，世界上大多数国家采取的现代化模式主要是苏联模式和西方模式。冷战后，苏联模式解体并最终逐步消失，但西方模

[①] 目前，学界对"现代化"这一词语存在不同的理解和界定：有的定义为社会发展的目标，这种定义中的现代化实际上就等于现代性社会(或现代社会)；有的则将其定义为实现现代性社会(现代社会)的过程。我们的研究框架中采用前一种定义。

[②] 也有研究认为，现代化并不是所有文明体系的普适性追求。对于从北非向东经过中东西亚，穿越南亚次大陆(断断续续地)延伸到东南亚的所谓伊斯兰"新月地区"来说，什么是现代化，是否要实现现代化以及如何实现现代化，长期以来一直是政治家、学者、宗教人士和普通民众争论不休的问题。"去现代化"或者"反现代化"的思潮在这些地区始终存在，并且随着国际与地区局势以及个别国家国内政经形势的变化时而增强，时而低迷。伊斯兰世界看待现代化问题要比其他文明体系怀有更为复杂的心态。因此，我们用"大部分"而不是"所有"来界定正在追求现代化目标的发展中国家。

式也未一统天下,一些国家并没有采取西方模式(至少没有完全采用)也获得了成功,至少目前是初步的阶段性成功,所以才出现了所谓的现代化模式问题。如果目前所有国家都采用的是西方模式并获得了成功,那么目前关于现代化模式的研究就失去了命题意义,至少不会成为一个受到如此广泛关注的问题。

发展中国家现代化模式问题的本质是现代化与西化的关系问题,或者说是西方与非西方的关系问题。更具体到本书是指西方国家与东方(亚洲)国家现代化关系问题。本书简称之为"西化"与"东化"("亚化")的关系。

"西化"与"东化"("亚化")关系意即正在现代化进程中的东方或亚洲国家的现代化与已经实现了现代化的西方国家的现代化关系。关于现代化与西化关系争论由来已久,这已是争论了一个世纪之久的老话题。但东化与西化关系却是旧话新提,而且在东亚崛起的今日意义非凡。这不仅是重大理论问题,更是当今世界大部分非现代化国家重大的现实问题。争论的焦点无非仍是东化是否等同于西化的问题。有两种截然不同的看法:一种意见是二者可以画等号,即"东化 = 西化";另一种是持否定态度即"东化 ≠ 西化"。笔者以为这两种看法均有偏颇。

弄清现代化、西化、东化(亚化)三者关系是探讨东化与西化关系的基本理论前提。"东化 = 西化"论者,在理论上的最大误区便是三者的混同。以笔者之见,现代化与东化、西化是两个层次不同的概念与问题,现代化是全球范围内所有地区和国家由传统社会向文明社会转变的发展进程,而东化与西化则是东亚国家与西方国家实现现代化的进程。前者是总体,后者是局部,因此现代化与东化、西化是总体与局部的关系。从哲学上分析,实际是共性与个性或普遍性与特殊性的关系。现代化是人类社会各国家各民族的必由之路,只不过有早有晚而已。这种必由之路的根本动因乃生产力的发展。因此,现代化是人类社会发展的必然归宿,是人类社会发展规律的集中体现。

但各国各民族由于历史发展、社会文化背景、政治经济结构等诸多因素的差异,因而不能不呈现出多元性,即特殊性。西方国家与东方国家在实现现代化过程中必然有种种的区别。西方国家现代化即所谓西化是现代化的具体体现,二者既有等同部分,又有差异部分,同样,东方国家现代化也是现代化的具体体现,既有共性,也有异性。这就是现代化与西化二者间关系的最简单的概括。现代化既然是全人类社会发展普遍性规律或普世价值的体现,那么它就不只是西化国家的专利品,著名社会学家维利称现代化是"普遍性的社会溶解剂"。意即西方国家可以实现现代化,东方国家同样也可以实现现代化,你有我也有,所不同的仅仅是有早有晚的不同,而非能与不能的问题。"普世价值""由具有该属性的一切存在物所分享,但不可能由其中的任何一个存在物所垄断、任何一个具体的存在物也不可能穷尽它……"因此,正如民主不必由西方独占,民本也无需由中国专有。文明的差异与"普世价值"的存在并不矛盾。这一认识乃是社会科学的前提。①

现代化除了上述一般共性意义的概念外,更多的是特指东方现代化。在这种情况下,上述二者关系就变成了东方国家现代化与西方国家现代化即西化的关系,人们讨论的焦点实际上主要在这里。但人们往往将这两种关系混为一谈。把现代化简单地等同于西化,同时又把东亚现代化简单地说是现代化,因而往往就把东化等同于西化。

"东化"与"西化"的关系,依笔者之见可以概括为三个大的方面。一是密切联系,二是相同点,三是区别点。

"东化"与"西化"的密切联系体现在:其一,东方国家现代化的源头来自西方,西方是原生型现代化,东方则是后发型现代化,即东方的现代化来自西方的现代化,没有西方的现代化,很难有今日东方的现代化。离开西方先进的科学技术、教育、市场经济、竞争意识等诸多因素,古老的东方国家也将难以突破前现代化的藩篱。

其二,东亚现代化是融合了西方现代化的全球化现代化。西方现代化与东方国家现代化是双向学习与融合的过程。你中有我,我中有你。东方国家现代化从时间顺序上是源于西方现代化,但西方国家现代化也在一定程度上源于东方,没有指南针的发明,怎么可能有新大陆的发现,又怎么会有西方国家的航海的迅猛发展?没有印刷术和造纸的发明,怎么会有西方的文艺复兴运动及其高科技和教育的发展?没有火药的发明,怎么会有今天的火箭、卫星和宇宙飞船?可以说,现

---

① 唐士其:《中国道路模式化了吗?》,北京大学中国与世界研究中心《研究报告》2010年1月29日。

代化的实质即全球化的现代化,即把现代化看成是一个历史的进程,是东西方社会发展交互作用互相吸取各自经验为我所用的从传统社会向工业社会转变的过程。因此,东化与西化密不可分,但彼此密切联系不等于二者相同。

东化与西化相同之处有:其一,西方国家已实现的现代化目标,诸如经济上繁荣、政治上的民主、精神的文明,恰恰是东方多数国家所追求奋斗的目标。西方各国依据本国国情通过不同的模式实现了国家的现代化,并从其结果的共性中给出了现代化的基本内涵。这一内涵就是以城市化、工业化、市俗化、制度化、民主化以及民众积极参与社会、经济、政治活动为内容的一个从经济、社会到政治的全面发展过程。可见,现代化从诞生的那一天起,其内涵就是对西方社会新现象的一个特征描述。不仅如此,正是由于西方这种新生产方式所揭示的现代社会的经济运动规律及其现实的发展趋势,正如马克思在《资本论》第一卷序言中所说:"工业较发达的国家向工业不发达的国家所显示的,只是后者未来的景象。"也就是说,西方所建立的那种现代化社会,是一切其他民族的现代化目标所在。

其二,在如何实现现代化的某些具体措施、政策,甚至某些战略和体制等,也往往是东方国家实行现代化进程中学习或借鉴的楷模。这两点恰恰是西化论者的主要论据。

但东方现代与西方现代有共性和联系,只是一个方面,还有另外一个更重要的方面,即二者的区别与特殊性。正是由于这区别与特殊性,我们不同意所谓"东化=西化"的说法。原因在于:

其一,东方国家追求的现代化目标、标准尽管与西方现代化在总体上有一致之处,但由于时代的变迁与价值观等方面的差异也有许多不同之点。也即马克思所说的只是"未来景象"一致,但具体真实内容却有诸多变异。例如,污染问题、能源利用问题等过去在西方现代化并不是什么问题,但现今却成为现代化的重要指标。就是在经济、民主、文化三个大的目标上也会因国因地而有不同特色,不可能千篇一律。在经济现代化标准上,如高科技含量、人均收入、城市化标准等均与过去有重要差别。如以19世纪中期的西方现代化作为标准衡量亚洲国家,中国、印度等早已实现了经济现代化,因为中印的当今现代化水平已远高于当年俄国。

其二,东方国家现代化的发展模式,即具体实现现代化的战略、道路、体制、政策等,与西方现代化有着重要的差别,甚至在一定程度上带有本质上的区别。如东亚国家的政府主导下的市场经济、政治上的威权主义政体、文化上倡导儒家传统与价值观等,均有悖于西方。

其三,在实践上,凡照搬、照抄西方现代化模式,其害无穷。拉美国家是第三世界国家现代化起步最早国家,但由于原封不动抄袭西方现代经验与道路,尽管走了近一个世纪路程,结果成效甚微,甚至落后于起步比它晚2/3世纪的东亚新兴工业国家和地区。这种不按国情照搬的例子,在20世纪50年代的中国、在苏联解体后的俄罗斯比比皆是。这一点应该说是"西化"不等同于"东化"的最主要原因所在,因此应特别强调。

关于二者的关系,季羡林先生的评说应是比较客观的。他说:"东方的现代化同西方的现代化有千丝万缕的关系。东方国家的现代化当然不能百分之百等同于西方化,但是在很大程度上却离不开西方化。眼前的西方毕竟是科学技术最发达最活跃的地区。东方大陆,不管有多少大龙多少小龙,其现代化进程都离不开西方的影响。在这一点上,东方几条龙已经获得极大的成功,经济确实腾飞了,将来还会腾飞下去的。既然同为现代化,当然有其共同问题。既然有了东西之分,当然必有其不同之处,最大的或最根本的不同之处是在基本思维模式的不同:东方综合而西方分析。研究东方的现代化,不能离开这个基本思维模式。"①

第二节 东亚:"亚化"的开拓者

东亚现代化主体这里是指日本与"四小龙"。战后30—50年的高速经济增长和由此带动的社会变革,是当代落后国家和地区追赶型工业化、现代化的典型,它的成就和影响都是巨大的和难以消解的。②这种成功绝不是西化的结果。这已为世界众多学者与舆论所公认。

---

① 季羡林为《东亚与印度:亚洲两种现代化模式》一书所写序言,见陈峰君:《东亚与印度:亚洲两种现代化模式》,经济科学出版社2000年版,第1—2页。
② 董正华等:《透视东亚"奇迹"》,学林出版社1999年版,第5页。

美国著名未来学家约翰·奈斯比特在其新作《亚洲大趋势》中对亚洲特别是东亚的崛起给予全面高度的赞颂。尽管这部著作有许多不足之处,甚至近于粗糙,但它的基本观点却是可取的。该书明确指出,"亚洲的现代化绝非等同于'西化',它呈现出的是特有的'亚洲模式'",故可为"亚化"的开拓者。新加坡著名学者郑永年评论说:东亚模式,"在市场经济和政治发展的道路上,是非常成功的典范"。它们基本上走过了西方成功发达国家所走过的道路,但经济现代化的时间大大缩短,在数十年时间里,经济体从落后转型到发达,或者用新加坡李光耀先生的话说,是从第三世界转型到第一世界。①

现在,亚洲踏上了富强发展之路,经济复苏使东方人有机会重新审视传统文明的价值。"随着技术和科学的引进,亚洲向世界展现了现代化的新型模式,这是一种将东、西方价值观完美结合的模式,一种包容自由、有序、社会关注和个人主义等信念的模式,东方崛起的最大意义是孕育了世界现代化的新模式。亚洲正以'亚洲方式'完成自己的现代化,它要引导西方一起迈入机遇与挑战并存的21世纪。"②

东亚的崛起与东亚模式的出现对西方传统的现代化模式和西方中心说以猛烈的冲击。正如法国《世界报》所说,另一种现代化模式取代西方现代化模式的趋势正在"巨变的亚洲"出现,亚洲国家以不同的形式拒绝西方模式的霸权。美国另一著名学者霍夫亨兹等的著作《东亚之锋》一书便是揭示这种冲击的代表作品。该书的目的在于揭示东亚的优势,并在承认东亚对西方构成了挑战的基础上,试图寻找西方尤其是美国的整体响应策略。③

亚洲现代化初步成功的理论价值在于:现代化不等于西化或欧化,现代化道路并非只有一条,现代化的模式也并非只有欧洲或美国的经典模式,人类的社会发展具有多样性,现代化的模式同样也具有多样性,如果人类将现代化作为一个追求目标的话,"那么就应该允许东西方或南北方等不同人群的各种各样的试验和追求,当然,所得到的结果也只能是原则上大体一致,具体构造因地因时因国而异。试

---

① 郑永年:《全球化中的东亚模式》,《联合早报》2012 年 5 月 15 日。
② 〔美〕约翰·奈斯比特:《亚洲大趋势》,中译本,外文出版社、经济日报出版社、上海远东出版社 1996 年版,第 1 页、第 275 页。
③ 〔美〕霍夫亨兹等:《东亚之锋》,中译本,江苏人民出版社 1995 年版。

想,一旦那些非洲黑人兄弟有一天实现了经济发展和社会现代化之后,那肯定也不是西欧经典模式的摹本,而必然带有浓厚的非洲特色"①。美国现代化专家 C. E. 布莱克在其名著《现代化的动力》一书中对多种现代化模式也有精辟的论述:现代化特征对于所有社会都是共同的,考察这些特征有助于揭示现代化过程的一般性质。然而,各个社会的差异非常之大,这些一般通则对于特殊社会问题的帮助是有限的。"没有两个社会以同一种方式实现现代化——没有两个社会拥有相同的资源和技术、相同的传统制度遗产、处在发展的相同阶段以及具有同样的领导体制模式或同样的现代化政策。"②

布莱克的说法无疑是正确的。但也应看到:尽管世界现代化没有完全同样的模式,如同克隆牛与羊一样,但却有大体类似特征的现代化模式。不能因此否定东亚模式的存在。现代化是全球各国共同发展的进程与目标,这是现代化的普遍性,而东化、西化、南化、北化是世界几个大地区的现代化进程与发展模式,是现代化的个性或特殊性。但普遍性与个性或特殊性又是相对而言。由于现代化范围极其广大,发展具有无限性,所以,在一定范围一定场合为普遍性的东西,在另一范围另一场合则变为特殊性的东西;反之,在一定范围一定场合为特殊性的东西,在另一范围另一场合则变为普遍性的东西。西方模式对世界现代化是特殊性,但对西方各个国家的模式如美国模式、英国模式、法国模式、德国模式等来说,无疑又是普遍性的东西。同样,东亚模式对东亚各个国家的模式如日本模式、韩国模式、新加坡模式等来说,无疑也是普遍性的东西。

现代化模式到底分几类,由于划分标准不一,说法也不一。但笔者以为,不管如何分法,各大类模式均有四个变项:(1)现代化的启动来源——内源型还是外源型;(2)经济的运行方式——自由市场经济还是政府主导下的市场经济或计划经济;(3)政治主要运行机制——议会民主政治还是权威主义政治体制或混合体制;(4)文化主体——基督教文明还是儒家文明或印度教文明或伊斯兰教文明。

---

① 马勇:《儒学传统在现代化过程中的有限作用》,载《东亚经济社会思想与现代化》,山西经济出版社 1994 年版,第 430 页。
② 〔美〕C. E. 布莱克:《现代化的动力》,浙江人民出版社 1989 年版,第 87 页。

按照这四个变项,世界现代化则可以有诸多类别,比如西欧模式、东欧模式、北欧模式、北美模式、东亚模式、西亚模式、南亚模式、拉美模式、非洲模式等等。①

从亚洲现代化成功的概率而言,主要是东亚、中国、印度几种模式。亚洲现代化这几类模式与西方模式相比可以在上述四大特征上形成鲜明对照:现代化启动来源上西方是内源型,亚洲是外源型;经济上西方模式是自由市场经济,亚洲模式则是市场经济与国家干预相结合;政治上西方模式是议会民主制,亚洲模式则是权威主义政治体制;文化上西方模式是基督教文化,亚洲模式则是儒家文化。亚洲各国现代化模式虽然各异,但它们却均属于上述四大基本特征。而且,这些基本特征要远远超过或高于诸多各自的千差万别。不能因此而否定总体类别的一致性即共性。正如同不能因为美英法德各自的差异而否定西方共同模式一样。

日本是亚洲第一崛起大国,是亚洲现代化的先驱,是百年内实现两次现代化的大国,它的经验极其丰富,它的两次大的教训也极为深刻(两起两落)。

日本既可以作为西方模式,又可成为东亚模式,具有双重性格,但主要是东亚模式。而且,日本是东亚模式的源头。日本现代化从1868年明治维新开始。明治政府提出了"富国强兵""文明开化""殖产兴业"等口号,倡导向西方学习,推行一系列发展资本主义的措施,创办一大批新式企业,并设立内阁,颁布宪法,召开国会,从经济、政治、军事、文化、教育等多方面开展现代化进程,实现了日本的第一次崛起。但日本在自身崛起的同时走上对外进行武力扩张的道路。最终,疯狂的军国主义行径使日本自食苦果,走上法西斯主义道路的日本在第二次世界大战中战败,日本的第一次现代化进程遭到终结。

日本第二次现代化是在废墟上开始的。在二战结束时,日本满目凄凉、民不聊生。战争消耗了日本大量的人、财、物力;加上原子弹轰炸,日本国民财富的45%以上都被破坏掉了。工业生产急速下跌,其中生产资料生产仅及战前同期的1/10,工业技术水平比美国落后了30年。人均收入只有20美元。日本实行经济优先主义政策,1955年

---

① 参见钱乘旦主编:《世界现代化历程》系列各卷,江苏人民出版社。

经济恢复到战前水平,1963年,日本的国内生产总值是676亿美元,这一经济规模大约相当于同期美国的11.4%,联邦德国的70%,英国的78%。1966年日本经济的实际增长率达到13%,GDP(国内生产总值)超过英国,1967年超过法国和联邦德国,跃居资本主义国家第二位。1970年大阪举办了亚洲历史上第一次世博会(从1961年到1970年的10年间,日本经济年均增长11.6%),1975年成为G7一员,1985年日本超越苏联而成为世界第二经济大国,直到2011年被中国超过。

日本在现代化发展程度上(包括议会民主政治)无疑与西方一致,而且成为西方七大国之一,并且引以为荣。但在现代化的来源、政府主导下的市场经济、儒家文化基础等方面又无疑是东亚模式,即使是政治体制也带有相当程度的东方特色。把它归结为东亚模式理所当然。而且在20世纪50—80年代末,日本模式无疑是东亚模式中的成功楷模,它的诸多经验已为东亚国家和地区效仿。可以说它起到了"领头大雁"的作用。但自80年代后期特别是90年代以来,日本经济走向衰落,甚至在90年代末期出现经济危机,这种情况显示:日本模式已失去光彩。可以认为日本模式正处在从旧日本模式向新型的日本模式的转型时期,它的转型能否成功将是世人关注的焦点。

日本模式之后相继出现著称世界的"四小龙"(韩国、中国台湾、中国香港、新加坡)模式,统称"东亚"模式。在20世纪70年代到90年代经济高速成长,这之前它们都只是以农业和轻工业为主的国家或地区。它们利用西方发达国家向发展中国家转移劳动密集型产业的机会,吸引外地资本和技术,利用本地的廉而质优的劳动力优势适时调整经济发展策略,迅速走上发展道路,并且成为继日本之后亚洲新兴的发达国家或地区,也成为东亚和东南亚地区的经济火车头。

韩国的现代化开始于第二次世界大战结束、获得民族独立之后。由于遭受日本长期残酷的殖民统治,加上连续遭受战争破坏,20世纪50年代初期,韩国社会陷于空前混乱,国民经济陷入崩溃边缘。1953年7月22日,朝鲜战争停战协定签订,韩国经济开始进入恢复期。从60年代开始,韩国政治上建立了军人统治的权威主义体制,经济步入自主发展的快车道。这一时期韩国经济的突出特点是强调政府和市场的结合,在把市场作为主要经济调控手段的同时,高度重视政府的作用,主张政府对经济进行积极的干预。韩国政府在这一时期对发展经济起到了重要推动作用,政府在不同时期,根据经济发展面临的不同环境,确定了不同的投资重点和产业政策,扶持主导产业的发展,并通过它们带动整个国民经济的发展。这一时期,韩国国民生产总值翻了四番多,年均增长率达到10%,人均国民生产总值由87美元增加到1330美元。从80年代开始,韩国政治开始转型,由权威主义向民主政治过渡,对经济发展进行改革和调整。主要是放弃片面发展资本密集型的重化工业增长方式,实行"科技立国",优化产业结构,加快发展新技术产业,重点发展电子、机电一体化、新材料、精细化工、生物工程、光电子、航空等科技密集型产业,大幅度增加科技投资,提高产品在国际市场上的核心竞争力。经过十几年的努力,韩国经济基本转型成功,建立了较为成熟的市场经济体系,同时一批在国际市场上具有强劲竞争力的企业集团得以培育壮大,成为韩国经济的中坚力量。在这一时期,韩国政治虽历经坎坷,但从根本上完成了从权威政治向民主政治的过渡。

韩国现代化总体获得成功,创造了著称世界的"汉江奇迹",成为发展中国家的典范。它仅用30年时间就走完了西方国家近百年的工业化道路。韩国2010年国内生产总值(GDP)增长6.1%,为1万亿美元。按照2010年GDP计算,韩国与澳大利亚和墨西哥争夺全球第13名的位置。韩国在汽车、电子产品和计算机等众多领域极富竞争力。LG经济研究院发布研究成果,引入"20—50俱乐部"概念,称韩国于6月成为世界第7个满足人均GDP超2万美元、总人口超过5000万的国家(6月23日,国内人口将首次突破5000万人),这意味着韩国正式跻身发达国家。目前全世界满足发达国家标准的只有美国、日本、德国、法国、意大利和英国,韩国成为世界第七大发达国家。①

中国台湾从20世纪50年代末期开始,进行了一次全面经济改革,实现了台湾经济的起飞。1960年到1973年,经济增长率年平均达10.1%,工业生产增长年平均达19.4%。70年代台湾当局对经济政策再次做出调整,包括改善工业结构,发展重工业、化工业,建立自主经济体系,促进产业升级;强化农村建设,促进农业现代化;进行大规模公共投资,改善交通、电力等基础设施;拓展国际市场,发展对外贸

---

① 韩国《朝鲜日报》2012年6月28日报道。

易。经过一系列调整,台湾经济发展从低迷中恢复,继续稳步发展,使得台湾晋身亚洲"四小龙"之列。80年代中期,台湾开始走向更加开放的自由经济体系。经过近十多年的转型,台湾经济在自由化、国际化方面取得一定进展,也得以迅速转型,资本和技术密集型工业占制造业的比重目前已达六成以上,第三产业发展迅速,已成为台湾经济的主体。2000年,台湾"国民生产总值"突破3000亿美元,"人均国民生产总值"近14000美元,迈入发达水平。

1840年之前的香港还是一个小渔村,鸦片战争之后,清朝和英国签署《南京条约》,香港被割让,英国随后宣布香港为自由港,香港成为中国与东南亚和欧洲进行贸易来往的中转站。至20世纪初,香港人口不断增加,工业也有所发展,各种市政建设也逐步完善。但1941年12月日本占领香港之后,香港经济几乎瘫痪。日本战败投降之后,香港经济开始得以恢复。1950年朝鲜战争爆发后,美国对中国大陆实施商品禁运和贸易制裁,这使香港转口港贸易无法继续维持,不能再以中转站职能支撑经济发展,被迫进行经济转型,开始发展制造业,最初是以纺织业为主,其后逐步发展了成衣、电子制品、钟表及印刷等,制造业的发展使香港由一个转口港转型为一个轻工业城市。这一时期,造船业、航运业以致金融业也得到较快发展。1978年中国大陆开始实行改革开放,吸引大批投资者到大陆投资设厂,香港面临的竞争压力更大。这一时期开始,香港经济再次转型,开始重点发展金融、旅游、商业、贸易等,逐渐由工业重镇逐渐发展成国际金融中心,80年代初期成为亚洲"四小龙"之一。2011年香港GDP为18909.39亿港元,世界银行统计2011年香港地区人均GDP为34457美元(汇率计算)。

新加坡原是一个资源匮乏、面积只有700平方公里、人口500多万的弹丸小国,但过去几十年里,新加坡不仅创造了经济奇迹,而且始终保持着作为亚洲"四小龙"之一的活力。目前,新加坡是全球重要的金融中心,人均GDP接近4万美元,已经迈入发达国家行列,在亚洲位列第一。从上世纪70年代末开始,新加坡开启经济转型,向技能密集型转变。进入90年代以后,新加坡重点发展技术密集型产业,包括生物医药、高端化工业等,同时把服务业确定为经济增长的主要动力,特别是1998年金融危机之后,更是将发展现代服务业作为经济发展的重中之重,开始发展知识密集型产业。新加坡总理李显龙承诺,新加坡将在2015年实现科研总值占国内生产总值3.5%的目标,把新加坡建成国际科研中心和亚洲创新中心,使创新成为经济增长的主要动力。

邓小平对新加坡模式极为重视。早在1978年十一届三中全会前夕,邓小平考察走访了新加坡,回国后印发了有关新加坡等国的资料,意即学习新加坡经验。1992年在"南方讲话"中,邓小平表达了对东亚模式的重视,特别公开高调地提出中国要学习新加坡,认为新加坡不仅经济发展迅速,而且社会秩序好。邓小平号召学习新加坡立即导致了大量的中国代表团访问新加坡取经。此后发展出来的各种项目,包括新加坡南洋理工大学的"市长班"、新加坡国立大学李光耀学院的"干部班",此外在苏州、天津等地建设了新加坡示范区等。

第三节 中印:"亚化"新型模式

中印两国崛起后,世人对其发展模式讨论颇多,争议也颇多。

中国社科院社科文献出版社发布的《中国经济发展和体制改革报告》调查问卷显示,74.55%的受调查者认可"中国模式"。其中60.25%的受调查者认为"中国模式"还是探索中的一种发展模式。认为"中国模式"已经成型的占受调查者的14.3%。①

国外对中国模式也有诸多评论。正如美国科学史家、科学哲学家托马斯·库恩所说的"你是无法用旧模式中的词汇来理解一个新模式的","中国显然正在开创出一条人类社会发展的新道路。② 新加坡《联合早报》也刊文称:新中国六十年历史,虽然常常分为两个三十年,但双方在终极目标上有一个共性,就是探寻中国的现代化之路。前一个三十年希望通过强调意识形态和主观能动性,打破资本主义法权,以一种反现代化的方式追求新的现代化之路。后一个三十年则以1978年改革开放为标志,一路走过不平凡的历程,创造出时称"中国模式"

---

① 《人民论坛》2008年12月19日。
② 转引自宋鲁郑:《中国模式,一种新的民主?》,http://opinion.m4.cn/2013-03/1204281_6.shtml,2013年3月26日。

的全新现代化之路。①

中国与其他东亚国家和地区在现代化进程中在经济、政治与文化诸多方面又有基本上一致的地方,因此,无疑可将中国划入东亚模式。而且中国与东亚模式有许多可比之处,这有助于探讨亚洲各国现代化进程的共同规律和共同经验。但应当指出的是,中国并非是一般的东亚模式。从社会主义制度衡量,中国无疑是属于社会主义特色的东亚模式,具有社会主义的深深痕迹和象征。因此,它不仅不同于西方资本主义国家模式,也不同于其他东亚国家的现代化模式。其不同点在于:其一,从市场经济角度而言,不是东亚一般政府主导下的资本主义市场经济,而是在中国共产党政府指导下的社会主义市场经济;其二,从政治体制而言,中国无疑有较多集权成分,但中国实行中国共产党领导的多党合作和政治协商制度,中国是社会主义民主集中制的政治体制;其三,从文化上说,中国无疑是儒家文化的发祥地,有深厚的儒家文化根基,但中国的意识形态主流或指导思想是马克思列宁主义,它与儒家文化紧密结合,正在形成一种带有中国特色的社会主义新文化。"中国文化的现代化既不是对传统文化的改头换面,也不是中西文化的简单拼凑或西方文化的变相移植,而是在马克思主义的指导下,充分吸收和继承古今中外一切优秀文化遗产,在社会主义建设的实践中创造出的新文化。这种文化形态既具备了现代化的一般特征,又体现了中华民族的特色,并以马克思主义贯穿民族文化的内核,是一种有中国特色的社会主义新文化。"②

印度作为亚洲发展中国家的一个大国,在现代化的道路上和发展模式上也进行了有益的探索,而且具有典型性,可以说是第三世界混合型发展模式的代表。它与东亚模式在外源型、市场经济运行机制等方面是一致的,或基本一致,因此,也有人把印度模式归入东亚模式之中,但东亚模式与印度模式毕竟有重要区别。在政治体制与文化方面则既有一致方面,又有显明的差异性。在政治上,印度是西方类型的议会民主政治体制,但也有某种威权主义特征;在文化上,则是以印度

---

① 宋鲁郑:《中国的政治制度何以优于西方》,联合早报网,2010年3月10日,http://www.xici.net/d201081570.htm。
② 黄南森、龚书铎、陈先达:《有中国特色社会主义新文化》,山东人民出版社1999年版,第128页。

教文化为主体,与儒家文化有诸多的不同,对经济发展的作用,也是很不同的特点;即使在经济上,印度也与东亚有明显不同之处,印度在20世纪80年代之前,虽然也有相当的市场经济成分,但国家干预过多,计划经济和国有企业占有优势地位,严重影响了经济的发展速度,只是到80—90年代以后才逐步走上市场经济的轨道。因此,印度模式可以单列出来,作为亚洲另一种模式,与东亚模式并列。

当然,印度的现代化步伐比较迟缓,或者说是刚刚起步。但它具有巨大潜能。可以想见,21世纪世界现代化进程步伐最快的地区很有可能就在中国、印度和整个亚洲。其前景令世人瞩目。将它的现代化进程及其经验教训与东亚现代化进行周详的比较,不仅在学术上、理论上具有开拓性,而且在实践上也具有非同小可的重要价值。这种比较无论对东亚、对印度,还是对中国,甚至对所有发展中国家都将具有一定的现实意义。

第四章 东亚模式

东亚模式英文为"East Asian Model"(EAM)。所谓"模式"(英文为"pattern"或"model"),是指某一或某些国家或地区在实行现代化道路过程中对政治、经济体制及战略等的选择。这里讲的东亚是指包括日本、亚洲"四小龙"和东盟国家在内,经过战后近半个世纪的发展而形成的一种不同于西方现代化的范式,但主要指前二者。东亚各类国家经济、政治发展不一,文化背景也各异,但由于其发展存在着共同或相似的特征,故可作为统一的模式分析。本章从经济、政治与文化三个层面加以评析。

第一节 东亚经济模式

一、东亚经济模式特征

东亚经济模式基本特征可以概括为下列公式:

东亚经济模式 = 高经济增长率 + 发展战略(出口导向) + 利用外资(大举外债、吸引外国投资) + 分配收入相对均等

下面做一概要说明。

1. 高经济增长率

这是东亚模式的最主要标志之一。西方工业化国家从19世纪后期至19世纪初,其增长仅在英国出现,人均国民生产总值年均增长1%已是历史创新。19世纪后期至20世纪,一些先进工业化国家也才达到1%—2%。战后某些西方国家增长率达到3%—5%,被看作是

"经济奇迹"。但真正的奇迹却应是东亚。这里年均增长率已提高到7%—8%,甚至更高,一般均要高出西方国家年均增长率一倍至几倍。① 据统计,1965年以后的30年里,8个东亚经济高增长国家和地区(HPAES:High-Performing Asian Economies——中国香港、印度尼西亚、日本、马来西亚、新加坡、韩国、中国台湾、泰国)的年均经济增长率达5.5%,是其他东亚国家的两倍,是拉丁美洲和南亚国家的3倍,是撒哈拉以南非洲国家的25倍。② 东亚国家的出口总体来看呈现高速增长的趋势,特别是在制造业方面,在世界市场中占的比例从1965年的9%升至1995年的21%。③ 另据《新闻周刊》报道:"亚洲在世界国民生产总值中的比率从60年代的4%增长到90年代的25%,按此速度发展,进入2000年将会增加到30%。"④

2. 倡导"经济立国"或"经济优先主义"

"经济优先主义",又可译作"经济第一主义",即以经济建设及追赶欧美为国家战略的中心任务。在东亚最早是由日本前首相吉田茂提出,其后韩国前总统张勉和朴正熙均先后提出"经济发展主义"或"经济第一主义"。经济第一主义乃是东亚国家和地区经济建设的最高原则,也是东亚成功的第一要素。西方由于是"内源性现代化",其现代化的启动是靠自下而上的自发性,一般以商业和工业革命为先导,逐步缓慢实现现代化。东亚地区则是晚近现代化,有其独特的外部条件,即所谓"迟发展效应"。这一条在理论上近于常识,但真正将其作为国家最高行动准则却非易事,东亚国家和地区大都经历过沉痛甚至是血的教训才换来这条准则。⑤

3. 外向型经济发展战略,又称出口型工业化战略(Associative export-oriented development strategy)

这种战略与西方发达国家的非联系性自主型发展战略(dissoda-

---

① 罗荣渠:"东亚现代化丛书序",见尹保云:《韩国为什么成功》,文津出版社1993年版,第1页。
② World Bank, *The East Asian Miracle: Economic Growth and Public Policy*(July, 1993), p.2.
③ "Riddle of East Asian Success: Economic Miracle or Myth?" *Economist*, 1993.10.2, pp.29-30.
④ *Newsweek*, 1995.11.20.
⑤ 详见陈峰君:《论东亚经济民族主义》,《国际政治研究》1996年第2期。又见其《东亚成功的综合要素:东亚经济民族主义》,香港《中国社会科学季刊》1996年第2期。

tive autonomous development strategy)显然不同。其内容是按照国际比较优势的原则,在政府产业政策的具体支持下,通过积极引进外国资本和技术,面向国际市场组织生产,并通过扩大出口,带动经济增长,缓和国际收支压力。这种战略被看作是"东亚模式的本质特征"。①

4. 市场经济与政府干预有机结合或称"政府主导下的市场经济"

西方内源型现代化过程中特别是早期与中期其生产运作系统主要靠市场经济。只是在战后才重视计划、宏观调节与现代科层制度。而外源型的东亚国家则在现代化的一开始就特别重视国家的职能,将所谓"看得见的手"和"看不见的手"紧密有机地相结合,"形成软硬适度、富于弹性的经济发展体制,并使之成为东亚发展模式的有机组成部分"。② 日本和韩国被称为典型的"政府主导型的市场经济"。日本的特点是"高度组织化和有效的行政介入,官民结合"。韩国的特点在于"国家力量与市场力量高度融合,政府凭借国家力量制定经济计划,建立发展目标和发展方向,并有效地运用各种资源,从而推动经济走向高速成长"。新加坡被称为"介于国家控制和市场经济之间的典范"。新加坡已发展出一个庞大的政府产业(政府关联企业和政府投资企业)。但企业的运作必须符合市场规则。正是这项政策使东亚经济体在很短时间内赶上了西方。③

5. 分配收入相对均等

东亚与西方在经济增长速度与收入分配相对照,刚好成相反的状况:东亚增长速度比西方高得多,而收入分配却相对均等。与拉美国家相比,其收入分配也明显相对均等。经济学家通常用基尼系数来表示收入差别的程度:基尼系数 0.5—0.7 之间为收入高度不平等,0.2—0.35 之间为相对均等。上世纪 50 年代中期至 60 年代初,拉美与东亚"四小龙"较为相似,大都处于 0.46—0.55 之间。巴西 0.5(1960 年)、墨西哥 0.53(1963 年)、中国台湾 0.55(1953 年)、韩国 0.46(1958 年)。从 60 年代至 70 年代中期,随着经济高速发展,东亚基尼系数明显下降:中国台湾 0.27(1971 年)、韩国 0.28(1971 年),而

---

① 慕海平:《对东亚发展模式的分析:含义与启示》,《东南亚研究》1993 年 5—6 期。
② 同上。
③ 郑永年:《全球化中的东亚模式》,新加坡《联合早报》2012 年 5 月 1 日。

拉美则居高不下甚至呈上升趋势:巴西 0.57(1970 年)、墨西哥 0.58(1969 年)。①

二、东亚经济模式形成的外部因素

东亚现代化与西方现代化的区别除种种内部因素的不同外,在客观上还有种种外部因素的不同。特别是第二次世界大战后国际政治形势和国际经济形势发生了人们未曾预见到的巨大变化。这种巨大的变化对东亚国家是一个严峻的挑战,也是一个新的时代历史机遇。人们在探讨东亚崛起的原因与模式时,不能不重视这种客观因素。一般地说,从传统农业社会向现代工业社会的转变基本上是内部因素起决定性作用。虽然其启动也曾借助外力,"但成功的决定性力量却是内部因素"。但是在战后,世界政治经济的变化,特别是发达工业国家的经济景气与产业升级,"只要善于加以利用,即可转为推动发展中国家工业化的外动力"。如果再加上对东亚"四小龙"及日本经济发展的种种其他特殊因素,它们的崛起便有着充分的客观基础与条件。

(一) 国际政治因素

第二次世界大战是东亚崛起的一个分水岭。日本虽然在战前就已实现了所谓"脱亚入欧"的现代化,但日本的这种现代化并非是成功的现代化。它的现代化走的是通过海外扩张、侵略的独特道路。它的现代化具有西式现代化的外壳,却包含着"武士道"现代化的内核,因此是军国主义的现代化,从而最终导致现代化的断裂。日本"人为地采用好战的现代化(militant modernity)的强硬外壳来保护大量中世纪传统文化,其中不少东西具有原始性,孕育着火山爆发的深重危险"。第二次世界大战的惨败标志着日本第一次现代化的半途而废。但也恰是第二次世界大战迫使日本痛定思痛,重新思考第二次现代化的真正道路。日本外务省 1957 年度《外交蓝皮书》指出:"为了发展经济,培养国力,唯一的方法是依靠经济力量实现和平的经济扩张。"从而形成了所谓"举国一致,经济立国"的现代化发展道路。

第二次世界大战的结束也完全改变了东亚各国和地区振兴、崛起

---

① 罗荣渠主编:《各国现代化比较研究》,陕西人民出版社 1993 年版,第 264 页。

的外部条件。东亚国家纷纷取得政治上的独立,不仅改变了整个东亚的政治地图,也从根本上改变了这些国家和地区的政治地位,从而为这些国家和地区的现代化创造了更加广大的可能性和更加现实的道路。尤其是中国革命的胜利,不仅彻底改变了中国旧的政治制度,为中国实现现代化提供了最重要的政治保证,同时它也极大地改变了东亚地区的面貌,极大地鼓舞了东亚和世界其他国家的进步与发展。没有东亚特别是中国革命的胜利,东亚不可能有今天的发展。战后冷战体制的确立,为东亚地区的发展提供了重要条件。由于冷战的格局,东亚地区成为两大意识形态斗争的前沿阵地,这种特殊的国际环境不仅给东亚国家特别是日本和"四小龙"提供了一种"安全空间",也为它提供了一个西方国家借以显示其意识形态优越性的"发展空间"。西方国家专注于对日本、韩国、台湾地区的大力扶持。

中国周边国家和地区(日本、东南亚国家)的经济发展受惠于美国对中国的遏制,受惠于美国的侵朝和侵越战争以及对中国的封锁禁运。"如果在战后美国不把扶植日本作为遏制中国政策的主要支柱,亚太战后经济形势很可能是另一种样子。"① 美国为了对抗苏联,改变了对日本的方针,把原来削弱日本垄断资本的政策改变为扶植其发展的政策。1948年1月,美国当时的陆军部长劳雅尔在旧金山的演说中宣称:美国的新的"对日占领政策在于培养强有力的日本政权","使日本在今后对远东可能产生新集权主义的威胁发生防波堤的作用"。为了扶植日本垄断资本的发展,美国多次提出关于日本赔偿问题上的方案。1949年5月干脆宣布取消一切赔偿,保留了850个垄断大企业,使日本垄断资本得以恢复和发展。在军事上,日本成为美国的军事盟国,美国长期驻扎军队,使日本的国家安全置于美国保护之下,这无疑大大地减少了日本的防卫费用。日本20世纪50年代防卫费只占国民生产总值的0.3%,60年代后有所提高,但也未超过1%。如果没有美国的保护,日本将耗去大量资金用于防卫,自然要影响对经济建设的投资。同样的理由,美国也大力扶植韩国,把它作为另一个重要盟友,成为反共反华的前沿阵地。1949年6月,美国总统杜鲁门在给国会的咨文中宣称:"朝鲜半岛已变成一个试验场,大韩民国正在把

---

① 陈鲁直:《中国与亚太地区》,《亚太研究》1992年第2期。

民主制度的理想与原则转化为实践,以此抗衡北韩人民被迫接受的共产主义……新生的共和国的进步将会鼓舞南亚、东南亚及太平洋岛屿的人民抵制和拒绝包围他们的共产主义宣传。"

值得提出的是,朝鲜战争与越南战争给日本和中国台湾地区带来了"繁荣"。朝鲜战争爆发后,日本就成为美国侵略亚洲的前沿阵地,日本成为战争所需要的各种物资的"特需"供应地,这种"特需"不仅包括提供军需物资,也包括各种服务,甚至包括美国兵在日本的休假。据统计,1950—1953年日本的"特需收入"共24.7亿美元。这种特需调动了日本的各个经济部门,在朝鲜战争期间,日本电力的70%、煤炭的80%、船舶和陆地通讯的90%均直接或间接为美军提供服务。因"特需"而就业的人数增加约100万。由于战争的刺激,日本工矿业在战争的第二年(1951年)就超过二战前的水平。日本垄断资本从战争得到的收入达23.7亿美元,占出口额的50%。①

中国台湾地区在两次战争中也获益匪浅。1950年朝鲜战争爆发后,台湾开始走出困境。美国在战争爆发后即刻下令第七舰队游弋于台湾海峡,成立美军援台军事顾问团,后又成立美国经济合作总署"中国分署",并从1951年起重新恢复了对国民党当局的经济援助。美国侵越战争爆发后,台湾又获一笔大利。1965年美对台停止援助,台湾随即积极争取南越之美援到台湾采购物资,特别是营建业所需之钢筋、水泥,并给美国来往装货的船只以优先供应码头,因而增加了对南越的输出的总值。台对南越的输出占台湾总输出值的第4位(前三位是日、美、香港),1966年达8600万美元,占台湾当年出口总额的16%。其他靠近越南的国家和地区如新加坡、中国香港、韩国也沾了不少光。越战对它们的经济、贸易和旅游业发展,不能说没有关系。例如新加坡的炼油业是其工业三大支柱之一,已达5000万吨以上,其发展主要是在越战期间,主要靠美国的投资。

(二)世界经济因素

战后没有发生世界性大规模战争,各国均致力于发展经济,从20世纪50年代到70年代初,世界经济呈现出长期稳定和高度的增长,

---

① 色文:《现代日本经济的发展与对策》,北京大学出版社1990年版,第43—44页。

被称为"黄金时代"。整个资本主义世界,1946—1970年间,工业生产增长4倍,年均增长6%左右。农业生产发展也较快,世界谷物产量在战后同期内约增加2倍。而在1913—1938年间总共增长50%,年均增长不到1.7%。资本主义经济的大发展为国际贸易的发展提供了雄厚的物质基础。战后国际贸易的发展不仅快于战前,而且超过生产的增长速度。世界出口贸易额的年增长率1948—1960年为6.8%,1966—1970年为11%,1971—1976年则为21.4%(战前贸易量年均增长不到1%)。战后西方国家修改了战前的贸易壁垒政策,签订了"关税及贸易总协定",并建立了以美元为中心的国际货币体系,促进了国际贸易与经济的繁荣。作为世界资本主义体系一部分的日本、"四小龙"等,当时的国际经济大环境不能不对其发展起着重要作用。比如日本等东亚国家和地区在战后进口的主要部分是原料、燃料等初级产品,而出口的则是加工制品,初级产品与工业品价格的剪刀差呈现扩大的趋势。根据联合国统计的价格指数,以1963年为100,初级产品价格1952年为115,1971年上升为124。它们从进口中得到廉价的原料、动力资源,并以高价出售了自己的工业品。贸易条件的改善给它们带来了巨大的实惠。台湾在1952—1971年的20年间,营业额由3亿美元增长到39亿美元,增长12倍,出现了贸易顺差2.16亿美元;在1971—1983年的13年中,贸易顺差又由2亿多增加到48亿美元,增长20多倍。

20世纪50年代末60年代初,西方资本主义世界在新技术革命的带动下,产业结构发生重大变化,即开始全面放弃劳动密集型工业而去经营资本技术密集型产业,它们急待转移被淘汰的劳动密集型的工业资本、技术、原料等,同时也相应让出这类工业的市场。恰在此时,韩国、台湾、新加坡等以替代进口的工业已基本建立,市场也日趋饱和。它们利用西方产业结构变化的时机,采取开放政策,引进大量劳动密集型轻纺工业资本及技术,并利用大量廉价劳动力进行生产、加工和装配,同时把进口替代转变为出口导向,将产品推向国际市场,从而出现了出口的繁荣景象。

战后的科学技术革命是推动日本和其他东亚国家和地区经济发展的又一强大动力。这场革命以原子能、电子计算机、空间技术、合成材料、生物工程为代表,使科技各个领域都发生了深刻的变化,直接推动了生产的发展。这次科技革命给科学技术相对落后的国家提供了一个良好机遇,即可以引进已成熟的先进科技成果,使本国经济跳跃式地发展。日本在这方面尤为突出。二战的严重破坏使日本与欧美的差距更加扩大了。有人推算,20世纪50年代中期,日本科技水平大约落后20—30年。世界科技的新发展对日本的落后状态是一种挑战,也是一个有利时机。日本把引进欧美先进技术作为战后日本经济发展的捷径,可谓捷足先登,避免了漫长而曲折的路,加快了经济的发展。

此外,便宜的世界能源价格对东亚经济的发展也是一个有利条件。20世纪60—70年代,世界石油资源生产分布由美洲转向中东和非洲,而且由于西方的压榨和掠夺,石油价格在1973年第四次中东战争之前一直很低廉。1桶石油(136.05公斤)的价格,持续20多年被压在2美元以下,1973年才提高到2.8美元。廉价的石油不仅改变了日本的能源结构(1954年,煤炭占50.9%,石油占18.6%;1971年,石油占73.5%,煤炭仅占17.5%),也大大降低了日本产品的成本,提高了产品的国际竞争力,而且带来了一系列连锁反应,促进了其他部门的发展。日本以石油为原料建立了大规模的石化工业并修造了许多大型油轮港口,使造船、交通运输业得到了发展。"围绕这些大型港形成了日本工业中心——沿太平洋工业地带。"

(三) 美国援助因素

美国的经济援助对日本、韩国、台湾地区经济的复兴起到了"输血"作用。战后初期,美国主要通过"占领地区救济基金"和"占领地区经济复兴基金"进行援助,从1945年9月至1951年对日本共援助21.28亿美元,占同一时期日本进口总额的38%。日本用这些援助进口粮食、白糖等食品以及棉花、羊毛、矿产品等工业原料来解决国民生活和恢复经济的急需,同时又把出售援助物资所得到的资金用来进行设备投资和支持重点部门的发展。这对日本经济的复兴无疑起到促进作用。除此之外,美国还给日本大量贷款。从战后到70年代末,日本借入外国贷款约213亿美元,其中70%是美国提供的,如果加上军事援助,日本经济的受惠应在东亚各国和地区之首。

韩国是亚洲仅次于日本的美援受援国。美国为了谋求东北亚优势,甘愿背起帮助韩国战后重建的包袱。1952—1953年美国就派了两个经济顾问班子到韩国考察并制订战后重建计划。据韩国银行统计，从1953年至1960年美国共给韩国经济援助17.45335亿美元，另外还有联合国朝鲜重建局的援助1.2亿美元。1953—1957年，韩国将近100%的固定投资来自美援，1958—1960年来自美援的投资仍占80%以上。另据统计，在《韩美共同防御条约》签订的20年里（1954—1974），美国给韩国的援助金额接近它对全球经济和军事援助的8%，达110亿美元，仅次于南越。有人评论说："在这个国家里，几乎没有一个企业是离开援助而靠自己的资金建立的。"1953—1960年，韩国约一半的政府开支来自美援。1954年至1957年美国在韩国搞了51个新的工业项目。在李承晚时代，这些项目虽然未发挥作用，但却为60年代朴正熙时期的出口生产体制起了骨干作用。美援在50年代主要用于轻工业进口替代上，这对60年代的经济起飞也奠定了重要基础。

美国对台湾地区的经济援助始于1951年，到1965年7月停止，前后15年中总共援助14.822亿美元，平均每年约1亿美元。另据统计，截至1982年底，美国等西方国家给予台湾的各种形式援助（包括军援）累计达205亿美元。美援对台湾经济的发展特别是50—60年代的经济起到了决定性的作用。第一，美援有利于弥补财政赤字、平衡外汇收支和抑制通货膨胀，因而对台湾经济稳定起了重要作用。50年代初，台湾物资严重短缺，每年出口平均只有1.2亿美元，而进口2亿美元，这笔差额全靠美援弥补。同时，由于运用美援进口大量物资，平均可抑制物价上涨率2.5%，由1950年的上涨率400%下降至1954年的2.4%。第二，美援有利于岛内资本的快速形成，对台湾经济的恢复起了重要作用。据美国加州大学一位教授撰写的报告，在美援15年间，美援中资本援助占同期台湾资本形成毛额的34%，且美援在台的对外贸易上，每年弥补财务及劳务入超额约91%。"试想没有此项国外资金来源，经济发展进度该受到如何的挫折。"第三，美援有利于岛内投资环境的快速形成。在投资环境中，基本经济设施占有极重要地位。台湾运用美援的重心是：扩充基本建设占37.3%，增加人力资源占25.9%，发展农业占21.5%，发展工业占15.3%。美援为改善台湾的投资环境创造了有利条件。由此可见，台湾经济发展很大程度受惠于美援。从1953年到1960年台湾经济年增长率为6.9%（按不变价格计算）。据测算，在无美援条件下，年增长率仅能达到3.8%或3.99%，或最多只达到有美援条件下的5.5%左右。一位英国经济学家写道："据雅各比的模型推断，美国的援助使台湾生产总值的年增长率提高了一倍，使人均生产总值翻了两番，使达到1964年的生活水平所需要的时间缩短了30年。"①

（四）历史遗留因素

第二次世界大战前，日本是非西方世界取得现代化成功的唯一亚洲国家，并实现所谓"脱亚入欧"。尽管它在诸多方面比欧美国家相对落后，而且第二次世界大战的惨败，使其工业化成就遭到惨重的断裂。但是，日本第一次工业化的成就却为第二次现代化创造了极为重要的物质基础。况且在大战期间，为了保证军需，与军事有关的重工业和化学工业部门有了较大发展，一些重要工业部门的生产能力在大战期间的最高数量同战前1937年比较有了明显的增长。如炼钢能力从650万吨增加为870万吨，炼铁能力从300万吨增加为660万吨，石油精炼从232万吨增加为415.7万吨，工作母机从2.2万台增加为6.01万台。尽管在战争中各种生产设备遭到严重损失，有人估计主要生产设备的生产能力遭到破坏达30%—58%，但仍有许多生产设备保存完好，生产能力甚至比战前高。如炼铁能力战败时560万吨，比战前的1937年高86.7%；炼钢能力770万吨，比1937年高18.4%；工作母机5.4万台，比1937年高145.4%。在人力资源方面，自明治维新之后就逐渐形成了从初等教育到高等教育的完整的教育体系，早已实现义务教育，普及了中等教育，并培养和造就了一大批科技工程人才和熟练工人，这些情况是周围的亚洲各国所无法比拟的。朝鲜在日治时期，日本通过武力扩张和经济掠夺，迅速地将其纳入殖民依附体系之中，把现代化事物强加给朝鲜，这种强制性的现代化在客观上为朝鲜奠定了一定的工业化和市场经济的基础。有材料表明，朝鲜1920年基本是农业国，农业占国民生产总值的88.1%，工矿业加起来仅占4.1%，但到1939年农业产值则下降至42%，工矿业则上升到45%。1910—1945年间，朝鲜的工业产值平均年递增率为15%。"到1945

---

① 李宏硕：《台湾经济四十年》，山西经济出版社1993年版，第354—357页。

年日本投降之前,朝鲜的整体生产能力与日本相比不是很远。"西方学者和韩国部分学者对朝鲜殖民时代的现代化的一致看法是:日本人既带来了沉重的奴役和剥削,但也带来了现代经济因素和西方文化,两者并存混淆一起难以区别。台湾自 1895 年中日甲午战争后便沦为日本的殖民地,直至 1945 年台湾光复。日本对台湾的基本政策是"农业台湾、工业日本"。但日本出于经济掠夺和军事侵略扩张的需要,在 30 年代以后的数十年里,加速了台湾岛的工业发展。1931 年台湾工业总产值为 2.1 亿元,1937 年增至 3.7 亿元,1942 年更达 7.4 亿元,年均增长率达 35.2%。1941 年台湾铝锭产量 12304 公吨,较 1937 年增长 449%;1944 年水泥产量 30 万公吨,为 1937 年的 207%;1943 年铜产量 3263 公吨,为 1937 年的 126%。另据统计,日本投降时全岛已有铁路 2922 公里,公路 17272 公里,还有基隆、高雄、花莲等重要港口和 17 个飞机场。总之,台湾岛在日本统治时期工业与交通运输已具有一定基础,对光复后的台湾经济恢复与发展不能不起一定的作用。

(五) 地理位置因素

从地缘政治考虑,地理位置是国民经济发展的重要客观因素之一,优越的地理位置和良好的环境可以产生重大的经济战略效果。如果一国位置地处或接近贸易航道,本身就具有优越的战略价值。美国由于位于大西洋和太平洋贸易航道的终点而成为世界性贸易大国。英国、法国、荷兰、德国、意大利等欧洲国家均因特殊的地理位置而成为发达国家。同样,东亚国家和地区的经济起飞也不能不与优越的地理位置有关。日本是亚洲大陆东缘太平洋西北部的一个岛国,西隔东海、黄海、朝鲜海峡、日本海,而与中国、朝鲜、俄罗斯相望。日本列岛呈东北—西南走向,并与子午线斜交,海岸线总长 30000 公里,在世界上首屈一指。东部临太平洋一侧,海岸曲折,有许多天然良港。全国主要城市和大部分工业都集中于太平洋沿岸各大良港,这为海上运输创造了极为有利的条件。此外又由于战后石油、铁矿等资源开发地域的分布发生了有利于日本的变化(石油进口由北美、南美改为中东和非洲;铁矿进口由欧美大西洋地区改为亚洲和澳大利亚太平洋地区),使其运费低廉而便利。装载原料、燃料的远洋船只可以直接驶入日本工厂,各种加工产品可以从工厂直接装船送往世界各地。由于原料和成品的运输费用的节省而导致产品成本和价格下降,提高了市场竞争力。

新加坡的土地面积虽小,但占据着重要的地理位置。它居于东南亚地区的中心,是东南亚各重要城市、港口的海上交通十字路口,是连接太平洋与印度洋的枢纽和航运要道,马六甲海峡进出口的咽喉要冲,从欧洲、澳洲、中东、南亚的船只都要从此经过。它不仅占有重要的战略地位,而且是天然优良港口,海岸线130公里,是世界著名的天然良港,有"港口之国"的美称,它港面宽阔,航道水深,潮差小,各种类型的轮船终年均可穿行而无阻。新加坡这种得天独厚的地理条件为其发展成为"四小龙"提供了重要的无可取代的客观因素。

香港的成功首属地利。香港虽然地域狭小、自然资源贫乏,但它的独特的地理位置成为促进其经济发展的重要推动因素。它地处交通要冲,背靠祖国大陆,面向南太平洋,与南洋群岛、中南半岛相望,是远东地区海空交通要地。它又位于珠江口之东,水路可直通广东、福建沿海城市,陆路与珠海、深圳相连,是我国南方对外商事往来的门户。香港又居亚太地区交通要冲,是沟通远东各地,联系欧美各地的枢纽,可同世界各大贸易港口相沟通。香港最为著名的港湾是维多利亚港,港深浪平,是仅次于美国旧金山和巴西里约热内卢的世界第三大优良天然港口。长期以来,英国殖民者一直把香港作为向远东地区扩张势力的基地,从事东南亚之间和世界各地区的转口贸易。这里的商业、服务业和金融业有着较长的发展历史,建立了较完备的社会基础设施。同时,中国大陆又为其提供了资源丰富、低廉劳动力的巨大市场。因此,香港又成为国际资本进入中国市场的一个理想跳板,当然也成为中国商品进入西方市场的一个理想窗口。这种得天独厚、独一无二的地理优势是香港起飞的重要因素之一。

台湾正扼西太平洋航道的中心,它东北与琉球群岛相接,南与菲律宾隔海相望,东面是白浪滔滔的太平洋,西面隔台湾海峡与祖国大陆相连,它是我国与太平洋地区各国的交通枢纽,是我国与西太平洋交通锁链上的一个重要环节。从台湾向东,越过太平洋可与南北美洲及太平洋各国联系,从台湾向南,可以到达东南亚和大洋洲、印度洋诸国,因而具有独特的经济价值和军事战略地位,历来是列强必争之地。早在200多年前的1771年,波兰贵族上书法、奥统治者的《台湾殖民方案概要》中就宣称,如能控制台湾,"则可握东洋互市之航权"。美国称台湾是"太平洋上炸不沉的航空母舰"。美国正是利用台湾的特殊地理位置,将其作为发动朝鲜和越南战争的基地,而台湾也恰好利用这种机会取得了大量实惠。

韩国地理位置看起来远不如日本和其他三"小龙",似乎远离太平洋。实际上,韩国的地理位置也是相当优越的,它地处东北亚的核心地带,北部同中国和俄国靠近,东部同日本毗邻,南部距日本本州岛仅180公里。它不仅与中国的海域相连,而且也连结着亚洲大陆和太平洋。长期以来也是大国必争之地,被称之为"亚洲的巴尔干半岛"。韩国的这一地理位置使其成为东北亚各大国政治军事战略和经济利益冲突的交汇点和国际交流以及经济合作的桥梁,韩国无疑也得益于这种特殊的地理位置。

后起之秀的东南亚各国地处亚洲和大洋洲两块大陆和印度洋、太平洋两大海洋之间的"十字路口",是世界空海运输的重要纽带。介于马来半岛和印尼苏门答腊之间的马六甲海峡,是沟通两大洋的"咽喉",两大洋间的大部分航线由此通过。此外,巽他海峡、龙目海峡亦是具有重要意义的交通要道,它们与马六甲海峡一起被称之为"东南亚的三大门户",其战略地位和优越条件是不言而喻的。

三、日本经济衰退与东亚金融危机的启示

纵观东亚经济崛起历程,其中有成功的经验,也有失败的教训。这其中,有两个方面问题特别值得注意。一是日本经济为何自上个世纪90年代以来陷入长达十余年的衰退,二是1998年表面上一片繁荣东亚经济为何突然爆发了金融危机。下面,我们首先对第一个问题进行简要分析和讨论。

(一)日本经济的衰退及启示

日本在二战后的发展并不是一帆风顺。1973年,第四次中东战争爆发,石油输出国组织也决定提高原油价格21%,资本主义世界面临石油危机,日本首当其冲。日本产业消耗的石油的99.7%依赖进口,82%的石油来自中东地区。石油危机使日本经济持续了18年的高速增长出现根本性转折。这是日本经济第一次遭受打击。但这次打击并不是致命的,经过调整,日本经济很快恢复增长。1985年"广场协议"之后的经济滑坡才是日本经济走向衰落的最大问题。

1985年9月,英、美、联邦德国、法国和日本五国的财长在纽约的广场饭店举行会议,发表了"广场协议"。这个协议希望各主要货币对美元汇率有秩序地提高一定的幅度,汇率应该反映各个国家的经济基础条件。在"广场协议"之后,日本被迫升高了日元的价值。在以后的一年时间里,日元外汇汇率提高了60%。日本经济从冷战结束的1989年至今已经停滞整整20年。经济的年均增长率一直在1%前后徘徊。人均GDP从第4位猛跌到2007年的19位,国际竞争力从第1位跌到了2008年的第9位。同时,国债债务占GDP的比率从71%急剧上升到174%,经济的滑坡使得社会都开始丧失活力,1998年以后日本每年的自杀人数突破3万人以上。2008年金融危机,日本更是受到严重的冲击,是亚洲受到影响最大的国家。由于受金融危机和全球经济减速拖累,日本12家汽车制造商全球产量将总共削减190万辆,相当于当初生产计划的7%至8%,丰田在美国、西班牙等地,日产产量减少21.8%。至今,日本经济仍在低谷中徘徊。虽然经过所谓的"安倍经济学"刺激,日本经济出现暂时的复苏,但根本来说日本并未找到改变经济低迷的治本之策。

战后经济发展如此迅速的日本却陷入了长达二十年的发展困局,这无疑给现在经济高速增长的中国敲响警钟,给予启示。综合各方面研究,结合导致日本的经济发展陷入低迷的原因,中国经济必须从以下几个方面吸取教训:

1. 经济发展与国内国际需求

二战之后,日本虽然实现了经济快速发展,但经济结构并不够合理,"出口导向"是日本战后发展模式之一,过分依赖国际需求,国内需求不足,至今未能向"内需主导型"经济转型,2000年日本经济对外贸易依存度仍然高达18%,其中出口依存度(出口GDP)达10%。据统计,60%的亚洲产品(日本产品占据大多数)最终销往欧美市场。在这种情况下,一旦国际市场需求下降必然传导给日本经济,拖累日本经济下滑。而日本产品能够占领美国市场的一个重要原因就是价格低廉,但从20世纪70年代初开始,特别在广场协议之后,美元对日元下调,日元经历了3次大幅升值。美元兑日元从1∶250跌到最低的1∶80左右,日元升值3倍,导致日本出口到美国的产品价格上升3倍,出口量由此急剧下降,日本经济从90年代开始陷入低迷,与日元升值导致日本产品价格上升导致欧美市场需求下降有直接关系。此外,由于国内竞争激烈,自 90 年代以后日本企业加速向海外转移,国内产业逐渐空洞化,90 年代中期日本汽车工业的海外生产比率已达 30%,2000 年进一步增至 40%。加上来自中国和东南亚等国的大量廉价产品流入日本市场,许多中小企业因此失去竞争优势而倒闭,失业率因此而剧增,1998 年日本失业率达 4.1%,1999 年完全失业率达 4.5%,失业必然导致国民收入下降,进而影响消费支出,从而使经济陷入恶性循环。

日本经济因过度依赖出口而导致经济低迷的这种状况给中国以警示,过于依赖出口、过于依赖国际市场的经济发展终究是无法持续的发展,在经济一片繁荣之际,必须尽快将经济增长的动力转向国内需求。客观说,中国经济对外依存度之高并不次于当年的日本,但在转型这一点上,中国比日本有很多有利条件,人口多,人均消费水平仍处低端水平,国内需求潜力巨大,关键是政府正确的政策引导和支持。

2. 经济发展与财政货币政策

对于一个现代国家来说,财政政策和货币政策的稳定至关重要。积极的、扩张性的财政政策和货币政策在遭遇经济危机时的非常时期可以暂时运用,但长期来看,保持稳健的财政政策和货币政策才是保持经济稳健发展的根本。长期推行扩张性的财政政策和货币政策必然使经济增长出现泡沫,为维持泡沫不至于破裂,又必须继续实行扩张性财政政策和货币政策,就像吸食鸦片一样而无法自拔,导致经济病入膏肓而无药救治。日本的经历基本就是如此。自日本经济陷入低迷以来,日本已经更换了十几位首相,但每位首相上任之后,并不是想办法解决经济发展中的深层次问题,而是热衷于能够在短期内见到效果的财政政策和货币政策,几乎无一例外地扩大公共事业投资,增加财政投入,1992—2000 年,日本 9 次实施财政刺激政策,总额达到 12911 万亿日元,相当于 2000 年度 GDP 的近 1/4。同时,日本央行也不断降低利率,还发明出日后十分流行的经济学名词所谓量化宽松货币政策,使日本的实际利率长期维持为 0,也即所谓的"零利率"政策。这种依靠财政投入和货币投入的经济增长注定难以长期维系,而且埋下无穷隐患。

日本的这一教训同样值得中国借鉴。改革开放三十多年来,中国经济总体平稳发展,但其中也经历过数次通货膨胀过高、投资过热等问题,给经济发展和社会稳定带来极大负面影响,其中一个重要原因就是财政政策和货币政策出现偏差,特别是2008年国际金融危机爆发以后,中国同样实行了积极的财政政策和货币政策,在取得稳定经济增长速度效果的同时,也产生了诸多负面问题,对今后经济发展带来很大影响,如何灵活调整财政和货币政策,化解经济刺激政策带来的负面影响,实现经济的长期稳定发展是今后中国经济需要面临的一个重要挑战。

3. 经济发展与产业引导政策

产业政策是否正确在很大程度上决定一国经济发展竞争力能否持续。日本经济快速增长本来依靠的是制造业,但1987年日元升值之后,日本产品失去竞争力,日本政府本来应该在促使产业升级转型、进一步提高本国产品水平上寻求新的突破,就像德国所进行的那样。但日本政府却错误判断形势,认为国民对闲暇的需求将迅速增强,制定了《第四次全国综合开发计划》和《休养地法》,促使大量资金投入到房地产行业和相关行业,结果造成房地产和股票价格暴涨,使本来健康运行的经济迅速泡沫化,结果转瞬之间泡沫破裂,房地产缩水90多万亿日元,股票比高峰时期缩水300多万亿日元,并引发一连串连锁反应,居民财产减少、消费下降,企业负债过大、经营困难直至破产,银行不良贷款大增,物价下跌,通货紧缩,整个国民经济陷入低迷状态。如今,日本制造业在世界上具有竞争力的产品仍然是汽车以及传统电子产品,日本企业在新一代信息产品竞争中几乎全部出局,说明日本企业在产业发展判断上出现了重大偏颇。

日本企业在新一代信息产品竞争中全面出局的教训值得中国经济借鉴。当前,中国制造业同样面临转型升级,如何在保证传统制造业优势的前提下成功实现经济转型,不仅是企业的责任,更是政府的责任。对很多企业个体来说,转型升级短时间内看不到利益所在,积极性不高,但对国家来说,经济长期在低水平阶段徘徊,即使暂时取得快速增长的速度,终究也是不可持续的。但问题是政府如何定位,既不能替代企业实现转型升级,又不能无所作为,这方面日本的教训值得认真研究。

4. 经济发展与科技创新能力

战后日本经济的迅速崛起在很大程度上归功于侧重于引进的科技政策。技术引进使日本的科技实力在很短的时间内就赶上甚至超过了欧美先进国家,但这一成功的政策也产生了不良后果,使日本丧失了自主研究开发的积极性,长期以来,日本重视应用技术而忽略对基础科学的研究,使日本传统产业因国内市场饱和,无法发挥主导作用,在信息革命中落伍。这一点对中国同样具有诸多启示,我们在后面将结合两次亚洲金融危机有关情况进行分析。

5. 经济发展与金融体制改革

日本政府战后为了缓解资金紧张压力,实行了金融统制政策,支持银行大量贷款,出现问题由政府帮助解决,助长了银行放贷的随意性。日本银行的"保驾护航体制"或主银行制度容易形成银行超贷、企业超借,这在20世纪80年代泡沫经济形成时表现得非常明显。泡沫经济崩溃和不良债权过大,既增大了金融风险和财政风险,又形成"惜贷",制约了经济增长;同时,日本直接金融不够发达,缺乏风险投资机制,新兴产业、高科技企业和创业中的中小企业筹资较为困难。这一点也对中国同样具有诸多启示,我们同样在后面将结合两次亚洲金融危机有关情况进行分析。

(二)亚洲金融危机的原因与启示

1997年7月2日凌晨4点半,泰国政府宣布放弃固定汇率制,实行浮动汇率制,此前十余年钉住美元的泰铢,开始实行自由浮动,泰铢对美元当日即贬值15%以上。一场遍及东亚各国的金融危机由此爆发。在这场危机中,大多数东亚国家和地区的货币和资产价值跌落30%—40%,所有受影响的国家和地区都陷入了严重的经济衰退,"四小龙"也不例外,其经济所受打击使此前一片蓬勃的景象瞬间消失。

2008年,就在包括"四小龙"在内的东亚国家和地区刚刚从亚洲金融危机的打击中开始复苏之际,一场从美国爆发的国际金融危机又席卷全球,东亚经济再次遭受打击。如今,亚洲金融危机已经过去十多年,国际金融危机也已爆发六七年,遭受危机打击的亚洲各经济体已陆续走出阴影,并表现出了强劲的发展势头。但各界有关这两场金融危机的讨论从未终止过,围绕危机因何发生、国际货币基金组织的所作所为利弊如何、类似的危机是否会再度爆发、东亚经济增长是否可持续等问题,各方争论依然激烈。

在上述问题中,最为基础也最为重要的问题是危机爆发的原因。只有明确发生原因,才能提出有针对性预防措施,防止类似危机再次发生。

1. 直接原因:金融体制方面的问题

任何一场危机的爆发都是多种因素的集中反映,比如经济结构的脆弱、内外部各种不利因素的冲击、糟糕的政治治理模式以及金融体制管理存在漏洞等。从任何一个角度分析都可以提出言之成理的论点,也都存在偏颇之处。但目前各界对于亚洲金融危机的原因和背景基本上在一点上已经能够达成共识,即亚洲金融危机涉及的主要国家是因为金融开放超越了本国国情发展阶段,金融监管体系不完善,给了国际投机力量(主要是国际游资)兴风作浪的机会与条件,最终造成金融安全失控。换言之,亚洲金融危机之所以首先在东南亚发生,直接原因就是具有强烈投机性的国际短期游资抓住了东南亚国家金融监管中存在的薄弱环节而投机成功。

"冰冻三尺,非一日之寒。"国际短期游资能够进入东南亚并最终成为金融危机的直接肇端不是在一夜之间发生的。20世纪90年代中期,在全球金融自由化背景下,泰国、马来西亚、菲律宾等东南亚各国相继实行了汇兑制度改革,推行浮动汇率制,允许国际资本自由进出,这使一些外资银行和对冲基金等机构主导的短期资金得以大量流入。而东亚国家在金融法规和监管方面十分欠缺,资本流入促进了信贷激增,导致银行承担过度风险。可以说,金融自由化之后信贷激增的结果是巨额贷款损失和随之而来的银行资产负债状况的恶化。银行资产负债状况的恶化则是使这些国家陷入金融危机的关键因素。从1993年到1996年,东南亚每年的资本流入量为500到1000亿美元。1995年东南亚危机各国经常收支出现了410亿美元赤字,而资本收支则出现了815亿美元的顺差,1996年资本收支顺差进一步超过1000亿美元,而国外直接投资只有58亿美元。1996年泰国的外债急剧上升至1128亿美元,占GDP的62%,其中960亿美元是由私有部门举借,并且大多数是短期资金,短期资本具有较强的移动性和投机性,带有急剧动荡的风险。这些短期外资大多经本国银行投资到股票市场和房地产市场,刺激了股市和房地产价格升高,使得股市和房地产价格出现了不符合正常规律的增长,价格与价值严重背离,远远超出实际价值,如泰国房地产股的股价在 1991 年到 1994 年间就上升了 285%,这个时候这些国家的金融市场已经扭曲,泡沫经济已经形成。经济暂时快速的增长掩盖了背后掩藏的风险。当国际游资集中撤离时,因资金被压在长期项目上,无法立即偿还,结果导致银行信用危机。更为严重的是,这些短期游资多为美元资金,外资集中撤离导致外汇市场上集中抢购美元,抛售本地货币,直接诱发了本国货币贬值。在这种情况下,金融危机不可避免。

2. 根本原因:东亚经济模式方面的问题

金融与国家经济的关系是"一荣俱荣、一损俱损",它是所有泡沫的源泉,又是泡沫破灭的祸端。金融危机的发生说明国家的金融管理体系出现了问题,但如果将亚洲金融危机都单纯地归咎于金融问题,不仅有失偏颇,而且还可能掩盖了一些根源性问题。笔者认为,从根本上说,亚洲金融危机是经济增长出现了危机,没有经济的可持续增长,所有问题都终将暴露出来,有了经济的可持续增长,就有了解决问题的基础。现在看来,十多年前爆发的金融危机并不是造成东亚国家经济发展陷入困境的原因,相反,是以"四小龙"为代表的东亚经济发展模式出现了危机才导致了金融危机的爆发。概言之,以"四小龙"为代表的东亚经济发展模式不是一种可持续增长的发展模式,在取得辉煌成就的同时,已经为金融危机的爆发埋下了隐患。因为东亚经济过去几十年间形成发展模式从根本上就难以推动建立一个完善的、有效率的、符合现代金融发展要求的运行和管理制度。而现代金融理论对金融与经济增长关系的讨论虽然目前并没有一个统一的结论,但可以肯定的是,一个有效率的金融制度是实现经济持续、稳定、健康发展不可缺少的基础性条件。健康的经济发展模式和有效率的金融制度是互为因果、相互推动的关系。就东亚地区来说,首先是发展模式存在问题,导致有效率的金融制度未能建立,而金融危机的爆发又致使一些国家经济陷入困境。因此,如果不能对过去的经济发展模式进行检讨和修正,很难说类似的危机今后是否能够避免。

从 20 世纪 60 年代以来,东亚地区各经济体取得了令世人瞩目的成就,人均收入年均增长率达到 4%—6%,是拉丁美洲和南亚的三倍,比撒哈拉以南非洲快五倍。东亚地区的绝对贫困人口(每天消费低于

1 美元)从 7.2 亿人减少到 3.5 亿人,人均预期寿命从 1961 年的 56 岁增加到 1990 年的 71 岁,东亚地区的几个经济体已经从传统农业经济转变为新兴工业化经济。我们前面所讨论的"四小龙"更是成为东亚经济发展模式的典型代表,其成就为人们津津乐道。这些发展成就使东亚经济成为其他地区发展中国家效法的典范,东亚经济发展模式也成为人们讨论的热点。但从根本上来看,东亚经济的高速增长是在由农业经济向工业化转变中,依靠短缺经济和大量投资取得的,而不是依靠生产效率的提高取得的。东亚经济发展模式是一种典型的追赶型模式,这种模式虽然能够取得快速的经济增长,但也有很多弊端,其中有两点特别值得注意。

(1) 缺乏创新性。这个问题在前面分析日本经济衰退时已进行分析。追赶型发展模式以追赶为目标,以模仿为手段,以投资和出口为推动力,往往由政府主导,缺乏创新性。成熟的市场经济是一个能够不断自我否定、不断创新的经济体系,如果创新能够连续,则经济能够保持发展,反之,周期性就明显存在,表现为经济的周期性停滞与发展。近几十年来,在经济、技术、教育乃至文化方面,东亚各国盛行"拿来主义",属于自己的创新成分很少,各国无不例外得益于低成本运用了发达国家的创新成果,技术转让和来料加工对经济的高增长和财富的积累起了决定性作用,经济增长更多的是依靠投资和出口,受国际市场的影响和制约,不具备自我推动的可持续发展因素。于是,当 1995 年夏季日元对美元贬值以后,日本经济陷入困境,日本开始从亚洲大量抽走资金,并且在实业层面跟东亚其他国家展开竞争,东南亚各国出口竞争力明显下降,经济陷入了衰退和停滞趋向,为了支撑经济继续增长,只能依靠大量吸收外资,这就使一些投机性国际游资进入这些国家,最终成为金融危机爆发的祸端。

(2) 缺乏具有竞争力的企业。很多东亚国家走的是资本密集型产业优先发展战略,而这并不是这些国家的比较优势。为了发展这些产业,政府经常利用行政权力压低银行利率、干预贷款分配,造成银行不良债权或坏账过大,如韩国、泰国的银行不良资产占到其 GDP 的 34%—40%。这些在政府扶持下发展起来的企业缺乏竞争力,无法和发达国家同类企业竞争,最终造成了大量外贸赤字。这些企业获利能力低,企业的发展只能依靠借贷,当国内资金不能满足时,就只能向国外借款。而外国直接投资都倾向于有比较优势的领域。因此，这些企业只能使用借款，特别是自由度比较大的国际短期资本，这就导致了短期外债对外汇储备的比例高。

上述两个因素导致了这些国家为了吸引外资的流入，不得不被动地实现金融市场自由化，放松金融监管，大量外国短期资本得以流入房地产和证券市场，形成金融泡沫。国际资本的逐利本性决定了它要么锦上添花，要么落井下石，而决不会雪中送炭。一旦经济形势稍有负面变化，如国际收支锐减，便造成人心不稳，外资迅速撤离，再流到其他地方去，金融危机在所难免。

3. 金融危机带来的启示

同东亚其他经济体一样，改革开放以来的中国经济也取得了令人瞩目的成就。但客观地看，中国经济增长模式中也同样存在一些需要注意的问题，也应当针对两次亚洲金融危机中暴露出的问题加以借鉴并作出相应调整。

（1）增长速度的调整。

从近期的情况来看，中国的短缺经济和以数量扩张为主的发展阶段已经基本结束，国民经济开始进入以结构优化和升级、整体经济素质提高为特征的新阶段。当前，我国主要应调整政府干预经济的方式和干预的内容。抑制投资过热；同时，通过资产重组使国有企业积累的矛盾得到缓解。重视基础教育，花大力气培养人才和引进人才，尽早建立高科技的人才储备和知识储备，并尽快形成产业，实现国民经济由粗放型向集约型的转变。这样国际竞争力和总体经济实力才能真正增强。

（2）增长动力的调整。

在支撑中国经济发展的三驾马车中，投资和出口发挥了关键作用，而消费的贡献率则很小，由于社会保障制度不健全，大部分中国人都把收入存入了银行，而不是用在消费上。这就使中国政府拥有的财富比个人家庭拥有的财富多，而政府的财富大部分又变成了投资而没有用来刺激社会消费和提高公众福利。这也是当前中国出现"经济在增长，一些人生活水平并没有提高"的原因。目前，中国的储蓄率高达46%，投资率高达40%左右。高储蓄率、高投资率成为中国经济快速增长的根本原因。但任何经济都不可能靠无限度地牺牲消费而获得增长。这种经济发展模式也不是一种可持续发展模式。一旦出现波动,便有可能陷入长时期的衰退和停滞。高储蓄率、高投资率,反映出中国资金配置体系的不合理以及货币政策的低效率。经济发展出现小幅度波动都可能会使银行再度产生庞大的坏账,使脆弱的金融体系面临巨大压力。从经济学角度分析,这种依靠高投资率支撑的经济增长已接近极限,必须适时进行调整。

(3) 政府职能的调整。

政府的干预政策应以完善市场机制和扶持产业发展为主要目标,最终是创造一个自由与公平竞争的市场环境。我国的经济处于转轨时期,政府不但要承担弥补市场缺陷的职能,而且要承担体制设计、推进改革的重任。凡是市场机制证实有缺陷的地方,就应该运用计划和行政手段去纠正它;凡是市场机制能产生良性作用的时候,就应该停止运用计划和行政手段。政府的政策应强调产业升级和优化问题,对高新技术产业给予扶持;改进企业制度,改善公有企业缺乏活力、不能适应市场变化、管理体制僵化的弱点,避免它们对政府的财政和金融政策的过度依赖;加强政府的廉政建设,提高政府素质,避免经济生活中的寻租行为,创造公平的市场竞争环境。

(4) 对外依赖的调整。

中国经济增长速度有20%是由对外贸易拉动的,传统的出口结构将不适应中国经济的发展,特别是出口结构与东南亚各国具有相似性,在东南亚各国发生金融危机后,同类产品在国际市场的竞争力,肯定被削弱。提高出口产品的技术水平和质量档次,确保在国际市场上的竞争优势已势在必行。据报道,中国目前有近500种产品的生产能力利用率在60%以下,而这些过剩的生产能力中,有很大一部分在产品技术水平和质量档次上高于其他发展中国家,而价格在国际上具有一定的竞争优势,因此中国应尽快调整出口战略,推动这些成熟的长线产品的出口。

(5) 金融体系的调整。

中国在1998年的亚洲金融危机中是幸运的,没有受到明显冲击。正因为如此,有一种观点认为,东南亚国家因金融开放速度太快导致了金融危机,我们因金融开放速度慢而得到了好处,因此有必要放慢金融开放的步伐。其实这种认识是不符合事实的。中国之所以在亚洲金融危机中没有受到明显冲击,主要不是因为中国的金融体制开放慢所致,而是因为中国的外汇储备多,短期外债少,外债结构比较合理。在经济全球化日益紧密的今天,金融市场不放开并不利于本国经济发展。如果想真正融入世界经济体系,金融开放是不可避免的。因此,我们不能因噎废食,因惧怕危机而回避金融全球化。我们要做的不是放慢开放的步伐,而是加快金融业改革,做好开放的准备。但从国内金融体制改革的现状看,我们还没有做好迎接国际金融竞争的准备。国有银行并没有充分商业化,没有真正形成符合现代金融制度要求的管理体制,没有形成有效的内外部激励约束机制,它们的发展主要依靠垄断地位,主要依赖于国家政策的保护,并不真正具备与外资银行竞争的任何技术性优势,而留给我们的时间越来越少,我们应该有紧迫感。具体来说,由于我国资本市场不够发达,因此,大部分企业融资的主要渠道都是向银行贷款,使银行风险高度集中,银企之间的不良债权债务严重制约了国有企业和国有商业银行的改革进程。在这种情况下,应当加快资本市场的建设,发展企业的直接融资,并通过企业的债务重组加强银行对企业的监控,达到盘活信贷资金、改善信贷结构、减少银行坏账、提高银行经济效益的目的。对专业银行的商业化改革要与国有企业改革配套进行,根据经济改革的节奏,逐渐实行宏观金融调控由直接调控向间接调控的演变,对关系重大的利率自由化采取分步到位的策略。完善金融立法,构筑防止国际金融投资资本冲击我国金融市场的多道屏障,在国内金融机构竞争质量得到强化之前,我国金融自由化改革以积极稳妥进行。

第二节 东亚政治模式

政治和经济是一对互动概念,经济基础决定上层建筑,经济决定政治,但政治反过来对经济也有重要影响。前面我们在分析日本和"四小龙"经济模式的形成原因时,主要是从经济层面分析,实际上日本和"四小龙"经济之所以能够在二战后得以快速崛起,政治因素同样功不可没。这就是东亚地区的威权主义政治。东亚威权主义政治从20世纪80年代开始成为学界研究的热门问题,原因还是由于东亚经济的崛起,人们在研究东亚经济崛起的原因时发现,东亚在经济崛起的同时政治上却并没有实行西方式的民主制度。东亚政治制度呈现出一种独有特征,既不同于传统的集权体制,也不同于西方的民主体制。威权主义政治①概念由此而产生。这一节我们对威权主义政治有关问题进行介绍和分析。

一、东亚政治体制特征

从政治体制来讲,千差万别,每个国家都不一样,但大体分为三类体制:一是专制独裁体制,二是西方民主政治体制,三是威权民主政体。东亚政治体制大体可归结为"威权主义"

"威权主义"这一概念,中外学者有过不少论述。美国学者珀尔马特(Amos Perlmutter)将其称为"现代威权主义"(Modern Authoritarianism),阿根廷学者奥唐奈(Guillerrno O'Donnell)称之为"官僚威权主义"(Bureaucratic-authoritarianism)。中国学者有的称之为"精英威权主义",有的称之为"过渡性威权主义",还有的称之为"新威权主义"。奥唐奈在探究拉美威权主义国家政治结构时,将"官僚威权主义"的特征概括为:主要社会基础是上层市民阶级;在取消大众部门政治活动的同时实行经济的规范化,以维持社会秩序;对活跃于政治舞台的大众部门进行排斥;压制公民权利,取缔政治民主机构;排斥大众经济部门活动,以利于大垄断寡头的资本积累;与跨国生产组织联姻并推动其增长;通过制度作用,用中立和客观的技术理性尽量使社会问题非政治化;关闭大众与政府间的民主通道,只保留军队和大垄断企业的参与。根据亨廷顿的解释,威权主义是"几乎没有政治争论和竞争,但政府对社会中其他群众经济的控制是有限的"。中国著名学者罗荣渠教授认为,所谓威权主义政权是指二战后一些发展中国家和地区出现的军人政权或由非军人统治(一般是一党执政)的具有高度压制性的政权。威权主义具有广义和狭义两种用法。

广义的威权主义的原义是指统治者把他们的意愿强加给社会成员而并不顾及后者的意愿。其内涵颇接近于家长制主义(paternalism)。威权主义的特征是,过于集中的权力运作,没有或缺少宪法的约束;权威合法性不是来自被统治者的认可,而是被认为来自某种权

---

① 关于东亚政治体制有不同的说法,威权主义政治只是使用较多的一种说法。

威者本身天赋的某种特性。例如神的意志、天道、专制君权的嫡传、他们所具有的超凡品格、国家的神圣使命等等。广义的威权主义包括所有的专制独裁和家长制政权。正因为如此,在现代民主的价值越来越普及的时代,威权主义往往在日常语汇中是一个贬义程度很高的用语。例如,西方学者用威权主义人格来对那种反民主的专制性的人格特征进行表征就是以这一广义用法为基础的。然而,1997年世界银行的《东亚奇迹》一书所确定并大加推崇的7个发展中"奇迹"经济体,都在其二战后的历史中表现出某种专制(authoritarian)或"半专制"(semi-authoritarian)的特点。

狭义上的威权主义,或称"新权威主义",乃本书用的概念,它既不是专制政权,也不是西方民主政权,是专指由传统的专制政治体制向民主体制过渡的体制形式。"新权威主义"这一术语,据说西方学者很早就提出。但中国学者早在80年代中期就开始使用这一术语。后来被应用于第三世界特别是东亚和拉美政治体制。这种新权威主义被看作是从旧权威主义向自由民主阶段过渡的必经阶段。有的学者甚至把它看作是"对全部人类历史一个发展阶段的哲学概括"。有的学者认为,新权威主义在第三世界特别是在东亚是一种由旧权威体制向民主政治体制过渡的必经阶段,具有一定的合理性。它是不发达国家在现代化进程中一种特殊的政治形态,故可以称之为"过渡时期的权威主义"。

东亚国家的威权主义政治体制发展,主要分为两个阶段:(1)20世纪50—90年代,此三四十年间,大部分国家均处于威权主义政治体制阶段。(2)20世纪90年代至今,处于威权主义政治体制转型阶段,各个国家的转型速度并不一致,日本转型较早,有些国家转型比较缓慢,如新加坡、马来西亚等,较为缓慢的国家基本还处于原有的政治体制下,即威权主义政治体制下。但大部分都已进入转型阶段,如韩国已基本转型成功。

处于威权主义政治体制下的东亚大部分国家,均具有双重的特点,即二元结构。它的特点具有传统性和现代性的两性融为一体,相重合的特征。东亚大部分国家的政体,既体现了传统的、专制的某些特点,又体现了现代的、民主的某些特点,因此,东亚国家的威权主义政治的特点是双重的,而非独一的。往往人们会对东亚国家的政治体制的特点产生较大争议,或认为其传统专制,或认为其现代民主,实质上是两者并存,并不应该认为其是相互割裂开的、独立的,而应整体地、联系地看待东亚政治体制问题。故此将其命名为二元结构威权主义政治体制国家。

威权主义政治体制的传统性体现在,行政权力极大,即强人政治。在东亚威权政治国家,从总体政治构架来看,权力向行政集中,而从行政体系内部来看,权力则向强人集中,具有强人政治的显著特征。这主要表现在:各国一般都有一位或几位铁腕人物长期或连续执政,这些铁腕人物或称政治强人都身居要职,担任总统或总理,同时又是政党领袖和军队统帅,大权独揽,高高在上,他们是国家政治权力的顶点和核心,在国家政治、经济与社会生活中发挥着重大作用。如新加坡的成功和李光耀的名字紧密联系,也无人否认朴正熙以及其后的全斗焕在创造"汉江奇迹"中的重要领导作用。此外,印尼的苏哈托、菲律宾的马科斯、马来西亚的马哈蒂尔等也都是以"政治强人"的形象昭示于众。强人政治是威权政治的典型缩影,那些"政治强人"既有过去传统专制主义政治下大权独揽的色彩,又有近代民主政治下相对亲民、励精图治、振兴民族的某种领导人形象。

强人政治可以说是后发国家现代化进程中的一种普遍性现象,在现代化起步的特定阶段,其存在具有某种合理性。它可以在相对混乱复杂的环境下迅速稳定社会秩序,确立国家的权威,并依靠国家权力聚合松散而微小的社会力量,使之释放出超倍的能量,促进经济的快速增长。而且,在东亚这样的传统农业社会向工业社会的转变过程中,强人政治也有利于将分散成性的农民改造成彼此相依的现代人。此外,从法治上讲,发展中国家的法治应致力于强化国家权力,以维持一个稳定的社会秩序为前提条件,不应像西方那样,追求政治的多元化和权力的分散,因此,东亚"强人政治"与法治社会也并非完全格格不入,它们也可以有不同程度的契合。例如新加坡的强人政治非常注重法理权威,就推行政策和措施的手段而言,虽然强硬,但具有高度制度化和法律化的特征,因而有确定性和延续性,这样既能保证较长时域内的绩效,又反过来进一步维护了强人政治的权威。

但是,这种本质上属于"家长式控制"的政治模式毕竟从根本上讲是与民主宪政的理念和原则相违背的,其消极影响显而易见,当现代化的任务初步完成之后,它的积极影响日渐式微,而消极作用则会迅速突出出来,其就应当逐步退出历史舞台。新加坡前总理吴作栋在接受《远东经济评论》访问时就曾说:"在一个需要在各方面同他人竞争的新世界中,我们不能一直依赖一个家长式的政府。如果你观察新加坡,你会了解到政府正尝试尽量退避,让新加坡人民能有更多空间去发挥他们的主动性和创意。"

威权主义政权的突出特征或弊端是有军人干政。除了新加坡和马来西亚,东亚大多数的威权主义政权都和军人或军人势力集团存在密切关系,有的甚至是军人直接掌握政权,他们在国家政治生活中占有突出的地位。在韩国,1961年朴正熙通过发动军事政变建立了强有力的军人政权统治。军政府时期,各部部长都由高级军官担任,主要城市的市长由校级军官担任,各级政府部门的领导基本上都是军人,中央各职能部门中83%以上都是军人。在印尼,军队干政还在理论上得到论证并获得法律上的认可。1966年8月,印尼陆军在万隆召开所谓学术研究会上通过的军队"战斗信条"指出,"武装部队的陆军从来不是政权的被动工具,也不是单纯的治安维护者。陆军对国家的总路线、对政府的好坏、对国家的安危、对'建国五基'和社会的维护不能保持中立,它不仅对军事战术负有主要责任,同时对社会生活的各个领域也负有责任"。在这次会议上,苏哈托提出印尼从此进入"新秩序"时期,"新秩序的实质就是要建立军人政治,依靠武装部队来控制国家"。这次会议奠定了军人政权合法性的理论基础。军队成为负有安全和政治双重职能的机构。1982年,国会又通过了一部法律,规定军队不仅是一支军事力量,而且也是一支社会力量。军队参政取得了彻底的合法性。在泰国,1932年以来的历史可以说就是一部军人干政的历史。而在菲律宾,军队也是威权政治的主要支撑性力量。

军人是发展中国家较早接受现代化熏陶的群体,也是社会中组织性最好的力量。军人集团与传统的官僚不同之处在于:他们较少传统与保守,没有政客的拖沓作风,大多数人对西方文明有较多的接触,有明确的现代化意识,易于接受新事物。他们在执掌政权后,一扫此前文人政府软弱无力和腐败无能的萎靡之气,以铁腕和暴力手段整合社会,解决了社会长期动荡不安的顽症,克服了四分五裂的政治和停滞不前的经济危机,使国家走上了稳步发展的现代化之路。但是,军人干政也会产生许多弊端,在这方面,东亚国家(地区)有过沉痛的教训。实际上,这从正反两个方面都反映出了军人势力在威权政治统治中的巨大影响力,他们是威权主义体制下政治权力谱系中的核心力量之一。

在威权政治体制中,政党政治虽然在本质特性和运作形式上与民主体制下大不相同,但同样在国家的政治和社会生活中起着十分重要的作用,是政治权力谱系中的重要组成部分。萨托利将政党制度区分为:存在于多数发达社会的竞争性政党制度,存在于多数新兴发展中社会的无竞争政党制度,以及存在于一些不定型国家中的假性政党制度。在他看来,新兴发展中社会的无竞争政党制度,也就是单一政党制度,包括极权的、威权的和实用的一党制。各发展中国家和地区因社会发展阶段和发达程度的不同都可以在这三种政党组成的谱系中找到自己的位置。萨氏的观点确实在东亚的政党政治发展过程中得到了一定程度的验证,威权政治时期,大多数东亚国家(地区)实行的都是一种执政党占绝对优势地位的一党独大制政党制度。新加坡实行的是典型的一党优势制,其在允许多党并存的情况下,人民行动党处于绝对优势地位,长期垄断政权;在马来西亚,1974年以前,马来西亚联盟党一直是主要的执政党,1974年以后,在联盟党基础上又吸收其他一些政党增扩而成的国民阵线,成为马来西亚最重要的政治团体,也长期处于执政党的地位;在印度尼西亚,苏哈托领导的以军队为核心的专业集团在政党政治中处于主宰的地位;在菲律宾,马科斯军法统治时期,即从1978年到1986年,"新社会运动党"作为马科斯维护独裁的工具,在各党派中居于绝对优势的地位,是其他党无可争锋的当然的执政党;在韩国,朴正熙及其以后的全斗焕、卢泰愚都实行以军队为靠山的一党统治;在泰国,虽然政党政治的发展更多地带有多党制的色彩,但它是一种不成熟的、不规范的多党制,而且常常被军人的政变所阻断,从1932年至1992年间,有四次党禁,使政党在38年中处于非法状态,或者处于完全没有活动的解散状态,因此可以说,威权政治时期泰国没有连续的政党和政党制度。

以上为东亚国家威权主义政治体制上传统性的体现。虽然这些传统性特征在一些国家的政治体制上面仍然有体现,但已经逐渐在弱化、转型。

威权主义政治体制的现代性体现在,东亚各国的传统性特征的体现十分明显,现代特性的体现同样也十分明显。所谓现代性特征,即显示出西方现代民主制的一些特征,代议制形式,其中包括普选、三权分立等等。其具体体现有以下三个方面:

1. 精英治国或技术官僚统治

根据精英主义和精英政治学的观点,社会总是处于少数人(精英)的统治之下,他们在社会中起决定性作用并把权力集中在自己手中,通过用高压和操纵相结合的手段来维持其统治地位。由于精英集团结合紧密,它的成员行动时配合默契,内聚力强。精英之间的联络较为便利,他们可以迅速动员起来去制定政策并采取主动。精英们不仅才能出众,而且占有组织优势,这与民众中的那种典型的一盘散沙、不能本能地迅速行动的形象形成鲜明的对比。精英通常利用他的地位来促进他的统治永久化。他控制着重要职位的晋升,甚至会提拔自己的家人、亲戚或代理人。精英们不仅利用高压手段来维持统治,还常常强调意识形态在使精英合法化和长久化方面的作用。精英主义和精英政治学虽然受到了马克思主义和多元主义的激烈批判,但是作为一种研究途径和分析手段,在政治学研究中还是起着不可忽视的作用的,特别适用于对共产主义制度、军政府和独裁统治的研究。这一研究范式同样也适用于对东亚威权政治的分析。

东亚威权主义政权无一例外地都奉行精英治国论。所谓精英,是指那些受过良好教育,具有专门知识或专业特长的在政府部门里发挥重要作用的政治精英和技术精英,他们是国家经济发展的设计师和筹划者,重大的经济和社会决策都是由他们研究论证而作出的,而且,政府还尽可能地吸纳各方面的专家进入国家行政体系,充当技术官僚的角色,指导国家的现代化发展。新加坡是倡导精英治国的典型。李光耀一贯公开主张新加坡必须由少数最优秀的精英来主宰和治理。在他看来,在一个发达的社会里,平庸之辈当部长并无大碍,国家还是会生存,但是,"在发展中国家,一个杰出的政治领袖却对国家的存亡有生死攸关的关系"。

韩国自朴正熙执政之后,大力倡导"专家政治",军政府中虽然主力是军人,但文职技术官员比例大大增加,并且特别强调政府官员的专业化和高学历化。印尼的苏哈托吸收了一批在西方受过教育的专家教授掌管社会经济部门,着力提高政府维持秩序促进经济增长的能力。在菲律宾,马科斯也任命了一些学有专长的人来管理国家的经济部门。在泰国,从沙立政府以来,技术官僚便是"实权派",政府日常工作的所有实权部门都掌握在他们手中。

2. 廉政奉公

东亚成功的一条重要经验是反腐败斗争和廉政建设比较成功,它成为东亚政治模式的一项重要内容。

腐败或腐化,按美国著名政治学家的解释是指"公职人员为实现其私利而违反公认规范的行为","腐化无时不有,无处不在",腐化程度,"在现代化最剧烈的阶段更为盛行"①。腐化在亚洲国家尤为盛行,它有极大的危害性,著名瑞典经济学家冈纳·缪尔达尔在《亚洲的戏剧:对一些国家贫困问题的研究》中具体分析这种严重恶果:腐败盛行造成了发展的强大障碍与限制;降低了人们对政府及其机构的尊敬与忠诚,鼓励了道德松弛;妨碍了政府各项决策的制定与实施过程;侵蚀、搅乱了司法、税收、金融系统;使政府行政效率降低,助长了计划中的不合理等等。②从政治上讲,腐败最大的危害在于影响政权的稳定。亚洲的事实表明:"在政权崩溃的任何地方主要的、常常的决定性的原因是政治家和行政官员中间普遍存在行为不端……""如果新政权没有消除腐败,它的失败就为另一次某种起义准备了理由。腐败程度显然对该地区政府的稳定有直接影响。"③独裁和腐败均为人们所厌恶,但就人们普遍的心理承受能力而言,痛恨首当其冲的是腐败,"腐败而不独裁的政府必然垮台,而独裁反腐败的政府未必垮台"④。一个集权政府是国家利益型或贤明型还是个人或家族利益型区分的主要标准就是看它是腐败无能还是公正廉洁。战后许多亚非拉国家的领导人从宝座上一个个滚下来,有的甚至下大狱、杀头,其中一个带有普遍性的根本原因在于:他们掌权后经受不住权力和金钱的诱惑,

---

① 〔美〕塞缪尔·亨廷顿:《变革社会中的政治秩序》中译本,华夏出版社1988年版,第59页。
② 〔瑞典〕冈纳·缪尔达尔:《亚洲的戏剧:对一些国家贫困问题的研究》,北京经济学院出版社1992年版,第143—149页。
③ 同上。
④ 张锡镇:《新加坡的政局为什么能够长期稳定》,《亚太资料》1993年3月1日。

道德沦丧,贪污受贿蔓延,腐化堕落,腐败现象已成为当权人物的一种生活方式,因而离间了政府与人民的关系,损害了政府和领导人的威信与形象,骚扰社会机体的运作和政治上的稳定。因此,政府的廉洁与否乃国家兴衰之关键。在反腐倡廉方面称得上成就斐然者在东亚典型的是新加坡和韩国。

韩国反腐败斗争始自朴正熙军事集团上台以后,直到金大中执政后仍在继续深入进行。韩国领导人深知腐败对一个国家危害的严重后果。朴正熙在韩国国务会上的一次讲话中指出:"一国官吏的腐败及随之而生的国家行政的腐败,会招致该国政治体制破产,使现代化受挫,是最大的政治危机。"① 基于这种认识,朴正熙政权把惩治腐败作为施政的最重要的战略之一,把行贿、受贿、裙带关系、任人唯亲等作为重点打击对象。政变伊始便对官场中的腐败官员开刀。首批打击的官员(包括政府高级官员、道长、将军)20 人,另外有大企业 12 人。这些人均遭逮捕判刑或罚款,罚款额达 125 亿韩元。另据韩国《大百科辞典》材料,1965 年"犯罪"官员受处分 5163 人,1966 年 5546 人,1967 年 4286 人,1968 年 3733 人,1969 年 3580 人。② 1975 年朴正熙政府又发动了一场引人注目的"庶政刷新"运动,目的是进一步消灭官场腐败和提高行政和政治效率,净化官场、净化社会,其处罚措施比较严厉,其中包括"强迫性"自动辞职的办法,1977 年 3 月约 400 官员被赶出官场。在运动中还采取"垂直集体责任制",即对犯错误者的上司和责任监察员以同样处罚。

朴正熙政权敢于同腐败现象斗争的重要原因是朴正熙本人比较廉政,甚至反对党也不得不对他个人的清廉表示折服。"朴正熙本人没有受到任何有关腐败的指控,他的政敌金大中 1967 年竞选失败的原因,在于他不能够把朴正熙本人包括在政府的腐败之中。"③ 他入住青瓦台后,"仍和过去一样地勤俭朴素……他在日常生活方面与一般国民并无不同之处"。他很少出席盛大宴会,厌恶卑劣的沙龙政治活动,从不打高尔夫球,民间节日和国家庆典不带保卫人员,参加民众活

---

① 转引自尹保云:《韩国为什么成功》,文津出版社 1993 年版,第 124 页。
② 〔韩〕《大百科辞典》,韩文版,第 11 卷 480 页。
③ Kyung-oho Chuoy, *Korea: The Third Republic*, New York, 1971, p.71.

动,经常到乡下视察光临小食店。① 金泳三自 1993 年 2 月执政以来又在反腐败的斗争上做出了引人注目的举措。他上任后立即宣布三大改革目标:消除腐败,振兴经济,整顿国家纲纪,而且把消除舞弊作为"左右新政府命运的最优先课题"。金泳三为清除腐败做了多方面的努力,其中最受人欢迎的是公布政府官员资金和财产以及查处政治资金。在他上任的第一次内阁会议上就声明:"国务委员要铲除私心,率先垂范地进行自身的革新和自身的净化","如果我们自己不进行自身的改革,就不能要求国民发生变化与改革"②。他以身作则,当场公布了自己及直系亲属的财产,共 17.8 亿韩元(约合 225 万美元),在他的带动下,韩国内阁次官级(副部长级)以上的 354 名高级干部相继公布了个人财产状况。此后,军队内准将级以上将军 490 人以及其他党派人士也纷纷公布自己财产状况,从此在韩国出现了一个高级官员公布个人财产为标志的廉政运动。同年 3 月,韩国政府决定实施《公职人员伦理法修正案》,使高级公务人员公布个人收入和财产制度化、法律化。到 1993 年底,先后因财产来路不明等原因而罢免了 1300 多名高级公务人员职务,其中包括国会议长、国会议员、执政党民自党秘书长、汉城直辖市市长、法务部长官、卫生部长官、建设部长官等。③ 这场果敢而严厉的政治运动深受韩国民众的欢迎,据《韩国日报》在金泳三就职一个月之后(3 月 25 日)对国民进行的调查表明,对金泳三的举措表示肯定的占 80% 以上。④ 更为可贵的是,金泳三政府在此基础上敢于查处前国家最高领导人的政治资金。1995 年 11 月 16 日和 12 月 3 日,前总统卢泰愚和全斗焕先后因政治资金贿赂而被捕,并进行了韩国宪政史上空前的审判,史称"世纪审判"。经查明,全斗焕、卢泰愚在 1980 年至 1993 年 2 月任总统期间共受贿 6 亿多美元。1996 年 8 月 26 日汉城法院作出一审判决,判处全斗焕死刑、卢泰愚 22 年 6 个月有期徒刑。罪名是"策划和发动军事叛乱和内乱,收受巨额贿赂"。法院对全斗焕处以 2.79 亿美元罚款,对卢泰愚处以 3.49 亿美元罚款,这相当于他们任职期间受贿的数额。另外,法院还判处 13 名参与

---

① 林秋山:《朴正熙总统》,台湾幼狮文化出版公司 1977 年版,第 59—64 页。
② 《韩国日报》1993 年 2 月 28 日。
③ 赵炜:《韩国现代政治论》,东方出版社 1995 年版,第 32 页。
④ 转引自曹丽琴:《金泳三总统的"新辅国论"简析》,《亚太资料》1993 年 8 月 9 日。

军事叛乱的前军队指挥官和9名向前总统行贿的大财团董事长10年至1年6个月的有期徒刑。

新加坡的廉政建设可堪称是东亚的一个楷模,它的政治廉洁与该国的秀丽清洁一样在世界和亚洲享有盛名。有关情况,后面再进一步介绍。

3. 以法治国

法制建设是国家政治运作的最基本最重要的组成部分。当代社会若无相应的法律制度加以规范和保证,政治运作便无规可循,经济发展便会受挫伤,社会结构亦无从规制,国家会因之瘫痪,社会将停滞不前。西方发达国家在近现代之所以有巨大发展盖与健全的法律体系密不可分;日本等国在战后之所以崛起也与高度重视法制建设即以法治国息息相关。健全、完善的法制是日本等国政治稳定、经济繁荣的不可或缺的前提与基础,它为后者营造了一个繁荣、稳定的社会环境。

日本等国法制建设起步均晚于西方。日本虽然在东亚较早进行法制建设且相对健全,但由于战争和现代化的断裂(与日本的法制相关),战后处于重建法制阶段。然而,总的来说,它们的法制建设稳步发展并渐入坦途,与它们的经济、社会发展同步,已远远超出东亚和第三世界各国的整体水平,而接近甚至达到西方发达国家水平。法制建设与经济发展、民主政治是相互促进、相辅相成的。法制健全、完善的程度取决于经济发展的程度,它奠定于比较发达的商品经济基础之上,反过来,健全、完善的法制将大大促进经济的发展。没有法制谈不上经济的快速发展。同样,建立法制必须要有相应的政治基础,现代国家的法制是建立在民主政治基础上并与此同时进行的,但民主政治倘若缺乏与之相应的法制,也难以发展和存在。总之,法制、经济、民主,三位一体缺一不可,互为条件。正因为如此,东亚的法制建设由于受其经济发展与民主政治的制约与限制,尚存在一定的缺陷,特别在宪法体制上有待改革与完善。也正因为如此,东亚的法制建设本身的发展也存在着不平衡,各国与各地区存在着较明显的差异。按健全、完善的程度,日本首当其冲,其次是新加坡,韩国则似乎应排在第三位。几家法制建设各有特色。

日本是一个各项法制都比较完备的"法制国家,在资本主义世界中具有一定的代表性"①。不仅如此,日本法制还具有东方与西方法制相融合的特征。"可以说现代日本法是在集结日本古代成果,吸收西方大陆法和英美法之精华,并结合日本社会现状的基础上形成、发展起来的,而日本古代法继承了中国封建法学的精华,大陆法和英美法又分别是古代西方罗马法、日耳曼法、教会法和西欧封建法的总结与发展,因此日本现代法便具有了集古今东西法之大成的特点。"②

新加坡虽然建国较晚,法制建设晚于东亚其他国家和地区,但它却是世人所公认的"高度法制化国家"。新加坡法制以英国法典为基础,博采众长,形成了具有自身特色的法制体系。其法制有三大特点,"一是法律完备、严密、具体和明确;二是执法严,有法可依,违法必究,不留情面;三是有一支素质精良的专业执法队伍"③。

东亚各国的法制建设虽各有千秋、各具特色,但却有其共同特点:

(1) 立法完备齐全,各个领域都有法可依,几无法律空白,并且形成一整套完整、严密的体系。大到国家宪法、行政法、刑法、刑事诉讼法、商法、民事诉讼法、经济法、社会法、劳动法,小到具体的法规、法令,如旅店管理、停车规则、钞票保护、公共卫生,人们的言谈举止、衣食住行,几乎无所不包,其方面之广、数量之多、分类之细、内容之详,实在令人吃惊。据不完全统计,新加坡现行的法律、法规达400多种。④ 新加坡等国家和地区的法律不仅包括方方面面,而且明确、具体,一目了然,便于执行,可操作性强。例如,《新加坡证券法》(1986年)共10部分119条。第一部分,有关名词,涉及人员解释;第二部分,证券交易的管理机关与管理权限;第三部分,证券交易所的建立及其批准机关;第四部分,交易所申请经营许可证及许可证的有关规定;第五部分,有价证券的登记注册;第六部分,证券业务的开展;第七部分,交易商的账目制作、投资顾问;第八部分,忠诚基金的设立及用处;第九部分,非法执行的处分与赔偿;第十部分,其他规范。从其中规定

---

① 蒋立峰主编:《日本政治概论》,东方出版社1995年版,第116页;周斌:《战后日本的崛起》,人民日报出版社1988年版,第94页。
② 蒋立峰主编:《日本政治概论》,东方出版社1995年版,第116页。
③ 严书翰主编:《亚洲"四小龙"发展启示录》,中原农民出版社1994年版,第313—314页。
④ 《新加坡的精神文明》,红旗出版社,第48页。

可以看出新加坡法律的特点。又如众所周知的新加坡环境卫生法、公共交通法,内容更为详尽,对违者的细目、罚款数额均有明文规定,如随地吐痰要罚500新元,重者高达1000新元,在禁烟处吸烟者也要罚款500新元,乘坐小车不扣安全带者或不按规定停车者或不遵守交通信号灯者均要罚款。总之,社会生活各个方面均有法可依,有章可循。

(2) 有法必依,执法必严,违法必究,人人养成尊重和遵守法律的观念。如果仅有法律而不依法执行,那么立法等于无用,日本、"四小龙"的成功恰恰在于有法必依而且严厉执行。它们均建立了严密的法律监督体系和素质精良的警察队伍。如新加坡有1万名警察,9个警署,96个派出所,199个预防犯罪委员会,还有近万个居民委员会,实行警民联防。警察多为法律专科毕业,训练有素,以身作则,一旦有人触犯法律,警察赶到,或罚款,或拘留,或教养,或坐牢,警察依法办案,决不手软,而且执法严格,破案效率高,一般案发5分钟内就能赶到现场。在监视人们是否违法方面,政府利用现代化手段,很快就能发现。政府还设有专线电话供群众举报。由于执法严格有效,法律观念深入民心,成为人们日常生活规范和习惯,从而使整个社会井然有序。这是法制实施的结果。在日本等国和地区,街上很少见到有违反交通规则的事件发生。甚至夜间路上无车行走,行人见红灯也停在路旁,直到绿灯亮时再行走。

(3) 法律至上,官民平等,以法护廉。日本等国和地区的法制均坚持司法独立,一般能做到法律面前人人平等,任何人违反法律,都要受到法律的制裁,不能因社会阶级、种族、宗教、信仰以及官或民等法律以外的因素而有所增损。当然,在实际生活中,金钱与政治因素往往也在一定程度上影响法律的执行,因而法律面前人人平等不能不存在某种局限性,但总体来说,这种局限性随着法制的健全和经济的发展已越来越小。官民平等的例证已越来越常见。日本、韩国政界要人不断因金钱贿赂而受到法律制裁的事实足以说明这一问题。新加坡一直以"执法严格、官民平等"著称于世。几年前的一个案例很有代表性:新加坡商业事务局局长格林奈长期从事与商业犯罪斗争的工作,是新加坡公认的商界犯罪的克星,他功勋卓著,曾亲自处理轰动全国的七大商业案件,被誉为"杰出公务员"。但却因一项"说谎罪"(1990年他向财政部申请一笔购买新汽车的贷款,却拿来还一部旧汽车的账)而被判处3个月监禁,并失去月薪1.2万新元的公职,担任公职20年的50万新元的公积金和30万新元的退休金也因此被取消,此案于1992年4月被判,格林奈因此身败名裂。这种官民平等的法制,使广大居民和投资者对法制运作具有"可预测性",因而产生一种"安全感和信心"。

(4) 以法治国与以德治国相结合。任何一个文明社会和国家都是法治与德治的统一,不可能单纯只有法治而无德治;有德治而无法治。很难想象一个国家仅仅靠法治来维持其运作。一般地讲,二者是互为条件,也互为因果、互相促进的。遵守和尊重法律的文化或习惯本身就是一个国家素质的体现,文化素质越高,法制观念也越强;反之,法制实施得越有利,文化素质提高得越快,遵纪守法的文化与习惯是法制实施的结果,也是精神文明建设的重要内容和体现。这种互为条件、相互促进的关系在西方国家与民族如此,在东方国家与民族尤为如此。

日本等东亚国家和地区受儒家、道家思想及佛教学说的深远影响,人们的行为规范很大程度上受"中庸和解""克己忍让""和善为贵""亲族亲善""义务本位"等意识的支配。西方的个人主义在这些国家和地区并没有强大的根基,这就使带有西方理性色彩的东方法律规范与东亚的传统观念之间存在着相当的矛盾。虽然这里的人们风俗习惯正在不断改变,特别是在城市社会和青年一代中,风俗习惯正越来越按照法律所规定的内容。但总的说来,东亚社会仍然与西方社会存在较大差异。在形式上完全采用西方的法律模式并不一定符合东亚的现实,可以说,东亚法制在治理东亚社会生活的作用上受到一定的局限,东亚法律在解决争端、制订和调查人们行为规则等方面所起的作用比在西方的作用小。

在当今日本人的观念中,法律是国家强制推行其政治领导者专断意志的工具,法律仍同惩罚和监禁联系在一起,在人们普遍的思想中,好人应是置于法律之外的。可见,法律观念并未完全渗透到日本人的日常生活中,"调整各种人事关系主要还是靠传统的义理人情,义理代替了法律"。对一个日本人来说,倘若他没有遵守这些义理,那么他会为自己和自己的家庭带来耻辱。"为实施一个正当的合法要求而诉诸法律,这种做法在日本人看来似乎有些过分。"①因此在日本,债权人经常要求其债务人自觉地履行其债务,某种事故的受害者则屈从于自己的不幸,自动放弃正当的权利要求,或以"私了"告终,并感谢肇事者的道歉和少量赔偿。由于这种传统东方人的意识指导,加上诉讼花费及委托律师的费用过高等因素,日本人宁愿"私了"而不诉诸法院。一个明显的事实是,日本律师人数一直较少。据统计,1990年日本登记在册的律师仅有1.4万人,平均全国每10万人中有律师人数为11.5人。1986年日本律师与国民人口比例为1∶9199;而德国为1∶1291,英国为1∶875,美国为1∶358,可见相距之大。② 正因为如此,日本重视法制的同时,"重视道德教化的作用,主张'德治'与'法治'相结合,'徒法不足以自行',以及重视人际关系和谐,重视调解等思想"③。

新加坡领导人在领导新加坡实现现代化的过程中也是将"法治"与"德治"紧紧融为一体,有时二者很难分开。据新加坡国会交通与新闻委员会主席黄海博士的估计,新加坡每年开展的全国性运动约有20个,经常性的运动有:礼貌运动、讲华语运动、防止犯罪运动、反对乱扔乱吐运动、爱神运动、生产力运动、忠诚周、敬老周、睦邻周、国民意识周等。这些运动既是法治教育与宣传,也是德治的教育与宣传,把法治寓于"德治"之中,把法治建设作为精神文明建设的重要组成部分并紧密结合起来,这是新加坡的现代化成功的一条重要经验。新加坡已故总统薛尔思博士把新加坡工业化、现代化的道路概括为:"西方的先进技术和工艺+日本的效率和高度的组织纪律性+东方的价值观念和人生哲学=新加坡的工业化、现代化。"④这里"高度的组织纪律性",其核心就是法治,这一公式不仅是新加坡的成功之路,也是其他一些东亚社会的成功之路。

二、东亚威权主义政治体制的成因

这是学术界争议比较大的议题。

---

① 蒋立峰主编:《日本政治概论》,东方出版社1995年版,第117—120页。
② 《日本政治概论》,第117—120页。
③ 同上书,第127—128页。
④ 曹云华:《新加坡的精神文明》,广东人民出版社1992年版,第5页。

1. 经济发展因素

东亚各国历史上长期处于西方殖民统治之下,独立后生产力水平和社会经济基础极端落后,经济结构畸形,都需要国家力量的支持才能迅速发展。东亚国家在没有良好的经济基础前提下,在短期内完成西方发达国家长期逐步完成的发展任务,就需要国家的强大力量来领导干预,需要威权主义政治体制来维护。

2. 历史文化因素

东亚诸多国家的威权主义政治体制的形成与东方各国历史上中央集权的君主制传统专制有着深刻的关系。国家的政治体制具有某种历史的惯性,东亚各国在历史上大都曾实行权力集中的君主制政治制度,故此思维惯性也较为认可权力集中的政治制度。同时,东亚威权主义政治的形成,与其传统政治儒家文化的影响也有所联系。儒教是东亚传统社会占统治地位的意识形态。东亚儒家传统的政治文化为威权政治的形成提供了广泛的社会心理基础,是威权政治产生的文化因素。

3. 强人政治因素

东亚各国从殖民统治走向独立,各国的第一代领导人大多接受的是西方民主的教育,因此,在各国第一代领导人执政后大多实施西方现代民主政治体制治理国家具备先天优势。但是,多数的第一代领导人本身又都具有强权思想,而且在东亚各国民众心中,各国的第一代领导人都是伟大的英雄形象,所以具备实施强权政治手段的各方面因素。因此,领导人的因素也是导致东亚诸多国家的威权主义政治体制形成的重要因素。

4. 战后实践因素

从 1945 年后,到 50 年代,东亚一些国家纷纷实行西方议会民主体制,进行普选等。泰国早在 1945 年就建立了自由泰国政府。印尼于 1950 年建立了统一的印尼共和国,颁布了临时宪法,规定了国家的政治体制实行议会内阁制。50 年代中期以后,马来西亚、新加坡等许多东亚国家也在不同程度上实行议会政治。但实行西方议会民主制给东亚各国带来的后果则是,经济发展严重受阻、滞后,政治上动荡不安,民族间斗争、党派间斗争不断。在随后不到 10 年的时间里,民主政权纷纷倒台,标志着民主制尝试的最终失败,给东亚各国带来惨痛的后果及教训。事实表明,照搬照抄欧美发达国家的政治制度是行不通的。

5. 国际影响因素

战后,国家社会进入美苏长期冷战的阶段,特别是美国等西方国家需要得到东亚各国的支持,长期大肆渲染东亚国家面临所谓"共产主义威胁",同时,用军事力量、经济援助等各种方式来武装东亚各国,维持其强权政治,使其成为美国在亚洲地区的支持力量,来与苏联抗衡。此时,东亚各国内部很多都有来自本国及其他东亚国家的共产党势力,这些共产党势力得到了苏联及中国的支持。因此,美国强力支持东亚诸国当局用强权政治抵御共产主义势力,以保证其资产阶级统治。

综上所述,种种因素使得东亚诸国在一定时期内不能实行西方民主政治体制,而必须将强人政治和现代民主政治相结合,实施两重性的、二元结构的威权主义政治体制。

三、东亚威权主义政治体制的双重作用

1. 正面作用:促进现代化功能

第一,推进经济发展。东亚诸国的经济独立后生产力水平和社会经济基础极端落后,经济结构畸形,由国家的强大力量来领导干预,制定发展战略,培养完善市场经济,促进了社会经济的发展。在20世纪60—80年代这三十年间,东亚各国的经济发展突飞猛进,特别是日本、韩国和新加坡,同期印度尼西亚等国家的经济发展也十分迅猛。

第二,政局稳定、营造安全与经济发展环境。此期间的政治局势也得到了稳定,政治文明得到了发展。尽管强权政治使得部分民众认为自身的民主权利受到侵犯,但由于稳定的政治局势为经济发展营造了安全的环境,民众的温饱问题得到了解决,民众的主流意识对于部分被剥夺的政治自由及权利也相对接受了。

因此,可以认为,东亚各国三十余年的经济迅猛发展、政治局势稳定和威权主义政治体制的作用是密不可分的。如果采取西方的议会民主制度,在当时的东亚各国的国情下,很有可能适得其反。

2. 负面作用:阻碍现代化功能

在东亚各国逐渐显现出由于长期的威权主义政治体制统治而产

生的负面作用：

第一，危害市场正常运行。国家行为强力干预，如计划经济，曾经在苏联的实践中暴露十分明显的缺陷。虽然东亚各国是将政府干预组织经济建设和市场经济自由发展相结合，但政府干预仍然起主导作用，如物价等重要市场要素都是由国家控制。越多的干预、控制经济发展，对于市场经济的产生危害越大，使得市场经济不能健康发展，危害市场正常运行。20世纪80年代末期，亚洲爆发金融危机，与该时期的国家过度干预市场经济发展，有很大程度的关系。

第二，滋生腐败流弊。由于国家过度干预市场经济，政府在经济领域权力过大，势必导致政府官员在经济领域拥有的权力也很大，故此，滋生腐败流弊。由于官员在经济制度制定、政策贯彻实施上有很大的权力，故此引发腐败丑闻的事件在东亚各国不断发生，如马来西亚、菲律宾、韩国等国家，都发生过影响很大的腐败事件。在威权主义政治体制之下，腐败大量滋生，严重危害了民众利益以及国家形象。

威权主义政治体制的作用是双方面的。在实施威权主义政治体制早期，正面作用、促进作用是占主导地位的，到实施威权主义政治体制后期，负面作用则愈发明显。东亚各国大抵如此，当然也有个别特例。

四、东亚民主化进程——威权政体向民主政体的转型

所谓东亚各国"威权政体向民主政体的转型"，也就是东亚各国的民主化进程。在此过程中，各国体现出在转型过程中速度不一致的特点，有些国家的民主化进程迅速，有些国家的民主化进程缓慢，甚至从某种程度上说，可以认为一些国家尚未进入威权政体向民主政体的转型阶段。但20世纪80年代末期伊始，绝大多数国家开始了民主化进程。"威权政体向民主政体的转型"的问题往往是相较威权主义政治体制本身更受关注的问题。

1. 威权政体向民主政体转型的原因

威权政体向民主政体转型的一个原因是，威权主义的有限合法性与脆弱性。威权主义政治体制有它的合法性，但它的合法性是有限的，同时带有很强的脆弱性。一个政权是否拥有合法性，是决定这一政权存亡和是否拥有权威的关键。现代西方发达国家的政治合法性

一般是建立在理性基础之上,是一种法理性的权威。东亚威权主义政权的合法性,如前所述,是建立在推翻原本遭到民众唾弃的民主政权的基础之上,这种民主政权由于无力实现社会政治的稳定和经济发展,很快退出当时的历史舞台。因而,威权主义政权应运而生,藉此迎合民众和社会发展的要求而获得合法性。威权主义政权能够合法存在几十年,主要取决于其"将民族主义和经济发展作为政权的合法性基础,也就是以允诺民族振兴、国家现代化、人民生活水平的提高等来换取公众对威权政治统治的认可"。这种合法性无疑具有暂时性和过渡性,并不具备长期性,更不具备永久性。

威权主义的脆弱性还主要体现在:随着经济的迅速发展,威权政治的局限性导致脆弱性;威权政治体制危害市场正常运行、腐败流弊盛行。东亚威权政治转型根本的原因在于,经济现代化发展已取得相当成就,改变了东亚的社会阶级结构,形成了市民社会及其相应的政治参与意识,为威权政治的转型提供了坚实的物质基础和前提条件。如果说,在80年代中期以前,经济现代化的推动力主要来自政治层面,那么,这之后发生的政治转型的动力则主要来自经济层面。

威权政体向民主政体转型的另一个原因在于,民众要求收回转让的民主权利。民众之所以能容忍甚至要求建立威权政府,目的无非是指望这样的强有力政府去发展经济,满足他们的物质文化需要。为此,人民宁肯暂时出让民主权利,实行威权制。然而,一旦那个目标达到,人民便理所当然地要收回他们暂时转让出去的民主权利,而且,随着大众教育和觉悟水平的提高,这种政治要求也会越来越高。因此,政府没有理由永久垄断和剥夺他们的这一权利。

从文化上来看,市民社会的初步形成培育了东亚人民的现代意识。传统上,东亚的专制主义和等级制度造就了人们顺从的习惯和意识,很少有自主的能力、反抗的勇气、冒险的精神和创造的欲望。而随着市民社会的形成,人们逐渐有了自治的体验,自尊与自信随之建立起来,与市民社会相称的公民意识、权利与义务观念、平等思想、竞争意识和创新意识得到了发展。

威权政体向民主政体的转型的又一个原因在于,中产阶级队伍壮大。随着经济发展迅速,小资产阶级等阶层转变为中产阶级,中产阶级逐步成长,队伍不断扩大,三十多年来经济的高速发展改变了东亚传统的社会分层和社会结构,其中最重要的变化应该说是中产阶级的崛起。1995年,年收入超过3万美元的家庭在东亚(日本除外)有800万个,2000年达到1600万个;年收入1.8万美元的家庭在1995年有1500万个,到2000年达到7500万个。虽然从总体上来说,东亚目前还不是完全意义上的中产阶级社会,中产阶级的力量还有待发展,但它已是一种不可忽视的力量。中产阶级队伍的壮大和经济地位的提高,必然要为自己的利益而去争取政治权利;并且,这种利益不是与集权政治相联系,而是与以市场为基础的多元政治相联系。

在中产阶级发展的同时,东亚社会人口受教育程度迅速提高。教育素质的提高有利于公众政治参与意识的觉醒,提高了公民参政、议政的能力。现代化市场经济的发展和教育水平的提高无疑也有利于促进权利观念的形成,激发和强化着公众的政治参与意识。实际上,中产阶级恰恰正是国家政治体制也就是威权主义政治体制的拥护者和维护者,但出于对国家政治经济文化等多方面的长远发展考虑,中产阶级转变为威权政体的反对者,威权主义政治体制转型的拥护者、中坚力量,是向民主政体转型根本的社会基础与核心力量,其根本原因在于新兴的中产阶级代表新生产关系与新的政治诉求。

2. 威权政体向民主政体转型的表现

(1) 军人执政改由文官执政。东亚的多数威权政治国家的威权政治向民主政治转化的一个突出方向,表现在军人相继退出了政治权力的中心,由新的文人政府取代,并大都进行了军队职业化的改革,使军队成为文官政府控制下的国家机器的一个组成部分。

(2) 一党政治向多党政治过渡。80年代中期以来,东亚一党独大的政党政治开始呈现出向真正竞争性的多党政治发展的趋势。反对派政治运动开始复苏,并日益在公职选举和议会政坛上显示着自己的力量。新加坡在政治转型期政党政治发生的变化比较典型。

(3) 立法机构作用加强,议会权力增大。东亚各国家和地区大都在一定程度上通过修改宪法、加强立法机构权力等措施,加强立法机构对行政权力的制约,从而出现了由行政集权向分权制衡的方向发展。经过改革,韩国威权政治时期的高度集权体制发生了重要变化,行政力量得到了削弱,立法力量得到了发展,较大幅度强化了国会的权力,如恢复了国家监察权和调查权,国会的各专门委员会均设置了听证会制度,定期听取政府有关部门的工作报告,并对其进行监查。

(4) 民众利益集团参政。东亚国家和地区的利益集团和民众的政治参与自 80 年代以来逐步活跃起来,较广泛地参与国家的政治生活。这表明国家控制社会的强度在减弱,也表明东亚威权主义国家在向现代民主政治迈进。在民间社团力量活跃的同时,普通民众的政治参与热情迸发出来,纷纷提出各种要求和主张,具有多种不同倾向的新报刊大量问世,各种政治力量加紧争夺舆论空间。

(5) 主动让权或改为民选。1991 年新加坡国会正式通过民选总统法令,即总统由全体合法公民直接选举产生,任期 6 年。1993 年 8 月,新加坡举行首次总统直选,57 岁的前副总理王鼎昌当选为新加坡第一位民选总统,这"标志着新加坡在政府机构的民主化道路上又前进了一大步"。韩国国家权力结构也发生较大变化:总统由间接选举改为直接选举;缩小了总统的权限范围,如取消了总统的非常措施权和对国会的解散权,只赋予总统以紧急财政权和紧急经济权,并明确规定了使用此权的前提条件。

五、威权政体向民主政体转型特点与问题

1. 初级性与不成熟性

转型的特点不是转型已经结束,而是一个漫长的过程,有的正处在胶着阶段。转型的过程带有不成熟性的特点。东亚国家在威权政体向民主政体的转型过程中,多数表现出了初级性和不成熟性。故此,产生诸多弊端:街头政治无休止,没完没了的两派斗争。例如,泰国的红衫军、黄衫军等党派斗争无休止地进行。民主与繁荣对立,民主与经济的发展从某种程度上说,是一对矛盾的概念,有时候是能并存,但有时候又是对立的。保证了民主,繁荣往往受到影响;而确保了繁荣,民主又受到阻碍,民众又强烈要求民主权利。在此阶段的东亚各国,民主和繁荣对立比较突出,存在着显赫家族、王权、军人干扰民主化进程等困扰。

2. 发展趋势渐进性长期性

由于初级性和不成熟性,因此它的发展是长期性的。现代民主在西方发展、演变和成熟经历了二百多年的长期历程,并非一蹴而就。民主化进程本身就具有长期性和渐进性。美国直至上世纪 60—70 年代,妇女和黑人的民主权利才得到基本保证。可想而知,东亚各国在民主化进程短短几十年的时间内,要想一步到位是不可能的,必须经历这个渐进的、长期的过程。东亚各国的民主,不能用简单的肯定或否定来判定,但可以确定的是,其现阶段的民主,种种弊端也体现得很清楚,至少是不成熟的。这种不成熟性不能简单地说是好或者是坏,但是可以做客观的一些评价。

3. 转型不可逆转性,目前正处在过渡状态

从专制到民主政治体制,任何的转型都是不可逆转的,将来必定要走这条路。目前处于过渡阶段。威权主义政治体制向民主化政治体制转变,是发展所不可避免的趋势。威权主义政治体制在不断弱化,民主政治在不断增强,但此过程必须是渐进的过程,遵行规例,欲速则不达。这是对转型特点的一个总的评估。

4. 适合东亚自身的政治模式尚在探索与迷茫之中

到底哪个模式适合自身发展还在探索中,何种政治模式适合东亚自身的发展,尚没有准确的定论。要依据各国的国情具体判断,用实践来检验政治模式本身,有待探索和创新,但是国情也不是一成不变的,可以根据地区情况而变化。

六、东亚政治体制的两个典型例证

1. 新加坡:威权民主政体成功范例

新加坡的威权民主政体在学术界也引起过讨论,有不同的认定,在这里采取肯定的态度和观点,代表主流学者的看法。新加坡的威权主义政治体制在经历向民主政治体制转变的过程,可以认为它的政治体制及其转型是较为成功的,简要说主要有几个特点:(1)建立适合自身特点的民主政体;(2)建立一个稳定而强有力的政府;(3)实行特殊的一党制;(4)实行依法治国;(5)健全反腐体制;(6)发扬传统文化。新加坡的威权主义政治体制及其转型是较为成功的典型。

这里我们重点介绍新加坡的健全反腐体制。

很多发展中国家之所以要实行民主,一个重要目的就是为了防止权力腐败,但我们在前面已经指出,民主和腐败其实并没有什么必然关系。民主体制的产生并不是为了防止权力腐败。事实证明,许多实行了民主的发展中国家,根本没有解决腐败问题,比如印度。而新加

坡的实践则从另一个角度提供了启示,反对腐败,民主并不是重要的,关键的是有一套健全的反腐体制。据国际反贪腐监督机构透明国际的 2010 年度贪腐印象指数显示,贪腐印象指数以满分 10 分代表最清廉,0 分为最贪腐,表现最好的是新加坡,获 9.2 分,高居全球第 4 名;马来西亚以 5.1 分排第 47 名,泰国以 3.5 分排行第 80 名,越南以 2.7 分排第 121 名,菲律宾排名第 141 名。新加坡的反腐经验,有很多值得其他国家学习和借鉴的方面。

反腐经验之一:把反贪污建立在法制基础上。《反贪污法》的最大特点,是规定了以贪污意图定罪的条款。如官员接受公众人士的礼物,就可以依法推定贪污意图的法律事实。只要被指控,就意味着已犯罪,除非你有证据证明自己的清白。如果被告不能证明自己清白,就要被判刑。

反腐经验之二:建立强有力的反贪机构。新加坡设有专门用于反贪污的贪污调查局。它独立行使职权,不受任何行政机关和个人的干涉,反贪的范围包括各政府部门、法定机构、企业及整个社会的任何贪污行为。贪污调查局享有警方的一切权力,有广泛的逮捕、调查和没收贪污财产的权力。如有必要,甚至可在未经法院许可和没有逮捕证的情况下拘捕犯罪嫌疑人。任何阻碍贪污调查局工作的行为,均是犯罪行为。

反腐经验之三:从严惩处贪污行为。新加坡对贪污行为的处罚包括判刑、没收财产、取消公积金、退休金等。在新加坡,无论什么人,只要贪污,都将受到严厉的处罚,典例有郑章远、格林奈等人。

反腐经验之四:在新加坡,政府公职人员均信奉"修身、齐家、治国、平天下"的儒家传统思想理念。新加坡最高领导人也以身作则,起到很好的带头作用。新加坡传统理念认为,治国者必须是正人君子。新加坡的社会舆论认为,"没有一个国家的领袖能够像我国领袖那样高风亮节,坚决遵守基本的行为法则"。其中,以李光耀律家人、律朋友、尤其律己为典型。

2. 菲律宾:西方民主失败典型

和新加坡等较为成功的国家相比,菲律宾的威权主义政治体制在经历向民主政治体制转变的过程中,可以认为是比较失败的。

菲律宾独立后实行总统、两院国会和法院三权分立的政府体制以及两党制的政党制度,这些制度皆为美国模式的翻版,**菲律宾一度被视为"东方民主橱窗"**。但菲式民主并不成功。在20世纪50年代,菲律宾是亚洲仅次于日本的最大富国,现在成了亚洲的"病夫",2007年菲国人均GDP才达到1590美元。菲律宾900万人,但是有近十分之一也就是近90万人左右输出到国外,其中大部分都是当女佣。国家收入靠她们的外汇,菲蒙受耻辱。英国《泰晤士报》评论说:"菲律宾正成为东南亚的一个失败国家。"多年来,贪污腐败泛滥、司法不公、贫富悬殊、国家负债达到极限、银行业瘫痪、投资退缩,经济长期紊乱。

这其中最典型的表现就是1965—1986年马科斯的独裁统治。马科斯统治菲律宾20年,初期政局稳定,经济有一定发展,但政治上一党独大,实行军管、解散国会、关闭报社、停止一切政党活动、逮捕和关押反党人士。贪腐异常严重,马科斯集团持政20年,其家族和手下转移到国外的财产多达200亿美元,而当时菲律宾全国一年的财政收入不过30亿美元左右。马科斯家族带头贪腐,全国每年有40%的公共财政被各级官员吞掉,并给菲律宾造成的各项经济损失达1000亿美元。马科斯及夫人伊梅尔达的生活极其豪华奢侈。伊梅尔达素以奢侈和浮华生活闻名于世,尤其对鞋子和珠宝兴趣浓厚。马科斯政权被推翻后,人们在总统府发现了这位前第一夫人留下的1220双鞋子。据统计,伊梅尔达拥有的鞋子达4000多双、裙子5000套。"上帝给了她世上所有的东西:美貌和荣华富贵,痛苦和坏名声。"1986年在全国的反政府运动中,马科斯逃离菲律宾。贝·阿基诺的妻子(即阿基诺夫人)领导了菲律宾著名的"二月革命",结束了马科斯20年独裁统治。

菲律宾民主特征之一:家族政治。菲律宾的政治是家族政治,四大家族(阿基诺、加加西亚、拉莫斯、洛贝兹)垄断了国家大部分的政治、经济资源,实际上这几十年来就是各个政治家族塑造了菲律宾的民主。菲律宾国会大部分代表来自134个家族,四大家族的名字在国会成员名单上频繁出现。2001年当选的众议员中,50%来自政治家族,另一半人中绝大多数也与在职官员或议员有密切关系,纯粹平民出身的当选议员只有11人。被推翻的马科斯总统的夫人伊梅尔达,80多岁当选为议员,马科斯的女儿伊梅也是政治明星,3次当选众议员。马科斯之子小费迪南德·马科斯是北伊罗戈省长,在任8年。阿罗约夫人已卸任总统职位,但在 2010 年 5 月 13 日又当选为众议员,她也是来自非常显赫的政治家族。1986 年至今实行美式民主,几位总统阿基诺、拉莫斯、埃斯特拉达、阿罗约均系豪门出身。阿基诺夫人 1933 年 1 月 25 日生于菲律宾马尼拉市,祖籍中国福建。阿基诺夫人在丈夫遭暗杀后,发动著名的"人民力量运动"推翻菲律宾前领导人费迪南德·马科斯的独裁统治,进而登上政治舞台,成为菲律宾和亚洲国家历史上第一位女总统。2010 年 6 月 30 日,贝尼尼奥·阿基诺三世当选总统,成为菲律宾第 15 任总统。阿基诺三世是家中独子,他有父母留给他的厚重的政治本钱。

菲律宾民主特征之二:血腥政治。菲律宾选举制胜的 3G 大法——枪(GUNS)、黄金(GOLD)、暴徒(GOONS)。暗杀成了最经济实惠的竞选手段。从 1986 年至今,菲律宾已发生了近千起政治谋杀。平均一年发生上百起恐怖事件。阿基诺 1983 年从美国回到菲律宾,在首都的国际机场停机坪上被暗杀。政治职位是政界人物的财源所在,所以许多政客不惜铤而走险,雇用杀手,谋害政治人物和敢于揭露真相的新闻记者。2009 年 11 月 57 名人质死亡的政治屠杀案也是当地的两大政治家族为了争夺当地政治的控制权,一方要继续掌权,一方欲夺权,于是对权力的痴迷与争夺把人性中最凶残的一面充分地暴露了出来。

菲律宾民主特征之三:贪腐政治。国际反贪腐监督机构透明国际的 2010 年度贪腐印象指数显示,菲律宾在 180 个纳入评比的国家或地区中,和西非的喀麦隆、中亚的伊朗、西亚的也门并列排名第 141 名,是 1995 年以来最差的表现。

总之,菲律宾政治体制的实践证明:照搬西方民主制其害无穷!西方民主制并非唯一选项。可以认为,菲律宾的民主化政治体制实践是比较失败的。

第三节 东亚文化模式

一、文化的内涵与作用

文化是内涵极其丰富而又复杂的概念。其定义有多种不同的说法。一般有广义与狭义之分。广义的文化指人类创造的一切物质产品和精神产品的总和。如人类5000年文明史,实际上是广义的世界历史,既有物质文明,也有精神文明。狭义上的文化专指包括语言及一切意识形态在内的人类社会的精神现象。其要素有三个体系:认知体系(认识和知识体系,世界观、伦理观是其核心,包括宗教、信仰、道德、思维方式等);规范体系(人的行为准则、风俗习惯等);语言文字体系。

依据不同的标准,可以把文化划分为多种类型。从形式上可以分为不同的形式:第一种形式是人类在科学、教育、文学艺术、体育等领域活动成果的结晶,这种文化可以称之为科学理性文化;第二种形式是人们的世界观、信念、道德、理想、觉悟以及人们的社会关系的总和,这种文化可以称之为道德的价值文化;第三种形式则主要是人类在社会生活中形成的各种生活习惯、社会风尚、交往方式等,这种文化可以称之为民族外围文化。根据社会历史的特殊性,则可以把文化划分为区域文化或民族文化,东方文化和西方文化。如根据宗教的特征,又可以把文化划分为儒教(家)文化、基督教文化、伊斯兰文化、印度教文化等。一般把西方文化与基督教文化联系在一起或等同;而把东方文化与儒教文化、伊斯兰文化、印度教文化联系在一起。东亚文化则大体上等同于儒家(或儒教)文化。确切的说法应是:东亚传统文化的核心是儒家文化,即中国伟大思想家孔子在两千多年前建立并在吸收佛教、道教学说的基础上不断发展与完善的伦理道德学说。东亚儒家文化的区域范围是指中华传统文化在东亚有影响的国家和地区,包括中国(含香港和台湾)、朝鲜、韩国、日本以及越南、新加坡为代表的东南亚各国。这些国家和地区不论在人种、家族结构、生产方式、生活方式,还是经济伦理、企业精神、政治文化等诸方面,都有历史形成的共性与相关性,与西方基督教文化圈或阿拉伯伊斯兰教文化圈相比具有其鲜明的个性。当然,儒家思想文化传入这些国家和地区的时候,它们已经根据本民族的特点与需要进行了筛选、批判和改造,又有各个民族国家和地区的特点。共性与个性二者相比,共性应该是主要的。

关于文化在社会发展中的地位与作用,按照唯物史观似应有如下基本看法:

(1)经济基础是上层建筑的根源,经济基础的性质决定上层建筑的性质;包括文化在内的上层建筑是经济基础的反映,是适应经济基础的需要而产生的。经济因素的作用无疑压倒文化因素与政治因素,成为支配社会政治和文化发展的决定性力量。对此,不可以本末倒置。因此,有关"东亚文化决定论"的种种说法是唯心主义的说教。文化只不过是其中的参与因素之一,而且"只有它和适合的社会结构、正确的发展战略和发展政策以及一定的科技水平形成最佳结合的时候,才能成为促进工业化、现代化的积极力量"。新加坡学者陈光炎博士形象地说:看起来这些根深蒂固的社会和文化价值只有在适宜的组织环境和有利条件下才能茂盛、开花结果。这就像种子一样,它有生长为大树的天生能力和潜力,但必须有合适的土壤和气候才能实现。

（2）社会历史的发展决不只是"经济单因论"。除经济这一决定性因素外,还有包括文化在内的其他参与交互作用的因素,唯物史观充分肯定包括文化在内的上层建筑对经济基础的反作用,历史的前进应是由"无数个互相交错的力量"所融合而成的"一个总的合力"来推动的。缺一则不成社会历史。早在1890年,恩格斯就写道:"根据唯物史观,历史过程中的决定因素归根到底是现实生活的生产和再生产。无论马克思或我都从来没有肯定过比这更多的东西。如果有人在这里加以歪曲,说经济因素是唯一决定性的因素,那末他就是把这个命题变成毫无内容的、抽象的、荒诞无稽的空话。经济状况是基础,但是对历史斗争的进程发生影响并在许多情况下主要是决定着这一斗争形式的,还有上层建筑的各种因素,甚至那些存在于人们头脑中的传统,也起着一定的作用。"1894年恩格斯又再一次明确指出:"政治、法律、哲学、宗教、文学、艺术等的发展是以经济发展为基础的。但是,它们又都互相作用并对经济基础发生作用。并不是只有经济状况才是原因,才是积极的,其余一切都不过是消极的结果。"[①]德国著名社会学家马克斯·韦伯也说过:"任何一项伟大事业的背后都必须存在着一种无形的巨大的精神力量。"经济与制度因素绝离不开文化因素。文化因素绝非是可有可无的因素。一个社会的经济与政治制度的提出,无不受到制订者本身文化观与价值观的影响。这就是韦伯把现代化的根源追溯到文化因素上的原因。

---

① 《马克思恩格斯选集》第四卷,人民出版社1972年版,第477—507页。

（3）文化、精神因素要与当时的历史条件、政治制度、经济制度等相结合才能发挥作用。文化因素作用往往是抽象而难以捉摸的，人们很难清楚说明或准确地计量它们对现代经济发展的影响程度。在现代化的解释上，文化常被当作一个"软性概念"或"剩余的变项"（residual variable）。它只能是一种"中介因素"，同一文化价值取向在不同的制度结构和历史背景下将会产生不同的作用。一个社会的迅速经济发展既可以归之于文化的推动，也同样被归之于文化的阻碍。对国家的忠诚，在封建时代是为封建地主统治阶级维护封建专制制度服务，其作用在封建时代的后期只能是消极的、负面作用；而在新兴独立国家实现现代化过程中，这种忠诚即爱国主义无疑主要起积极作用。同时，对某些传统文化与民族精神要进行具体分析，不可简单否定或肯定。日本的武士道精神曾是近代日本现代化创业中的主要民族精神。它是一种"双刃"剑，具有双重作用。它在明治维新和现代化的创业中曾起过重要作用。但后来它却被日本用来向外侵略扩张的重要精神工具，被世人所厌恶，它的负面作用显然上升为主流。可是如果仅仅把它用到日本经济发展和企业的管理上，人们"从中能够获得通过其他方法无法得到的作用和益处"，"作为民族精神具体体现之一的武士道不能不说起到了非常重要的作用"[①]。一些研究东亚文化的学者多持这种看法："文化并不直接地对经济产生作用，即文化与经济发展之间并非直接因果关系，需要通过经济行为这个中介。同时结合文化与经济行为以及经济行为与经济发展的，还有社会制度与发展政策这两项制度因素。文化在这方面的作用始终限定在一定的经济和政治条件及国际环境之中。因此，考察文化因素的历史作用必须注意到作为整体的时空环境和社会条件。"[②]

（4）传统文化具有正反双重作用。无论东方文化还是西方文化都是一种"双刃的兵器"，既有精华，也有糟粕。传统文化中即使被人们公认属于精华部分的内容、也具有两重性。它一方面蕴藏着巨大的能量和创造性，另一方面也会走火入魔，产生负面作用。同一种文化

---

① 张旅平：《文明的冲突与融合——日本现代化研究》，文津出版社1993年版，第244期。

② 李一平、周宁：《新加坡研究》，国际文化出版公司1996年版，第164页。

在不同的历史条件下会发产生相反的作用。同时,传统文化的作用在现代化的不同国家、不同阶段、不同时期、不同层次,其作用也不同。而且东亚各国情况又各异,要进行具体分析。根据中国学者汤重南先生的研究,现代化的开始或初期阶段,即在传统社会向近代社会转变、进行近代变革时期,传统因素更多地起阻碍作用;而现代化社会已经建立并得以稳定发展的第二阶段,即到了巩固现代化成果时期,传统因素稳定社会的功能和作用会日益明显和增大。但这一阶段往往会掩盖另一种倾向,即传统文化中的糟粕亦一齐发挥作用,甚至会使现代化扭曲。"当现代化发展到较充分阶段时,传统文化因素中的糟粕又会成为新变革的对象,其消极作用亦更为突出和明显。"而且,"传统文化的不同层面、层次在各个阶段有所不同,而且这种有周期性的变化也十分复杂,决不是周而复始地重复、循环,而是波浪式、螺旋式地向前发展"。一般在政治以外的各个层面中的传统因素会不断地更多地被发掘出来,而政治层面中的传统因素会更多地受到批判和抛弃。在统治阶级层次中的传统因素会受到更多的批判,而在一般人民的层次中的传统因素亦会被更多地留存和发掘出来。"总的趋势是,传统文化中的优秀成分会在这一过程中逐渐被重视、被发掘,经过筛选、改造、扬弃,将更加适应现代化的发展和需要,其积极作用亦会日益显著。传统文化中的糟粕部分则会逐渐被抛弃和清除,其消极作用亦逐渐减少。"①

二、对韦伯西方伦理学说的挑战

儒家文化是东亚传统社会占统治地位的意识形态。这种意识形态是在东亚自给自足的农业自然经济和宗教等级社会基础之上产生的,它适应了东亚国家基本未曾变动的农业自然经济和宗法官僚等级的社会实践的需要。儒教既然能使中国两千年社会持久稳定而不衰,自有它许多积极成分。然而就其总体而论,主流或起决定作用的因素则是消极因素。儒家思想成为东亚国家的维护封建统治和复辟倒退的强大思想武器,长期妨碍了社会的发展和进步。正如陈独秀所言,

---

① 汤重南:《东方传统文化对现代化的作用》,《东方文化与现代化》,时事出版社1992年版,第103页。

"儒孔道,非无优点,而缺点则正多。"这种负面的"缺点"有些永远是糟粕。"此不攻破,吾国之政治法律、社会道德,俱无由出黑暗而入光明。"①这些负面的传统儒家文化对东亚现代化的启动无疑起到阻碍作用。著名德国社会学家马克斯·韦伯认为,由于儒家文化中缺少催生出资本主义精神的新教伦理那样的宗教观,也由于儒家社会中宗法关系的过于强大限制了个人的自由发展以及地主经济的盛行对社会分工的限制,儒家文化对于资本主义经济发展和政治现代化极其不利。②韦伯的这一结论对儒家文化未转型为新儒教之前导致东亚社会落后或停滞不前是有根据的。众所周知,韦伯在《新教伦理与资本主义精神》《中国的宗教》等书中提出,基督新教的伦理是资本主义兴起的文化原因。他认为,从16世纪欧洲文艺复兴活动发生之后,理性主义在政治、宗教、科学、法律、艺术等各个领域的复兴,是近代西方文明产生出工业资本主义的主要原因。而加尔文宗教改革开始后所形成的基督教新教伦理,则是促成资本主义发生的精神因素。与此同时,他对在20世纪初期前中国为什么未能产生出资本主义进行了新教伦理和儒家伦理的对比研究,从文化背景探索现代东方落后于现代西方的原因。他从广义文化传统角度,包括社会结构、政治制度、法律、经济组织、货币制度、宗教与思想、价值体系等诸方面进行审视和深入探讨,得出"儒家伦理有碍于中国发展资本主义"的结论。韦伯指出:"中国许多可能或必然有碍于资本主义产生的因素,同样存在于西方,并且在近代资本主义最终形成的时期里,这种不利于资本主义产生的因素依然存在。"而最终促使中西方显出差异的因素就是韦伯所说的新教伦理与儒教、道教伦理的不同。韦伯认为,新教伦理导致了资本主义精神的发生和发展。其表现为:追求财富与金钱的活动本身就是目的,而不是为达到其他目的的手段、也不是一种罪恶,相应地、无止境地追求利润的活动逐渐被认可;勤奋地努力工作被认为是一种美德和一种道德的义务;理性的劳动组织方式,强调纪律和控制等。而中国之所以没能成功地发展出像西方那样的理性的资产阶级和资

---

① 陈独秀:《答吴又陵〈孔教〉》,载《独秀文存》,安徽人民出版社1987年版,第646页。

② 柏思德、刘世生:《西方学者关于孔子及儒学在现代世界中作用的研究》,《社会科学战线》1991年第3期。

本主义,其主要原因在于缺乏一种特殊宗教伦理作为不可缺少的鼓舞力量。

美国雅各布斯教授在探讨韩国现代化时也做出了与韦伯相类似的结论。他详细地概括了儒教伦理对东亚社会发展的阻碍。其中包括:儒教冷漠甚至敌视生产性的商业和工业的经济;提倡对无能的上级的绝对的忠诚;崇拜过去,爱好社会和谐,而不管这种和谐对社会创造力的影响怎样,它宣扬通过节俭而不是通过生产来摆脱贫困;它拒绝实际解决问题,而是在理想上解决;它的零散的小智能火花而不是深刻的思辨体系;它的精英阶级意识;它甚至在生存危急关头仍然反实利;它研究道德哲学而不是社会科学知识;等等。总之,儒学追求个人道德而不是社会功利效果。这种儒学在近两世纪未受到挑战。① 儒教文化阻碍、束缚东亚社会发展,固然是由于它本身在思维方式上因循守旧、墨守成规,但更为重要的是,儒教与东亚政治结构高度相结合,意识形态与政治中心几乎合二为一。皇帝相当于宗教中的最高祭司长,皇权也拥有意识形态的最高解释权和裁判权。这在中东、印度和西方则是不可想象的。这种唯我独尊的、排他的意识形态同集权官僚政治的密切结合,便产生了或豢养了一个寄生的、保守的、不容许社会变迁的国家官僚阶级,从而阻碍了东亚社会的发展。这正是"儒学或儒家伦理在东亚早期现代化启动中失利的原因之所在。韦伯对儒教伦理的研究,正是首先从制度层面入手,而不是从思想层面入手的。这正是儒学研究中的薄弱之所在"②。日本明治维新运动思想家福泽谕吉在《文明论概略》中也正确地指出:儒学"一半是属于有关政治的学问","是造成了社会停滞不前的一种因素,这可以说是儒学的罪过"③。

然而,20世纪70年代后,东亚儒家文化圈国家的经济奇迹引起了对韦伯学说讨论的热潮,对韦伯学说提出挑战。康恩(K. Kahn)就率先在《世界经济发展》一书中,以儒家伦理来解释东亚经济发展的原

---

① Norman Jacobs, *The Korea Road to Modernization and Development*, Urbana and Chicago, 1985, pp.232-233.
② 罗荣渠:《深入探讨东亚现代化进程中的新经验》,(香港)《中国社会科学辑刊》1995年春季卷,第177页。
③ 福泽谕吉:《文明论概略》,商务印书馆1994年版,第148—149页。

因。他认为,儒家文化有许多长处,相对少了许多短处,东方人"似乎比西方人更适应工业化"。其原因在于,这类国家的大多数人民受到儒家思想文化的熏陶,具有共同的文化特质:强调自制、教育、学习技艺,以严肃态度面对工作、家庭及义务;重视群体,如家庭、社区或公司;重视人际关系的互补与和谐等。① 康恩的观点引起了广泛的注意,得到学术界严肃的探讨。80年代以后,儒家伦理有助于经济发展的看法已被视为一个合理的假设。一位学者曾说:"对财富、荣誉、健康拥有强烈的动机,对家庭与祖先有能力表达崇敬,毫无疑问这些是决定性的文化因素,足以开出一种新的经济行动。"② 其后麦克法夸尔(R. Macfaquhar)又提出"后儒家假说"(Post-Confucian Hypothesis)的观点,认为后儒家文化强调团结和谐与牺牲奉献的群体主义,西方文化强调保障权利和追求平等的个人主义。如果西方的个人主义有利于资本主义工业化的早期开创阶段,那么,儒家的群体主义或许更适合于大工业化(massindustrialization)的时代。所以,东亚国家的逐渐兴起,对工业革命之后200年来支配整个世界的西方开始在经济上形成实质性的挑战。最有代表性的则是美国波士顿大学宗教与社会学教授彼得·伯格(Peter Berger)在1982年提出的"两型现代化论"。彼得·伯格认为,今天世界上已经出现了两种型态的现代化:一是以欧洲发展经验为基础的西方型态现代化;另一是发生在包括新加坡在内的东亚地区的新的、具有特殊性格的东方型态现代化,即"儒教资本主义"③。彼得·伯格指出,东方形式的世俗性——"世俗的儒家思想"应该是东亚现代化主要的源头活水。这种"世俗的儒家思想"指儒家思想影响社会上老百姓日常生活中的信仰与价值,其主要内涵包括一种深化了的层级意识、对家庭投入(为了家庭,个人必须努力工作和储蓄)以及一种纪律和节俭的规范等。落实在经济活动中,就是高生产力的工作伦理,遵守纪律、团结一致、认同集体目标和服从权威等

---

① H. Kahn, *World Economic Development: 1979 and Beyond*, London: CroomHelm, 1979.
② S. Alatas, "Religion and Modernization in Southeast Asia," in Hans-Dieter Evers ed., *Modernization in Southeast Asia*, London: Oxford University Press, 1973, p. 163.
③ Peter Berger, *An East Develipment Model?* 中译本见(台北)《中国论坛》第222期(1984年)。

有助于经济发展的社会文化条件。① 因此,就整体而言,伯格继承了对经济发展中"文化"因素重要性的肯定,从而为东亚国家和地区现代化提供了一个韦伯式的文化解释。

东方许多学者对韦伯关于儒家伦理的命题也提出了挑战。台湾的黄景汉博士也认为,"从各个角度来看,中国传统文化背后的精神力量,非常适合促进现代化经济发展"②。新加坡国立大学经济系副教授黄朝翰在"走向2000年的亚太经济北京会议"上指出,正是近年来重新被人们强调为体现了孔子思想的东亚主流文化传统,使亚洲的新兴工业国家和地区直接结出了经济增长的丰硕成果。韩国高等教育研究会会长朴俊熙指出:"日本、中国和其他亚洲国家的变化令全世界的人都来关注亚洲,而人们关注的绝不仅仅是亚洲经济技术的发展,而是形成儒教文化圈的那股无形的力量。当今不但西方社会,就连世界其他很多地方,也有越来越多的人领悟到了他们过去难以理解的儒教文化圈的文化背景。"他认为,在告别20世纪、迎接21世纪的今天,文化中心正向亚洲移动。由于日本、亚洲中等发达国家群以及中国振兴的努力显示了新的飞跃。"亚洲的儒教文化圈已具备领导21世纪的力量。"③日本大冢久雄教授认为,在儒家伦理体系中,具有理性主义的成分,清教主义和儒家是并立于世的两大理性主义伦理。另一日本学者水井阳之助甚至认为,美国已面临"西方没落"型的衰落和分裂,美国新教徒上流阶级的社会也逐渐走向崩溃。这些说法当然不足为据,而且是"东方文化决定论"的说法,笔者并不苟同。但值得肯定的是,他们对权威的传统韦伯学说进行了大胆否定,并对东亚文化的作用给予了充分肯定,有其合理的内核,其意义不容忽视。

三、儒家文化对东亚现代的推动

儒学在东亚发挥积极作用并成为东亚崛起的一个重要因素,也只有在这种旧政治经济制度受到激烈冲击或完全解体之后,才有可能。"作为儒学支撑的旧制度的完全解体,是战后东亚各国和地区重新发

---

① 参见李一平、周宁:《新加坡研究》,国际文化出版社1996年版,第153页。
② 台湾《天下杂志》1986年9月号。
③ 《编译参考》1990年第5期。

展的条件。"① 如果说在20世纪70—80年代学术界一些倡导儒家资本主义的学者在理论上对韦伯的学说进行了猛烈抨击,那么东亚国家和地区则从实践上对传统的西方文明中心论给予了更加有力的回答。新加坡等东亚领导人在弘扬东方民族文化传统方面的努力提供了许多有益的经验和启示。

(一) 儒家文化中的积极要素

东亚各国和地区在倡导儒家文化为经济发展、社会稳定服务方面起到诸多积极作用,这里将其要点归纳为如下五个大的方面。

1. 忠孝观

忠孝是东方人的一种美德,不忠不孝者非仁义之徒。忠孝在东亚各解释不一,二者基本上是一致的,但也有一定区别。忠的基本含义是为国家和民族奉献一切,国家利益第一。公民忠于国家,热爱国家,遇到个人利益和国家利益发生矛盾时,必须把国家利益放在第一位,而牺牲个人利益。中国历来有"尽忠报国"之说。日本把忠于天皇报效国家视为一体,新加坡则把忠理解为"国家至上,社会为先"。所谓孝,一般指要孝顺长辈,敬老尊贤。李光耀特别强调,家庭是社会的基本结构,是"巩固国家、民族永存不败的基础"。这种忠孝观在西方伦理中是不存在的。"新教伦理"倡导的是个人竞争与个人奋斗。东方儒教的忠孝观在历史上对巩固封建统治和对外关系中起到非同小可的作用。同样,在东亚现代化的进程中,忠孝观也起到不容忽视的作用。这种忠孝观在一定程度上是东亚威权主义政治模式和经济民族主义模式的思想和文化基础。这种作用表现在:

(1) 东亚儒家文化为威权政治的形成提供了广泛的社会心理基础,是促使威权政治产生的文化动因,即"使国家权威可以充分地调动潜涵于本民族深层文化中的传统政治文化因素,实现社会中和政治力量的整合,这就构成了威权政治的文化根源"②。韩国学者金日坤认为,以忠孝为支持的儒教秩序,经过长期的体验和教化后,形成了一种

---

① 罗荣渠:《深入探讨东亚现代化进程中的新经验》,(香港)《中国社会科学辑刊》1995年春季卷,第177页。

② 贾都强:《东亚政治发展的一种过渡形态:威权政治与现代化》,北京大学博士论文,1999年,第22页。

独特的"整体号召机制"。在历史上,这种机制曾不断来应付外部强敌的入侵和解决与民族生存有关的各种危机。而在面临20世纪的现代化挑战时,这种挑战对本民族的压力又一次"激活"了这种整体号召机制,从而使东亚的民族国家具有强人的号召力,这是东亚国家走上威权主义道路的文化基础。① 这是因为东亚社会具有巨大的凝聚力和向心力,使社会和集体统一意志、统一思想、统一步调和统一行动,社会成员能够竭尽全力为国家和集体效力,甚至不惜牺牲个人的生命。日本是讲"忠"最典型的国家。B. K. 马歇尔在《日本的资本主义和国家主义》一书中认为,与欧美经营者以个人利益为第一主义截然不同,日本的伦理精神是国家利益至上主义,主张日本商人要为国家和公益而牺牲。日本明治维新能够成功很大程度取决于这种忠诚精神。战后第二次现代化的成功同样依赖这种精神。日本人深知,它要重新走上现代化,赶超欧美,除了必须具备他国所具有的某些条件外,还要有自己的长处,其中最重要的就是"秩序、统一和效率",否则就是一句空话。日本幸运的是,"它有这个长处,这就是'忠',人民对国家的忠诚作为文化深层结构或潜层结构,悄然地保驾着日本列岛迅速走向现代化,走向强国,走向世界体系的中心"。② 东亚其他国家和地区的经济发展在很大程度上是依靠这种忠诚于本国和本地区的经济民族主义。③

(2) 儒家思想体现在政治制度中,有助于强力政府的形成,使国家干预得以实现,这是东亚经济发展和重要保证。因为国家干预是经济发展的政治基础。强力的政府具有强烈的经济建设意识和强大的导向作用。它包括有坚强的意志,有明确的中长期发展计划,有严密的组织系统,有强大的军方后援。

(3) 儒家伦理道德在东亚的企业里造就了一种独特的忠诚于企业的精神或归属意识。在日本现代企业的管理当中,忠于企业的利益

---

① 〔韩〕金日坤:《儒教文化圈的伦理秩序与经济》,中国人民大学出版社1991年版,第八章。
② 张旅平:《文明的冲突与融合——日本现代化研究》,文津出版社1993年版,第237页。
③ 详见陈峰君:《当代亚太政治与经济析论》,北京大学出版社1999年版,第263—286页。

高于自身的利益。不忠于自己企业的职员,也难以被其他企业所容。忠于企业的意识、在企业内长期稳定甚至终身的雇佣和企业内高低长幼的有序组合,形成了为企业成员所接受的年功序列工资制。忠于企业的意识、视企业利益至上、同心同德、同舟共济,使得工会之类的组织既能顾及企业的利益,同时也使个人利益得以实现。这一点为西方所望尘莫及。韩国学者金日坤在论及经济文化时曾说:如果用外力强迫个人参加经济组织的运行,那也是完全可能的。但这样做,就无法实现经济中的效率性和合理性。因此,若想提高经济中的效率性与合理性,就一定要有利益动机和爱的动机相配套。利益动机就是提高经济水平的经济动机;爱的动机是指人类原始动机,包括忠孝等思想和伦理原则。如果说在欧洲人们是利用个人主义为中心的市民社会或社会契约的原理来维护社会秩序的,那么儒家文化中的秩序则是靠"忠"和"孝"的集团主义原则来维护的。

2. 仁爱或和谐观

儒家思想的主要内容是一套用以约束人与人之间交往的伦理体系。"仁"在儒家思想里占极重要的地位,它是道德的核心、伦理的根本。"仁"是人与人之间相处之道。人与人交往要能和谐相处,共有共荣、互助互爱。儒家把人际关系分为五类。君臣有义,父子有亲,夫妇有别,长幼有序,朋友有信,此儒家五伦也。五伦之中,父子、夫妇、长幼之伦属家庭范围,朋友属社会范围,君臣属国家范围,"仁"的具体表现,从私人之爱,以达于"天下为公"的境界。此五伦乃人生不可或缺。范仲淹提出"先天下之忧而忧,后天下之乐而乐",以为社会、为他人的集体主义精神。儒家中的这种互助道德观念与集体主义精神正好与现代社会中分工越来越细,世界的经济、政治日益联成为整体相吻合,并成为推动东亚经济发展的重要因素。儒家"和为贵"的思想,广泛渗透于东亚企业内部,成为企业价值观的重要组成部分。以韩国为例,韩国企业的经营思想大都体现了这一理念:味元集团的"人和、勤俭、向上",LG集团的"和睦团结、开拓精神、研究开发",现代集团的"勤勉、俭朴、友爱",双龙集团的"信任、革新、人和",晓星集团的"诚实服务、努力创造、和睦团结",以及起亚集团的"团结、诚实、创造",都是儒家文化在企业中的体现。韩国企业家认为,企业管理要"以人为主,以能力为主"。因此,他们普遍提倡主人翁精神。浦项钢铁公司提出

"浦钢人"的口号,大宇集团提出的"大宇家族"的概念,均表达出和谐思想。韩国企业极力鼓励每一个员工成为集体的一分子、强调自豪感和团结协作关系,目的在于激励全体员工发扬团结一致的集体主义精神,同心同德地为企业做贡献。韩国企业的经营者认为,企业如同一个大家庭,应该如同一家人一样和睦相处,"人和"是企业经营和发展的前提。东亚的企业与公司不仅是经济单位,而且是社会实体,它贯彻社会价值观念和保障社会团结。它除了使用工资、奖金等经济手段外,还满足职工的社会性需求,如提倡员工的团结,促进管理部门与职工的合作,扩大职工的福利,如补贴住房、资助文体活动、组织旅游休假等。因此,东亚的企业职工更加努力工作,愿意超时或超额工作,他们对公司往往怀有归属感和责任感,比西方同行更能调动职工的积极性。

3. 勤俭观

节俭、勤奋、不畏艰难、吃苦耐劳是东亚各国所共有的传统伦理价值和行为准则等。这种民族性格与民族精神也无疑是有助于现代化进程的。东亚民族一向以勤俭持家、刻苦耐劳和储蓄而著称。信奉儒家文化的人,一般都主张节俭储财,反对挥霍奢侈。这样一种价值观念显然会直接影响到人们对积累与消费关系的处理,这有利于抑制通货膨胀和外债压力,又有助于适时地发展资本密集型产业。不少研究者认为,东亚国家和地区产业结构转换快,经济增长率明显高于欧美发达国家的一个重要因素。东亚"四小龙"和日本拥有世界上最高的投资率和储蓄率。韩国的储蓄率 1988 年为 27.7%;新加坡的国民储蓄率最高,1985 年曾达 42%,1988 年为 41.9%。据此,有人认为,东亚国家和地区属于积累型社会。相比之下,欧美国家则属于消费型社会,1988 年联邦德国的储蓄率为 12.6%,美国只有 6.6%。

与节俭并存的是勤奋、刻苦耐劳、坚忍不拔的精神。美国学者蒂博·车托夫斯基在分析韩国等"获得伟大成功"的原因时也认为,"可以追溯到它们共同的传统。这就是生来勤奋,乐于吃苦"。日本学者名学和太郎在《经济与文化》一书中写道:"视劳动和忙碌为美德的国家并不多。大约只有中国、日本、朝鲜这样一些儒教国家和信仰新教的国家。其他无论是天主教,还是伊斯兰教,大都不将劳动视作光荣。"瑞士联合银行 1988 年对 52 个国家和地区劳工情况的调查告诉我们,世界工人年均工时为 1966 小时,而香港最高,竟达 2627 小时,日均

9.16小时,居世界之首,因而被称为世界最紧张的城市之一。有一位美国专家曾经作了一项社会调查,发现如将工人付出的体力集中度的国际标准定为100,日本工人付出的体力则是120,而美国工人仅为7.0。假如再将工资收入与付出的体力折成比例的话,韩国等地的比例最高,新加坡、日本次之,欧美国家再次之。另据1986年公布的"韩国社会指针"统计,韩国各行业的工人每周平均劳动时间为50小时,企业的高级职员工作时间更长,一般为每周53小时,经理则一周工作54小时。

上述这些资料表明,东亚特别是"四小龙"的成功,很大程度上是人们用勤劳的双手和汗水换来的。日本学者高桥龟吉在总结日本经济的发展原因时说:使日本经济走上这种发展道路的原因很多,其根本原因就在于日本的国民性。新教徒的伦理观念给西欧带来资本主义制度和产业社会,而日本农民和工匠从文化传统和需要出发,具有善于与这种伦理观念相结合的品质,这就是勤奋性格和为储蓄与投资而控制消费的精神。新加坡前总理李光耀在1990年环球策略研讨会上以及国庆日群众大会做了两次演讲,对儒家文化的作用做了十分深刻的概括。他指出,东亚的成功有许多因素,这些因素大部分都是如社会价值体系以及社会用以维护和实行这些价值体系的制度之类的"无形因素"。中国、日本、新加坡和韩国都推崇克勤克俭、孝道和民族自尊的美德,非常重视个人对社会应尽的义务,而且以个人利益服从社会利益。新加坡的成功与其文化背景是分不开的。文化价值观是我们的基本力量,失去了这个因素,什么都没有办法做成。如果没有刻苦耐劳、社会凝聚力等传统价值观,就没有今天的新加坡。

4. 耻辱观

西方学者在比较东西方文化区别时,常常把西方文化称为"罪恶感文化",而把东方文化说成是"耻感文化"。二者不同的特点在于,罪恶感是人们行善的动机,人们道德体系的原动力来自内部,内在良知引起懊悔与张力;相反,耻感文化中,道德则是来自外部强制约束力,惧怕耻辱是人们的强大驱力。这种耻辱感并不一定非得有外部的直接批判者,往往只有想象的评判者。人们总是因恐惧他人侮辱而心中充满一种内在张力。耻辱感与荣誉感往往相辅相成;因自己的强大或某些方面胜于人人而自傲,从而有特殊的优越感和荣耀感;可一旦失去这种优越或根本就缺乏这种优势,会自卑自懊,感到无地自容。这种耻辱感的产生对一个民族国家来说主要有两种因素:一是生存环境,如地理条件恶劣、国小人多、资源匮乏等易产生一切不如他国的耻辱认识;二是长期受外族入侵而成为殖民地半殖民地,政治上丧权辱国,经济上贫困不堪,从而感到在世界上低人三分,这种耻辱感带来的结果必须产生一种"争取在政治上与经济上双翻身的特殊动力",这就是所谓"忧患意识"。① 日本、朝鲜民族这种耻辱感可为最有代表性。两国情况尽管差异较大,但均有类似的耻辱感。两国均是小国,当它们看到一个比自己大多倍的民族和国家站在它们面前时,总感到一种不是滋味的羞愧感和压抑感,往往由此而产生一种世界上罕见的变态民族心理折射出来。本来是小国,却偏偏一定要称自己是"大日本""大韩民国""大和民族""大韩民族"。此外,日本由于战败而蒙受从未有过的奇耻大辱,韩国则因长期受周边大国特别是日本的侵略,而蒙受天大的耻辱。这种种因素导致日、韩两国耻辱感要超过其他西方国家。美国人本尼迪克特评论说:"日本人重视耻辱远胜于罪恶感。"②正是这种耻辱变成了它们赶超其他大国的动力。"在意识荣誉的日本社会里,知耻就成了主要力量。"③它们总是希望在世界上受人尊敬,日本各种报纸在战后几乎重复同样的说法:"日本必须在世界之林中受到尊敬""日本国民的责任是在新的基础上赢得这种尊敬。"④为赢得这种尊敬,日本一直为成为世界一流经济大国和政治大国而顽强奋斗。"要创造只有一个姑娘(韩国)却有四个小伙子(中、俄、日、美)来求婚的条件"⑤,韩国在东北亚的新秩序中将居于"领导地位"。⑥

---

① 罗荣渠:《深入探讨东亚现代化进程中的新经验》,《中国社会科学辑刊》1995年春季号,第172页。

② 〔美〕本尼迪克特:《菊花与刀——日本文化的诸模式》,中译本,浙江人民出版社1987年版,第257页。

③ 〔美〕赖肖尔:《赖肖尔看到的日本》,转引自张旅平:《文明的冲突与融合——日本现代化研究》,文津出版社1993年版,第240页。

④ 〔美〕本尼迪克特:《菊花与刀——日本文化的诸模式》,中译本,浙江人民出版社1987年版,第257页。

⑤ 〔韩〕金大中:《21世纪的亚洲及其和平》,中译本,北京大学出版社1994年版,第267—268页。

⑥ 〔韩〕梁性喆:《东亚秩序和韩朝的重新组合》,《国际政治研究》1993年第2期,第20页。

5. 教育观

重视教育是儒家文化的另一特点。儒家文化十分重视知识,对知识的来源、作用和知行关系都有很好的论述。孔子主张"学而优则仕"和"有教无类"。重视教化、重视知识与智能发展是促成东亚现代化一个关键性因素。东亚各国(地区)无不重视教育,均视教育为振兴东亚各民族经济发展的"立国之本""兴业之途",均把教育作为东亚国家(地区)崛起的一项带有根本性的战略决策。有关这方面情况,前面已详述,不再赘言。

(二) 新加坡弘扬传统文化方面的努力与经验

新加坡在现代化高速发展时期,在西方强势文化的猛烈冲击下,大大促进了新加坡的文化事业的发展,但同时在 70 年代末却出现了所谓"文化危机"。

其一是所谓"语言危机",即英语冲击母语,出现了文化失根现象。为适应对西方开放的需要,新加坡推行了英语加母语的双语教育政策。但 20 世纪 60 年代末,英语逐渐取代母语(华语、马来语、泰米尔语)成为第一语言,受英语教育者在各方面均有绝对优势,而受母语教育者在就业、提升、收入方面均受限制,从而导致母语衰落。英语的普及固然为新加坡的经济腾飞起了巨大作用,但另一方面,英语至上又导致传统文化的失落。新一代的华人只会讲英语,不会讲华语;而华人学习英语又有许多困难,难以掌握西方文化的精华。这样,这些华人既丧失了原有的东方文化特性,又难以形成西方的价值观。

其二是所谓"道德危机",西方个人主义和功利主义泛滥,导致社会道德水平下降。在西方强势文化的冲击下,新加坡人虽然学到了西方科技、管理和许多优秀成果,但西方文化中的消极因素和糟粕也随之大量涌入新加坡,色情、吸毒、犯罪、好逸恶劳、精神空虚,道德沦丧、崇尚奢侈迅速蔓延,不愿赡养双亲等不良现象层出不穷,离婚率迅猛上升等。为解决"文化危机",新加坡在 70 年代末大力推行以恢复东方民族儒家传统美德,整肃西方文化带来的不良风气为中心的精神文化建设。其中包括:(1)大力推广华语运动。1979 年 8 月,新加坡开始了为期三个月的华语推广运动,以后每年 10 月为华语运动月。华语运动均取得了较大成效,1980 年以华语为主要语言的人数从占全国人口的 26%,1988 年迅速上升为 59%。(2)文明礼貌运动。1979 年新加坡开始了为期两个月的礼貌运动,后来又规定每年6月为文明礼貌月,主要是教育人们,尤其是教育青少年讲公共道德,讲卫生,遵守公共秩序,爱护公物,着装文明和整洁,行为举止符合礼义,不崇洋媚外,保持民族尊严。(3)推崇儒家道德伦理。新加坡从1982年起,开始在全社会推行以儒家思想为核心的道德教育计划。新加坡把儒家倡导的忠孝仁爱礼义廉耻与新加坡的国情结合起来,赋予其新的内容和含义。(4)消除西方文化中的消极因素,大力倡导"亚洲价值"观念,并使之成为国家意识。1988年,新加坡正式提出了"亚洲价值"这一概念,并以此作为推行"消除西方的消极影响"战略的基础。新加坡政府1991年1月在《共同价值白皮书》中,将"亚洲价值"的核心观念确定为:"国家至上,社会为先;家庭为根,社会为本;关怀扶持,同舟共济;求同存异,协商共识;种族和谐,宗教宽容。"① 新加坡总理吴作栋多次表示,要把这五项价值提升为新加坡的国家意识。新加坡倡导"亚洲价值"观,一方面要使新加坡价值区别于中国的价值,以避免所谓"中国化",但"更主要的是要消除西方个人主义和功利主义的消极影响"。② 亚洲价值观的提出及其他一系列措施的出台,使儒家文化在新加坡总体文化中重新占据主导地位。新加坡前总理李光耀1995年初在分析这两种不同的价值观念对新加坡人的影响时曾指出:"我估计西方的影响为60%,相比之下,亚洲核心价值观念的影响为40%。20年后,西方对我们的生活方式、时尚、政治和传媒的影响将降到40%,而亚洲的影响将增加到60%"③。

  对于倡导儒家文化的意义及其基本原则,新加坡领导人有大量精辟论述。早在1972年,李光耀就认为,"儒学并不是一种宗教,而是一套实际和有理性的原则,目的是维护世俗人生的秩序和进展"。他说,一个国家如果只有富裕的物质生活和高超科技,而缺乏一股能使全国凝聚在一起的精神力量,那是很危险的。国家"将难以抵御各种天灾人祸,最后必会走向瓦解崩溃"。1994年10月5日,李光耀在北京国际儒学联合会成立仪式上致辞时指出:"从治理新加坡的经验,特别是

---

① 新加坡《联合早报》1991年1月6日。
② 〔日〕尾崎春生:《"亚洲价值"抬头——探索新的国家理念》,《日本经济新闻》1994年9月。
③ 〔英〕安·阿多尼斯:《增强亚洲价值观》,《金融时报》1995年5月24日。

1959年到1969年那段艰辛的日子,使我深深地相信,要不是新加坡大部分的人民都受过儒家价值观的熏陶,我们是无法克服那些困难和挫折的。新加坡的人民有群体凝聚力。能够以务实的态度,来看待治理国家和解决社会的问题。四十年的治国经验使我相信,道德价值和伦理规范对建设一个健全、稳定的社会来说,是非常重要的。起源于二千五百年前的儒家思想,是中国农业社会的产物,是为中国农业社会服务的。如果把这个思想原封不动地照搬到今天信息发达的工业社会里,是绝对行不通的。比如,我们不再重男轻女,儿女都有平等教育机会,也有平等的就业机会,因此,夫妇有别的观念就必须改变。今天的政府,不再由封建王侯掌管,政府的职权范围也已经扩大了。因此,君臣有义,或政府与人民之间的关系必须重新定位。我相信,一个社会如果能够保留它的核心价值观,特别是具体概括在五伦内的价值观,将能促进家人与家人之间、家庭与家庭之间,以及家庭与政府之间良好有序的关系。这些关系的基本含义和重要性,并没有随着时代而改变。工业化和科技发展,并没有使它们与时代脱节。"[1]从这一段话中,可以看出李光耀极其重视儒学的宝贵价值。他主张对儒家文化应有继承,有扬弃,更有发展,做到古为今用,取儒家思想的精华来培养新加坡人的价值观,以增强凝聚力,创造一个和谐有序的文明社会。

四、东亚对西方文化的开放与经验

(一)东西方文化的异同

一般地说,人们往往走两种极端,要么将东西方文化完全对立起来,要么将二者混淆不加区分。正确区分二者的异同是东亚国家对外开放首先必须解决的一个重大理论和实践问题。

1. 东西方文化的不同点

(1)西方重个人、重竞争,东方重社会、重和谐。

西方人的个人主义观念和价值观念是西方各民族文化的内核,它的实质在于个人主义和功利主义。西方人价值观认为,个人是人类社会的基础和出发点,人必须为自己个人的利益而奋斗,为自己才能维持社会正义,爱自己才能爱他人和社会,为自己奋斗也是为他人和社

---

[1] 〔新加坡〕《联合早报》1994年10月6日。

会奋斗,个人高于社会整体,有个人才有社会整体。每个人应该表现出自己的个性,一个人越是表现出自我的个性,越能体现人生的价值。这种价值观来源于西方的重商社会。"在欧洲重商主义盛行的社会里,工商业为民本业,市井商贾,为谋取暴利,难免背信弃义。为扩大私有财产,常常六亲不认。为了经商,四处流动,家庭观念相对淡薄,家庭规模必然缩小。在群体观念微弱的社会里,个人主义必然扩张。在这种社会,以个人的活动为中心,突出个人的价值。在集体活动中,也要充分显示个人的相对独立性。"①在重商主义社会里,更是要求自由贸易、自由竞争。因此,个人主义往往与这种商业自由主义紧密联系在一起。为了获得较多自由,个人则要求尽可能不受集体的限制和约束。为了取得商业成功,战胜风险,就必须抓住一切短暂时机,去战胜对方竞争者。

与西方个人高于一切的价值观相对立,儒家伦理价值观念则以孔孟的"仁义礼智信"为核心,它强调社会第一,个人第二。个人利益应当服从社会整体利益。儒家伦理认为,只有整个社会得到发展,保持稳定,个人才能得到最大利益。当二者发生冲突时,应把社会利益放在第一位。与此同时,儒家伦理讲家庭和社会上的人际关系与道德标准,强调亲属之间、朋友之间,应为一体,天下一家,讲群体意识。这种群体意识与古代东亚地区农耕文化有直接关系。后者是形成东亚传统集体观念的根源。因为,在从事农业的社会中,长期共同地域生活中处于相对稳定状态,彼此互相交往、互相帮助,比较容易形成浓厚的群体观念。"儒家的伦理道德观念,是国家集权主义的基础。它要求下级对上级绝对服从,不能有所异议。同样这种观念也是地区和家族集体主义的基础。在这种伦理观念制约下,国家或者民族,村庄或者家族,很容易形成命运共同体。在该共同体内所有成员休戚相关,荣辱与共。在共同体之内,一人成功,集体感到光荣;一人失败,集体感到扫兴。在这个群体之内,应该是同舟共济,有难同当,有福同享。"②

---

① 田桓:《东亚文化中的儒学与中日现代化》,载《东方文化与现代化》,时事出版社1992年版,第121—122页。

② 同上。

(2) 西方重利、重法,东方则重义、重情。

西方皆有人权宣言,明确政府有责任保护个人的权利,极力弘扬天赋人权说。在西方,强调个人权利为基准的社会里,个人的私利必然成为世人追求的唯一目标,人之人之间的情义道德则得不到人们的重视,并且受到冷落。与此同时,法律则受到重视。因为,在一个人人追逐个人权利和私利膨胀的西方社会里,只有依靠法律,才能解决人与人之间的矛盾。法律既可保护个人的权利,也可制裁侵犯人权。因此,西方国家法学的发展,是与人的权利价值观有密切关系的。西方则首先是要争取个人的生存权利,至少是权利与义务并重。

与西方相对照,东方重义轻利、重情轻法。所谓义,指道义、仁义道德;所谓利,指物质利益、功利。孔子在《论语》中说:"君子喻于义,小人喻于利。"在义利关系上,义是最高价值。孟子强调义理,又肯定人们的求富欲望,但义在利先。孔子说:"君子义以为上。君子有勇而无义为乱,小人有勇而无义为盗。""仁"和"义"为儒家伦理道德之根本,这是人生应该追求的目标,讲求道德,不谋私利,不能见利忘义,不能驱义逐利,是做人的最高准绳。正因为如此,东方自古以来不太注重法律,而是把道义原则作为人们行为规范的准则。人与人之间主要靠道德维持,而不是靠法律约束。儒家认为,人必须受社会道德的约束,不能为了个人利益而置社会道德于不顾,只有符合社会道德标准的,才去做去行,反之,则宁可舍弃个人利益直至牺牲个人生命。如人人追逐私利,则与禽兽等同。人必须克制自己的七情六欲,尤其要控制人的情欲,努力追求道德的完美和高尚。这无疑同中国古代自然经济社会有关。如果说西方法律观念主要是城市社会经济的一种反映,那么东亚的儒家伦理道德观念则主要是农村自然经济的反映。

(3) 西方重商轻农,东方重农轻商。

从对商业与农业的重视程度可以将西方文化概括为"重商主义"。这种重商主义渊源于古代西方商业经济的发展。马克斯·韦伯在《古代社会经济史》一书中认为,欧洲古代为游牧民族,农业是随着畜牧饲养业而发展起来的,欧洲属于海洋文化,活动范围较大,商业比东方发达。西方古代城市工商业发达较早,16世纪以后的欧洲因发生产业革命,资本主义开始确立的初期阶段,西欧各国作为探求富国的理论和政策而出现了重商主义思潮。到近代,西方的重商主义就更加发展。

与西方重商主义相比,东亚则是"重农主义",视农为立国之本。重农轻商,重本轻末,是中国的传统思想文化一个突出的特征。孔子说:"足食,足兵,民信之矣。"意即说帝王治国安邦之道,在于搞好农业,求得丰衣足食。孟子亦说:"不违农时,谷不可胜食也";"百亩之田,勿夺其时,数口之家可以无饥矣"。东亚社会舆论,也总是认为凡商必奸,商人致富多靠巧取豪夺,从而受到社会的普遍轻视,从而形成"士、农、工、商"之说,四行之中商居最末。其形成之根源恰好与西方相反;东亚的古代是以粗放的农耕为业,属于河流灌溉文化,长期处于农村自然经济状态,因此,必然实行重农主义。

综上所述,东亚的儒家学说和西方文化之间存在较大差异,但这并等于说儒学思想同西方文化之间完全对立,二者既有很大差异,也有共同之处,可以在二者之间找到一些汇合点。在这方面正是目前学术界所忽略的。

2. 东西方文化的相同点

(1) 均倡导教育优先。

从近代西欧资本主义精神到古代东亚的儒家思想,均可以看到教育在东西方社会发展中所起的重要作用。西方国家现代化是由包括兴办新式学校在内的欧洲文艺复兴运动基础上出现的。随着城市工商业的发展,市民对知识的需要明显增加,从 11—13 世纪开始,到处办起城市学校,从此开始打破教会的封锁。欧洲出现了巴黎、牛津、剑桥、海德堡等著名的大学。由于教育事业的发展,欧洲的自然和人文科学获得迅猛发展。"这些都成为文艺复兴的重要前提,后来的英国资本主义产业革命,当然是在当时欧洲教育和科学高度发展的前提下出现的。教育给人以智能,教育不但培养科学家,也培养政治家、企业家和官僚。"[①]同样,儒家也倡导教育优先主义。孔子一直主张"学而优则仕",提出了"有教无类"的教育思想,主张通过学习和普及教育来提高人的智能。自孔子提出这一教育思想后,中国和其他东亚国家一直把它作为指导思想,贯穿在各个时代。特别是"在这种思想影响下,不但使战国时代的教育水平有了极大提高,而且由于中华民族文

[①] 田桓:《东亚文化中的儒学与中日现代化》,载《东方文化与现代化》,时事出版社 1992 年版,第 124—125 页。

化素质的不断提高,使中国一直到18世纪中叶,仍然是世界最强大的国家"①。

(2)均倡导积极有为的发奋进取精神。

西方基督教加尔文主义的重要内容之一是进取奋进精神,要求人们自制、自省、忠诚、勤奋。这同儒家思想是一致的。马克斯·韦伯有关儒教伦理和新教伦理是格格不入的说法并不准确。孔子关于"学而不厌,诲人不倦""发愤忘食,乐以忘忧,不知老之将至"等家喻户晓的名言,正表现出东方人发奋图强、艰苦奋斗的精神。孔子也反对无所事事、无所作为,他说:"饱食终日,无所用心,难矣哉。"孔子这种积极进取的精神和尽职尽责的态度同西方新教伦理的进取精神有很多共同之处。

(3)均倡导人道主义思想。

无论欧洲文艺复兴时代的反神权、要求"尊重人"的人文主义思潮,还是18世纪法国资产阶级革命时期的"自由""平等""博爱"等政治口号,都是反封建的人道主义思想,与2000年前孔子"仁道""爱人"的思想有很多相似之处。孔子的"仁者爱人""泛爱众,而亲仁"是儒家人道主义思想高度概括。孔子曰:"夫仁者,己欲立而立人,己欲达而达人",意即每个人都把自己当成人,也要把别人当成人看待,看别人是人,看自己也才是人,要学会爱广大群众,实施仁道,使每个人成为社会上名副其实的人。这些至理名言与西方人道主义并无根本差别。虽然由于时代不同,提倡人道主义所处的时代背景和对象不大一样,在两千多年前的战国时期,儒学的人道主义思想在当时只能是一种学术思想,尚未能被社会普遍接受。而文艺复兴时代的人道主义,则成为新兴资产阶级反对旧封建势力的战斗武器。但"两者都是在社会形态发生根本变化的社会历史变革时期出现的进步思潮"②。

(二)吸收西方文化的必要性

从文化角度分析,任何一个社会的发展不外两大动力:一是自身的传统文化,二是吸收外来有益的文化。二者缺一不可,后者又常常

---

① 田桓:《东亚文化中的儒学与中日现代化》,载《东方文化与现代化》,时事出版社1992年版,第124—125页。

② 同上。

是本民族文化加速发展的催化剂。在人类历史上的初期,各民族的精神文明都是在相对封闭的范围内独自成长的。但随着人类生产力的提高,交流工具的发展,视野则不断随之扩大,各民族、国家之间的文化交流也就愈益普遍。一个民族和国家吸收其他民族优秀文明成果越多,其发展也就越快。这是人类社会发展的必然趋势,近代的世界历史尤为如此。西方文化之所以能在近代突飞猛进,重要原因之一在于它充分吸取了包括东方文化在内的各民族文化遗产和精华,其中包括古希腊文化、古罗马文化、犹太文化、阿拉伯文化、古代中国文化和古印度文化等。正如西方一位著名学者克里斯托弗·道森所言:"在每个地方我们都可以看到同样迅速而自发的传播运动从西欧的一端影响到另一端,在每个地方我们都可以看到起源于不同的民族的人群和运动之间的联合,它们都旨在西方基督教世界创造一个共同的但是又有高度差别的文化模式。这个过程也没有随中世纪的结束而停止,因为文艺复兴本身就是这种自由的交往和创造过程中的一个典型例证,为了一个共同的文化目标和不同思想之间的和平共处,它从一个国家传播到另一个国家,把不同种族和语言的人们联合起来。"①西欧各民族在吸收东方民族文化过程中,既能保持自己的民族特点,又能相互吸取彼此的长处,从而创造西欧高度的文明。

到了现代,吸取外来文化越来越具有突出的重要意义。这是因为,第一,现今的信息时代把人类的文化带进了一个崭新境界。"随着高科技和现代交通运输的高度发展,再加上世界空前的人员、物质的大流动,使得世界各国各民族精神财富的生产、传播、交流、影响的形式、速度、质量、数量都发生了革命性的变化。"据统计,人类社会的科学信息量,每 5 年要翻一倍。过去的几千年积累的物理学知识只占 10%,而当代人类社会所掌握的物理学的知识却占 90%。在化学领域,直到 19 世纪 80 年代,只知道 1400 种化合物,而二战之后却有 100 万种化合物,20 世纪 90 年代人类知道的化合物已达 400 万种以上。"在精神产品的相互交流和相互影响上,农业社会的文化只能靠人员流动来进行扩散,影响的范围极其有限,且往往要花费很长时间,有些

---

① 〔英〕克里斯托弗·道森:《宗教与西方文化的兴起》,四川人民出版社 1989 年版,第 12 页。

信息要有几十年、几百年甚至上千年才能在人类社会传播开来。在工业革命时代,报纸、杂志、电影、广播使得文化的开放有了新的途径;但邮局、电台成为人类交换精神产品的主要工具,也要花费数天或数月的时间。而在当代,电话、电视、计算机网络、卫星通信能在极短的时间内把某种信息迅速地传遍全世界。正是这种革命性的变化,使得文化开放成为不以人的意志为转移的大趋势。"①第二,文化特别是知识信息地位发生了本质的变化。在历史上,知识信息在社会发展中是从属于政治、军事与经济,只起辅助性的作用。而如今在信息时代,知识和信息的性质则发生了根本变化。美国著名未来学家托夫勒指出:"暴力和财富本身都开始依赖于知识",知识已经成为"暴力和财富的最重要组成部分。换言之,知识已从金钱力量和肌肉力量的附属物变成了它们的精髓"。"从更大的意义上说,知识的变化正在引起或有助于巨大的权力转移。"②这也就是说,信息、知识已经不再仅仅是以经济为基础的上层建筑的一部分,而是变成一种最重要的资源,成为人们劳动的对象,成为劳动产品,成为人们的直接的消费对象。因此,吸取先进文化"已经不是有没有、要不要的问题,而是决定一个民族、一个国家生存与发展的重大问题"③。日本明治维新后期现代化步伐迅速加快,得益于及时吸收了西方文化。其他东亚国家的崛起也在很大程度上得益于西方文化。没有西方文化的冲击和大量的吸取,东亚传统文化不可能有新生。同样道理,东亚其他国家也将在21世纪在吸收西方文化中实现现代化。

根据上述文化概念分析,文化三个层次中前两个层次对东亚吸取或对外开放,有着重要意义。第一个层次是所谓"外围文化",即独具民族特色的文化。其特点带有鲜明的民族性、地域性,超越时代和历史发展阶段,也无阶级局限。它是各民族在其历史发展过程中形成的民族习惯、风土人情、社会风尚,如各国各民族饮食、衣着、装饰、建筑、音乐、舞蹈等。在这些方面各民族各有所好,各有所长,无所谓高下、正误之分。因此,对西方民族特色文化的交流、交换、学习和引进,对

---

① 叶自成:《对外开放与中国的现代化》,北京大学出版社1997年版,第248页。
② 〔美〕阿尔温·托夫勒:《权力的转移》,中共中央党校出版社1991年版,第16—25页。
③ 叶自成:《对外开放与中国的现代化》,北京大学出版社1997年版,第248页。

丰富东亚的民族文化生活受益无穷。几乎无弊可言,至少也是利大于弊,无疑应该大胆开放。第二个层次是"科学理性文化",它包括所有的自然科学和绝大部分人文社会科学(除哲学、历史、政治、经济等),是人类对自然界和人类社会的一般规律的认识的体系,是人类千百年来在改造自然、改造社会的实践中积累的智慧的结晶。它是没有民族、没有阶级、没有国界的,是全人类的知识宝库,但在这里有先进与落后之分,其水平有高下之分。对落后国家而言,无疑应学习、吸取、接受先进的发达的科学理性文化的一切优秀成果。这种吸收对于落后国家的现代化建设具意义非同小可:(1)引进和学习先进国家的科学、教育、卫生、体育、文化体制,能推动落后国家在这些领域的进步和发展。(2)引进和学习外国先进的自然科学,能大大缩短赶超世界科学水平的时间和差距。(3)引进和学习这些先进的社会科学,可以繁荣其学术理论,提高学术理论研究的水平,扩大人们的视野,打破思想封闭,促使人们思想解放的重要途径和工具。"它对于落后国家的社会经济的发展和民族素质的提高具有极大的意义。"①

对第三个层次即"思想道德文化"的吸收或开放,要持慎重态度,但对其精华部分也应积极大胆吸取。"思想道德文化"包括世界观、道德规范、社会价值、意识形态、社会理想等。这一层次上文化是一个民族历史长期沉淀的结晶,是一个民族的精神内核和灵魂。它相对比较封闭和顽固,不易受外来文化的影响。这种文化"对弱小民族文化有很强的吸附力,对比较强的民族文化又有很强的抗拒力和排斥力"。它"既有较强的民族色彩,又有鲜明的阶级性;既有先进的积极的因素,又有保守落后的消极的因素"②。西方的价值观激励"每个人努力奋斗,有开拓精神,重实际,提倡个人主动性和创造性,包含积极的进取精神;但西方的人生价值观也包含许多消极的东西,例如重个人导致人的自私自利,重物质享受导致穷奢极欲之风,重事业成功导致不择手段,个人奋斗又蜕变出极端个人主义"③。对此,正确的态度应是取长补短,去弊兴利。在东亚商品经济和市场经济的大潮中,东方人

---

① 叶自成:《对外开放与中国的现代化》,北京大学出版社1997年版,第259页。
② 同上书,第260页。
③ 同上。

生价值观念实际上已发生了很大的变化,西方人生价值观中的一些积极因素已被吸收了。如重利轻商的观念受到冲击,人们开始逐渐重视商品价值规律,比过去更加重视竞争、开拓、创新意识,尊重产权、法制、时间、效率观念,注意突出个人的作用。这些外来的思想观念无疑是促进东亚现代化的重要条件,它们促进了人们的思想观念的更新,解放了人们的思想,开拓了人们的视野。当然,西方的人生价值观中的消极因素以及一些西方文化中的垃圾,也产生了一系列负面的作用,诸如极端民主、极端个人主义、损公肥私、奢侈消费、见利忘义、"一切向钱看"等现象空前膨胀,色情、吸毒、酗酒、崇尚暴力等社会弊端也泛滥成灾。因此,应加强国家对进境西方文化的宏观战略,抵制美国为首的西方消极文化入境,淡化西方颓废文化的影响,遏制个人主义的恶性膨胀,保持自己民族文化特色。对其文化糟粕,必须坚决抵制,尽量拒之于门外,但不能因为后者而否定前者的积极作用。关键在于采取正确的态度与政策。

(三) 日本、新加坡吸收西方文化的经验

在世界东方各民族中,日本是一个不断大量吸收外来文化特别通过西方化实现现代化的范例。纵观历史,日本一直是一个"有学习对象"的国家,长期以来实行所谓"拿来主义",对领先于自己国家的文化总是抱有积极的学习态度,这是日本的一大优点。在历史上,日本早期主要是吸取中国文化。日本把高度发展的中国古代文化作为吸取的主要对象。从公元 600 年日本向中国派出特使到 1636 年德川幕府时代,是日本主要实行所谓"全盘中化"的时期。这一时期有两次较大规模的学习中国文化的热潮。经过这两次大规模的学习,日本政治经济文化从中国吸取了大量的优秀文明成果。到了近代,随着西方文化逐渐传入,以汉文化为基础的日本民族文化受到西方强势文化的猛烈冲击,人们开始崇拜西方文化,而鄙视东方文化。日本现代化思想的启蒙大师福泽谕吉提出了"全盘西化""脱亚入欧"口号,主张彻底学习西方。在这种思潮主导下,日本在近代以来有过两次较大规模所谓"全盘西化"的热潮:第一次热潮是从 1853 年到 20 世纪 20—30 年代,把学习西洋文明作为目标,通过西化,西方先进的文化迅速主导了日本的社会发展趋势,使日本出现了巨大的发展。早在 1871 年日本就派出百人组成的庞大代表团历时近两年访欧美 12 国,对西方发达国家的政治经济文化制度作了详尽考察,全盘引进西方的典章制度。在 1872—1898 年间,中日本大量聘请外国专家,达 15000 多人次。[①] 日本几乎是全盘吸收了欧美的各种自然科学社会科学知识和资产阶级的民主、自由、人权以及个人主义、功利主义等西方价值观,西方的生活习俗、服饰、饮食、歌舞也流入日本。日本第二次西化(主要是美化)的热潮是二战后(1945 年到 20 世纪 60—70 年代)。由于美国对日本实行军事占领,美国的议会民主、教育制度、学术思想、科学技术、管理方式和生活方式,"深刻地改写了日本战后的历史"。这一次的"西化"或"美化"对日本同样产生了深刻影响,日本从此一跃成为经济迅速发展的大国。由此可知,"外化"特别是"西化"在日本历史发展中起了不可估量的巨大作用。它使日本先是在 19 世纪末超过了中国,又在 20 世纪 80—90 年代超过了西欧诸国,由弱势文化变成了强势文化。可以说,不了解外来文化,就不可能了解它(日本文化)的发展。[②] 中化与西化二者各有侧重。"中化"主要是表现在儒家价值观念和伦理道德上,"西化"主要表现在政治、经济、教育制度上。但日本并非被所谓全盘"中化"或"西化",日本并非因大量吸收儒家文化而中国化,也非因大量吸收欧美基督教文化而西化,相反,日本在这两种来文化的基础上,创造了独特的日本大和民族文化。日本对于外来文化中的好的东西,总是先采取来者不拒,一概接收,大胆地实行"拿来主义",然后"少弃多取",加以模仿复制,在吸引外来文化时又总是有选择有区别吸收,并且进行整合与加工。总之,既有模仿复制,又有综合创新。日本人自称是所谓"和魂洋才"或"西洋艺术,东洋道德"。日本前首相吉田茂在谈到日本的"中化"和"西化"的特点时指出:日本是一个不遗余力地学习外国强势文化的民族,"自古以来,日本人就是如此,从好的方面说,是对其他民族、其他文明的宽宏大量,从坏的方面来说,是容易成为醉心于外国文明的模仿者"[③]。

新加坡既是倡导儒家文化的典范,同时也是学习吸取西方文的范例。新加坡在现代化过程中同日本一样,也实行"拿来主义"。正是这

---

① 武安隆:《文化的抉择与发展》,天津人民出版社 1993 年版,第 290—291 页。
② 同上书,第 5 页。
③ 〔日〕吉田茂:《激荡的百年史》,世界知识出版社 1982 年版,第 4 页。

些拿来的西方文化成为新加坡以及其他东亚国家现代化的"启动机"或"催化剂"。其原因在于:这些国家的现代化和西方国家的原生型现代化历程不同,它们的现代化是后发型现代化。这种现代化的启动很大程度上要依靠西方文化的冲击和"移植"。东亚国家儒家文化本身追求和谐的与秩序的伦理或价值观,是不利于发展中国家现代化的启动的。"西方型态的现代化经验在新加坡现代化的初期是有开启之功。"①也就是说,儒家文化不能自主地推进现代化,必须导入欧美的新教伦理创造的和先进体制和先进技术,并之与传统的文化相结合,从而推动经济发展,创造出新的文明,这是一种全新的"再生机制"。一方面,在新加坡具有儒家传统文化,存在着集体主义、权威主义等有利于国家意识保持发展中的政治稳定,从而有助于克服与缓和急剧变革引起的社会秩序与发展性危机,增强社会的内聚力,以及加强对分散的经济权势的宏观调控,调整集体与个人的利益冲突,保证社会公平与福利,促进社会的和谐与整合等。另一方面,"依据新教伦理而来的欧美资本主义制度,带来了西方发达国家的经济发展,创造了与此相关联的国际经济环境和资本主义精神。这样,既保障了市场原理的适用和开放性,又使得传统的伦理和秩序的存续与传承成为可能。新加坡经济正是在健全正确的经济秩序中,创造出远远高于早期资本主义现代化的发展速度,将西方文化积极成果与东方文明的优良积淀,恰到好处地结合起来,取得了令世人瞩目的突发性的成就"②。

新加坡对西方文化的"拿来主义"大体上有以下几个方面:

(1) 吸取西方的政治制度和法律制度。新加坡在争取自治与独立的斗争中,首先学习英国君主立宪政体的内阁制,建立起新加坡共和制国家的内阁制政府,并建立了多党政治和实行代议制民主选举体制。为了建立良好的社会秩序,实行客观而公正的管理,新加坡政府学习英国的法律体系,制定了一整套的法律、法规和禁令。大到政府体制、经济管理、商业往来、公民权利与义务,小到饭店管理、停车规则、钞票保护、公共卫生,都有相应的法律规定。人们的言谈举止、衣食住行皆有章可循、有法可依。其立法之多、法律调整范围之广,在世

---

① 李一平、周宁:《新加坡研究》,国际文化出版公司1996年版,第151页。
② 同上书,第163页。

界上也是少见的。新加坡不仅立法全,而且在执法方面极为严格。执法中坚持"法律面前人人平等,法律里面人人自由,法律外面没有民主,法律上面没有权威"。新加坡"正以其立法的严密、执法的严格为其良好的社会秩序的建立提供了一个法治化的环境,再加上高效的行政管理,为其经济的发展铺平了道路"①。(2)大量吸引外资、独资和合资等私人企业在新加坡得到长足发展。新加坡引进外资的主要形式是大量地吸收外国直接投资,通过外商在新加坡直接投资设厂以发展面向出口工业。长期以来,外资在新加坡全部资本形成中所占比重约占2/3,外资企业雇佣的劳动力占全国就业人口的50%以上,提供了占出口总值70%以上的出口产品,占全国固定资产总额中外资的65%。(3)引入西方的生产方式、管理经验和营销手段。新加坡政府实行新加坡式的民主社会主义,十分重视对国营企业的管理,但却严格按照西方现代企业制度进行操作。其办法是国营企业和私人企业平等竞争,政府以股东身份通过直接或间接入股方式对国营企业进行控制,政府派出董事会主席或常务董事对国营企业进行接受管理,大政方针由董事会决定,日常经营活动由总经理独立负责,并享有一定自主权,对企业的经营活动建立严格的财务制度,调动了国营企业的经营积极性,企业权责分明,聘用较多的专业人才,担任管理工作,组织中存高度的授权,领导者对属下有高度的信任。(4)重视人力资源。新加坡在快速实现工业化、现代化的进程中受到人才不足的限制,单靠国内培养远远不能满足需求,于是,便大量地引进外国人才。新加坡各驻外使馆和出国考察的各种代表团都把寻觅和招揽人才当作自己的一项重要任务。最近几年,新加坡政府还专门派出招揽人才的代表团去欧美各国游说,鼓励各国人才,尤其是中国大陆、香港和台湾地区的留学生去新加坡服务。同时,新加坡比较能吸引专业人才,企业也制定了员工选拔和晋升的标准,并且经常进行工作考评。企业通过考评得出员工对组织的贡献大小,并据此给予合理的报酬,以显现"分配的公平性",鼓励人勤勉刻苦,追求个人目标,促成企业的发展。新加坡认为科技人才在推进新加坡的现代化中起到了十分重要的作用,成为新加坡发展的关键。新加坡强调培养和发展有才干的工程技术

---

① 李一平、周宁:《新加坡研究》,国际文化出版公司1996年版,第148页。

人员和现代企业家。"其现代企业家的思维方式是科学思维方式,其最大特色在于科学技术知识和新兴管理理论。这种思维方式中不仅具有科学性,而且具有开放性、超前性和开新意识。因此,新加坡要求其企业家时刻随着世界经济形势变化,不断形成经营管理的新思想、新观念、新战略。"①(5)大量引进技术。新加坡政府通过制定一系列优惠政策,如"先驱工业地位"等减免税措施刺激外商在新加坡发展高技术工业。20 世纪 80 年代以来,国际经济环境不断变化,科学技术作为生产力的作用更形突出。新加坡政府注意到了科技的作用,呼吁新加坡在 80 年代应当成为一个更有效、更多依赖现代科学技术和现代管理方法的现代社会。近 30 年来,新加坡高科技迅猛发展,年增长率达 30%,从事高科技的人员增加了 12 倍。80 年代后,新加坡政府重点引进和发展电子、计算机、精密仪器等高科技产业,并取得显著成效。电子产品出口占新加坡国内产品总出口量的 40%,计算机磁盘驱动器的生产量占世界总产量的 77%,其计算机使用密度居世界第七位。在电子、计算机和信息咨询业等方面,新加坡已具有世界性高科技中心的潜质。

总之,新加坡在正确对待东西方文化和两种不同的西方文化方面提供了宝贵经验。在 50—70 年代比较注重西方文化的引入,它对于冲破传统保守经济和社会伦理起了积极作用。通过"拿来主义",西方现代资本主义文明,包括物质文明和精神文明进入新加坡,与在新加坡有更悠久历史的各种非西方文明相结合、相碰撞,经过一段时间的改造、消化和融合,终于塑造出一种新型的精神文明——具有新加坡特色的精神文明。

---

① 李一平、周宁:《新加坡研究》,国际文化出版社 1996 年版,第 149—150 页。

第五章　印度模式

和中国一样,印度是一个有着悠久历史的文明古国,一个正在崛起的发展中大国,历史上曾长期遭受帝国主义、殖民主义的侵占和剥夺,独立后曾经推行计划经济,20世纪90年代开始实行改革和开放政策,取得了令世界瞩目的发展成就。经过长期探索,印度形成了独特的发展模式,虽然目前尚无法判断其最终是否能够成功,但印度在政治、经济、社会等诸多方面都体现出了与众不同的特色,已经取得了阶段性成功。"印度模式"已经是一个客观存在的事实。而且,作为一个文明古国和人口大国,印度的目标不仅仅是实现现代化,而是要成为具有世界影响的大国。这种强烈的大国情结在印度国内并非始自今日,而是存在已久。印度将中国文明和印度文明视为"人类创造的两个最为璀璨的文明",印度人民"不但有理由为他们的历史和成就感到自豪,而且毫无疑问,在当今世界还将发挥重要作用"①。在自尼赫鲁起的几代印度领导人心目中,印度应该重现历史的辉煌,在世界舞台上扮演一流的角色,成为在太平洋发挥重要影响、在印度洋发挥中心作用的"有声有色的"大国。2001年3月,时任印度内政部长的阿德瓦尼的一段话将这个目标形象化:"本世纪末的岁月属于我们印度,我们短期目标是成为像新加坡那样发达的国家,我们长期的目标是要与美国平起平坐。"②印度总理曼·辛格在2005年8月15日印度独立庆

---

① Sanjaya Baru, "The Strategic Consequences of India's Economic Performance," *Economic and Political Weekly*, June 29, 2002.

② 引自郑瑞祥主编:《印度的崛起与中印关系》,当代世界出版社2006年版,第213页。

典上的讲话称,印度"正处在这样一个时代的起点上,世界在期待我们有所作为,在全球舞台上尽显身手"①。印度总统帕蒂尔在2008年年初的讲话中也重申了同样的决心:"21世纪将属于亚洲,而印度将成为主要的驱动力量之一。"②这种抱负与历史上出现的大国理想别无二致。当下,印度正向着"与美国平起平坐"目标行进。

很多人预测,21世纪现代化进程步伐最快的地区很有可能就在中国、印度和整个亚洲。可以说,印度的前景令世人瞩目,将印度现代化的经验与教训进行总结,不仅在学术上、理论上具有开拓性,而且在实践上也具有非同小可的重要价值。

作为一个人口众多、地域广阔、历史悠久的发展中大国,印度模式包含的内容丰富多彩,本章选择从政治、经济、社会三个角度切入进行阐述。③ 需要强调的是分三个部分进行分析,主要是从便于问题分析的角度出发,而不是说在印度模式中三个要素是相互独立的。事实上,恰恰是各个要素之间相互交织、相互影响,才共同构成了独具特色印度模式。最后,再对目前从学界到社会公众都十分关注的一个热门话题即中印比较,主要是中印经济发展比较方面有关问题进行简要分析,提出笔者自己的一些观点。

第一节 政治制度:具有印度特色的议会民主制

如果说印度模式是一个包含政治制度、经济体制和社会结构等诸多方面内容的集合体,那么印度的政治制度则是目前最为许多外人称

---

① 苏布拉马尼亚姆:《序言》,桑贾亚·巴鲁:《印度崛起的战略影响》,黄少卿译,中信出版社2008年版,第 X 页。

② 印度总统普拉蒂巴·德维辛格·帕蒂尔在第59个共和国日前夕对全国发表的讲话,《今日印度》2008年第2期,第3页。

③ 除了政治、经济和社会三个要素外,"文化"和"外交"也是印度模式的重要组成部分。外交是内政的延伸,任何国家的外交都服从服务于国内政策需要,对于立志要成为具有世界性影响大国的印度来说,外交政策历来是其国家战略的重要组成部分,限于研究重点及篇幅所限,本章不予涉及;文化是一个国家成为其"自己"而不是"他人"的重要标志,对政治经济发展具有重要影响,特别是印度文化博大精深、古老久远,就本章探讨的主题而言,文化对政治、经济、社会均有重要影响,同样限于篇幅限制,本章不再对文化做专门阐述。

道、也是印度人自己最引以为豪的领域。① 这主要是因为政治上印度实行议会民主制,而"民主"则是目前大多数发展中国家追求的重要目标,虽然对"民主"含义的理解不同,某种程度上甚至存在着"各说各话"的情景,但目前几乎没有国家敢公开反对"民主"。在这方面,可以说印度已经在发展中国家处于领先地位。早在 20 世纪初,英国殖民者就把议会民主制的某些原则引入印度,后来逐步扩大。独立以后,印度选择继续实行议会民主制,并在实践中逐步完善,最终形成了目前的议会民主制。

一、印度议会民主制的主要特征

美国著名政治学家达尔曾对现代西方自由民主政体的基本特征做出总结:(1)选举官员;(2)自由而公平的选举;(3)包容的选举权;(4)竞选官员的权利;(5)言论自由;(6)选择性的信息;(7)结社自治。② 对照这些标准,可以看出,印度的议会民主制在表面形式上已经具备西方式议会民主制的基本特征。如果把西方式民主界定为发展中国家政治现代化的最终目标,那么印度已经初步实现这个目标,如果和经济发展相比,印度的政治发展甚至可以说是有些"早熟"。但如果深究其本质,印度的议会民主制又具有典型的印度特色,和西方式议会民主制相比,仍然有很多需要改进和完善之处,可以称为"具有印度特色的议会民主制"。两方面特征分别概述如下:

1. 具有西方式议会民主制的基本特征

从表面形式来看,目前印度政治体制已经具备了西方式议会民主制的主要特征,主要有以下表现:

第一,实行三权分立。印度采取英国式的议会民主制架构,立法机构为印度议会,由联邦院(上院)和人民院(下院)组成;总统为名义上的国家元首,国家最高行政机构是以总理为首的部长会议(实际上是内阁会议),总理是部长会议中枢;最高法院是最高司法权力机关,有权解释宪法、审理中央政府与各邦之间的争议问题等,最高法院法

---

① 2007 年,印度 NDTV 曾在全国进行过一项大规模民意调查,超过四成的被调查者将"民主"看作是印度的最大荣耀。

② 〔美〕罗伯特·A. 达尔:《民主及其批评者》,曹海军等译,吉林人民出版社 2006 年版,第 306 页。

官由总统委任,各邦设有高等法院,县设有县法院;总检察长由总统任命,其主要职责是就执法事项向政府提供咨询和建议,完成宪法和法律规定的检察权,对宪法和法律执行情况进行监督等。

第二,实行多党制。多党竞争被认为是现代西方民主制度的基本特征之一,因为一般认为只有"多党"才能真正形成"竞选"。印度实行多党制且政党数量众多,2009年第十五次大选中有上千个政党参选,是世界上政党最多的国家之一。印度的政党主要可以分为两类:一是全国性政党,其影响也遍及全国,在议会中有一定议席并被全国选举委员会所承认,主要有:印度国民大会党、印度人民党、印度共产党(马克思主义)、人民党(社会主义)等;二是地方性政党,其纲领和政策着眼于某一地区,其政治影响也只局限于某些邦,如安德拉邦的泰卢固之乡党,泰米尔纳杜的全印特拉维达进步联盟等。

第三,定期举行全国大选。印度独立以来基本上坚持每五年举行一次全国大选,符合法律规定的所有印度公民都有选举权和被选举权,理论上人人都有竞选包括总统在内所有公共职位的权利,参选选民人数堪称世界之冠,一直被称为"世界上最大的民主国家",2009年的全国大选选民人数达7.14亿,选举时间长达一个月,使印度大选成为世界上规模最大和程序最复杂的选举。

第四,公民享有自由表达权。《印度宪法》规定,媒体享有充分的新闻自由。媒体是国家各项法规和政府政策的载体,任何公民都享有宪法所规定的言论和表达自由,可以在媒体上发表政治见解。印度媒体的确十分发达,特别是报刊业甚至超过西方发达国家,目前注册报刊超过4.3万种,其中日报5000种,周刊1.5万种,数量远远超过美(日报1500种左右)、英、法、日(日报各100种左右)等发达国家。印度报业不仅数量众多,而且还有较为充分的新闻自由,经常给政府决策施加压力,揭露政府官员的腐败丑闻,而很少受到官方势力的干扰。这一点符合现代民主制度的要求,符合现代社会的发展趋势。

2. 具有浓厚的印度特色

虽然印度的议会民主制在表面形式上已经与西方式议会民主制完全相似,但如果仔细考察,印度的议会民主制并不像一些人所刻意宣传得那样美好,更不可能是发展中国家的"民主样板"。除了西方式民主制度的所具有"金钱政治"等问题外,印度的议会民主制还具有很

多第三世界国家民主政治难以根除的弊端,是典型的"印度特色民主",主要有以下表现:

第一,长期实行家族政治。家族政治是很多第三世界国家政治的典型特征,印度在这方面也不例外。独立六十多年来,印度有五十多年由国大党一党执政,直到上个世纪 90 年代后才逐渐过渡到与人民党轮流执政,而国大党又是尼赫鲁家族一代接一代掌控党政大权,总理位置绝大多数为尼赫鲁家族所掌控,从独立后第一任总理尼赫鲁到如今的国大党主席索尼娅·甘地和总书记拉胡尔·甘地已经四五代传人,在独立后六十多年里先后连续执政多次。不仅中央政府如此,许多地方党派近亲繁殖现象也十分普遍,很多地方的政治权力基本上就是垄断在少数家族势力手中。这在西方民主国家几乎是不可能出现的现象。虽然从概率上讲,即使在一个成熟的民主国家,通过合法的选举程序实现家族统治也是可能出现的现象,但对于发展中国家来说,出现这种情景很多时候并不是民主选举的自然结果,而是传统家族政治在现代政治生活中强势延伸的结果,实际上是一种政治不成熟的表现,这些政治家族能够当选,并不是因为其提出的政治理念得到选民认同,而是因为其在本地有强大影响,其他政治势力难以抗衡。

第二,发展极不平衡。虽然已经经过六十多年的发展,但印度的民主制度发展至今仍然很不平衡,很多人并不能真正享受到民主。这并不是说印度主观上如同很多西方民主国家早期那样对民主做出了各种限制,比如妇女和黑人没有选举权等。印度民主发展不平衡,主要是因为广大农村地区的下层选民识字率低、文化水平不高,客观上影响了民主质量。本来,在今天的西方成熟民主国家,选民文化水平的高低已经不再是决定民主质量的高低重要因素。但在很多发展中国家,情况却有所不同,本国的传统文化与现代民主的理念相互冲突而且影响至今根深蒂固,再加上民主政治的相关配套制度不健全,使低文化水平的选民与高水平的民主政治极其不适应,导致其民主的实际价值大打折扣,某种程度上甚至沦为"纸上民主"。印度就是如此,由于多数基层政权控制在受教育程度较高又拥有较多土地的高种姓人之下,很多中下层选民并没有享受到《印度宪法》所规定的民主制度的好处,他们在选举时要么根据种姓归属或宗教信而投票,要么以各政党形象符号或图案来识别并选择对象,要么以非理性的情感倾向而投票(国大党长期执政就有此因素),而不是根据执政党和候选人的执政理念和政策趋向选择对象。特别是在上世纪 70 年代之前,印度的基层政权很少举行自由选举,又因为印度法律限制党派在基层的活动,民主选举就受到更大制约,直到 1978 年印度在基层选举中引入政党竞争,这种局面才逐渐有所改观,但仍存在诸多问题。

第三,宗教色彩浓厚。印度是个典型的宗教国家,可以说宗教已经深入到印度社会的每个角落和几乎所有人的灵魂。虽然宗教在印度社会中的作用十分复杂,不可一概而论,但无论如何政教分离是现代政治成熟的重要标志,而这一点印度做得却还远远不够。虽然《印度宪法》规定印度实行世俗主义,但宗教一直对政治具有强大影响,印度民主不仅对频频发生的宗教冲突和杀戮无能为力,而且各大政治势力与政党为了得到选票还必须借助于宗教势力的支持。印度人民党的前身印度人民同盟本身就是典型的印度教教派组织,人民党代表北部印度教势力和城镇中产阶级利益,建党后力量迅速壮大,1996 年至 2004 年间夺得执政党地位,现在是最大的在野反对党。印度国大党虽然名义上信奉世俗主义,不提倡教派主义,但为赢得选民的好感与支持,在涉及选民宗教利益时,也在其选举政纲与选举策略上打上宗教印记。特别是印度教特有的种姓制度,至今对印度民主政治具有极深影响。比如,尽管印度独立以后在名义上已经废除了种姓制度,印度法律还对低种姓在政治上作了保护性规定,但目前种姓层级最高的婆罗门尽管不到印度总人口的 4%,却占有七成的司法权及接近半数的国会席次。至于数量达到 1.6 亿至 1.8 亿的贱民,虽然按照法律规定也有选举权、被选举权以及自己的政党,但事实上他们却连自己的基本利益也难以维护,更不可能成为发挥重大作用的政治力量。印度法律对低种姓和贱民进行照顾,将近一半公职职位留给印度原住民、达利特和其他弱势群体,但在实际操作过程中,这些职位却由相关种姓领导人分配,甚至由他们的亲信公开出售,卖给出价最高的投标人。"这是民主世界中最猖獗的任人唯亲的体系。"[①]至今,印度教对印度政治生活的影响不仅减弱之势,反而有日趋加重之势,是印度民主政

---

① 〔英〕爱德华·卢斯:《不顾诸神——现代印度的奇怪崛起》,中信出版社 2007 年版,第 90 页。

治不得不面对的一个尴尬。

二、印度议会民主制形成的历史基础

政治制度关系国家政坛和社会的稳定。如果一个国家实行了不适合于本国历史传统和社会发展阶段的政治制度,往往会导致社会动荡。第二次世界大战后选择实行民主制度的很多发展中国家都陷入了混乱,其根本原因就是本国历史传统中没有适合西方式民主制度的基础,本国社会发展阶段也还未到能够容纳民主制度存在的水平。两个方面条件都不具备,民主当然会遭遇水土不服,所结出的果实当然是苦涩的。① 但印度却是一个例外。自独立以来,印度政局不断变化,各政党势力斗争异常激烈,也时有暴乱发生,但除了1975年至1977年因实行紧急状态使民主一度中断外,印度的民主一直正常运行,特别是印度从未发生军事政变,更没有产生过军事独裁政权,各种政治力量、各个政党以及普通民众都接受通过民主的方式解决政治危机,从而使印度政局始终保持了相对稳定,这在发展中国家中是不多见的,为经济社会发展提供了相对稳定的政治环境。特别是考虑到印度的种族、宗教、文化、语言千差万别,人口众多而且至今仍有四分之一人口生活在贫困线以下,民主制度能够在印度存在并且正常运转堪称一个奇迹。那么,民主为何会在印度顺利存在下来呢?答案比较复杂。一方面,印度的西方式议会民主制是英国殖民主义者留下的遗产,但另一方面印度能够较为顺利地接受这份遗产,也是由于印度具有接受议会民主制的历史传统,如果印度本身并不具备接受和实行议会民主制的条件,仅靠外来因素的强行施加决不可能使议会民主制在印度扎根、发芽、生长。综合各方面研究,下述几方面因素决定了印度能够接受议会民主制并能较为顺利地坚持下来。

第一,多元社会与印度民主。印度自古就是一个多元化的社会,

---

① 从历史来看,西方发达国家的民主并不是一夜之间就达到今天发展水平的,而是随着经济发展水平的不断提高和各种社会制度的不断完善而逐步发展起来的;从现实来看,政治转型比较成功的发展中国家也大都不是独立后就立即完全实行西方式民主的国家,而是那些随着经济发展到一定水平、各种社会制度比较完善之后才开始实行政治转型的国家。所以,我们认为历史文化传统和社会发展阶段是支撑一个国家民主制度存在的两个关键因素。

人种、民族、语言、宗教等丰富多样。之所以如此,一个重要原因是印度所处的地理位置使其频频遭受外族入侵,而由于印度传统文化具有极强的包容性,不同的征服者带入的不同的文化得以在印度扎根、生存和发展,而没有被相互同化①,造成印度人种、民族、语言、宗教繁多,形成一个典型多元化社会,使印度成为名副其实的"语言博物馆""人种博物馆""宗教博物馆""民族博物馆"。目前,印度有100多个民族、500多个表列民族,不同的民族有不同的语言、不同的习俗,信奉不同的宗教,各个宗教都有自己的信徒,而且各教派都没有同化或侵吞其他教派的企图,事实上也都没有这种能力,只能选择长期共存。这种多元化的社会传统一方面与西方式民主所要求的多元价值观和信仰、言论自由原则相吻合②,另一方面也使印度难以建立东亚国家普遍实行的权威主义政治制度。

第二,自治传统与印度民主。和中国历史上长期处于统一状态不同,印度历史上长期处于四分五裂状态,虽然经历过几次统一,但每次统一时间极短,绝大部分时间都是处在地方割据和分裂局面。与此相联系,印度政权建设很不发达,省县建制很晚(13—14世纪),并且一直没有发展完备,由此导致中央政府对地方政府控制能力极弱,中央权力难于直达基层,真正的权力重心在地方王公,而不在于中央政府,帝国对地方的统治在很大程度上是象征性的。英国殖民占领后,又对各民族、宗教、种姓实行"分而治之"政策,并没有触动已存在的数百个土邦,地方政府仍有较大自治权,只要无碍殖民统治和殖民掠夺,英国统治者并不过多干预宗教、风俗和村落事务,闭关自守的村社结构并未消解。这种局面使印度对西方式议会民主制产生了一种顺应趋势,对现代印度政治生活具有深远影响。可以说,英国人被赶走了,而西方式的政治制度却在印度扎下了根。③

第三,争鸣传统与印度民主。这是著名美籍印度裔学者、经济学诺贝尔奖获得者阿玛蒂亚·森关于印度民主的观点。阿玛蒂亚·森认为,争鸣是民主的特征,而争鸣不仅是古希腊以来西方的政治传统

---

① 这一点与中国儒家文化对外来文化所具有的强大的同化能力形成鲜明对比。由于中印之间的对比不是本章研究的重点,在此不展开论述,其他问题也作类似处理。
② 尚会鹏:《文化传统与西方式政治制度在印度的确立》,《南亚研究》1994年第2期。
③ 同上。

及表现方式,同样也深植于古代印度历史,印度历史上就有让每个人自由表达的传统。综合阿玛蒂亚·森的有关论述可以看出,所谓"争鸣"实际上就是一种自由表达和充分宽容的精神,而这种精神在印度源远流长,对印度近现代政治文明具有积极影响。因为从理论上来说,这种争鸣的传统可以保证每个人特别是弱势群体自由表达的权利,而允许每个人特别是弱势群体自由表达,正是建立民主政治的基础。

第四,宗教传统与印度民主。印度教的一个重要特点是追求宗教上的"解脱"。这种"超自然中心"的传统使印度人最重视精神上、智慧上的领袖,而不是权力上、物质上的霸主。在印度人心目中具有至高无上地位的是婆罗门而不是国王,因此他们一切都听婆罗门的,而不一定听从政府官员的。在古代印度有这样的传统,如果一个国王和一个婆罗门一起行走,老百姓会给婆罗门敬拜,而不一定会给国王敬拜。因为印度教认为大地属于婆罗门,婆罗门是神明的主持者,而国王与百姓同是凡人,凡人必须尊敬婆罗门。这种传统一直延续到今天,使印度没有形成服从和拥戴君主的思想基础,从而为议会民主制的产生提供了必要条件。

第五,种姓制度与印度民主。印度教特有的种姓制度虽然对印度社会产生了极大阻碍作用,但某种程度上种姓制度却与现代西方式民主政治有某种亲和性。这是因为种姓某种意义上可以看作是一种利益集团,印度历史上,不同种姓之间以及同一种姓内不同亚种姓之间,为争取更多的政治权力和经济利益总是争斗不已,而且在争斗过程中逐渐形成了一个相互争夺、相互牵制的平衡体制。而现代西方民主政治制度建立的一个基本前提就是不同利益集团之间为实现权力和利益的分配而建立一个平衡机制。显然,两者在逻辑上有内在一致性,有助于推动民主制度的形成。

第六,阶级基础与印度民主。历史上,现代西方式民主的产生与资产阶级的形成密切相关。可以说,没有资产阶级就没有民主。就印度而言,虽然被英国长期殖民占领,但独立前印度的民族资本势力也得到一定程度发展。这主要是因为印度幅员辽阔,英国无法实现对印度的绝对统治,一些印度人经营的产业部门便得以发展起来。特别是两次世界大战期间,英国又把印度作为重要战略后方,为其提供战略原料,为印度民族资本的发展创造了有利条件。因此,独立前印度就已形成了一个人数虽然不多但却拥有一定实力的民族大资产阶级,与此并存的还有为数众多的中小资产阶级,这为独立后实行议会民主制提供了阶级基础。政党是阶级利益的代表,资产阶级发达,必然产生资产阶级政党。成立于1885年的印度国大党是典型的资产阶级政党,主要代表印度上层资产阶级和地主的利益。进入20世纪以后,国大党力量不断壮大,逐渐成为印度独立的主要领导力量,并最终获得成功。国大党的资产阶级性质决定其必然选择西方式政治体制。

第七,独立经历与印度民主。殖民地或者被占领国家独立或解放的经历对于其独立后政治体制的选择有直接影响。经过近两个世纪的经营,英国殖民者在印度建造了一套组织严密、覆盖全国的暴力统治机器,实行残暴的殖民统治,这使印度无法采用革命方式实现独立,而英国移植来的议会民主制却为印度提供了一种通过议会斗争实现独立的可能性。印度资产阶级及其政党就是在这种情况下,采用所谓"非暴力不合作"方式,实现了国家独立。这种经历不仅使印度资产阶级及其政党培养起了对西方议会制度的信仰,掌握了运用议会制度进行斗争技巧,也使其他阶层和政党习惯并接受了运用议会制度进行斗争和生活的方式,为独立后实行议会民主制提供了客观条件。加上领导印度独立的主要政治领袖尼赫鲁长期在英国学习和生活,深受英国式议会民主制熏陶,主观上认同并接受议会民主制,所以印度独立后,尼赫鲁力主建立议会民主制。[①] 由于尼赫鲁在国大党党内以及整个印度都有不可替代的绝对影响力,印度实行议会民主制成为水到渠成的事情。

第八,法治传统与印度民主。法治和民主密切相关、相辅相成,没有健全的法治,民主就不可能巩固。由于印度教有很多用以指导教徒日常生活的法典,因此从某种意义上说,印度具有"法治"传统。虽然这些法典中的"法"与现代意义上的法律并不完全相同,但教徒依"法"行事却成为印度的一个传统。更为重要的是,在印度,立法者与执法者相对独立,婆罗门僧侣是立法者,刹帝利是执法者,国王虽有很

---

① 印度独立前后,关于印度未来应当建立一个什么样的社会有不同的争论,特别是在尼赫鲁与甘地之间对未来社会的设想方面存在着根本分歧。

大行政权力但也必须依"法"行事,立法者与执法者之间由此形成了一种相互制约关系,这种关系类似西方式民主政治中的"三权分立"关系。

第二节 经济体制:独辟蹊径的发展战略

独立以来的印度经济体制可以用"独辟蹊径"来形容。以 20 世纪 90 年代初的拉奥改革为界,此前印度可以看作是民主政治加计划经济的试验田,因为印度独立后政治上虽然实行了西方式议会民主制,但经济上却没有实行西方式市场经济,而是建立了一种被称为"尼赫鲁式社会主义经济体制"的混合经济模式;此后,印度经济开始市场化改革,但也走出了一条与众不同的发展道路,因为印度选择了典型的高科技产业——信息产业作为推动经济发展主导力量,第三产业特别是现代服务业发展迅速,在取得巨大成就同时,也带来诸多问题。

一、不均衡的产业结构

20 世纪 90 年代以前的混合经济模式由印度首任总理尼赫鲁主导建立,一直持续到 80 年代末。这是一种混合经济模式,既不是西方式市场经济,但也不完全等同于苏联式计划经济模,虽然其计划经济因素更多一些,但并没有实行前苏联式的全盘国有化,虽然印度国有经济占 GDP 的比重从 1960 年的 8% 激增为 1991 年的 26%,但印度一直允许私有制企业存在并得到发展。这种经济模式的主要特征可以简要概括为:计划经济、公营企业+混合经济体制+不彻底的土地改革、绿色革命+进口替代发展战略+消除贫困。

尼赫鲁之所以要在印度建立这种以计划经济为主体的混合经济模式,主要有两方面考虑:(1)谁好就追捧谁,当时的苏联经济表现的确优异,就像今天的美国一样,是很多国家学习的对象,独立后的印度要实现经济快速增长的目标,选择计划经济符合现实逻辑;(2)资本主义经济从产生开始直到二战之前,都实行自由放任的市场经济,不仅阶段性地发生经济危机,而且产生了严重的贫富分化,特别是 20 世纪 20 年代末爆发的"大萧条"几乎埋葬了整个资本主义,尼赫鲁当然不希望在印度也出现这种情况,所以独立后在政治上接受了西方式议会民主制，而在经济上却拒绝了西方式市场经济。概而言之，按照尼赫鲁的设想，这种混合经济模式是想兼顾经济增长和社会公平两个目标平衡发展，实现真正的国家经济发展、人民生活富裕。

客观地说，在这种混合经济模式主导下，印度经济虽然发展缓慢，但也取得了一定成就。但到上世纪 80 年代，这种经济体制弊端越来越明显，印度经济增长率逐年下降，不仅和西方发达国家相比，差距越来越大，而且和已经实行改革开放的中国相比，差距也日益扩大。特别是在这种经济模式下，印度政府对市场活动实施绝对管制，导致政府官员腐败严重，腐败甚至已经被制度化、常态化，印度成为民主政治下权力腐败的"反面典型"，这一点在前文已经有所分析。当时的印度经济虽然不能用"面临崩溃"这样的字眼来形容，但也到了"非改革不能前进"的地步。

历史经验表明，日子好过时谁都没有改革的动力，危机才是改革的催化剂。1991 年印度爆发国际收支危机，在使经济陷入困境同时，也为给印度经济带来改革契机。面对传统模式已经难以解决的经济困境，当时的拉奥政府痛下决心摆脱传统的尼赫鲁模式，实施经济改革计划，对经济结构进行大幅度调整。总的来看，拉奥政府的改革主要有以下几个方面内容：取消许可证制度，修改反垄断法，改革国营部门，引入竞争机制，减少对私营企业的投资限制，鼓励和吸引外国直接投资，为不同类型企业提供平等条件；改革管理体制，减少计划调控，加强市场调节，加速推行经济市场化、自由化；改革金融体制和税制，削减或取消财政补贴，减少财政赤字和控制通货膨胀；建立社会保障体系，加速农村发展和实行扶贫计划，等等。以此为标志，90 年代以后印度开始走上改革和开放道路。

应当说，从 90 年代初期拉奥政府启动改革政策至今的二十年间，印度经济总体上表现优异。和中国一样，印度也开始被越来越多的人看作一个正在崛起的大国。1992 年至 2002 年，印度经济平均增长率为 5.9%，在新兴经济体中仅次于中国。自 2003—2004 财年度以来连续五年高速增长，2003 年增长率达 8.5%，2005 年和 2006 年增幅都达到了 9.0%。2007—2008 财年增长依旧强劲，增长率达 9.0%。相关统计数据显示，2008 年印度 GDP 总量已经达到 1.2 万亿美元，人均约 1000 美元。即使近两年来遭遇国际金融危机的影响，印度经济整体上仍然保持了不错发展势头,成为带动世界经济复苏的重要力量。

总的来看,90年代实行改革和开放政策以来的印度经济有两个特征最为明显:

其一,以服务业为主导的第三产业发展迅速。独立以来,印度经济结构发展趋势是第一产业(农业)比重逐步下降,第二产业(制造业)发展缓慢,第三产业(服务业)发展迅速。自90年代实行改革和开放政策以来,第三产业的发展速度更是遥遥领先于一、二产业,一跃成为印度经济的主导产业。从表5-1可看出印度经济的三个产业结构在不同时期的变动及所占比重。

表5-1 印度产业结构占GDP的比重(%)

时间(年)	第一产业	第二产业	第三产业
1950—1951	55.4	16.1	28.5
1960—1961	50.9	20.0	29.1
1970—1971	44.5	23.6	31.9
1980—1981	38.1	25.9	36.0
1990—1991	34.9	24.5	40.6
2000—2001	26.2	24.9	48.9
2001—2002	26.3	24.4	49.3
2002—2003	23.8	25.0	51.2
2003—2004	24.0	24.6	51.4
2004—2005	22.8	24.8	52.4

数据来源:Statistical Outline of India 2005-2006, p.14, Department of Economics and Statistics, TaTa Services Limited, Bombay House, Feb. 2006(At 1993-1994 price)。

从表5-1可以看出,印度第三产业的发展速度可谓异常迅猛,其产值占GDP的比重从1950—1951年度的28.5%上升到2004—2005年度的52.4%,增长23.9个百分点,上升速度之快可以称为世界现代化史上的一个奇迹或者说是一个例外。回顾人类社会的现代化历史,在前现代社会,第一产业在所有国家的经济结构中都占绝对优势,但当一个国家开始现代化进程之后,一般都是第二产业最先获得发展,并率先超过第一产业在GDP中所占的份额,在经济结构中占主导地位,只有当现代化任务基本完成、经济发展达到一定阶段、人均收入达到一定水平,进入所谓的后现代化阶段后,第三产业占GDP的比重和就业比重才会逐渐超过第一产业和第二产业,成为经济的主导产业。西方发达国家以及20世纪实现经济腾飞的东亚、拉美一些国家,无不遵循了这一规律,经历了这一过程,经济学家们也据此对现代化和大国发展之路径做出经典性描述。但是印度却没有遵循这个规律,印度第三产业占GDP的比重和就业比重一直都是上升的,直接超越第二产业而替代第一产业成为国民经济的主导产业,第二产业从来就没有成为印度国民经济的主导产业。也就是说,印度在经济总量不大,特别是人均收入还处于世界落后位置时,却构建起以服务业为主的第三产业在国民经济中所占比重超过50%的产业体系,远远超前于与之处在同一发展水平的其他国家。因此,印度经济走了一条和大部分国家不同的、特殊的发展道路。

其二,现代服务业特是信息产业和服务业外包突飞猛进。印度第三产业发达,而在第三产业中,自从20世纪90年代以来信息产业和服务业外包的发展速度尤为突出,软件业又是其中最大的亮点,在最近五年时间里保持了年均28%的增长率,预计未来十年也仍会保持20%—30%的年均增长率,是经济增长最快的部门,对GDP的贡献1999/2000年时还只有1.2%,但到2005/2006年已经上升到4.8%,2007年印度软件出口达640亿美元,带动了印度整个经济快速发展。目前,印度已经形成了一批软件科技园区和基地,其中位于班加罗尔的软件园被称为印度的软件之都,是全球十大硅谷之一及全球第五大信息中心。世界银行的有关报告指出,印度软件技术出口规模和质量仅次于美国而居世界第二位。在全球软件开发市场中,印度占16.7%的份额,全球500强有160多家企业由印度供应软件。

信息产业属于典型的高科技产业,总体经济水平仍然属于发展中国家的印度,高科技产业却如此发达,堪称世界奇迹。这一特殊现象在成为很多国家争相效仿学习范本的同时,也成为众多研究者乐此不疲的话题。我们认为,在关于印度高科技产业的讨论话题中,有两个问题最为关键:一是印度服务业特别是高科技产业快速发展的原因是什么,二是印度能否凭借高科技产业实现国家崛起。

二、印度服务业快速发展主要原因

一个国家的某种产业在一定时期内得到快速发展,原因必然是多方面的。其中,有三个方面因素最为关键:一是本国政府实行了相应的产业扶持政策,二是本国具备发展该产业的客观条件或比较优势,三是本国拥有发展该产业的历史文化传统,三者共同作用,才能推动某一产业快速发展。综合来看,印度服务业包括近些年来高科技产业能够得以快速发展主要就是这三个方面因素综合作用的结果。

第一,支持印度传统服务业持续发展的宗教文化因素。印度自独立以来第三产业在国民经济中所占比重一直都高于第二产业,即使在尼赫鲁强调发展国营重工业和基础工业,迅速建立完整工业体系时期,第二产业的比重也没有超过第三产业,而以贸易、宾馆、饭店和社区社会个人服务为主要内容的传统服务业又一直是印度第三产业重要支撑力量,在上世纪 90 年代以前一直占第三产业产值的 30% 以上,最高达 34%,即使后来比重逐渐下降,也占到 25%,仍是第三产业的重要支撑力量。印度的传统服务业如此发达与印度的宗教文化传统有密切关系。印度人普遍对服务业特别对个人和社会服务业有独特需求,是因为他们深受种姓制度的制约与等级观念的影响,认为体力劳动特别是脏活与重活应是低级种姓或贱民所为,高种姓(婆罗门、刹帝利、吠舍)家庭以及中产阶级家庭一般都雇用雇工(贱民、首陀罗)承担脏活重活,甚至要请专职驾车司机,这种宗教文化传统使个人和社会服务业经久不衰,直接影响到今天的印度服务业。

第二,支持印度现代服务业迅速崛起的政府政策因素。上个世纪 90 年代以来,印度的通讯、银行、保险和企业商务等现代服务业迅速崛起,特别是信息产业发展迅速,印度企业在承接软件和其他服务业外包方面取得了令世人瞩目的成就。在支撑这种发展成就的诸多因素中,印度政府的政策支持是最重要因素。早在 80 年代中期,印度前总理拉吉夫·甘地就反复强调,印度错过了前几次科技革命的机会,这次必须紧紧抓住。拉吉夫·甘地视电子工业为"国家的神经",决心要"用电子和教育把印度带入 21 世纪"①。1984 年甘地政府实施新政,

---

① 龚晓峰:《印度软件产业缘何异军突起》,《软件世界》1999 年 4 月。

把软件产业确认为支柱产业,允许其获得投资补助和其他优惠。自此以后,印度政府陆续实施了一系列推动信息技术产业的政策,概括来说主要有以下几点:(1)集中政府财力进行扶持,对具有重点和前沿学科的科研机构,政府给予充足经费保障,同时鼓励企业和社会对科研机构进行资助。(2)给予高科技产业特别支持,实行"软件技术园区计划",建立了班加罗尔等十多个国家级科技园区,并对包括班加罗尔在内的全国8个软件园和6个出口加工区实行优惠政策,对软件产业实施零关税、零流通税和零服务税等扶持政策。(3)对外资软件企业进入印度放开管制,允许外国资本建立控股权50%—100%的独资软件企业,享有与印度企业同等待遇,吸引国际软件巨头进入印度。(4)创造开放的科研环境,向民间开放政府实验室,把军事研究机构设备用于民用项目和商业项目开发。(5)注重人才培养,重视计算机教育,支持人才出国发展、回国服务。(6)创造有利于软件业发展的法律环境,严格知识产权保护,严厉打击盗版活动,制定《信息技术法》为发展电子商务提供法律保障。

第三,支持印度信息产业快速发展的比较优势。近二十年来印度信息产业能够得以快速发展,除了实行一系列扶持政策外,和其他一些国家相比,印度所具有的比较优势也发挥了重要作用。这其中,印度所具有的语言优势和人力资本最为重要。首先,在语言优势方面,由于长期受英国殖民统治,英语成为印度通用语言,在印度国民特别是知识分子中普及率很高,这使得印度在承接美国等英语国家的外包业务时,无论在语言沟通上还是在软件开发上都没有任何障碍,印度开发的软件可直接出口英语国家,不存在任何语言障碍。有分析据此认为,英语是印度在IT外包市场上战胜中国的法宝,而且在未来一段时间内,中国都不会在IT外包市场上超过印度,因为印度的英语水平比较高,而英语是国际IT行业的通用语言。其次,在人力资本方面,印度向来高度重视高等教育,特别是理工科教育非常发达,有世界一流的理工学院,培养了大量优秀人才。而且由于印度经济总体上仍然比较落后,所以劳动力价格比较便宜,就软件从业人员劳动报酬而言,印度不仅要比欧美发达国家便宜10倍至20倍,而且比中国台湾等地也要便宜不少。低廉但是高质的软件人才成为印度参与国际软件产业外包市场竞争的巨大筹码。

三、莫迪的经济政策

2014年5月印度大选中,印度人民党获得印度政坛30年来最辉煌的胜利,不仅赢得总理职位,而且在议会下院也获得多数席位。印度人民党之所以取得压倒性胜利,一个重要原因是印度选民对国大党执政下的印度经济充满不满和抱怨,而印度人民党推出的候选人莫迪则在担任古吉拉特邦首席部长12年期间,在经济发展方面取得了令人瞩目的成就,该邦"以中国速度增长",国内生产总值增长率为10.27%,远高于印度全国平均水平,人们期望莫迪能将在古吉拉特邦的成功复制到全印度,为印度经济带来新的增长活力。因此莫迪执政后的经济政策成为人们关注的焦点问题,很多分析认为印度能否崛起为有声有色的世界大国,21世纪能否成为印度的世纪,莫迪未来几年的执政格外重要,莫迪成功与否在很大程度上决定着印度的未来发展水平。

莫迪推出的经济政策被称为"莫迪经济学",核心是学习中国的成功经验,吸引外资发展印度制造业,改善印度基础设施。应当说,莫迪的经济政策很有针对性,抓住了印度经济存在的主要弱点。从实践来看,莫迪的经济政策也取得了明显成效。2014年5月到9月,外国对印度直接投资达到127亿美元,比上一年同期增长24%;11月,韩国浦项制铁决定向古吉拉特邦投资2000万美元建设钢铁加工厂,美国IT企业思科拟向印度投资17亿美元,日本软银也计划在今后10年里,向印度的互联网产业投资1万亿日元。

在注意到成就的同时,其他一些数据显示,与印度民众对莫迪的高期待相比,莫迪经济学取得的成就并未使人感到兴奋。2014年第二季度,印度经济增长率为5.7%,第三季度则降到5%,远低于印度经济创造足够就业岗位所需达到的8%,而第三季度恰恰是莫迪正式推行其经济政策的时间段,这说明印度的失业人口在莫迪执政后不降反升。更麻烦的问题在于,由于将兴奋点放在吸引外资上,而忽视了为国内企业发展创造环境,印度30家主要上市公司第三季度增长比第二季度大幅度回落,其表现引起社会对莫迪经济政策的批评,这说明莫迪经济学并未取得超出预料的成绩。莫迪经济学之所以毁誉参半,原因肯定是多方面的,国际经济形势尚处于低谷当然是一个重要因素,但更重要的是印度的经济环境并未发生质的变化,莫迪的政策对印度经济环境的改善大多并未触及根本性问题,而且有些问题也不是莫迪在短时间内所能解决的。比如,税收制度的复杂、土地征收的困难、基础设施的落后、行政体系的低效等等,这些问题很多都是根本性的制度缺陷,在现有政策框架内很难获得解决,更不要说至今根深蒂固的种姓制度在诸多领域仍然存在绝大影响。一旦外国投资者深入印度社会内部就会发现自己面临从未想象到的困难,其投资回报率可能远远低于自己的期望,投资热情也会急剧下降。莫迪和他的印度强国梦还很艰巨,也很遥远。

第三节 社会模式:严重不平等但却相对稳定

社会结构是社会整体的基本组成部分之间比较稳定、有序的关系网络。一个国家形成什么样的社会结构对于政治和经济有重要影响。正如很多人所反复强调的:西方国家之所以能够产生民主政治是因为这些国家形成了一个市民社会,西方国家之所以能够保持社会稳定是因为这些国家形成了一个中产阶级为主体的橄榄型社会结构。① 也正因为如此,形成一个中产阶级为主体的橄榄型社会结构成为很多发展中国家追求的目标。

一、严重不平等的社会结构

对印度来说,虽然已经拥有一批数量可观的中产阶级,但目前的社会结构显然还不是橄榄型结构,而是一个等级分明、分化严重的社会结构。更确切地说,印度社会是一个少数高层人士已经比较富有、多数底层人群仍然十分贫穷的金字塔结构,是一种不平等的社会结构。如果我们对印度做一个全方位扫描,就会看到一个分裂的印度:一方面,有世界一流的工业园区、号称占世界五分之三的软件工程师、世界顶尖的超六星级酒店、亚洲最多的亿万富翁。另一方面,也有世界上最大的贫民窟,最大城市孟买1400万人口中有770万人住在贫

---

① 引此观点并不代表笔者认同这一观点。我们认为关于市民社会与民主政治之间的关系较为复杂,不能简单地界定二者之间是正相关、负相关还是无相关的关系,不同条件下要作具体分析;关于社会结构与社会稳定之间的关系也是如此。

民窟里;全国只有38%的家庭能用上自来水,500多万个家庭依靠河流和池塘取水,只有56%的家庭通电,50%以上的农村家庭用煤油照明;每年有200多万大学生毕业,但全国妇女人数中有一半是文盲;城市富有阶层享受了全国五分之四的医疗费用;中产阶级队伍在不断扩大的同时,贫困人口的绝对数量也在增加,贫富差距在加大,6%的富人拥有全国60%的资产,80%的人口仅仅占有20%的资产。① 据世界银行评估,按每天1.25美元生活费的贫困线标准,2005年全世界贫困人口为14亿,其中印度有4.56亿,约占印度总人口的42%。印度有8.28亿人每天生活费不足2美元,占其人口总数的75.6%,这一比例甚至超过撒哈拉沙漠以南非洲地区。② 据印度官方2010年4月的统计,目前生活在贫困线以下的印度人口仍有4亿,比2004年增加1亿,贫困线以下人口由2004年的27.5%增至2010年4月的37.2%,世界三分之一贫困人口在印度。

本来,贫富悬殊、分化严重的金字塔型社会结构是大多数发展中国家共有的特征,但是,印度社会的分化却有其自身特征。因为,印度历史上就是一个等级分明、分化严重的社会,但这种"不平等"不仅在印度独立后没有消失,而且在经济高速发展二十多年后也没有消失之势,反而有趋于严重之势,其原因值得探讨。

二、不平等社会结构形成原因

(一)种姓制度造成的不平等

不平等的等级制度是印度传统社会的基本特征。这种不平等以印度教特有的种姓制度为典型代表和集中体现。可以说,种姓制度至今仍然是印度社会最大的不平等,这种不平等体现在印度人生活的各个方面。关于种姓制度的常识性知识已多有介绍,这里仅作简要概括。这种产生于两千多年③以前的制度是一种社会分工体制。这种

---

① 维里普·乔贝:《加重的贫困加重的不均》,《国民柱石报》2001年2月17日。
② 新华网,2008年8月28日。
③ 公元前2000年以前,来自欧洲的雅利安人侵入印度河流域,雅利安人与当地土著居民发生战争,结果雅利安人成为统治者和上等人,雅利安人中的下层和创造了古印度文明的当地土著居民成为下等人,上等人和下等人又各自划分为许多等级。这就是种姓制度的由来。

制度把人分为五大种姓：婆罗门、刹帝利、吠啥、首陀罗及贱民,五个种姓地位逐渐降低,每个种姓都有其自身种姓的习俗与规则,各种姓各有其从事的传统职业,职业世袭不变;不同种姓的通婚受到严格限制;各种姓各有其居住区域,不同种姓之间的交往有严格限制。种姓世袭,一个印度教徒生下来就被属于他父母所属的种姓,其种姓终生不变,除非违反教规被开除。印度教徒的日常生活严格受其所属种姓的影响和制约,其一生的前途及社会地位取决于所属种姓的高低。贱民被称为"不可接触者",被禁止拥有土地、禁止使用公共设施,孩子没有受教育权,甚至不应该被高种姓的人看见,贱民出门甚至要佩戴特殊标记,口中要发出特殊声音或者敲击某种东西,提醒高种姓人回避。据有关统计,印度平均每18分钟就有一起针对贱民的犯罪,平均每天有11名贱民被殴打、3名贱民妇女被强奸、2名贱民被杀害、2名贱民的房屋被烧毁。①

仅仅通过上述简要概述就可以看出,如果说种姓制度是否是一种阶级制度尚有争论的话,但种姓制度把印度人分成了不平等的社会阶层却是一个无可争议的事实。可以说,印度传统社会的这种特征与中国传统社会所具有的"王侯将相,宁有种乎"的思想传统以及科举取士的制度传统有本质区别。

种姓制度对印度社会产生了复杂而深远的影响,但这种影响更多是负面的、消极的。② 由于每个种姓的人职业终生固定不得更换,这不仅使人失去了选择的自由和权利,同时也失去了创造的自由和活力,成为阻碍印度发展的重大障碍。马克思早在一百多年前就说过："种姓制度是印度进步和强盛道路上的基本障碍。"③印度有识之士对此也有清醒认识。国大党元老莫提拉尔·尼赫鲁就说过："只要种姓制度仍然存在,印度就不能在世界文明国家中占据应有的地位。"④但令人忧虑的是,印度独立已经六十多年,而且采取了多种措施以图消

---

① 刘新宇:《印度:撕裂的民主》,《领导文萃》2009年第12期。
② 也有研究认为种姓制度也对印度社会产生了一定的积极影响。但总的来说,大多数人认为消极影响远远大于积极影响。
③ 马克思:《大不列颠在印度统治的未来结果》,《马克思恩格斯选集》第2卷,人民出版社1975年版,第125页。
④ S.I.萨加尔:《印度的印度教文化和种姓制度》,德里,1975年,第202页。

灭种姓制度及其影响,但种姓制度在印度社会中的作用和影响仍然不可低估,仍在阻碍着印度现代化步伐。美国学者 F. B. 弗兰克尔对印度 1947—1977 年间政治经济研究后指出:"发展经济的先决条件是必须首先摧毁陈旧的宗教观念、文化模式和社会结构,印度经济问题只有靠直接向有产种姓和有产阶级发动进攻才能得到解决。"时至今日,种姓制度依然对印度人的职业选择、社会地位和阶层划分等具有重要影响,不仅控制政府要职的仍然是高种姓,主导新崛起的软件业的大部分也都是高种姓。种姓制度所造成的不平等问题在短时间内难以根本消除。

(二)政府政策造成的不平等

如果说历史传统造成的社会分化和不平等问题尚有可说之辞,那么独立后印度政府所采取的相关政策不仅没有达到消除社会分化和不平等问题的目的,一些政策反而在某种程度上加剧了社会分化和不平等问题,就值得反思了。我们认为,有三个方面的政策值得关注和思考。

一是经济政策。这一点我们在前面部分已经予以论述。简言之,经济上的平等是一切平等的基础和前提。但印度政府近些年来所推行的以现代服务业为核心的经济发展政策却将占印度总人口绝大比例的素质较低的下层印度人特别是低种姓人甩在了经济发展之外,他们既不能参与经济发展,也不能分享发展成果,经济增长的受益者只是那些本已比较富有的城市中产阶层,占人口大多数的农民和城市低收入阶层并未从经济的快速发展中受益,结果造成了经济快速发展,贫富差距和不平等问题却在扩大的局面。

二是土地政策。土地是人类社会最基本的生产资源,土地制度如何安排对一个国家特别是发展中国家来说至关重要。在前工业化时期,土地制度是最重要的经济制度,并直接决定政治制度的形态和变迁,土地的高度集中成为阻碍社会生产发展的重要障碍。在工业化初期,土地制度仍然非常重要,一方面,对传统土地制度进行适当改革,合理地分配土地,实际上就是改变社会资源不合理的分配格局,这样才可能促进农业生产力的发展,进而为工业化提供充分的消费市场和必要的生产资源;另一方面,当城市化和工业化发展水平还不能为所有劳动力提供充分就业的时候,土地的合理分配(目前的有效经验就是实行人均分配或公共支配)在某种程度上能够缓解就业压力,解决贫困和饥饿问题,实现现代化进程的平稳推进。印度独立前实行柴明达尔制,土地分配极端不平等,造成诸多问题,严重阻碍了印度社会前进的步伐。印度精英人士也意识到传统土地制度的不合理以及这种不合理的制度给印度社会带来的危害。所以印度独立后国大党政府就着手进行土地改革,并公布了许多法令。但由于国大党的阶级基础本身就是土地改革的对象,因此国大党内部对土地改革存在严重分歧,最终导致印度的土地改革以失败而告终。虽然名义上已经进行了四十多年,但印度土地制度至今没有发生根本改变,土地分配的不平等问题仍然严重,土地仍然高度集中,仍然主要集中在少数人手中。目前印度无地农民占总人口的35%,75%以上的农民仅占有25%的耕地,2%的大农户却占有全部耕地的20%。这种不平等的土地制度给印度带来很多问题,印度农村和农业不仅没有为城市和工业提供相应的资本支持,反而造成了严重的失业和贫困问题。目前,印度农村贫困人口约占农村人口总数的70%以上,在贫苦农民中又以无地和少地的农民占绝大多数。反观中国的实践,实行土地公有制虽然不能从根本上消除贫困现象,但为解决贫困问题、实现社会平等奠定了一定基础,进而达到缓解贫困化的目的。对此,阿玛蒂亚·森曾给予比较公正的评论。他认为印度的失败是在分配上而不是在增长上,印度由于私人土地占有权造成多数人消费权利的失败而非供给不足,社会主义国家(如中国)在人均食物数量没有明显增加的条件下消灭了饥饿,而中国消除贫困的成就的根源应当从包括土改在内的毛泽东的成就中去寻找。

三是教育政策。教育被认为是改变社会不平等的重要途径。虽然目前对教育平等到底能够在多大程度上推动社会平等还有不同的认识,但教育不平等一定不利于社会平等,却是一个普遍认同的结论。研究又表明,在发展中国家,把重点放在初级教育普及上是最有利的教育战略。[①] 但印度的现状却是高等教育非常发达,而基础教育却极端落后。这其中一个重要原因就是尼赫鲁本人是高种姓出身,以及压力集团对政府的游说,导致印度政府将大量资金投入到为高种姓和中

---

① 余永定、张宇燕、郑秉文:《西方经济学》,经济科学出版社1999年版,第630页。

产阶级准备的英语教学的大学。印度拥有世界一流的理工学院,每年培养出一百多万名工科毕业生,遍布美国硅谷等世界高科技园区,这些接受了最好教育的精英成功推动了印度信息产业的高速发展,同时也成为印度经济改革的受益者,成为印度社会的新兴中产阶级,享受着现代化的好处。与对高等教育进行大量投资形成鲜明对比的是,印度对初等教育的投入严重不足,尤其是对农村教育的投资更是严重不足,目前全国成人识字率只有 65%,全国妇女人数中有一半是文盲。虽然印度在 2001 年就立法实行免费初等义务教育,但教育质量很差,不及格率很高。据统计,2000—2001 年度,印度进入小学就读的学生中仅有一半升至 5 年级,全国整体辍学率达到 53%,文盲率高达 35%。① 大量低技能的劳动力的存在,不仅使数量庞大的人口不能成为推动经济发展所需要的人力资源,而且成为经济和社会发展的沉重负担,更使社会平等成为一种奢望。

三、不平等但却相对稳定的主要原因

客观地说,印度社会中存在的分化问题同样是很多发展中国家遇到的问题。但在不同国家却产生了不同后果,很多发展中国家都因此而陷入动荡,而人口数量众多、宗教文化复杂多样的印度却较为成功的避免了动荡,总体上保持了稳定,其中原因值得总结。一般分析认为,印度之所以能保持社会稳定,首先得益于印度的民主选举制。民主选举制度使社会有了一个意见表达平台和舒缓机制,能够实现政府的平稳替换,从而使社会有较多的泄愤渠道,选民能够至少得到"情绪"上的疏通,社会因此避免陷入分裂和冲突。

但如果仔细分析,印度社会之所以在不平等问题如此严重的情况下仍能保持相对稳定,并不仅仅是民主选举制度发挥了作用,还有其他一些因素也在其中发挥了不可忽视的作用,没有这些因素,仅仅依靠民主选举制,是难以维护社会稳定的,不仅印度是这样,包括西方发达国家在内的其他国家也是如此。

第一,社保政策与社会稳定。社会保障政策是现代社会的安全

---

① 张立、王学人:《印度服务业增长的绩效、原因和问题》,《四川大学学报(哲学社会科学版)》2008 年第 2 期。

阀。如今没有任何一种理论公开反对建立基本的社会保障体制。如果一个社会能建立起比较健全的保障体制,就能实现起码的社会稳定。应当说,和很多发展中国家相比,印度在这方面已取得相当成就。经过六十多年的努力,印度已经建立起一个基本的社会保障体制。目前,印度政府为民众提供免费教育和免费医疗,《印度宪法》规定公民有自由迁徙、自由居住和自由定居的权利,在一个地方居住达到一定年份就可以拥有选举权、医疗权和教育权等。此外,印度还有一些专门针对低收入群体特别是农民的特别保障性措施。比如,由国家给予财政补贴、专门向低收入群体提供基本生活保障的平价商店等。这些社会保障政策使印度人在医疗、养老、就业等方面的基本权利都能得到基本满足,对维护社会稳定发挥了积极作用。

第二,宗教文化与社会稳定。印度是一个典型的宗教国家,有印度教、佛教、伊斯兰教、基督教、耆那教、锡克教、拜火教等多种宗教存在。在众多宗教中,对印度影响最大的是信仰人数多达八亿的印度教,其教义对印度社会具有重要影响。但在过去很长一段时间内我国学界都热衷于谈论印度教文化对印度社会所产生的消极影响。比如,由于著名社会学家马克斯·韦伯曾作出印度教文化不能催生资本主义的论断,很多人便从不同角度对这一观点进行解读,认为印度教的很多教义不利于经济发展。再如,独立以来,印度频频发生宗教冲突导致的流血事件,很多人便将宗教视为印度现代化道路上最大障碍。其实,印度教中的某些教义以及印度教与其他宗教所产生的冲突的确是印度现代化道路上的障碍,但如果进行全面客观的分析,"宗教也和科学、哲学、艺术一样,不是一时冲动或则愚昧无知的产物,而是人类有了问题并作了思考的产物"①。作为一种历史产物,宗教给人类社会带来的绝不仅仅是消极和负面影响,其中一些因素在维护社会秩序、协调社会关系、平衡社会心理、推动社会改革等方面都有程度不同的积极影响。这一点学界已经得到普遍同意。印度教当然也不例外。就本章讨论的问题而言,印度的宗教哲学精神有助于形成一种稳定的社会结构和相对和谐的人际关系,印度教在维护印度社会稳定方面发挥了其他因素不可替代的作用。可以说,没有印度教所主张的某些教

---

① 金克木:《文化的解说》,三联书店1998年版。

义对印度民众所产生的影响,印度社会不可能在分化如此严重、不平等问题如此突出的情况下还长期保持基本稳定。比如,印度教所倡导的"业报轮回"观念主张一个人死后是升天堂还是下地狱,取决于他生前所作的"业"(即行为):做了善业,死后就有善报;做了恶业,死后就有恶报。按照这个理论,一个人出身于哪一个种姓、从事什么样的职业、履行什么样的责任,乃由自己所作的善恶诸业而形成。这实际上是劝告低种姓的人要安分守己、恪守规范,而不要起来反抗,对今世命运的怨恨和反抗,只会加重自己的恶业,使来生更加悲惨,只有安分守己、忠于天职,才能获得来世的幸福。这种观念深入印度人脑海之中,使印度人更注重来世,而轻视现世,对现世的规则,即使是不合理的,也没有试图改变和反对的念头。再比如,印度教所倡导的"非暴力"思想认为万物都是从"大我"分化出来的"小我",所以应该相亲相爱,一视同仁。这种思想历史上使印度以非暴力手段追求国家独立,在现实中也使印度很少产生以暴力手段改变不平等问题的现象。

  一种观念能否真正对社会产生影响根本上取决于这种观念能否得到社会群体来自内心的接受和认同,并成为影响甚至是指导每个社会个体日常行为的潜在意识。由于长达千年的浸润,印度教所主张的有助于社会稳定的一些教义已经在印度人心中根深蒂固,影响着每个印度人的日常行为。正是这些教义观念的影响使印度历史上几乎没有出现过大规模的农民起义,在其他国家的人看起来不可理解的种姓制度也得以存在下来,这也正是目前印度社会虽然贫富差距日益悬殊但社会还能保持基本稳定的重要原因之一。

  但对印度来说,这种依靠传统宗教观念来支撑的社会稳定局面还能持续多久,却是一个存疑的问题。和很多发展中国家一样,在印度,传统观念之所以还有重要影响,一个重要原因就是大部分民众特别是中下层民众受现代化观念的影响尚弱,一旦这些民众受到更多现代化观念的影响,特别是在全球化背景下,国家之间的影响越来越密切,不同思想观念的冲击越来越强烈,原来依靠传统观念支撑的平衡格局迟早将会被打破。亨廷顿就曾指出,20 世纪 50 年代以来,印度的社会政治趋于稳定,原因之一就是由于印度的高文盲率造成的。正是庞大的文盲人口构成了印度民主的稳定力量,乡村的文盲和半文盲仅仅参加投票而已,而那些新脱盲的城市无产阶级却要组织起来,挑战现有的制度。亨廷顿预言,随着印度下层民众受教育程度的提高,这个国家的政治局势将越来越动荡。

事实上,亨廷顿的论断某种程度上在印度已经得到验证。印度独立以来,高低种姓之间的暴力冲突便时有发生,在农村地区贫困农民组织的"夺地运动"和"抢收地主庄稼"频频发生,种姓之间的集体屠杀事件也不鲜见。这些问题产生的根源就在于社会阶层之间严重的不平等问题,处于社会最底层的低种姓人口长期受到歧视与压迫,生活水平得不到改善和提高。而随着现代化进程的推进,低种姓人口的权利意识不断提高,不再像以前那样甘于接受现状,起而反抗是必然的趋势。起源于上个世纪60年代的纳萨尔派反政府武装,目前被称为印度国内的最大安全威胁,印度政府曾多次发起针对该组织的清剿运动,但效果不佳。这个武装组织之所以产生并能长期存在下来,一个重要原因就在于他们推行的男女平等、驱逐地主、重新分配土地等政策得到了当地贫苦百姓的支持。因此,面对种种由于不平等而引发的社会问题,印度必须按照现代社会的发展规律,采取适合本国历史传统和现实国情的政策措施,从根本上解决引发不平等问题的制度障碍,而不仅仅是简单粗暴的武力镇压或小恩小惠的人心收买,唯有如此才能解决各种暴力冲突,才能实现社会的长治久安。

四、印度如何实现"平等社会"

平等是人类的核心价值之一,也是近代以来人类社会普遍追求的重要政治价值。卢梭曾指出,平等原则是现代社会的基础。换言之,没有平等就没有现代社会。因此,和民主一样,平等在当今世界也是没有人敢公开反对的主张,是所有现代国家都宣称要致力实现的目标。但客观地说,平等是人类社会至今从未真正实现的目标。可以说,包括西方发达国家在内的所有国家至今都没有实现真正的平等。不平等目前仍然是世界各国普遍面对的一个问题,只是不平等的性质、程度和影响不同而已。事实上,从人类社会的历史进程看,不平等似乎既是社会发展的必然趋势,也是导致社会动荡的重要原因。特别是对于发展中国家来说,由于国家建设尚未完成,各种制度尚不完善,不平等问题所产生的后果更为严重,常常成为社会动荡的导火索,现代化的进程常常被不平等所引起的社会动荡中断甚至是终结。因此,对于发展中国家来说,如何正确应对随着经济发展而出现的不平等,进而建立一种合理的平等,实现经济社会的可持续发展,是一个必须处理好的重大理论和现实问题。

(一)什么样的平等是合理的、可接受的?

这里,我们强调的是要建立一种"合理"的平等。这是因为关于什么是平等以及如何实现平等,不同的人有不同的认识,相应地产生了不同的关于平等的理论。总的来看,对当今社会影响较大的有两种:一是自由至上主义的平等理论,二是罗尔斯主义的平等理论。我们分别简述之。

自由至上主义的平等理论认为,平等的核心要义主要是机会平等和程序平等,人的平等主要是法律面前人人平等,人人平等的目的是为了让每一个人都享有充分的选择自由,以充分实现人的潜能。也就是说,自由至上主义认为,只要机会均等、程序合理,每个人都没有受到人为的限制,无论最后的结果是什么,都必须接受,因为这是在平等条件下进行的平等竞争,所以是公正的。相应地,自由至上主义认为,在平等问题上,政府的责任不是为个人提供经济方面保障,而是为自由竞争提供一个公平的环境,让每个人都受到平等的对待,每个人都可以自由的通过自身努力和合法手段实现自己的目标。因此,自由至上主义反对财富再分配,反对政府干预,认为解决不平等问题主要应通过市场的手段而不是政治的手段。自由主义代表人物诺齐克就指出,政府的唯一职责是防止暴力、盗窃、欺诈,保护人身自由及私有产权,确保契约履行,维护市场顺利运行。

罗尔斯主义的平等理论是已故哈佛大学教授约翰·罗尔斯在其经典著作《正义论》中提出的观点。罗尔斯首先主张每个人都有主宰自己生活的权利,一个社会应平等分配资源和价值,如果一种社会制度偏袒某些社会出身的人而贬低另外一些社会出身的人,这是不平等的社会制度,应当予以纠正。应当说,在这一点上,罗尔斯主义和自由至上主义没有多大区别。但罗尔斯的主张并未到此为止。他认为即使做到这一点,社会也不一定实现平等,因为有些不平等是人们所处的外在环境和所拥有的天赋条件不同而造成的,这些因素个人无法选择,这种不平等必须通过某种方式予以纠正。为此,罗尔斯提出了两个正义原则:1. 每个人都平等地享有一系列最广泛的基本权利和自由。

2. 如果不平等是无法避免的,应当满足两个条件。(1)在公平机会平等条件下,所有地位和职位对所有人开放(即机会平等原则);(2)不平等应当对最弱势的人有利(差异原则)。在罗尔斯的理论中,两个正义原则紧密相连,缺一不可,只有同时满足两个原则的社会才是一个公正的社会;而且,第一原则更为基本和优先,只有在满足第一原则的前提下,才能实现第二原则,如果第一原则都没有实现,第二原则也就失去意义,即使在第二原则内,也要首先满足机会平等原则,才能谈论差异原则;最后,在上述条件都满足的基础上,如果仍然不可避免地出现不平等,那么这种不平等必须有助于改善社会中最弱势群的绝对地位,在这个条件下,这种不平等可以接受。

上述两种平等理论哪一种更为合理?换言之,哪一种更符合社会发展的实际需要?首先应当肯定,自由至上主义所主张的机会和程序平等理念,确实是一个社会应当首先实现的,如果一个社会连机会平等和程序平等都难以实现,其他的平等就必定成为奢谈。在这方面,必须对自由至上主义予以肯定。但就人类社会追求终极理想来看,只实现这个层面的平等远远不够。由于每个人所拥有的先天客观条件有所不同,因此机会和程序的平等并不能保证结果平等。历史早已证明,一个社会即使实现了机会均等、程序合理,依然会产生不平等问题。这种不平等在理论上是合理的,在逻辑上是公正的,但在现实中却不能任其发展,必须给予适当纠正。如果得不到纠正,既不符合社会的道德原则,也不利于社会的可持续发展,不可能实现社会的长治久安。事实上,自由至上主义并没有实证基础,因为当今世界没有任何国家是完全实行自由至上主义的,今后也不可能有。因此,自由至上主义的平等理论的存在价值主要是为规范政府权力、保证自由竞争提供理论支撑,而不是生搬硬套地付诸实践。任何现代国家都不可能承受纯粹自由竞争带来的不平等,都必须采取适当措施予以纠正。罗尔斯主义则正好从理论上解决了这一问题,为政府干预和调节平等问题提供了理论支撑:只要满足两个正义原则,政府的干预和调节就是必需的,就是可接受的。

但任何完美的理论模型在实践中都会遭遇挑战,理论的完美无缺并不等于实践的一帆风顺。罗尔斯主义的平等理论也是这样。在实践中,罗尔斯主义最有可能出现两种倾向:一是政府借干预和调节之名滥用权力,干涉私人自由,剥夺私人权利,最终产生权力腐败而导致更大的不平等,也就是说任自由竞争发展下去,会产生不平等,任政府干预发展下去,更会产生不平等,而这样的不平等更不合理,更容易引起社会动荡;二是政府对财富的再分配最终发展成福利社会,使社会失去活力。这两点正是自由至上主义所担心和反对的,从实践来看,确实也是极容易出现的两种情况。其中,第一种情况在现代化尚未完成的发展中国家最容易出现,第二种情况在已经完成现代化的西方发达国家最容易出现。在实践中如何正确把握和妥善处理好自由竞争与政府干预的关系,是关系能否真正实现社会平等的关键所在,也是能否保证一个国家实现持续平稳发展的关键所在。

(二)印度如何解决种姓制度造成的不平等

种姓制度是印度社会最大的不平等,也是造成其他不平等问题的根本原因。因此,消除种姓歧视是解决印度社会存在的种种不平等问题的关键所在。我们按照罗尔斯的正义原则对这一问题进行简要分析。首先,要保障低种姓的政治权利。不论是罗尔斯主义还是自由至上主义,都强调平等首先要保证每个人都享有最基本的权利和自由,比如选举权和被选举权、言论自由、结社自由、思想自由、迁徙自由、私人财产受到保护等等。在这方面,印度独立以来就实行政教分立,宪法和其他相关法律中都做出明确规定:法律面前人人平等,废除不可接触制,禁止任何形式的歧视。此外,印度法律还专门为低种姓规定了很多保护性规定。可以说,不同种姓之间的机会平等和程序平等在立法层面已经实现。而且,由于印度实行民主制度,印度政府也一直致力于消除种姓歧视,在保障低种姓的政治权利方面,印度已经取得相当大的成就,很多低种姓人士在政府中担任重要职务,还曾产生过低种姓的总统,这都是值得充分肯定的成就。这也是印度目前虽然贫富差距很大但大部分印度人并不感到不公平的原因之一,因为印度人认为每个人面临的机会是平等的,自己贫穷是因为自己的能力和运气不好,而与政府无关。但是,必须看到,写在纸上的东西并不等于在现实中已经完全实现。立法问题得到解决,执法问题却更为关键。印度在保障低种姓政治权利方面仍然存在诸多问题,宪法和法律中针对低种姓做出保障性规定,很多并未真正落实,政府中专门为低种姓保留的职位反而成了一些人谋取私利的工具。其次,要保障低种姓的经济权利。我们在前文也已指出,由于政策失误,目前印度表现出来的最大不平等并不在于政治层面,而在于经济层面,低种姓被排除了在经济发展轨道之外,享受不到经济增长带来的好处。一是由于土地改革失败造成大量无地农民要么在农村贫穷至死,要么进城聚集成为贫民窟居民,这些人大都是低种姓;二是优先发展高科技产业的经济战略把大量底层民众特别是低种姓排除在经济发展之外,造成严重的贫富分化。要想改变目前状况,解决贫穷问题,必须对当前的经济结构进行调整。而调整经济结构并不是一个简单说说而已的事情,印度之所以选择发展以高科产业为核心的现代服务业,一方面是政府决策者确实具有一定的战略眼光,但另一方面也包含着一定的无奈,因为印度并不具备发展制造业的环境和条件。目前能否解决发展制造业所面临的各种不利因素是摆在印度政府面前的一大挑战。对于印度来说,只有解决了占人口绝大多数的中下层民众的贫困问题,才算是解决了最大的不平等问题。最后,是否改善低种姓的绝对地位。不可否认,目前印度已经建立起了初步的社会保障措施,穷人的生存权利能够得到基本保障,这是值得很多发展中国家学习的地方。但像印度这样的人口大国,改善穷人的生活境遇不可能完全依靠政府救济,特别是如果按照罗尔斯主义的平等原则,一个社会的制度安排,如果不平等是不可避免的,这种不平等应当有助于改善最弱势群体的绝对地位。那么,目前印度的制度安排是否有利于改善最弱势群体的绝对地位呢?答案似乎并不乐观。近二十年是印度发展最快的时期,但印度在解决贫困问题上的成绩却乏善可陈,多数穷人并未在经济的快速发展中改善自己的境遇。这种情况说明,印度的制度安排并不是最合理的,虽然印度在政治领域已经实行民主选举制度,在经济领域已经走上市场经济轨道,在社会领域也建立了相应的保障措施,但从印度政府一贯的发展策略来看,印度实际上是在遵循西方主流经济学的理论,即先培植一个强大的中产阶级,然后以中产阶级的力量带领印度实现现代化。但很多发展中国家的现实却表明,事情往往并不如同想象得那般美好,政府精心培育出来的中产阶级很可能成为既得利益集团,为了维护自己的既得利益,他们往往会成为政府进一步推动改革的反对者,特别是当一个国家穷人仍然占多数,要改善穷人地位就必然要触动中产阶级利益的时候,拥有强大话语权的中产阶级必然会通过各种手段影响政府决策,使福利政策始终向社会上层倾斜,向城市倾斜,从而使政府改善穷人地位的政策只是停留在口头上,停留在纸面上,而很难见到实际行动。这样的例子在发展中国家比比皆是(比如近年来动荡不止的泰国)。印度也不例外。由于印度的绝大部分统治阶层成员都出身于上等种姓,虽然他们出于政治利益考虑,不可能直接宣布实行不利于低种姓的政策(事实上,任何民主国家都不可能公开宣布实行不利于绝大多数人的政策,否则将会在选举中下台),但实际上他们仍然受种姓思想的影响,在思想上缺乏提高贫困人口生活水平的动机。这就造成印度政府中几乎没有人真正对社会转型感兴趣,没有人真正重视贫富差距问题,没有人真正采取措施消除贫困问题,大部分人关心的只是自己的利益,不论是人民党、国大党还是印度共产党(马)甚至一些低种姓的政党,只是将消除贫困作为选举口号,而当选后却根本不履行选举前的承诺,制定政策仍然只是站在城市富有阶层的角度考虑问题,结果是进一步加剧了贫富悬殊、城乡差距,造成富人愈富、穷人愈穷。对于这种情况,有学者认为改革使富有阶层联合起来对付普通民众,并进而认为改革不利于民主。① 因此,只要种姓制度存在,低种姓的人要脱贫便只能是天方夜谭。② 印度建立平等社会的道路漫长而艰难。一个严重不平等的社会,即使经济如何发达,也不能算是已经实现了现代化。

第四节 改革开放以来中印经济发展的比较

在中印两国经济模式的对比中,人们最感兴趣也最有意义的是目前两国经济发展模式的比较。而且,我们认为,在当前中印两国经济情况的比较中,两国经济方面的有关数字比较固然十分重要,因为量化的指标在某种程度上代表着两国经济发展取得的一定成效,但除了量化的指标外,其他方面的比较更为重要。因为经济的发展并不简单等于GDP等几个数字的增长,还要看人民生活水平是否得到提高、发展效率的高低、发展动力的可持续性、产业结构是否合理等其他方面的指标

---

① 拉姆苏江·阿马尔:《贫困在发展中加剧》,《印度斯坦报》2001年2月15日。
② 《学习时报》,2005年4月25日。

要素。基于这种思路,我们对中印两国经济作如下几个方面比较。

第一,从发展绩效来看。迄今为止,实行改革开放政策以来的中印两国经济都取得了令世人瞩目的发展成就。前面我们已经对印度经济发展所取得的成就进行了简要概括。对中国而言,1978年以来的30年间,经济取得了年均9.67%的奇迹式增长,是这段时间里经济增长最快的国家,GDP总量目前已经跻身世界第二,对外贸易从世界排名第32位跃居为世界第三位(截至2008年),制造的173种商品位居世界第一,对世界经济增长的贡献仅次于美国。类似的数字我们还可以列举更多,在此不再一一赘述。最值得指出的是,中印两国都在解决贫穷问题上都做出了不菲的成就,大幅度提高了贫困人口的生活水平,大量地减少了贫困人口的数量,为世界消除贫穷做出了卓越贡献。当然,在衡量经济发展成效的很多重要数量指标方面,目前的中国仍然领先于印度。

第二,从产业结构上来看。在产业结构上,印度走出了一条与众不同的发展轨迹,它的一个显著特征就是并没有按照传统国家的"农业—工业—服务业"的次序逐渐升级递进的产业结构演进模式,而是呈现了错位式或跳跃式的产业结构演进过程,第三产业也就是服务业一直非常发达,第二产业则一直没有成为国民经济的主导产业。而中国则遵循了传统的发展轨迹,第二产业也就是制造业非常发达,两国也因此一个被称为"世界办公室",一个被称为"世界工厂"。在产业结构上的区别可能是目前中印两国经济之间最大的区别。1980—2003年中印两国国内生产总值构成情况如表5-2所示。

表5-2　1980—2003年中印两国国内生产总值构成(%)

中国	1980	1985	1990	1995	2000	2003	变化率
第一产业	30.1	28.4	27.1	20.5	15.9	14.6	-51.5
第二产业	48.5	43.1	41.6	48.8	50.9	52.3	7.8
第三产业	21.4	28.5	31.3	30.7	33.2	33.4	56.1
第一产业	38.7	33	31.4	28.4	26.2	22.2	-42.7
第二产业	24.2	28.1	27.6	27.9	26.9	26.6	9.9
第三产业	37.1	38.8	40.9	43.7	48.2	51.2	38.0

资料来源:《国际统计年鉴》1997—2005。

从表 5-2 可以看出，两国产业结构均呈现出一、二、三产业梯次转移的趋势。1980—2003 年，两国第一产业比重下降幅度都在 15 个百分点左右，第二、三产业上升幅度也基本相同。但中国第二产业比重始终高出印度 24 个百分点左右，印度第三产业比重始终高出中国 16 个百分点左右。可见，第二产业始终在中国的产业结构中占据主导地位，印度的主导产业一直是第三产业。在对经济增长贡献率上，来自摩根斯坦利的数据显示，服务业占印度 GDP 的比重从 1990 年的 40.6% 上升至 2003 年的 50.8%，占印度 GDP 累计增长的 62%。[①] 而且，在印度的服务业中，以金融、软件服务业为代表的现代服务业发展迅速，逐渐成为其国民经济中的支柱产业，一般情况下，只有西方发达国家才会出现这种情景。反观中国，2008 年第三产业增加值占 GDP 的比重却仅为 40.1%，第三产业从业人员占全社会从业人员比重仅为 33.2%，而且大部分是劳动密集型产业，以知识为基础的现代服务业发展严重滞后。中印两者之间存在的差距一目了然。出现这种现象的主要原因在于，中国的经济发展走的是由农业、工业再到服务业逐步进化的发展历程，特别是世界分工调整以后，中国充分发挥资源价格和劳动力价格的比较优势，大力发展劳动密集型的制造业。而印度走的是由农业生产国直接转向以服务业为基础的经济发展道路，大力发展资本和技术密集型现代服务业，因此制造业发展相对滞后，长期以来，主要依靠第三产业的发展来带动国民经济的增长。

第三，从发展动力上来看。出口、消费和投资是拉动经济发展的三驾马车。按照国民经济支出法的核算国内生产总值（GDP）是由投资、消费和净出口三者共同构成的，三者在 GDP 中所占的比重分别称之为投资率、消费率和净出口贡献率。2005 年，印度个人消费总额达到 17 万亿印度卢比（3720 亿美元），占当年印度国内生产总值的 60%。[②] 在目前印度国民经济构成中，消费是 GDP 的主体力量，已经占到了 64%，这是一个相当高的比例，因为即使在经济发达的欧洲，这一比例也只有 58%，日本是 55%。相比而言，中国的经济发展过度依

---

① 刘建辉：《印度：在另一条跑道上特立独行的大象》，《经济》2005 年第 3 期。
② Eric D. Beinhocker, Diana Farrell, and Adil S. Zainulbhai, "Tracking the Growth of India's Middle Class", http://www.Mckinseyquarterly.com, August 2007.

赖出口和投资,而国内消费却相对不足。统计显示,国际金融危机爆发前的 2007 年,中国居民消费率仅为 35.4%,不仅远远低于印度,即使与中国历史最高水平 1985 年的 52% 相比,也下降了近 17 个百分点,比西方发达国家相差 30 个百分点左右。但与低消费率形成鲜明对比的是,2003—2007 年,中国投资率年均 42.4%,达到历史最高时期,可以说中国的产能过剩问题已经非常突出。但多年来中国经济仍然保持了高速发展,主要原因就是出口发挥了重要作用。某种意义上可以说,出口支撑了中国经济的高速增长。2008 年世界金融危机爆发前,出口额已经占中国 GDP 的 40%,按附加值计算出口也占 GDP 的 25%,2003 年以来,以美元计价,出口每年逾 20% 的幅度增长,排除价格上涨因素,出口每年直接为中国 GDP 增长贡献 4 个百分点。① 反观印度,同改革开放以前相比,目前印度经济的对外开放力度已经很大,不论是吸引外资方面,还是对外投资方面,以及对外贸易,都取得了很大成就。但和中国的对外开放相比,印度的对外开放只能算是小巫见大巫,印度对国内经济的保护力度远远大于中国,到 2005 年印度对进口制造业产品所征关税的税率仍比中国高一倍②,出口对印度经济的拉动作用远远小于中国,印度经济发展更多依靠国内,更确切地说是依靠国内消费,而不是政府投资。对此,闻潜等人的研究指出,印度内需与经济增长的关联度相当高,达到 0.95 左右。③ 印度消费占 GDP 的比例相对较高,2003 年达到 77.7%。④ 与消费所发挥的作用相比,印度出口和投资对经济的贡献明显较弱。迄今为止,印度的出口仅占国内生产总值的 10%⑤,远远低于中国和东亚其他国家。

第四,从发展主体来看。前文已经指出,私营经济在推动印度经济发展中扮演了举足轻重的角色。在实行改革开放以前,印度就一直

---

① 谢国忠:《30 年经济最大调整在即》,《财经》2008 年第 18 期。
② 〔美〕鲍泰利:《中国经验对照下的印度繁荣之路》,《第一财经日报》2006 年 10 月 13 日。
③ 闻潜等:《消费启动与收入增长分解机制》,中国财政经济出版社 2005 年版,第 19 页。
④ 权衡:《中印经济增长模式之比较》,《东方早报》2006 年 9 月 11 日。
⑤ 〔德〕卡尔·皮尔尼:《印度中国如何改变世界》,陈黎译,国际文化出版公司 2008 年版,第 24 页。

允许私营经济存在,但由于政府管制较多,总体发展较为缓慢。自从启动经济改革政策以来,大力发展私营经济就成为印度政府的一个重要目标。为此,印度逐渐放弃微观层次的经济管理,逐步放松对经济的管制,逐步放弃政府对某些行业的垄断,逐步缩小公营企业的经营范围,逐步扩大私人企业的经营范围,逐步推出了一系列鼓励私营经济、自由企业和自由市场发展的政策。目前,印度除了少数一些涉及国家安全的领域外,绝大部分经济领域均已向私营企业开放,政府很少再直接干预经济运行,而是让市场机制更多发挥作用,特别是在高速发展的第三产业中,政府的管制更为宽松,甚至可以说几乎没有什么管制,完全由市场进行调节,而且印度国有企业已经逐步退出该领域,从而进一步调动了该领域的市场积极性,推动第三产业迅速成长发展,成为印度在国际经济中最具竞争力的产业。印度政府在政策上一系列调整为私营经济创造出了一系列有利的发展条件和一个宽松的成长环境,印度私营经济因而呈现出蓬勃发展的良好势头,横跨于农业、工业以及服务业等各个领域之中[1],成为印度经济奇迹的核心。最近的统计数据显示,印度私营经济对 GDP 的贡献已经高达 85%[2],成为印度吸纳就业人数最多的部门。更为突出的成绩是,目前印度的很多私营企业已经成长为世界级的知名企业。在这方面,中国经济与印度经济表现出了不同的特点。应当肯定的是,改革开放以来,中国的私营经济也获得了很大发展,成为中国经济的重要组成部分,特别是私营经济解决了中国三分之二的就业人口,为中国经济做出了巨大贡献。但另一方面,目前中国的国有经济仍然十分强大。按理说,企业强大并非坏事,但问题是,中国很多国有企业的强大与企业自身的经营管理能力无关,而是凭借政府政策给予的垄断地位强大起来的。和印度有很多私营企业成为世界知名的跨国公司不同,中国能够进入世界五百强的企业,大多是凭借垄断地位强大起来的国有企业。而且,目前中国政府对经济的管制还比较严格,很多重要领域比如金融、电信、能源等事实上都还没有对私营经济完全放开,仍旧以国有经济为主,而这些国有企业还没有完全摆脱计划经济的模式,在国际市场

---

[1] 王学人:《中国与印度经济改革之比较》,《天府新论》2008 年第 5 期。
[2] 《崛起的印度》,《国际市场》2007 年第 10 期。

上的竞争力仍然比较弱。下一步,如何处理好国有企业与私营企业在市场经济中的关系问题,是摆在中国政府面前的一个重要问题。

第五,从发展环境上来看。这里指经济发展的国内环境,并不包括国际环境。我们以通常所说"硬件环境"与"软件环境"两个方面进行比较。在"硬环境"方面,中国取得的成就无疑超出印度很多,特别是在公路、铁路、港口、电力、电信等发展经济特别是发展制造业所必需的基础设施建设方面,中国可谓取得了惊人的成就,基础设施之完善已经超越很多发达国家,这为中国制造业的快速发展提供了必要的硬件支持。而印度在"硬环境"方面则相形见绌,对基础设施建设的投资严重不足,在电力、电信、交通运输等基础设施方面,设备老旧,设施匮乏,严重影响经济发展特别是制造业发展。但是,在"软环境"方面,印度则比中国拥有更多优势,印度的法律制度、金融体系、资本市场、产权保护等要比中国更为成熟和完善,而且更与国际体系接轨。以资本市场为例,印度的资本市场已有一百多年历史,目前全国有24个股票交易所和债券市场,而且全部实现联网,上市公司数量已有1万多家,市场监管制度比较完善,运作比较规范,透明度比较高,上市公司管理和信息披露比较严格,市场化程度比较高,投资者权益受到严格保护,资本市场结构也比较合理。相比之下,中国的资本市场只有二十多年历史,存在着管理制度不完善、市场化程度不高、资本市场结构失衡、投机性强、对投资者利益保护不够等各种亟待解决的问题。因此,在发展环境方面,中印各有优劣,两国都还有很多工作要做。

从以上几个方面的比较我们可以看出,同中国的经济模式相比,改革开放以来的印度经济模式是一种主要依赖国内市场而非出口,主要依赖消费而非投资,主要依赖服务业而非工业,主要依赖高技术产业而非低技能制造业的模式。但是,需要特别指出的是,我们这里进行的中印两国的经济模式若干方面比较并不涉及对两者发展模式优劣的评价问题。也就是说,我们认为,中印两国的经济模式到底孰优孰劣,目前还不能轻易给出结论。两种模式都是根据自己国家的历史传统和现实国情而逐渐形成的,都有自己的优点,但同时也都有不容忽视的缺陷。中国的经济模式当然存在很多问题,但印度的经济模式也不是完美无缺,同样存在很多亟待解决的问题。关于两国的未来,我们认为必然是谁能更好地解决自身所面临的问题,谁就能在现代化的道路上走得更平稳一些。目前,我们不能因印度的信息产业等高技术产业比中国发达,就得出印度的经济模式比中国的经济模式更为先进的结论;同样,更不能因目前中国经济很多数量化指标都比印度高出很多,就得出中国的经济模式比印度的经济模式更为优秀的结论。我们认为,比较可行的做法是,认真分析对方经济模式的优缺点,从中吸取成功的经验和失败的教训,以进一步发展和完善自己的经济模式,为实现本国现代化目标而服务。

第六章 中国模式

第一节 中国模式的特色

一、理论缺位和实践独特

毫无疑问,1978年以来的中国改革取得了巨大的成就,这已经是普遍达成共识的结论。正是由于中国改革取得的奇迹式成就,才使关于中国改革尤其是中国经济改革取得成功的原因成为近些年来人们感兴趣的话题。中国模式也就是在这种背景下产生的概念。但关于中国模式自产生之日起就有两种不同的观点:一种认为中国模式是一个存在事实,有自身独特的特征,另一种观点则认为根本就不存在什么所谓的中国模式,所谓中国模式完全就是西方自由市场理论在中国的实践而已。因此,中国模式的实质是对中国经济发展成功的原因探讨,其实就是:是中国确实有自身独特的原因,还是根本没有什么独特原因,完全就是西方模式在中国的重复而已。

中国经济到目前能够成功,肯定遵循了西方市场经济的一些普遍性规律,所依靠的绝不完全是中国人自己摸索出来的理论,这一点必须承认。但问题到这里并没有结束,从实践来看,中国经济除了遵循西方市场经济的一些基本规律外,还有很多自身独特之处。更重要的是,除了经济之外,在政治、社会和文化领域,中国更是有很多自己的独特之处,这一点也是必须承认的事实。我们简要分析如下:

第一,理论的缺位。近年来,人们在回顾总结改革开放以来中国改革历程时,发现中国改革有很多用现有理论难以解释的现象,尤其是经济改革过程中中国政府制定的许多政策和由此导致的结果,套用现有任何一种经济学理论,都既有合用之处,也有矛盾之处,特别是有许多与现有经济学理论不符甚至差别很大的政策或做法,在中国却取得了结果上的成功。比如,中国的土地制度就被很多人认为是一种独特的、与现行主流经济学关于土地制度设计有很大不同的制度。具体地说,在中国,农村土地在产权上属于集体所有,却被以家庭承包经营方式平均分给集体成员,农民拥有土地的经营权和收益权,但却没有自由转让权和处置权①,这种"公有私用"的制度设计,实际上是一种"残缺产权",并没有任何一种土地制度理论可以解释这个问题,以至于在经济学界产生了"中国的土地到底属于谁"的疑问。这种土地制度虽然也有很多弊端和问题,比如近年来层出不穷的强行征地等问题,但在实践中却基本上是成功的,农村土地改革不仅成为中国改革的起始点,而且为中国改革提供了充足的劳动力支持和必要的粮食支持,还成为维持中国社会稳定的调节器。中国社会在经济出现波动时,没有出现很多人预测的社会动荡,中国城市也没有出现其他发展中国家存在的大规模贫民窟问题,独特的土地制度设计起到了重要作用。类似情况在中国这三十多年的发展中还有很多,随着中国经济的持续发展,持有这种观点的学者越来越多,相应的研究也越来越多。

第二,实践的独特。随着中国改革持续深入,把中国同其他国家进行比较成为越来越普遍的一个课题。比较的一个重要结果就是中国的改革有许多与其他发展中国家的改革明显不同的特征。首先是同前苏联、东欧国家比较。中国和苏联有着相似的政治和经济制度,中国经济体系是在苏联的帮助下建立并发展起来的,而且在社会主义国家兴起改革的20世纪80年代初期,当时很多人认为苏联的改革能够获得成功,而中国的改革则可能难以成功。但三十多年过去后,在启动改革的社会主义国家中,中国是到目前为止唯一在整个转型时期一直保持经济持续增长的国家。前苏联和东欧国家实行了休克疗法,却没有像预测的那样出现经济快速增长,反倒出现了停滞甚至是近乎崩溃,而且到现在许多国家还未恢复或者刚刚恢复到转型前的水平。

---

① 最近几年中国开始推行农村承包土地流转试点,被严格控制在一定范围,且坚持农民自愿原则,与西方主流理论坚持的土地私有和自由买卖具有本质区别。

其次是同拉美国家相比较。拉美国家和中国一样也是发展中国家,也于20世纪80年代开始启动经济改革发展战略,而且很多拉美国家此前的经济发展基础远比中国要好,但拉美国家奉行的是所谓"华盛顿共识"开出的药方,这个药方曾一度给拉美国家带来了经济繁荣,创造了轰动一时的"拉美模式"。但这个药方不久便失灵,暴露出其局限性,并给拉美国家带来灾难性后果,使拉美经济陷入长期停滞。

因此,无论从理论层面还是现实层面,人们都发现1978年来中国改革走的是一条独特的道路,而这条道路到目前为止是成功的。在理论层面,现有理论无法完全解释中国所采取的一系列政策以及由此取得成功;在现实层面,人们无法解释中国在和苏东、拉美国家起点相同甚至中国起点还要低的情况下,为何取得了比其他同类国家更多的成功。

二、渐进式改革道路

中国改革始于1978年。1978年前后,中国的政治和经济形势都面临一个拐点。虽然毛泽东时代的中国经济已经取得了相当大发展成就(前面已提到这一点),但也造成一系列在当时的制度安排下不仅难以解决而且可能继续恶化的问题。主要有:新中国建立后不久,在确定了工业化目标优先的情况下,中国政府很快便做出了将农民作为工业化初始阶段的纯贡献者的决策,此后中国通过人民公社和城乡二元制度,对农村和农民进行了有计划、有组织的剥夺,这种长达数十年的剥夺虽然主要以保持政府官员廉洁的途径获得了农民的政治认同,但也造成建国后长时期内农村依然落后和农民依然贫困的状态,而且严重平均主义的大锅饭分配方式使农业生产逐渐失去效率;类似的问题在国有企业同样出现并愈演愈烈;最初可能以反对官僚主义和特权主义为目标的"文化大革命"最终演变成虽未失控但已失序的举国政治运动,使整个国家和全体国民陷于政治狂热而失去理性思考和个性创造,特别是使传统文化遭受重创而新型文化却未建立,"文化大革命"的失败最终造成整个国家经济、政治和思想领域的全面紧张。虽然还不能说当时的中国政治和经济都已面临崩溃境地,但整个社会表现出来的紧张态势,迫切需要毛泽东之后的新一代中国领导人对原有制度模式进行调整,以使国家政权继续得到认同和巩固。

在这种情况下,1978年中国政府开始实行改革政策,一直坚持至今并不断深化,逐步获得成功,而且整个改革历程体现出了与其他国家不同的特征,以至于理论界产生了"中国模式""中国崛起""北京共识""中国经验"等各种提法和研究。这些研究都试图回答中国改革为何取得成功,与其他国家的改革相比有何不同之处等问题。综观这些对中国改革的各种研究,我们可以看出,当30年后人们回顾中国改革历程、研究中国改革成功原因的时候,虽然在很多方面有不同观点,但目前普遍达成共识的一个观点是:中国政府选择的渐进性改革也就是所谓"摸着石头过河"的改革道路是中国模式逐渐形成并获得成功的最根本原因,今后也将是中国模式的一个重要特征。

下面,我们对这一结论进行进一步分析。假定1978年的中国社会面临三种政策选择:(1)坚持原有政策不变;(2)对原有政策进行适度改革;(3)完全改变原有政策。我们再假定当时的最高决策层有三种类型领导人:(1)主张坚持原有制度不变的;(2)主张对原有制度进行适度改革的;(3)主张完全彻底改变原有制度的。在上述三种政策选择和三种类型领导人中,可能选择第一种政策选择的第一种类型领导人应当是毛泽东时代就确定的领导人,坚持毛泽东时代确立的制度不变是他们继续执政的合法性资源,但这部分人在1978年已经失势。客观地说,这个群体之所以失势,在制度层面上与毛泽东时代确立的发展政策已不适应当时中国经济社会发展的现实需要有内在关系。因此,当时的中国领导人面临的情势是必须对毛泽东时代的发展政策进行调整,而只能在剩余的两种政策选择中选择。这确实是一个复杂而艰难的问题,需要一种极高的政治智慧和治国之术。当时,毛泽东时代实行的发展政策已经显现出很多弊端,如果不进行调整,势必引发更大问题,用邓小平的话来说就是如果不进行改革开放,就是死路一条。从历史发展事实来看,当时的中国领导层选择了第二种政策选择。也就是说,对毛泽东时代确立的发展政策进行改革,但是适度改革,也就是从局部领域、选择试点地区逐步开始改革,而不是立即的、全盘推倒重来的改革。全盘推倒重来的改革实际上也就是后来导致俄罗斯经济陷入混乱的"休克疗法"。

从1978年以来三十多年的实践来看,渐进式改革使中国的改革始终在"调和折中"中稳步前行,既没有发生引起社会动荡的巨变,也没有停滞不前的僵化。在这其中,中国政府就像一个技艺高超的舵手在中国这艘大船的前行中小心翼翼地协调着效率和公平、发展和共享、计划和市场、开放和自主、政治和经济等各方面的问题和矛盾,力求取得和谐与统一。在这个过程中,中国政府利用了先易后难、循序渐进、先行试点、双轨制、微调等办法,在大力推进经济领域改革的同时,向政治、社会、文化领域逐步扩展和推进,成功地走出了一条适合中国国情的、独特的、渐进的发展道路。

在渐进式改革的推动下,中国在政治、经济、文化、社会、外交等各个领域都形成了自己的鲜明特色。近年来,围绕对这几个领域有关问题的分析和总结,产生了大量的文章和著作,比较有代表性的当属北京大学潘维教授对"中华体制"的系统概括。这些研究从不同角度以不同方式,或学术性或通俗性,对中国模式进行了阐释,应当说都具有一定的理论意义或实践价值。鉴于篇幅、精力、能力等多方面条件限制,这里不再一一列举这些研究和观点,也不对这些研究和观点逐一给予评价,仅从政治、经济、文化和社会等四个领域对中国模式中的某些特征进行简要概括,并就其中一些问题进行阐释。

和印度模式一样,中国的现代化模式也肯定是一个内容丰富多彩的体系,但其中政治、经济、文化、社会则是构成中国模式的主体部分,所以我们从这四个领域入手进行分析。更进一步说,即使在这四个领域,各自内容也是包罗万象的,绝非简单论述所能阐释清楚,因此在这四个领域中,我们也仅提出我们认为的"最独特之处"或者说"最重要之处",并就其中一些问题作简要分析。

第二节 政治模式:中国共产党领导下的强势政府

一、主要特征

关于中国政治模式的特征,官方和学界都有诸多概括和阐释,对于其中的具体内容我们不一一详细介绍。这里,我们想所着重指出的是,在各种政治制度安排中,对中国发展最重要、最具有决定性影响的是中国共产党领导下的强势政府。值得注意的是,在很长时间内,很多对中国模式的研究忽略了这一点,很多研究只强调中国改革之所以成功,是因为中国学习了西方的一些东西,比如市场经济制度等。但这些研究同样忽略了一点,学习甚至照抄照搬西方东西的国家有很多,但取得成功的却寥寥可数,中国算是为数不多的亮点。关于这方面的问题,我们在前面已经指出。因此,中国的成功,除了学习西方的东西,肯定还有自己独特的原因。近年来,很多关于中国的研究,越来越多地关注这一点,很多人开始将目光转向中国所独有、西方国家和其他发展中国家所没有的独特之处,这其中,中国共产党的领导成为很多研究关注的对象,越来越多研究认同下述结论:中国共产党的领导是中国模式取得成功的重要因素,甚至是关键的决定性因素。

我们认为,纵观改革开放三十多年来的实践,正是因为中国实行共产党领导的多党合作制度,而不是实行西方式的多党竞争、轮流执政,才在国际局势风云变幻、国内情况错综复杂的条件下,避免了很多发展中国家频繁发生的因政府更替导致的政策中断、党派斗争带来的政治混乱、族群对立引发的国家分裂,从而在经济快速发展的过程中,保证了政策的连续、领土的统一、社会的稳定。正确处理改革、发展和稳定的关系,也被认为是中国模式成功的经验之一。

坚持中国共产党的领导地位,加上中国的政治传统,使中国在改革开放中始终保持了一个强势政府,这个强势政府在发展过程中发挥了重要作用。(1)加强对市场经济的调控。从本质上看,中国三十多年的改革开放过程,其实就是市场经济建立和完善的过程,但中国在承认并接受市场经济这种配置资源最有效方式的同时,又特别重视政府对市场的指导和调控,从而使中国的市场经济最大限度的避免了自由放任的市场原教旨主义所带来的负面作用。中国能够在1998年和2008年两次国际金融危机中保持经济稳定,强势政府所进行的调控发挥了关键作用。(2)能够"集中力量办大事"。这一点并不仅仅是中国政府能够集中资源举办亚运会、奥运会、世博会等大型活动,而更多是指中国政府能够通过全局规划克服短期效益,加强基础设施建设。改革开放以来,中国不仅在高速公路、高铁、港口等基础设施建设上取得惊人成就,而且坚持在教育、卫生等领域不断加大投资,尽管存在诸多不足,但总体上使中国的劳动力素质在毛泽东时代奠定的基础上继续得到提高,从而成为提高中国经济竞争力的重要优势因素,这些都与中国拥有一个强势政府密不可分。

值得指出的是，在构成中国模式的几个领域中，政治模式是争议最多的领域。因为，经济方面，中国取得的经济成就引人注目，无人否认，而且是使中国模式成为话题的主要原因，如果不是中国经济取得巨大成就，就不会有中国模式这一问题的产生。在文化方面，虽然中国文化目前在全球范围的影响力还不足以与欧美文化相抗衡，但由于中国具有悠久的历史，其博大精深的传统文化一直为西方所关注，并且普遍的观点认为中国传统文化与西方传统文化有诸多不同，很多因素值得西方文化所借鉴和吸收。社会方面也是如此，虽然中国的社会结构还处于不断变动之中，但由于各方面因素的综合作用，中国社会在与西方现代社会仍然存在较大差异的前提下保持了基本的稳定。最大的争议来自政治模式，由于中国的政治模式完全不同于西方的自由民主政治模式，因此很多西方人士在肯定中国经济成就的同时否定中国的政治模式，认为中国的政治模式不是现代社会的发展趋势，尤其是不符合西方一直在全球推销的"普世价值"，因而中国政治模式必定要发生变化。但近年来，随着中国政治模式的不断自身调整，一些学者开始改变此前的一些观点，对中国政治模式所具有的优势越来越多给予肯定和认同。这其中以日裔美国学者弗朗西斯·福山的观点最为引人注意。

福山的观点之所以引起很多人的关注，主要原因是二十年前福山曾出版《历史的终结及最后之人》一书。在书中，福山预言西方自由民主将成为人类政府的最终形式。福山认为，随着苏联解体，"我们见证的或许不仅仅是冷战的终结，或者战后某个历史阶段的过去，而是历史的终结。也就是说，人类意识形态演变的终结和西方自由民主作为人类政府最终形式的普遍化"。虽然福山的这个论述在当时就引起很大争议，很多人认为福山的这个观点完全就是一厢情愿的推断，世界不会按照福山的设想发展，但在实践中人们并没有找到一个有力的实证来反驳福山的观点。

二十多年之后，世界果然没有按照福山的设想发展，西方式的自由民主制度不仅没有统治全世界，反而在很多国家遭遇水土不服，成为引发很多社会动荡的诱因。相反，没有实行或者没有仓促实行西方式民主制度的国家在现代化道路上却取得了不俗的成就，从而对福山的历史终结论、对西方式自由民主形成巨大挑战。这其中最大的挑战就来自中国。面对中国的成就,福山不得不修正自己的观点,发表了一系列文章和演讲,来阐述他对中国政治制度的新看法。其中,福山在《历史的未来》一文中指出,现在对自由民主挑战最大的是中国,中国结合了威权政府和局部市场化经济。中国继承了两千多年的高效行政系统,历史悠久,令国人自豪。中国领导人进行了一次异常复杂的社会转型,从苏联式的中央集权计划经济转为充满活力的开放经济,并且体现了惊人的政治能力——坦率地说,比最近美国领导人处理宏观经济的能力要高得多。许多人现在倾慕中国体制,不只是因为其经济成就,还因为该国能够及时做出宏大而复杂的决策,这与近些年美国和欧洲令人气恼的决策无能现象形成鲜明对照。尤其是自从金融危机发生后,中国人自己开始宣扬"中国模式",将其视为自由民主的另一种替代性方案。[1] 福山是西方学界颇有影响力的政治学者,他对中国政治制度看法的转变在某种程度上代表了西方主流学界一些学者对中国政治制度的观点开始变得实事求是。这些人实际上承认了这样一种事实:中国经济取得了巨大成就,这种成就是在中国政府的领导下取得的,因而中国的政治制度必定具有一定的优势,而且一定符合中国的国情,至少是目前的国情。逻辑很简单,如果中国政治制度一无是处,中国不可能取得当前的成就。因此,即使眼光再挑剔的西方学者也必须承认这一点。

当然,和西方的自由民主模式存在很多问题一样,中国的政治制度也不是没有缺陷,而且有的缺陷还比较严重。对此,福山也毫不客气地指出了他认为的中国政治制度存在的主要问题,其中他认为最主要的问题是,其他国家无法模仿中国模式,而且发展的可持续性还是一个有争议的、有待观察的问题。福山的意思是,中国模式无法在全世界推广,不能为世界的发展提供示范,而西方自由民主模式则可在全世界推广。更重要的是,福山认为,中国过去所采取的发展政策有些可能是无法持续的,比如依靠出口推动经济增长等,如果这些增长政策无法持续,中国模式也将无法持续发展。毋庸多言,福山的这个观点肯定不符合事实,但他指出的一些问题确实值得中国注意和思考,并采取有力措施予以解决,否则中国模式肯定会遭遇危机和挑战。

---

[1] 〔美〕弗朗西斯·福山:《历史的未来》,新浪网,2015年5月20日。

二、存在问题

上述是中国政治模式所具有的优势,凡事皆有正反两面,中国政治模式同样存在诸多不容忽视的问题和挑战。对此,很多人也给出了很多分析。我们认为,这其中对中国共产党领导下的强势政府来说,有两个方面的问题最为关键。一是能否保持经济持续发展,二是能否有效解决权力腐败问题。事实上,这两点也应当是衡量一个政府是否是最优政府的主要标准。对一个政府来说,不管其产生方式如何,只要能同时实现这两点,就应当是一个优质政府,即使一个政府是全体选民一人一票选出来的,但如果这个政府既无法实现经济的持续发展问题,又不能解决权力的腐败问题,这样的政府也应当是一个不合格的政府,许多发展中国家的政府就面临这样一种尴尬境地。我们对中国面临的这两个方面问题进行简要分析。

(一)能否保持经济持续发展

对于中国这样的发展中大国来说,不管实行什么样的政治制度,最重要的目的都应当是能够促进经济持续发展。那么西方式民主是否能帮助发展中国家取得经济快速发展呢?事实上,关于西方式民主与经济发展之间的关系,一直是学界研究的热点问题,特别是西方一些学者,一直试图证明西方式民主能够带来经济快速发展。但对于这个问题也一直存在不同观点。有些观点认为民主能够促进经济增长。但也有很多观点认为民主不仅不能促进经济增长,反而会阻碍经济增长。总之,民主究竟是能促进经济发展,还是会阻碍经济发展,或者两者之间没有必然的因果联系,目前并无一致性结论。因此,关于民主与经济增长之间的关系可能无法用简单的逻辑模型来解释,因为影响经济增长的因素有很多,民主只是其中一个重要变量,这个变量到底在经济增长中发挥什么样的作用,并无一个普遍性的规律。

从现实情况来看,西方经济发达国家固然都实行的是西方式民主,但另一个残酷的现实是,所有实行西方式民主的发展中国家并未取得理想的经济发展成就,更没有一个因实行西方式民主而使自己的国家由发展中国家发展为发达国家的成功例子。恰恰相反,很多实行民主的发展中国家不仅没有实现社会长期稳定和经济持续发展,反而成为"起火的世界"。从世界经济发展的历史看,一个国家特别是发展中国家经济能否取得成功,关键在于能否找到符合本国国情(主要是比较优势)的经济政策和相应的制度安排,以及能否将这种经济政策和制度安排坚持下去。显然,一国政府是否能承担起这样的责任与其是否是民主选举产生的政府并没有直接关系,民主选举产生的政府也可能找不到适合本国国情的经济发展政策,即使找到了也不一定能坚持下去,这样的例子在发展中国家屡见不鲜。这也是二战以后大量新独立的发展中国家政治上选择了民主,但经济上表现却一直不佳的一个重要原因,这些国家与发达国家的差距不仅没有缩小,反而呈现出日趋扩大之势。

对于西方式民主的追随者来说,另外一个值得思考的问题是:二战以后,经济上取得成功的国家反而是政治上并没有立即选择实行西方式民主的东亚一些国家和地区,这其中就包括中国在内。当然,随着经济发展水平的不断提高,客观上这些国家都要朝着符合民主要求的方向进行改革,否则社会也将遭遇麻烦,但这已经属于另外一个范畴的问题,而且改革的方向也未必就是西方式民主制度,在此不作过多讨论。这里,我们强调的是,政治民主和经济发展两者之间并无直接的因果关系,二者之间的互动关系十分复杂。芝加哥大学教授、著名华裔学者赵鼎新认为,为了提倡民主,不少人给民主加上了许多它本身难以完全提供的公共物,这其中就包括经济发展。① 笔者同意赵鼎新教授的观点。西方式民主有其很多优点,但经济发展并不在其中,如果以经济发展为理由提出中国政治应当实行西方式民主,不管从理论还是从实践,都是无法令人信服的观点。

事实上,如果仔细梳理西方式民主的来龙去脉,就会发现被很多人奉为圭臬的西方式民主并不是一夜之间形成的,而是随着经济发展以及各种社会制度的逐步健全而不断完善,通过各方力量博弈和多次曲折反复而逐渐成熟,经过数百年坎坷才形成今日的西方式民主。回顾西方发达国家民主制度发展的历史,没有一个国家在实现现代化之前就实行了完全的普选制。一言以蔽之,西方的民主也是以渐进式的发展方式逐步形成的,而不是一夜之间就突然成长起来的。这一点在学界已经达成共识。历史的事实是,西方国家的经济并不是因实行民

---

① 赵鼎新:《民主的限制》,中信出版社2012年版,第8页。

主而发展起来的,恰恰相反,这些国家的民主是随着经济水平的不断提高和社会制度的不断健全而逐步完善起来的。换言之,某种程度上,民主是经济发展的必然结果,而不是经济发展的必要前提。正如王绍光教授指出的,民主作为一种政治体制,已经有两千五百多年的历史,在头两千三百多年里,它一直是个"坏东西",直到最近一百多年,它才时来运转,被当作"好东西",但民主要变成"好东西",必须具有一定的经济、社会和文化条件。① 而发展中国家的脉络则相反,大多数发展中国家是在经济水平不高和相关制度不健全的情况下就实行了民主。在这种情况下,这些国家经济上是否还能发展起来,达到西方发达国家的水平,目前理论上还难以得出肯定或否定的结论,至少目前现实中还没有成功的案例。

就中国的情况而言,虽然中国经济的表现说不上尽善尽美,但至少改革开放三十多年来的表现说明,中国共产党执政的政府基本找到了一条适合中国发展的经济战略,虽然这个战略也存在诸多不足,也经常遭遇程度不同的经济危机考验,但总体上看中国政府能够通过及时调整政策对经济发展中出现的问题进行矫正,使经济能始终保持在相对比较稳定的发展道路上。虽然我们对今后中国的发展趋势不可能做出绝对好或绝对坏的前瞻预测,但从中共自身来看,自从成立以来,其成长发展的历史就是一个不断遭遇挫折然后克服挫折而在坎坷中前行的历史,今后只要自身不出现致命失误,目前的政策就会在不断修正之中得以坚持下去,中国经济发展的前景也将表现出正面多于负面的可能。

事实上,在政治制度和发展经济这个问题上,中国面临的一个重要问题并不是中国的政治制度是否是西方式的自由民主制度,而是中国能否正确处理政府和市场的关系。政府和市场的关系是人类历史发展的一对永恒主题,现代社会发展经济的主要内容就是处理这一对关系,并由此产生了计划经济和市场经济两种经济制度。任何一个政府不管其是多党竞争还是一党执政,不管是民主选举产生还是其他方式产生,都必须处理好这一对关系,否则政府将沦为一个无效政府。

市场经济是现代社会的基本经济制度,也是资源配置的最有效方

---

① 参见王绍光:《民主四讲》,三联书店2008年版。

式,这一点已不需要过多论述。但恰恰在这一点上,由于中国坚持共产党一党执政,而共产党执政的国家曾长期实行计划经济,因此很多人认为中国不可能实行市场经济,但事实上中国共产党却遵循了人类社会的发展规律,与时俱进地调整了自己的政策,不仅很快接受了市场经济体制,而且把它确定为中国经济改革主要方向。

中共十八大报告明确提出,经济体制改革的核心问题是处理好政府和市场的关系,必须更加尊重市场规律,更好地发挥政府的作用,更大程度、更广范围地发挥市场在资源配置中的基础性作用。十八届三中全会则更进一步提出要"使市场在资源配置中起决定性作用",要紧紧围绕使市场在资源配置中起决定性作用深化经济体制改革,坚持和完善基本经济制度,加快完善现代市场体系、宏观调控体系、开放型经济体系,加快转变经济发展方式,加快建设创新型国家,推动经济更有效率、更加公平、更可持续发展。还提出,必须积极稳妥地从广度和深度上推进市场化改革,大幅度减少政府对资源的直接配置,推动资源配置依据市场规则、市场价格、市场竞争实现效益最大化和效率最优化。政府的职责和作用主要是保持宏观经济稳定,加强和优化公共服务,保障公平竞争,加强市场监管,维护市场秩序,推动可持续发展,促进共同富裕,弥补市场失灵。

这些论述遵循了市场经济的基本规律,如果按照这些论述确定的改革方向坚定的发展下去,中国一定能够建立起一套比较完善的市场经济体系,而且由于中国政治制度所具有的优越性,中国还有很大可能避免西方自由市场经济所遭遇到的很多问题。当然,这个目标的实现需要付出极大努力,克服很多困难,经历很长时间,是对中共执政的最大考验之一。

(二)能否有效治理腐败

当前,对中国模式的讨论中,腐败是另一个焦点问题。对中国模式持批评和否定态度的人认为,中国存在严重的腐败问题,而这些腐败问题产生的根源就是中国模式中的政治过度介入经济,政府的权力没有受到规制,中国模式无法解决腐败问题,要想解决腐败问题必须实行西方式民主。对于这个问题,我们进行如下分析。

客观而言,中国当前的确存在较为严重的腐败问题。中国政府对此也没有回避。但是,腐败问题自古有之,绝非当代中国独有,而是在任何时代、任何国家都会发生，但在各种政治经济管理制度都还不健全的发展中国家尤为严重，而腐败对发展中国家的现代化进程危害程度最大。因为腐败引起的社会动荡和政治失败可以随时终结政府为实现现代化而采取的各种政策措施，很多国家的现代化中断的重要原因就是腐败严重而得不到有效遏制。因此，如何治理腐败问题，特别是发展中国家的腐败问题一直是一个十分热门的话题。对此，很多人开出了不同的药方，其中最为流行的药方是实行西方式民主。也就是说，发展中国家要解决腐败问题必须实行西方式民主制度。但现实情况却显示问题可能并非如此简单，西方式民主未必能从根本上解决发展中国家的腐败问题。比如，经常被用来和中国比较的印度，实行西方式民主制已经六十多年，但印度至今仍然面临着严重的腐败问题，各种腐败丑闻层出不穷，被认为是世界上腐败最严重的国家之一。根据透明国际的排名，印度在很多时候都排在中国之后。印度的腐败在频度、广度和烈度上均超过中国①，这显然与世界上最大民主国家的名声完全不符，更与西方式民主理论所描绘的美丽图景完全不符。

显然，民主并未能解决印度的腐败问题。与此相反，很多时候印度式民主制度是造成腐败丛生的重要根源。② 为什么民主未能防治权力腐败呢？我们认为这并不奇怪，因为民主和腐败本质上是两个范畴的概念，两者之间并没有必然的因果联系。简言之，现代西方式民主原本就不是为了防治权力腐败而产生的，民主的本质是"多数决"和"竞争"，主要是为了解决权力的产生方式和产生过程，在当今社会，民主的主要表现就是国民每隔一段时间参与一次举国狂欢，参加投票选出政府。③ 但政府选举产生之后，要想防止其权力行使过程中发生腐败，民主是无能为力的，必须有其他制度来保证。如果能建立起相应的管理制度就有可能防止权力腐败；反之，如果没有相应的制度，即使政府是通过民主选举产生的，也无法防止腐败的发生。这就是我们经常看到一些所谓的民主国家却经常选举出一个腐败的总统，而另外一

---

① 廖燃：《你不知道的印度腐败》，《同舟共进》2007 年第 10 期。
② 同上。
③ 熊彼特在《资本主义、社会主义和民主》中对民主作出程序性定义，认为只要一个政治制度允许定期的竞争性选举，它就是民主的。目前，人们判断一个国家是否是民主国家的主要标准就是这个国家是否定期举行全国性竞争选举。

些国家和地区政治上并不是严格意义上的西方式民主,政府也不是严格意义上的多党竞争产生的,但这些国家和地区的政府却十分清廉的原因。所以,要想防治权力腐败,还必须在民主之外探寻办法。事实上,西方发达国家之所以能够有效的防治腐败问题,主要原因首先并不是因为这些国家实行了民主选举,而是因为这些国家都实行严格的法治,都建立了严密的权力制约和监督机制。当然,如果有人将这些因素都看作是民主的范畴,那么就等于将民主的内涵予以无限扩大,所有好的东西都属于民主,所有不好的东西都属于非民主,在这种情况下问题就失去讨论的意义。退一步讲,如果这些都可列为民主的范畴,那么又可以得出结论:一个国家只实行民主选举,而没有建立严密的权力制约和监督机制,没有严格的法治,则根本无法解决权力腐败问题。这样的国家仍然不属于合格的民主国家。由此,又可以得出一个结论:不管政府是否是民主选举产生的,只要有健全的法治、严密的权力制约和监督机制,也可能解决腐败问题,实现权力清廉运行的目标。

所以,中国要解决腐败问题,关键并不是要实行西方式民主制度,而是是否能寻找到一种有效的权力监督和制约模式,是否能够建立起一套缜密的法制体系并得到严格执行。如果中国共产党能够在一党执政的条件下,建立起有效的权力监督和制约模式,那么中国完全能够在不实行西方式民主制度的情况下,将腐败遏制在对社会危害最小的程度。否则,即使中国实行了西方式民主制度,也不可能解决严重的腐败问题,反而会带来其他无法解决的负面问题。

第三节 经济模式:发达的国有经济和制造业

经济模式是中国模式中得到关注和研究最多的领域,因为到目前为止中国模式成功的主要标志就是经济方面的成功。

中国经济模式是对东亚模式的继承与发展。如经济优先、政府主导、外向型开放等均基本一致,但却也结合自身国情特点,正在形成具有中国特色的社会主义经济发展模式,具有创新性、独特性与超越性。

关于中国经济模式的成功之处,已经有很多非常有价值的研究成果,总结出很多规律性认识。比如,坚持市场改革导向同时注重政府调节、重视利用外资、实行出口导向战略、注重发展民营经济、加强基础设施建设等等。同时,也有很多研究关注中国经济模式存在的问题,比如很多研究认为今后的中国经济面临着能源消耗、环境污染、金融风险、国际市场需求下降、人口红利消失、消费需求不足等一系列问题。这些成就和问题都是对中国经济模式非常准确的概括和分析,和政治模式相关问题一样,我们也仅作简要列举,不再逐一介绍和分析。

对中国经济模式,我们主要对两个方面问题作简要分析。一是国有经济问题,二是产业结构问题。具体来说,在国有经济方面,改革开放以来,中国在积极发展民营经济的同时,不但没有如同西方经济学理论所主张的那样放弃国有经济,经过上个世纪90年代中期以来的改革,反而发展起来一批规模庞大的国有大型企业(包括若干国有金融机构);在产业结构方面,经过三十多年的发展,中国的第二产业也就是制造业发展迅速,成为最发达的产业,也成为中国出口的主力军,并为中国赢得了"世界工厂"的称号。

纵观近年来学界关于中国经济的研究,我们认为,上述两个方面的问题是中国经济模式中最为显著的特征之一,使中国模式在很大程度上区别于东亚模式(也就是日本及"四小龙"的经济模式)。比如,和韩国、日本相比,中国在拥有一批大型国有企业的同时,也发展起来了数量众多的中小企业,而韩国和日本在经济腾飞的过程中主要依靠就是少数大型企业集团,中小企业数量很少,发挥的作用也很小。

这两个问题又是学界争议比较大的两个问题,不同的人从不同角度提出了不同的观点,甚至是截然相反的观点。比如,有人认为,中国的国情决定了中国应当坚持发展国有企业,而也有人认为,国有企业的庞大压缩了民营企业的成长空间,应当予以限制,甚至有人主张应当将国有企业逐步私有化。关于产业结构同样有不同的认识,有人认为应当继续发展第二产业,但要进行产业升级,同样也有人认为,今后的重点应当是大力发展第三产业,也就是服务业,这是人类社会经济发展的必然趋势。各种不同的观点层出不穷,现实的复杂变换也难以验证。关于这两方面问题,我们作如下简要分析。

一、国有经济:成就及问题

改革开放以来,和蓬勃发展的民营经济相比,国有经济在很长时间内曾是"亏损""经营不善""竞争力不强"等负面形象的代名词,但自从 20 世纪 90 年代中期中国对国有企业实行改革以来,通过"抓大放小""减员增效""扩大自主经营权""实行股份制"等一系列改革措施,在推动一大批中小国有企业破产重组之后,中国成功培育出一批大型国有企业集团。客观说,虽然近二十年来国有经济在国民经济中的比重不断下降,但这些大型国有企业在推动中国经济发展方面还是做出了不可替代的贡献,特别是在发展那些投资巨大、短期内难以见到经济效益、民营经济不愿投入或无力涉足的基础设施建设、高科技和国防工业等方面,国有企业发挥了主力军作用[①];大型国有金融机构的发展保证了中国的金融安全,使中国金融体系免于遭受国际金融大鳄的操纵和打击,同时还使中国政府拥有了更强的调控经济手段,成为中国经济稳定的节拍器。此外,大型国有企业特别是能源企业还成为中国经济走向海外、拓展海外能源供应渠道、同国际能源巨头竞争的重要依靠,使中国成为发展中国家中为数不多能在国际能源市场上有一定话语权的国家。这些都是民营经济短期内无法做到的事情,必须予以承认和肯定。因此,对于中国的国有经济,绝不能用简单的"私有化"一词来描述和处置。

但同时也必须承认,国有经济同样也存在很多不容忽视的问题,这些问题列举起来同样可以有很多条,比如效率低下、垄断严重、阻碍平等竞争。因此,在利弊并存的情况下,对国有经济不能采取简单的"非黑即白"的态度,正确的选择应当包括两个方面。

一是继续推进国企改革。简言之,就是按照市场化原则继续推进国有企业改革,加快建立现代企业制度,切实提高国有企业核心竞争力。如前所言,中国已经成功培育出一批规模可观的大型国有企业集团,但客观而言,这些大型国企之所以规模庞大,很多并不主要是依靠企业自身所具有的竞争力而发展起来的,而主要是靠天然垄断和政策保护发展起来的,企业本身的竞争力并不强。当然,目前经济学界对自然垄断和政策保护的看法并不一致,并不像几十年前那样给予全盘

---

① 到 2008 年,中央企业 82.8% 的资产集中在石油石化、电力、国防、通信、运输、矿业、冶金、机械行业。中央企业承担几乎全部石油天然气、乙烯生产,全部基础电信服务和大部增值服务,发电量的 55%,电力设备的 70%;在第三产业,中央企业承担民航运输周转量的 82%,水运货物周转量的 89%。参见《经济参考报》2008 年 8 月 26 日。

否定,有些垄断是自然形成的,有些保护是必要的。一个国家在发展的某些阶段可能需要适当的政策保护,以使本国的企业在发展初期免受跨国集团的冲击而无法成长;有些行业也可能是天然垄断而不能刻意追求所谓的市场竞争,特别是一些关系民生和社会稳定的行业不能完全按照市场法则任由发展。但总体而言竞争还是市场经济的本质属性和应有之义,只有平等竞争而不是垄断和保护才能促进企业的发展。一个国家的企业不能始终处于政策保护之中,一个国家的企业更不能完全依靠垄断而发展,那样的经济模式必定是无法持续的经济。当前中国的很多国有企业所依靠的仍然是政策保护和天然垄断,企业自身竞争力并不强,还未建立起符合市场经济需要的现代企业管理制度,企业的创新能力很弱,效率低下,浪费严重等传统国有企业的问题依然存在,这些都需要继续深化国企改革,而不能因现在的国企看起来规模很大,在国际上排名较高就停滞不前,停滞不前的国企只能成为中国经济的阻力而不是动力。中国的国企不能完全私有化,但也不能完全依靠天然垄断和政策保护,而是需要在市场经济环境下继续改革。当然,如何进行国企改革在世界范围内都没有成功经验,西方经济学更是没有这方面的理论,这更需要中国政府拿出超高智慧,在实践中稳步探索。

二是正确处理国企和民企的关系。简言之,就是从中国的国情出发,处理好国有经济和民营经济的关系,使其共同成为中国经济的推动力。关于国有经济应当占国民经济的比例问题一直是争议颇大的问题。具体来说,当国有经济过于强大,涉及领域过多,阻碍民营经济发展的时候,就要对其约束,鼓励民营经济,当很多天然垄断部门需要长期大规模投资而且不能被民营经济垄断时,就要发挥国有经济的作用。当然,国有和民营关系要调整到完全理想状态,在实际中是难以做到的,现实政策所要实现的目标应当是不能过于偏颇于某种经济成分。对此,中共十八大报告提出,"要毫不动摇巩固和发展公有制经济,推行公有制多种实现形式,深化国有企业改革,完善各类国有资产管理体制,推动国有资本更多投向关系国家安全和国民经济命脉的重要行业和关键领域,不断增强国有经济活力、控制力、影响力。毫不动摇鼓励、支持、引导非公有制经济发展,保证各种所有制经济依法平等使用生产要素、公平参与市场竞争、同等受到法律保护"。这段论述主要就是阐述了国有经济和民营经济的地位问题,显然中国政府将二者摆在完全平等的位置予以对待。

事实上,在这个问题上,还可以作进一步探讨,如果能在国有和民营之间探索出另外一种新的经济主体,则可能是经济发展的新动力。在这方面,中国已开始进行探索。十八届三中全会提出,"国有资本、集体资本、非公有资本等交叉持股、相互融合的混合所有制经济,是基本经济制度的重要实现形式,有利于国有资本放大功能、保值增值、提高竞争力,有利于各种所有制资本取长补短、相互促进、共同发展。允许更多国有经济和其他所有制经济发展成为混合所有制经济。国有资本投资项目允许非国有资本参股。允许混合所有制经济实行企业员工持股,形成资本所有者和劳动者利益共同体"。这种混合所有制经济如果能够发展起来,将成为和国有经济、民营经济并列的所有制模式,共同构成中国经济的表现形式。当然,这个过程是渐进的,要坚持边实践边总结,适时总结成功经验,及时纠正出现的偏差。这其中要特别防止两个倾向:一是打着改革的旗号侵吞国有资产,造成新的国有资产流失;二是国有企业借机无序扩张,挤压民营经济的生存空间。

二、产业结构:成就及问题

"转型"是中国经济模式中一个最时髦的词汇。具体而言,中国经济虽然取得了巨大成就,但存在诸多问题,这些问题有的很严重,已经无法持续,因此需要按照新常态的要求推进经济转型。新常态的要求很多,经济转型的内涵因此也很丰富,涵盖多方面内容,这其中重要的一个方面就是产业结构的转型。很多人认为,中国经济第二产业比重过大,第三产业比重过小。也就是制造业发展充分,而服务业发展不足。甚至有人断言,如果不改变目前的产业结构,中国经济不可能持续发展。当前,中国政府也正在采取各种措施推动第三产业发展。毋庸置疑,中国经济模式肯定存在问题,否则就不需要继续推动改革了。事实上,任何国家任何发展阶段的经济都不可能是完美的,都会存在问题,就像今天欧美发达国家的经济仍然存在问题,而且有的问题还很大。但今天存在问题是否就说明昨天的选择是错误的呢?应当如何认识和评价中国所形成的这种产业结构?也就是说,中国首先发展第二产业,在第二产业充分发展的基础上再发展第三产业的做法是否是一种正确的道路选择?换言之,当年启动改革开放时,中国政府是否应当选择重点发展服务业而不是集中精力发展制造业呢?对这个问题,我们作如下简要分析。我们的结论是:中国形成今天这种模式是经济发展的必然规律,是符合中国实际的,也是一种相对有效的经济模式,虽然需要进一步改革,但不能因存在问题就否定这一经济模式的优势和必然。

分析中国经济中的产业结构是否合理,首先要看经济发展的一般规律。按照经济学界普遍认同的福拉斯蒂埃模型,国民经济的增长一般是工业领域逐渐排挤农业领域,在工业继续发展期间,服务领域所占比例持续增长,并使工业产业的比例保持稳定或逐渐下降。也就是说,在国民经济的三个产业部门中,随着经济发展,劳动力首先由第一产业向第二产业转移,当人均收入进一步提高之后,劳动力便向第三产业转移,第三产业将逐渐成为国民经济中比重最大的产业,不管是老牌发达国家还是新兴工业国莫不如此。目前,第三产业中发展最快、对经济增长贡献最大的并不是餐饮、娱乐等传统服务业,而是以知识为基础的现代服务业。从西方发达国家经验可以看出,和第一、二产业相比,现代服务业既能够提高生产效率,改善生活品质,又能为社会创造较多的就业岗位,特别是能为受过高等教育的大学生提供充足的就业岗位。但是,必须看到,目前很多西方发达国家的现代服务业的确发达,占经济总量的比重也很大,但这些国家的现代服务业并不是一夜之间突然发展起来的,而是在实现工业化之后逐渐发展起来的,是建立在高度发达的制造业基础之上的,是将现代服务业用来提高本国制造业的生产和管理效率,提高制造业的附加值,实现制造业的升级换代。也就是说,这些西方发达国家一般都是先由传统农业国家变为工业国家之后,再发展现代服务业的。目前,这些国家一般都既有发达的制造业,也有发达的现代服务业(当然主要生产高附加值的产品),而且是先有发达的制造业,后有发达的现代服务业,因此才实现了经济的可持续增长。比如目前的美国和德国,所建立的实际上就是这种经济结构。而反观一些单纯追求现代服务业快速发展而舍弃制造业的国家,比如英国以及欧洲其他一些国家,因过分依赖虚拟经济,在2008年开始的金融危机中受到的打击反而更大,不得不重新提出"新经济转型问题",重新重视发展现代制造业。

为什么经济发展要先有制造业,再有现代服务业? 其实道理很简单。因为物质生产才是人类社会生存的基础,也是推动经济增长的基础力量。纵观世界历史,除了凭借优越的、不可替代、不可复制的自然条件而实现经济快速增长的个别国家外,而且大都是人口较少的小国,工业化是绝大部分国家实现现代化目标的必经道路,几乎没有一个国家能够跨过工业化阶段而实现现代化。发展现代服务业主要是为了提高第一、第二产业的生产效率,而不是也不能取代物质生产和实体经济,离开物质生产和实体经济,所谓的现代服务业也就成为无源之水。物质财富主要靠第一、第二产业生产出来。对于中国这样一个大国来说,绝不能脱离制造业而单纯地追求发展服务业。在当前大力发展服务业的同时,也不能放弃制造业,只是要提升制造业的质量。这主要是因为中国的这种模式存在很多问题,主要有两个方面。第一,中国的第二产业本身就存在很多问题,大多是中国制造而不是中国创造。第二,在第二产业发展基础上,能否顺利地推动第三产业发展起来,西方国家固然有很多成功经验,但这些经验能够被中国成功借鉴,同样是一个无法给出肯定回答的问题。

除了遵循经济发展的一般规律,中国大力发展制造业,还有一个重要作用,就是解决庞大人口的就业问题,解决数亿人口的贫困问题。以中国的情况来看,如果中国不是首先发展制造业,而是侧重于发展现在很多人津津乐道的现代服务业。那么,从其他国家的实践看,第三产业固然也能吸收一定数量的劳动力,并且也可以产生出一个数量客观的中产阶级,但和数亿需要就业的人口数量相比,这些都是杯水车薪。历史经验表明,解决普通劳动力的就业问题主要应靠发展第二产业。城市化和工业化是现代化的重要内容和标准,也是解决农业人口就业问题的根本途径。这两个方面停滞不前,现代化目标也就无从谈起。因此,第三产业强、第二产业弱的经济模式只能吸纳精英阶层劳动力,而不能吸纳数量庞大但教育素质却较低的农村剩余劳动力。在一个贫穷的现代国家,发展是非常重要的,但发展的质量也是重要的,如果发展是各种各样的痛苦的发展,如果发展伤害了穷人并且没有创造大量新的就业机会,政府就会有麻烦。① 历史经验已经多次证明,如果没有制造业容纳大规模就业,任何一个发展中的人口大国要想完全解决贫困问题并进而实现经济崛起都是不可能的。就中国情况而言,从1978年以来,中国在解决贫困问题上为国际社会做出了最大贡献,按照国际扶贫标准②,合计减贫6.6亿人,超过世界人口大国美、俄、日、德4国人口的总和。联合国开发计划署曾这样盛赞中国的减贫成就:如果没有中国的进步,整个世界在减贫方面从总体上说是倒退了。③ 中国解决贫困问题的一个重要途径就是大力发展制造业,为数亿劳动力提供充足的就业机会,从而提高劳动力的收入。中国摆脱贫穷怪圈的突破点就在"为外国市场生产雨伞"。④

总之,中国优先发展制造业并通过它解决了大量劳动力就业问题。这个模式符合中国国情,是一个正确的选择。当然,但这并不是说这个模式完美无缺,已经不存在问题,不需要改进和发展。比如,制造业大多处于产业链低端,附加值低,自主创新能力较弱,缺少自己的品牌;第三产业比重过低,且水平不高等。这些都是中国经济面临的主要问题。中国当前的产业结构必须随着经济发展阶段的发展而进行调整,否则经济只能在一个低水平徘徊,而无法实现跨越式发展目标。在中国这样的人口大国,特别是文化素质较低的农村人口仍然占很大比例的国家,最佳的发展战略应当是既要积极发展第三产业特别是现代服务业,以提高生产效率,改善生活质量;同时也要大力发展第二产业,以实现充分就业,消除贫困问题,两者不可偏颇,必须同时兼顾。就中国目前的经济发展来说,必须坚持这种道路。(1)继续发展第二产业。绝不能盲目追求所谓的产业升级,而将传统制造业驱赶出门,如果按照这种思路走下去,用不了几年,中国就会积聚大量无事可做的剩余劳动力。要看到,在当前阶段的中国,尽管劳动力的供应不像改革开放初期那样数量庞大,但绝对数量仍然不少,每年新增加的

---

① Balasubramanyam V. N., *Conversations With India Economists*, PALGRAVE, 2001, p. 85.
② 2008年世界银行宣布,将国际极端贫困标准从每天生活费1美元提升至1.25美元。
③ 《半月谈》2012年7月。
④ 徐滇庆等:《终结贫穷之路——中国和印度发展战略比较》,机械工业出版社2009年版,第142页。

需就业劳动力数量就能超过欧洲很多国家总人口数量。这是中国政府在未来很长一段时间内都要面临的问题。解决这些劳动力的就业问题,主要还是要靠制造业的发展。(2)推动第二产业升级。过去三十多年,中国制造业主要承担最低端环节,产品的研发设计等核心技术都掌握在外资手中,中国制造业工厂获利十分微薄。这种模式在改革开放初期可以维持,今后随着劳动力等各方面成本的上升,微薄的利润已经难以支撑制造业工厂维系下去,因而出现了制造业工厂纷纷停工甚至倒闭的情景。今后,必须在制造业升级换代上下功夫,而不是简单地将制造业驱赶出去。(3)大力发展第三产业。这个问题前面已经讲得很清楚。随着经济发展水平的提升,必须着力发展第三产业,才能使一个国家的经济实力获得均衡发展,增强竞争力。

第四节 文化模式:多元与包容的社会思潮

一、主要特征

和政治模式、经济模式相比,目前关于中国文化模式的研究相对较少。从中国政府所提倡的文化主张来看,主要内容是坚持马克思主义在意识形态上的主导地位,提出并弘扬社会主义核心价值观,在允许不同社会思潮存在的前提下,旗帜鲜明地反对资产阶级自由化思潮。从实践来看,经过改革开放三十多年的发展,伴随着经济改革的持续深入和政治改革的稳步发展,思想文化领域也发生了根本性变化,自由思想得到初步扩展,多元文化得到基本尊重。因此,当前中国的文化模式或者说社会思潮,可以用"多元与包容"来概括和界定,各种社会思潮或多或少均可以在社会中找到承认和接受自己的群体。对此,一些研究从不同角度进行了概括,提出了自己的观点,我们认为,比较有代表性的有两位。一位是著名学者甘阳在《通三统》一书中提出的观点,认为当代中国继承了孔夫子的传统(亲情)、毛泽东的传统(平等)、邓小平的传统(效率)。[①] 另一位是著名学者马立诚,他认为当代中国主要存在八种社会思潮,除了居于主导地位的中国特色社

---

① 甘阳:《通三统》,生活·读书·新知三联书店2007年版。

会主义思想即邓小平思想之外,还有老左派思潮、新左派思潮、自由主义思潮、民主社会主义思潮、民族主义思潮、新儒家思潮和民粹主义思潮,这八种思潮或部分重合,或彼此分立,或激烈争辩。①

笔者同意甘阳、马立诚两位学者的这种逻辑分析和事实概括。的确,在当代中国既有传统文化的影响,也有毛泽东时代思想的影响,更有对市场经济法则的追求,还有各种外来思潮的影响,虽然在不同社会群体身上的影响程度可能不同,但都是一个客观存在,因此政府在制定和实行任何一项关系全局的经济社会政策时,都必须考虑到这个现实存在,充分考虑相关政策对认同不同社会思潮的群体可能产生的影响以及他们的反应。物质决定精神,但精神也反作用于物质。如果不能照顾到认同相关社会思潮的群体可能产生的反应,就有可能影响政策的顺利实施,影响政策的最终效果。

当代中国之所以形成多元包容的文化模式或社会思潮,有两个方面原因。首先是中国的文化传统的延续。中国文化自古以来就不是一种单质文化,更不是一种盲目排斥外来文化的文化,而是不断吸收和融合各种外来文化思想而形成的包容文化。历史上,外来的佛教文化、伊斯兰文化、基督教文化,都对中国文化产生了很多影响,中国文化发展到今天,吸收了大量的外来文化。其次是现代化发展的要求和结果。一方面,多元包容的文化思潮有利于推动社会充满创造活力,是实现现代化目标的必然要求,没有多元包容的文化思潮,就不可能真正实现国家的现代化。另一方面,多元包容的文化也是现代化不断推进所必然产生的结果,具体而言,就是经济领域的现代化催生文化领域的现代化,随着中国融入全球化,随着国民收入的不断增加,必然催生各种新的思想意识和文化形态。

二、存在问题

与其他一些处于现代化进程的国家正在面临或曾经面临的问题一样,当代中国存在诸多社会思潮中,也存在一个不容忽视的问题,就是如何以正确的态度对待本国传统文化和外来新型文化。

从世界各国的发展历程来看,由于现代社会发源于西方,对于发

---

① 马立诚:《当代中国八种社会思潮》,社会科学文献出版社2011年版。

展中国家来说,始终面临一个难以释怀的问题,这就是本国为什么没有如同西方那样产生现代社会。对于这个问题的追问与思考一直是发展中国家现代化全过程之中,随之出现的就是对传统文化的评价问题。这其中,曾经非常普遍的观点就是在很多发展中国家的现代化起步阶段,将本国没有如同西方那样源生现代社会的根源归咎于传统文化,认为传统文化是影响本国建立现代社会的主要障碍,因而对本国传统文化采取近乎全盘否定的态度和做法。特别是社会学家韦伯提出只有新教伦理才能催生资本主义而其他文化都不能催生资本主义的观点之后,这种观点一度成为对发展中国家传统文化进行定性的主流观点,中国在现代化开启的初期阶段也曾出现过这种极端观点。当然,随着时间的推移,在这个问题上,学界早已开始反思,目前对发展中国家传统文化予以全盘否定的观点也早已不是主流。随着二战后一些发展中国家现代化的初步成功,学界开始对韦伯关于文化与现代性关系的命题再思考,发展中国家传统文化与经济发展之间的关系又被重新认识、重新定义。这种再认识和再思考虽然与传统文化对经济发展作用的看法仍然不尽一致,但已经都再不认为这些国家的传统文化是与现代性社会绝对排斥的文化形态。一般观点认为,源自于西方的现代价值理念,符合人性的基本需求,是现代化的基本目标,但这并不意味着发展中国家的传统文化就一无是处,需要完全抛进历史的博物馆,这些国家的传统文化可能不会源生资本主义,但这些国家传统文化中一些因素是有利于经济发展的,是与现代性社会的发展要求相契合的。因此,实现传统文化现代转型的前提是对本国传统文化有一个客观评价,既要认识到本国传统文化与现代社会的冲突之处,又要认识到本国传统文化与现代社会的契合之处。在此基础上,对与现代社会的冲突之处要大力改造,对与现代社会的契合之处要认真继承,对本国传统文化中缺乏的现代性因素要积极吸收和发展。事实上,这也是包括中国在内的很多发展中国家正在坚持的文化战略。

我们在这里提出这个问题,更多是想强调现代化的模式选择问题。因为从历史经验来看,对本国传统文化全盘否定的思维常常导致一个事实:在本国建立现代社会的过程中,由于本国在各方面全面落后于西方,急于求成的追赶心理常常将这些国家的现代化进程由一个循序渐进的"学习过程"搞成一个一蹴而就的"复制过程"。因此,激进主义是发展中国家中经常出现、经常成为主流意识形态的社会思潮。事实证明,激进主义虽然能对传统保守势力产生致命性摧毁,在一定程度上能够启动现代化进程,推动社会前进,但如果让激进主义长期主导本国的现代化进程,则几乎没有成功案例可以借鉴,激进主义往往导致社会的异化,对西方的简单复制往往导致现代化的失败。

如果说在现代化刚刚起步阶段容易出现全盘否定本国传统文化的激进主义现象,那么在现代化进程发展到一定阶段的时候,容易出现的现象则是文化民族主义。文化民族主义的主要表现就是可以主张学习他国的政治经济制度,但不会认同学习他国文化。① 这个问题在当前的中国同样存在。

如果说现代化起步阶段出现的对本国传统文化进行全盘否定是一种"自卑"心理,是一种文化自卑主义和文化失败主义,那么,现代化发展到一定阶段、取得一定成就之后出现的文化民族主义,则是一种"自大"心理,这种自大心理既是文化民族主义的典型体现,也是文化民族主义产生的原因。"自卑"固然不对,"自大"更是不可取,两者皆不利于发展中国家向现代社会转型,居于两者之间正确选择的应当是文化自觉和文化自信。发展中国家之所以会在现代化进展到一定阶段时容易出现文化民族主义,原因是多方面的。(1)从民族国家的建立过程来看。关于民族国家的建立过程,根据著名学者金观涛的分析,现代民族国家可以分为两种类型。第一种民族国家的认同符号是主观的,这种民族国家的建立是一个自然发生的过程,往往经历相当长时间,在这种民族国家里。民族认同与某种特殊文化历史以及其他种种客观属性(如人种)关系不大,民族主义的意义仅仅在于捍卫这一民族国家的主权,而不需要对某种特定的文化、人种和历史表示忠诚。第二种民族国家的认同符号是客观的,如独特的文化、人种,这种民族国家的建立速度要迅速得多,非西方文明建立的现代民族国家大多属于这种类型。② 既然传统文化本身是这些国家认同的重要符号,是推动这些国家形成现代民族国家的重要因素,文化民族主义始终就存在

---

① 金观涛:《探索现代社会的起源》,社会科学文献出版社 2010 年版,第 72 页。
② 参见金观涛:《探索现代社会的起源》,社会科学文献出版社 2010 年版,第 68—75 页。

于这些国家之中,随着现代化进程的推进和经济实力的不断增长,文化民族主义的显现是迟早的事情。(2)从现代化的发展阶段来看。发展中国家的现代化属于外源型、后发型现代化,学习借鉴西方先行现代化国家已经积累的成功经验是发展中国家实现现代化目标最优的、必然的选择。一般情况下,最先是器物层面的学习,主要包括现代科学技术以及市场经济制度中的某些因素,器物层面的学习是最容易见到成效的学习,因此这些发展中国家往往在较短时间内就能取得经济的快速增长。物质决定精神,经济基础决定上层建筑,经济上成功最容易催生文化民族主义,即使这种成功只是暂时的。(3)从西方社会面临的问题看。现代社会并不意味着一切都是完美的,西方社会实现现代化之后,不论是经济上还是政治上都仍然存在各种各样的问题。虽然这些问题本质上和发展中国家在现代化进程中面临的问题并不一样,但这些问题的存在却成为很多发展中国家产生文化民族主义、拒绝现代价值观的直接理由。那么,应当如何认识文化民族主义现象呢?客观分析,二战后一些发展中国家经济在不同阶段获得快速增长,原因是多方面的,传统文化肯定在其中发挥了不可替代的作用,但主要原因还是这些国家进行了市场化改革,只是不同国家改革的基础、改革的节奏、改革方式和改革的政策有所不同,这也就是形成不同经济模式的原因所在。但这并不意味着发展中国家可以完全拒绝源起于西方的现代性价值观。事实上,纵然这些发展中国家的经济获得了快速增长,但这些国家的传统文化并未完全实现现代转型,如果不能在经济发展的基础上继续推进传统文化转型,文化现代化的滞后必定阻碍政治现代化的进程,政治现代化的滞后又必然影响经济现代化的持续发展,使现代化发生中断或出现危机。这是当年马克斯·韦伯曾经对德国精英和知识阶层发出的警告,也是今天很多发展中国家面临的问题。西方社会实现现代化之后,确实仍然存在很多问题,但这并不能成为发展中国家完全拒绝现代价值体系的理由,只能说明不同国家在实现这些价值体系的具体形式和过程不能照抄照搬,而应当根据本国的历史传统和现实国情而有所不同,有所侧重,形成不同的现代化模式。中国文化同样应当持这种发展态度。

第五节　社会模式：不平衡而相对稳定的社会结构

关于中国现代化的社会模式，同样有很多人从不同角度作出了概括。比如，有人认为，中国的社会网格与西方的市民社会不同，是由家庭和单位组成的，但也有人试图用西方的市民社会理论解释中国社会体系；在社会治理模式上，有人认为中国的社会网络与行政网络重叠且相互依存，而有些人则认为这二者是有所区别的；有人从政府治理角度，将中国的社会治理模式概括为党委领导、政府负责、社会协同、公众参与的社会管理格局，等等。这些都对当前的中国社会具有程度不同的解释和界定。

一、主要特征

我们认为，改革开放三十多年以来，中国社会体系发生的最大变化就是不同群体之间的收入差距不断加大，**因此而导致中国的社会结构由收入差距较小的扁平化结构向收入差距较大的金字塔结构演变**。我们以国际常用的基尼系数的变化来简要分析这一问题。基尼系数是国际上用来综合考察居民内部收入分配差异状况的一个重要分析指标，由于给出了反映居民之间贫富差异程度的数量界线，可以较客观、直接地反映和监测居民之间的贫富差距，预报、预警和防止居民之间出现贫富两极分化，因此得到世界各国的广泛认同和普遍采用。当然，由于使用不同的计算方法，加上我国国情比较复杂，很多居民的隐性收入数额较大，加上不同地区收入差距和生活水平较大，因而不同方面对于中国基尼系数测算得出的结果并不完全相同。比如，2006年，国家统计局公布的数据是 0.4 左右，中国社科院经济研究所课题组的数据则是 0.454，世界银行的统计数字是 0.465，南开大学的研究成果中则超过了 0.5。2010 年，国家统计局公布的数据是 0.481，而西南财经大学公布的中国家庭金融调查结果是 0.61。

尽管我国目前的基尼系数计算存在一些问题，不同方面测算的数据不完全相同，但如果考察改革开放以来的变化趋势，不管如何测算，都可以看出改革开放的这三十多年是我国经济不断发展的三十多年，同时也是收入差距不断加大的三十多年。根据有关数据显示，改革开放前我国基尼系数为 0.16,改革开放之初为 0.26,2000 年以来,我国基尼系数开始越过 0.4 的国际警戒线,并连续几年直线上升。据国家统计局公布的数据,2003 年为 0.479,2004 年为 0.473,2005 年为 0.485,2006 年为 0.487,2007 年为 0.484,2008 年为 0.491,2009 年为 0.490,2010 年为 0.481,2011 年为 0.477,2012 年为 0.474。2009 年以后,有所下降,但仍在高位运行。

国际上通常认为,基尼系数在 0.3—0.4 之间时比较合理,0.4—0.5 时差距过大,大于 0.5 时差距悬殊。0.4 是警戒线,基尼系数超过 0.4,表明财富已过度集中于少数人,该国社会处于可能发生动乱的"危险"状态。我国基尼系数长期在 0.4 以上,表明我国目前的收入分配差距及贫富差距已经到了较为严重的地步。从其他方面反映出来的情况和得出的结论也基本相同。比如,我国政府 2008 年确定的贫困线为人均年收入 785 元,人均每天 0.3 美元,这与世界银行推荐的人均每天 1.25 美元的贫困线差距悬殊,按国际标准测算中国贫困人口在世界上仍排名第二,是一个数量庞大的群体;但与此同时,我国也是世界上最大的奢侈品消费市场。这两者同时存在于中国,从另一个侧面反映了不同群体之间的收入差距之大。

二、存在问题

客观地说,改革开放初期我国实行了"先增长,后分配"的经济发展战略,在处理公平和效率上一直偏向效率,出台了许多体现效率优先的政策,鼓励适当拉开收入差距,这在一定时期内对刺激社会成员的劳动积极性,调整、改善社会成员的消费层次结构,加速经济发展方面有积极作用。但是,这种差距必须控制在一定范围之内,而且随着经济的发展和经济总量的增大,应当逐渐重视公平问题,解决收入差距过大问题。如果收入差距扩大到一定程度,将会对经济社会发展产生消极影响,不仅会导致内需和消费不振,影响经济发展,而且还会造成民众对社会严重不满,导致社会震荡,影响社会稳定。因此,中国必须采取系统措施,改革收入分配制度,从根源上解决收入差距扩大问题。

首先是机会和程序的平等问题。平等的理论和观点有很多,但所有的平等理论都主张平等首先应当是机会平等和程序平等。是一个社会应当首先实现的,如果一个社会连机会平等和程序平等都难以实现,其他的平等就必定成为奢谈。从实际情况看,造成中国不同群体收入差距过大的原因,有主观上的能力差距原因,这是可以理解和接受的,但更有机会和程序的不平等原因,不同群体因拥有的机会不同或者是不公平的竞争环境而导致收入差距增大,这是中国民众最为无法接受和理解的不平等。中国必须注意解决这一问题,因为这种原因造成的不平等既不符合任何一种平等理论,更不符合中国的文化传统。在具体实践中,政府要清理和规范目前存在的各种不平等的制度安排,为所有社会群体提供一个公平公正公开的竞争环境。只有这样,才能实现社会的公平正义,保证社会的创造活力。

其次是结果平等问题。就人类社会追求终极理想来看,只实现机会和程序的平等远远不够。由于每个人所拥有的先天客观条件有所不同,因此机会和程序的平等并不能保证结果平等。历史早已证明,一个社会即使实现了机会均等、程序合理,依然会产生不平等问题。这种不平等在理论上是合理的,在逻辑上是公正的,但在现实中却不能任其发展,必须给予适当纠正。如果得不到纠正,既不符合社会的道德原则,也不利于社会的可持续发展,不可能实现社会的长治久安。任何现代国家都不可能承受纯粹自由竞争带来的不平等结果,都必须采取适当措施予以纠正,为因自身无法克服的原因而使自己处于社会不利地位的弱势群体提供基本的生活保障,这就是社会保障政策产生最初根源。客观地说,仍处于发展阶段的中国在社会保障方面已经做了大量工作,取得了不小的成就,为社会的稳定和谐提供了基本保障。但从实践来看,这方面要做的事情还有很多,距离理想的社会保障体系还有很大差距,各种挑战社会底线的事件经常发生,今后要在教育、医疗、生活等各方面进一步加大投入,为更多的低收入群体提供基本的生活保障,维护社会的和谐稳定。

合作编

第七章　亚太新地区主义

第一节　亚太新地区主义特征

一、亚太新地区主义概念与概况

有关"地区主义"研究,近年来国内外著述颇为丰富。我国对地区主义的研究有代表性的著述包括北京大学国际关系学院耿协峰博士的《新地区主义与亚太地区结构变动》、复旦大学国际关系学院陈玉刚博士的《国家与超国家——欧洲一体化理论比较研究》以及中国社会科学院世界经济与政治研究所肖欢容博士的《地区主义:理论的历史演进》等。① 耿协峰博士认为:所谓地区主义,"是指同一地区内的各种行为体(包括政府、政府间组织、非政府组织、民间团体或个人等)基于共同利益而开展地区性合作的全部思想和实践活动的总称"②。英国学者安德鲁·赫里尔(Andrew Hurrell)认为地区主义所采取的基本形式可以有五种:地区化、地区意识或认同、地区国家间合作、国家推动的地区一体化、地区聚合一体。③

地区主义分欧洲、北美地区主义与亚洲或东亚地区主义。前者又称旧地区主义,后者称新地区主义。旧地区主义的最主要试验场在欧

---

① 作为国内第一批专门以地区主义理论为主题的研究成果,这三部著作已分别由北京大学出版社、上海人民出版社和北京广播学院出版社出版。
② 耿协峰:《新地区主义》,见陈峰君、祁建华主编:《新地区主义与东亚合作》,中国经济出版社 2007 年版。
③ Andrew Hurrell, "Regionalism in Theoretical Perspective", in Louise Fawcett and Andrew Hurrell eds., *Regionalism in World Politics*, ibid., pp.39-45.

洲。无论从理论上还是实践上,欧洲在地区主义道路上都走在世界的前头,它于20世纪50—60年代在经济地一体化方面所取得的成就非常显著。西欧主要国家通过组织"共同体"为地区主义提供了一种实践形式。欧盟模式作为迄今人类历史上最成功的地区主义模式,已经成为世界其他地区效仿的对象,但它不是唯一的模式;东亚或亚太地区的新地区主义理论与实践已经突破了传统的认识误区,在一定程度上形成了对于地区主义之"欧洲经验"(即所谓"传统智慧")的有力补充。

东亚地区从20世纪60年代初起就出现了实行地区经济合作的设想和实践活动。这一阶段出现的代表新地区主义萌芽的构想活动如20世纪60年代初由一个名为"亚洲地区经济合作专家小组"的三人小组提出了关于区域性经济合作问题的"三人报告",主张建立亚洲经济合作机构(OAEC),成为"战后亚太地区主张建立区域合作机构的最早的研究报告"。1965年日本一桥大学教授小岛清提出仿效欧共体,建立一个由日、美、加、澳、新五个发达国家组成的"太平洋自由贸易区"(PAFTA)。1967年,"太平洋盆地经济理事会"(PBEC)成立,开始由日、美、加、澳、新五国的企业家组成,后陆续吸收东盟、韩国、台湾、香港等国家和地区的450个大企业为其正式会员。该组织每年一会,延续至今。1968年又出现了一个以学术界人士为主组建的"太平洋贸易与发展会议"(PAFTAD),致力于推动亚太地区建立一个以五大发达国家为核心的、类似经合组织(OECD)的比较松散的政府间协商机构。1979年,日本首相大平正芳提出了"环太平洋合作构想";同年,澳大利亚经济学家德莱斯代尔和美国经济学家帕特里克提出了建立亚太地区经济合作机构的研究报告;在此基础上,1980年"太平洋经济合作会议"(PECC)成立,该机构由官、商、学三方人士组成,发展成为亚太地区影响最大的半官方经济合作地区机构,如今该组织已改名为"太平洋经济合作委员会"(PECC),并成了今天亚太地区最大的官方经济合作组织"亚太经合组织"(APEC)的先驱和重要观察员。①

---

① 陆建人主编:《亚太经合组织与中国》,经济管理出版社1997年版,第7—9页;陈峰君主编的《冷战后亚太的国际关系》,新华出版社1999年版,第271—273页;Barbara K. Bundy, Stephen D. Burns, and Kinberly V. Weichel, eds., *The Future of the Pacific Rim: Scenarios for Regional Cooperation*, Westport 1994, pp.11-18。

此外,值得一提的是还有众所周知1967年创立的"次地区主义"组织"东盟"(ASEAN)。

事实上,上述综合性的地区组织已经出现在亚太地区四个次区(东亚、东南亚、南亚、西南太平洋及大洋洲),既有官方的也有非官方的。这些组织可划分为三类:一类是全地区性的(all-regional);一类是次区综合性的(subregional comprehensive);一类是技术性和专业性的(technical and professional)。第一类指的是:总部设在曼谷的"亚太经社会(ESCAP)",设在科伦坡的所谓"科伦坡计划",总部在马尼拉的亚洲开发银行(ADB),这些是官方的(现在已经又新增加了APEC和ARF);另外,还有私人性的,如PBEC,PAFTAD和PECC等。第二类主要有ASEAN,SAARC,SPF等(其实现在还有一个非正式的EAEC)。第三类最多,包括亚太广播协会、亚洲环境社会、亚洲越洋邮政同盟、亚洲生产组织、亚太议员联盟、亚太偏远地区发展中心、东部地区行政管理组织、亚洲妇女协会联盟、泛太平洋社区联合会、亚洲体育联合会等等。①

亚太地区合作一体化进程虽然晚于欧美地区,但随着世界经济全球化与一体化进程的加快,亚太地区合作进程也进入快速发展轨道,呈现出方兴未艾、多类组织纷纭涌现的态势。

目前,亚太地区的主要多边组织共有十个:上海合作组织(SCO)、中国—东盟"10+1"、亚太经合组织(APEC)、亚欧会议(ASEM)、亚洲合作对话(ACD)、亚信会议(CICA)、中阿合作论坛、中国—海合会战略对话、大湄公河次区域(GMS)经济合作、中亚区域经济合作(CAREC)。主要多边论坛与博览会也共有十个:博鳌亚洲论坛、中国—东盟博览会、中国—亚欧博览会、欧亚经济论坛、中国国际投资贸易洽谈会,以及中国—南亚博览会、中国—阿拉伯博览会、中国西部国际博览会、中国—俄罗斯博览会、前海合作论坛。

二、亚太新地区主义特征

亚太新地区主义主要有两个特征:

---

① Norman D. Palmer, *The New Regionalism in Asia and the Pacific*, Lexington Books 1991, pp. 33-39.

第一,新地区主义有一个明显的共同特征即"多样性"。所谓新地区主义的"多样性",无非是指:在世界的不同地区,由于人们对地区主义的主张以及地区主义本身的实践条件等大相径庭,而造成地区主义发展的结果千差万别。这种"多样性"首先指的是地区主义表现形式的多样性,其次是指地区主义组织化程度的多样性,另外还指地区主义与其他思潮的关系也呈现出多样性。观察世界各地的地区主义实践,我们可以看到,新地区主义绝非对某个单一的存在物的抽象,而是一种对众多花样不断翻新的客观事物的方便规范。其内在多样性是历史形成的。具体地,这种"多样性"主要是指:不同地区的不同表现,如在欧洲、北美和东亚三大地区存在着差别巨大但几乎同样卓有成效的地区主义发展态势;地区合作或一体化的不同规模,如双边与多边地区国家间合作、大范围的地区自由贸易区和小范围的地区"增长三角"等;地区合作或一体化的不同程度,如欧盟所体现的高度制度化和亚太经合组织所体现的渐进制度化、所谓的"软地区主义"与"硬地区主义"、所谓的"开放地区主义"与"介入性地区主义"等等①。所有这些都生动地表现了新地区主义的"多样性"特征,并且从不同的侧面共同表达着"地区主义"这个一般性概念的本质。

第二,新地区主义在东亚或亚太初现端倪,主要反映在次地区和小地区的经济一体化活动上,全地区范围的这种地区经济一体化还远不够成熟。

按照彼得·史密斯所开列的比较"地区经济一体化"的指标——广度、深度、机制化程度和集中化程度②——来衡量东亚或亚太地区的经济一体化状况,显然会发现这些指标都很低。从广度上看,本地区经济一体化发展中所涉及的问题领域还十分有限,欧盟已把贸易、投资、关税、货币、财政、人员、服务和高技术合作等所有经济问题领域包括进一体化日程中,建立起了区内统一大市场,并开始致力于建立

---

① "开放地区主义"的提法人们已经十分熟悉,而"介入性地区主义"则是一种新提法,参见阿米塔夫·阿齐亚:《地区主义和即将出现的世界秩序:主权、自治权、地区特性》,《世界经济与政治》2000 年第 2 期。

② Peter H. Smith, "Introduction", in Peter H. Smith, ed., *The Challenge of Integration: Europe and the Americas*, New Brunswick, NJ: Transaction, 1992, p. 5. From Fawcett and Hurrell, eds., *Regionalism in World Politics*, p. 43.

真正的经济货币联盟,相比之下,东亚或亚太地区目前讨论最多的还只是贸易投资和技术转让,还只是加强信息交流和沟通、加快合作性基础设施建设的问题,还谈不上建立涵盖如此之广领域的地区大市场问题,更谈不上建立全面的经济联盟了。从深度上看,东亚或亚太各个经济体之间政策协调的程度还很低,特别是由于内部分成不同发展阶段的成员,有的发达,有的正在发展,各个经济体的宏观经济政策差距相当大,加上其中占多数的发展中经济体在经济结构上的相似性,使得相互间的经济政策经常出现冲突,比如在"亚洲金融危机"中出现了一些国家相互拆台、竞相贬值本国货币的现象;APEC 所进行的政策磋商还未上升到政策协调的高度,东盟在自由贸易区建立的道路上政策协调得也不很顺利;总之,现有的政策协调大多停留在双边层次,而不是地区层次。从制度化程度上看,正式的地区经济一体化组织只有 APEC 和 ASEAN,但相比于欧盟的"联盟"建设来,这两者又都称不上是"联盟",因为一个只是"论坛"或"会议",另一个也不过是"联合会",特别是 APEC 从一开始就确定了"渐进制度化"的组织宗旨,其制度化特点是"慢慢来"和"渐增式的"。从集中化程度上看,不论是在整个东亚和太平洋地区还是东南亚与东北亚或是某个小地区都尚不存在像欧盟的布鲁塞尔总部那样的权力集中地,设于新加坡的 APEC 秘书处规模很小,事务性很强,没有决策权,APEC 协商一致做出的任何决策都不会对其成员构成必须履行的压力,东盟更是较早实行了这种"协商一致"的决策方式。

但东亚或亚太地区经济一体化程度低是以欧美的现实为依据提出的,不少经济学者承认,"经济一体化"既是一个事实又是一个过程。而从过程的意义上观察,东亚或亚太地区的经济一体化水平并不比其他地区低。欧洲当前的经济一体化发源于 20 世纪 50、60 年代,如依照经济一体化的初始条件论,其初始政治经济和文化条件应该是最好的,但他们最初搞的也只是五国煤钢联营,经过半个世纪才走到今天这一步,而且也经历过 70 年代的长期停滞,一体化道路一波三折;北美地区虽然于 15 年前就宣布建立自由贸易区,但在接纳墨西哥这个发展中经济体后,其步伐也明显放慢下来;而亚太地区国家推动的经济一体化活动如果从 APEC 成立的 1989 年算起的话,能在这样十几年时间里,将亚太地区甚至环太平洋地区的众多国家和地方经济体凝聚到一起,共同致力于地区贸易和投资自由化等目标,这本身就是一件前无古人的历史业绩。

另外,之所以说东亚或亚太地区"国家推动的经济一体化"水平不低,还因为认识到东亚或亚太地区国家和政府在地区经济一体化进程中,发挥了重要的"市场增进"功能。[①] 我们认为,政府的"市场增进"功能并不仅存在于国内市场和国际市场中,而且也存在于地区经济合作过程中。从这个意义上,可以说国家和政府发挥了其"一体化增进"的功能,即通过推动区内市场的全面开放和地区经济的持续健康发展,为地区的贸易、投资、人员和服务等具体经济领域的一体化目标创造条件。这种"一体化增进"功能在 APEC 身上有充分的体现。我国的 APEC 研究专家注意到:"尽管 APEC 是一个经济合作体,其功能主要体现在推动地区市场开放和经济发展,但是,它起的作用远远超出经济,是把亚太地区各成员紧密联系在一起,建立信任,维护社会经济秩序,从而创建一个和平、稳定的地区组织。""APEC 作为连接亚太广大地区唯一的一个地区合作组织,其存在本身就是具有重大意义的。实际上,它在沟通地区各成员间的各种联系方面所起的'隐形'作用是非常巨大的。"[②]这种所谓的"隐形"作用也就是该地区政府所发挥的"一体化增进"作用,正是这种政府有意识发挥的作用与民间自发的"地区化"力量相互交叉、相互推动,共同构成了东亚或亚太新地区主义的一项重要特色。

第二节 亚太新地区主义动因

冷战以后亚太地区合作能取得快速发展,主要有以下几个方面因素。

一是政治方面因素的推动。冷战时期,美苏全球对抗,在亚太地区也是如此,分属于不同政治集团的国家对立严重,政治上水火不容,经济上也很少来往,在这种情况下根本谈不上合作。但冷战之后这种

---

① 关于"市场增进"论,请参见青木昌彦等主编、张春霖等译的《政府在东亚经济发展中的作用:比较制度分析》一书(中国经济出版社 1998 年)。

② 张蕴岭主编:《走出危机的阴影——亚太经合组织面临的新挑战》,经济管理出版社 1999 年版,第 29、30 页。

情况开始发生变化。(1)苏联解体,两大集团对抗消失,全球化速度加快,并由此催生各种形式的地区合作。(2)中国对外政策的变化,实行改革开放之后,中国弱化意识形态因素,实事求是地处理与亚太国家的关系,认为不同政治制度的国家完全可以进行合作,成为推动亚太地区合作的重要力量。(3)冷战结束之后,原先将战略中心定位于欧洲的美国和俄罗斯开始将目光转向亚太,加上日本的配合,也成为推动亚太地区合作的重要力量。

二是区域一体化因素的推动。冷战之后,随着两级对抗的结束,世界进入全球化快速发展阶段,与全球化相伴随的是区域一体化,各种形式的区域一体化组织不断涌现并得以快速发展。1993年11月1日,欧盟正式成立,标志着欧共体从经济实体向着经济政治实体过渡,1999年1月欧元诞生,欧盟一体化继续深入,成为最为成功的区域一体化组织。1994年1月1日北美自由贸易区宣布成立,宗旨是取消贸易壁垒。据世界贸易组织统计,截至2010年3月,向WTO通报并已实施的区域贸易协定达202个,预计到2015年,全球将有近450个以上区域贸易协定予以实施。在这种背景之下,亚太地区合作也乘势而上。亚太经合组织、东盟等各种地区合作组织得以快速发展。截至2010年2月,东盟已经与中国、日本、韩国、印度、澳大利亚、新西兰等国家签订了自由贸易协定或相当于自由贸易协定的最紧密经贸关系协定;中国也与东盟、智利、巴基斯坦、新西兰等19个国家签订了自由贸易协定,其他国家也在加快签订自由贸易协定,亚洲区域经济一体化出现了较快发展势头。

这种"区外因素"对于形成任何形式的"自我认同"而言,一个必要的关键因素是"他者"的存在,没有"他者"就没有"己者",因此,没有"区外因素"的出现,也没有地区性"自我认同"的形成必要。新一波地区主义浪潮普遍被认为发源于20世纪80年代中期的《单一欧洲法案》(SEA)的通过和美加自由贸易协议的签署,这两件大事至少在经济意义上向世人传递了这样的信息,即:经济地区化之路是颇为诱人的,是解决贸易全球化和经济民族主义之间显在矛盾的一种可攻又可守的选择。而且事实上,这种经济地区化现象也很快成了世界其他地区开展类似经济合作的"外因"。亚太地区并不例外。1989年APEC的成立,首先要解决的就是本地区的贸易和投资自由化问题,虽然它奉行的是所谓"开放地区主义"原则,旨在以地区行动促全球行动,用本地区的贸易和投资自由化进程带动全球多边自由化进程,但从国际政治经济学的角度看,它主要还是向我们证明了上述信息。这条信息我们权且称之为"地区优先"原则,与我们前述所论证的"地区至上"价值是一致的。从理论上讲,这条"地区优先"的原则正是地区主义的首要的基本原则。其逻辑假设是:既然世界目前依然划分为"他者"和"己者",人们最好依据各自的不同身份而行为。这些并非新创造的逻辑,而是人类社会曾经早已创造的逻辑的延伸,又比如"民族主义",其公认的内在逻辑是对本民族的明确认同和相对于他民族的不同身份界定。

三是亚太与东亚"自发性地区化"合作因素的推动。

东亚或亚太地区的社会一体化因素增长迅速,自发的社会与经济互动十分活跃,已经成为世人所谓的"非正式的一体化"或者"软地区主义"的最典型代表。亚太地区内部相互依存水平的提高来源于该地区内实质性经贸交流的深化与政策协商性组织的完善。关于前者,最早从事亚太经济地区主义研究的两位澳大利亚学者曾提出,亚太地区最具活力之处是其"贸易紧密度"。他们最早注意到,"在没有正式的政府间机构去推动区内贸易和专业化、没有地区范围的贸易歧视措施的情况下,其区内贸易份额却比欧共体(今欧盟)内部贸易份额要高"[1]。就是这种地区贸易高度集中现象,诱导他们起而重新审视过去坚持的地区一体化观念,提出了亚太地区贸易行为的"新模式",大力倡导加强亚太地区的新型经济合作,从而成为亚太新地区主义理论研究与实践进程的先驱者和模范推动者。包括东盟在内的东亚地区是亚太地区的重要组成部分,目前,东亚区域内的贸易依存度已经超过50%,高于北美的45%,离欧盟成员国的60%已经不远,远远高于20世纪50年代的西欧。根据国际货币基金组织的数据,2008年,东盟十国和中日韩三国的国内生产总值合计超过11万亿美元,占世界经济总量的18%以上,外汇储备总额约为3.65万亿美元,占世界外汇储备总额的一半以上。东亚一体化的快速发展对整个亚太地区的合

---

[1] Ross Garnaut and Peter Drysdale, eds., *Asia Pacific Regionalism: Readings in International Economic Relations*, Harper Educational Publishers, 1994, p.1.

作起到了极大推动作用。

关于亚太地区政策协商性组织的完善,主要是指众多的民间性或半官方性经济合作组织的先后成立与发展,其中最重要的有 PAFTAD,PBEC,PECC 等,它们在相当程度上也是该地区"自发性地区化"的一部分表现。

四是植根于历史和文化传统的亚太意识和地区认同。在亚太特别是东亚,地区政治经济的崛起是唤起"亚太意识"觉醒的最主要的历史过程。这里所谓的"亚太意识"或"亚洲意识""东亚意识"是从新地区主义理论出发提出的一个观念范畴,它指的是以亚太(或亚洲、东亚)这个特定地区为忠诚对象的归属感与认同感,确切地说,是亚太地区各族人民基于现实存在的世界地理分界而产生的一种"自性"认识(或一种"自我认同")。这种"亚太意识"不同于文化与发展研究中所说的"亚洲价值观",后者只是前者可能包含的一个方面,而且二者具有性质上很大的差异。二者间最为关键的一点区别也许是,"亚洲价值观"因为其倡导者过分强调传统价值观的作用、强调它们与西方价值观的对立性而失于片面,并且太随便地把经济崛起所带来的自信心转化为盲目自大。不过,对"亚洲价值观"的批评并不总是有道理的,上述区别也并不是绝对的,因为二者有着更大的关联性。"亚洲价值观"的提出对于"亚洲意识"的形成起了催化作用,而且"亚洲价值观"的提出这件事本身从一种较为极端的角度向世人表明了东亚地区正在出现的文化自信——而这实际上正是一种构建中的"地区认同"。新地区主义正在东亚或亚太聚合起一股特殊的精神力量即"地区认同",这种"地区认同"的表现尽管还很弱,特别是比之于民族主义这种强的认同形式来更显得贫乏,但它已处于明显的加强过程中,并且与欧美等世界各个地区的类似认同形式一起,有力地推动着今日世界上的新地区主义逐渐成长为一股与民族主义势可比肩的重要思潮。

五是金融危机因素的推动。人们往往在面临危机时最容易团结合作起来,国家也是这样。1998 年的亚洲金融危机和 2008 年的国际金融危机,在对亚太各国经济发展给予沉重打击的同时,也对亚太地区合作起到了积极推动作用。面对危机,亚太各国认识到只有加强相互合作与协调,而不是各自为战甚至以邻为壑,才能度过危机。通过这两次危机,亚太地区在经济合作方面都取得积极进展,亚洲金融合作联盟风险合作基金等都是为了应对金融危机而建立的合作组织。①

第三节　亚太地区主义面临的困境

尽管亚太地区合作面临很多有利因素,也呈现出良好的发展势头,但也必须看到,当前的亚太合作总体水平还不高,除经济合作取得不错的成就外,很多领域合作还处于初级阶段,有的甚至刚刚起步探索,总体上亚太地区合作还面临很多挑战和问题,相关国家只有正视并采取有力措施化解这些挑战和问题,才能推动亚太地区合作向更深层次发展。

困境之一:地域差别之大难以形成地区主义。

如前所述,亚太多样性乃是新地区主义的基本特征。它有正面作用,也更有负面作用。如果不同国家的文化传统、政治制度、经济发展等各方面大体一致,有利于地区合作的发展,反之如果不同国家之间差异过大,肯定不利于国家之间的合作。亚太地区就是如此,前面我们已经对此做过详细介绍,亚太地区各国之间在很多方面差异巨大,有的甚至处于对立状态。亚洲和亚太与欧洲完全不一致,差异之大堪称世界之最,可谓大异小同。欧洲在地域人口、经济水平、政治体制、宗教信仰、文化素质、教育程度、价值理念等则是大同小异。

从历史来看,有的国家仅文字记载的文明历史已长达五千年,而有的国家只有二百多年历史,有的国家新成立才半个多世纪。从政治制度看,既有西方式民主制国家,也有社会主义国家,还有军人政治国家,几乎囊括了当今世界所有政治制度类型。世界上几乎很少有像亚太地区在政治制度方面如此突出的差异与对立。从经济体制看,各国经济发展极为不平衡,既有世界上最发达的国家,也有最落后的国家,还有大量正处于发展阶段的发展中国家,也有部分接近于西方发达国家的新兴工业化国家。不同国家之间存在如此大的差异,在合作过程中必然出现诸多分歧,面对同样一个标准要求,不同国家必然给出不同的反应。比如,实行自由贸易是地区合作的最终努力方向,但在实

---

① 这一部分内容均源于耿协峰:《新地区主义》,载陈峰君、祁建华主编:《新地区主义与东亚合作》,中国经济出版社 2007 年版。

现这个目标的过程中,由于不同国家的经济发展水平不同,必然有不同的要求,有的国家希望这个进程能够快一些,有的国家则希望这个进程能够慢一些,不同产业优势的国家也会提出不同的要求。这些差异最终体现在亚太地区合作的现实中,就是一些领域的合作进程推动极为缓慢,很多议题议而不决,难以落到实处,因为很难在所有国家中达成共识。它们为区域一体化或地区主义设置了难以克服的障碍。虽然经济发水平差异可以为经济合作提供互补性,但就总体而言可说是弊大于利。

困境之二:民族主义强势。

虽然学界关于民族主义的产生来源与基本内涵至今仍存在很多观点和争议,但民族主义根本是一种以本国国家利益为主的思想情结、政治思潮或价值认同,这在很大程度上与主张国家间合作的地区主义特别是近些年来兴起的需要让渡部分国家主权的新地区主义相对立,是推动地区合作的重要障碍。要推动地区合作顺利发展,就必须处理好与民族主义的契合问题。亚太地区很多国家都有过残酷的殖民统治经历,有过主权丧失的痛苦回忆,因此有强烈的民族主义传统,对国家主权格外珍视,凡是涉及国家主权的问题都十分敏感,始终没有形成得到各方认同的亚洲合作观念,缺乏有效的地区合作机制,使很多合作缺乏广度和深度,只能停留在表面,流于形式。

困境之三:主导国家缺位。

从国际社会的实践来看,一个地区合作组织要想取得实质性成功,必须有若干主导国家,比如欧盟中的法德两国、北美自由贸易区中的美国,这些主导国家在这个区域中具有决定性影响力,能够带动其他国家一起从地区合作中获得收益,关键时刻也能为这个区域中的国家承担起应有的责任。用一句通俗的语言形容就是若干国家要合作起来,就必须有"带头大哥",而且这个"带头大哥"能够得到其他国家的认同和跟随。亚太地区的形势则比较复杂而特殊,不仅因为亚太地区国家数量众多,而且因为这个地区的力量分散,至今没有任何一个国家具有法德在欧洲所具有的影响力和号召力。就主要国家力量而言,亚太地区有美、俄、中、日、东盟五极格局,这些力量对亚太地区合作分别有不同的打算和作用,相互之间并不认可由其中任何一方主导亚太地区合作,特别是中国、日本和美国,不可能接受任何一方单独成为亚太地区的主导国,其中两者或三者联合起来也很难得到其他方面的认同和接受。现实来看,各方比较容易接受的安排是由东盟主导亚太合作,但东盟本身就存在很多问题,至今还不能完全发展成为政治、经济、安全等多个领域形成合作模式的组织,其力量和影响力都还不足以成为亚太地区合作的主导力量,目前更多时候是提供了一个平台,亚太国家在东盟这个平台商讨有关合作事宜,距离真正的主导还有很长的路要走,能否成为主导力量也还存在很大疑问。

困境之四:APEC 存在缺陷。

亚太经合组织作为目前亚太地区最大、最重要的合作组织,一度被人们认为是实现亚太地区一体化的最好载体。但目前来看,亚太经合组织还无法承担这个任务。我们在前面已经就这个问题进行过分析,经过二十多年的发展,亚太经合组织虽然取得了很大的成就,但距离人们的期望尚远,其本身存在诸多问题,总的来说这个组织是虚多实少,矛盾多多,到目前为止,亚太经合组织仍是各成员国进行经济合作的一个协商论坛,而不是一个贸易谈判的场所,亚太经合组织的原则与规定并没有法律效力,对各成员也没有约束力,达成的各种协议往往很难落实,如何将 APEC 由论坛式"虚体"变成"实体",如何处理好它与各次区域俎织的实体的关系,从理论到实践缺乏依据与经验。2014 年 APEC 北京峰会,决定启动亚太自由贸易区进程,批准亚太自由贸易区路线图,但这是一项巨大浩瀚的工程,有诸多不确定因素,其中包括上述诸多困境的突破,亚太自由贸易区的建立任重道远。

困境之五:各种纷争并存。

当年欧盟能够走上合作的道路并非轻而易举,而且主要国家之间不存在领土纠纷。如今的亚太地区则不然,很多国家之间不仅存在没有得到化解的历史问题,而且还有冲突剧烈的领土纠纷,此外还有此起彼伏的地区热点。比如,中日之间的历史问题和领土纠纷,韩日之间的历史问题和领土纠纷,中国和东盟一些国家之间的领海纠纷,东盟国家内部的领土纠纷,南亚印巴对立、朝鲜核问题等,这些冲突和问题不仅至今没有得到解决,而且还没有探寻到能够为相关各方接受的解决方案。由于亚太地区国家之间存在各种矛盾和冲突导致亚太地区至今没有建立起稳定有效的安全合作机制,其最终能否建立、什么时候建立也难以断定。政治安全领域合作机制的缺乏必然影响经济领域合作的进一步深化,进而影响亚太地区合作的整体推进。

困境之六:东北亚合作停滞不前。

与亚太其他地区特别是东南亚地区合作迅速发展相比,东北亚地区六国的合作进展要迟缓得多,这里除双边合作机制外,几乎没有形成整体的地区合作机制。中日韩自贸协定至今由于政治因素的干扰,尚处于停滞状态,即使达成协议,东北亚地区也仍是局部地区的整合,俄罗斯、朝鲜、蒙古等也完全被排斥在外。没有它们的参与东北亚乃至整个东亚,构不成亚洲与亚太地区的经济一体化。

按常理说,图们江开发区应是东北亚一体化的较为理想的发展模式。1991年底联合国开发计划署倡导并提供300亿美元的贷款进行为期25年的整体开发。1995年12月,中俄韩朝蒙五国签署了《关于建立东北亚和图们江开发区协调委员会的协定》和《关于东北亚和图们江开发区环境标准详解备忘录》。中国尤为重视该地区的区域一体化的建立。2009年11月,中国国务院已正式批复《中国图们江区域合作开发规划纲要——以长吉图为开发开放先导区》,标志着长吉图开发开放先导区建设已上升为国家战略,成为迄今唯一一个国家批准实施的沿边开发开放区域。然而,由于朝鲜半岛的南北对峙与朝核问题的阻碍,图们江开发区的建设至今毫无进展,半途而废。

困境之七:美国因素的影响。

无论是否承认,美国虽然没有成为公认的亚太地区合作主导国,但其在亚太地区具有最大的影响力,而且美国本身对亚太地区具有极大的兴趣,特别是实行重返亚洲战略以来,实现由其主导的亚太合作进程就成为美国的重要目标,因此美国在亚太地区合作中发挥何种作用是一个值得注意的问题。而且,亚太地区内的其他国家出于各种不同目的,也希望美国更多地介入亚太事务。比如,新加坡前总理李光耀就公开声明,东亚共同体必须要有美国来平衡强大中国;韩国和日本也都和美国互为盟国;东盟一些国家更是借助美国在南海问题上与中国对抗。对美国来说,实现由其主导的亚太地区合作进程,不仅仅是一个谋划,而且已经成为现实中的一个政策推动,主要体现就是美国极力推动的跨太平洋战略经济伙伴关系协定(即 TPP)谈判。TPP也被公开定义为是美国亚太"再平衡战略"的经济和贸易支柱,是美国旨在重新夺回受到中国挑战的亚太地区经济和贸易影响力的基本步骤。如果美国坚持这种思维介入亚太地区合作,显然不利于亚太地区合作的发展。关于 TPP 的有关问题,我们在下一节将作进一步介绍和分析。

从上述分析可以看出:亚太地区合作面临诸多困境,尽管这些问题还没有从根本上阻止亚太地区的经济腾飞,但对进一步推动亚太地区合作却是无法回避的障碍,从而为亚太世纪成长发育的前景带来负面影响。

第四节 亚太新地区主义模式与前景

一、亚太新地区主义模式

有关亚太地区主义合作共同体的具体模式学术界有诸多探讨,较为普遍性的看法有两种①:

(一) 自由贸易区

经济学中往往把经济的"一体化"分解成所谓的五种形式或五个阶段,即:关税同盟——自由贸易区——共同市场——货币联盟——经济货币同盟②,它们实际上都是经济一体化的过程但也是五种不同合作模式。在这五种模式中自由贸易区与亚太共同体又是最普遍并被认可与实践模式。

我国有的学者认为:"东亚地区开展经济合作,建立地区经济合作组织,首先应该从建立自由贸易区开始,不能超越阶段。目前东亚地区缺乏建立其他更高级经济合作组织的条件和能力,建立自由贸易区是比较合适的选择。"③在东亚建成自由贸易区是目前支持者最多的一种观点,也是领导人会议探讨实现可能性的重点议题。

建立东亚自由贸易区目标的优点在于:自由贸易区是区域经济一

---

① 详见陈峰君、祁建华主编:《新地区主义与东亚合作》,中国经济出版社 2007 年版,第 204—216 页。

② Peter Robson, *The Economics of International Integration*, 4th ed., Routledge 1998, pp. 5-6.

③ 王力军:《建立东亚自由贸易区前途坎坷》,《国际经济合作》2002 年第 9 期,第 41 页。

体化的低级合作阶段,在此阶段,对主权的让渡要求较少。而且,贸易和投资的自由化,也是市场自发力量较容易推动的过程。因此,易于实现,易于接受,具有可操作性,实现的可能性最大,具有建立东亚自由贸易区的现实基础。从关税方面看,东亚无论是发达国家还是发展中国家,其关税都处于较低水平。韩国、东盟的一些成员国关税水平低于 13%,中国总体关税水平也从过去的 35% 降到不足 15%。① 从贸易方面来看,东亚区域内贸易比重正不断上升。1980 年,东亚各国间的贸易占其贸易总额的比重只有 25%,1992 年上升到 45%,到 1995 年,东亚地区的区域内出口总额为 4420 亿美元,占东亚地区出口总额的 51.5%。近年来,东亚国家(地区)在积极探讨同区域内外国家签订双边自由贸易协定,一些国家已经取得了一些成果。自由贸易区构想如能实现,为东亚各国带来的直接利益明显。据日本经济研究中心汇编的研究报告《进展中的自由贸易协定和日本的选择》认为,由日本、中国、韩国和东盟国家组成的东亚自由贸易区,可使日本的国内生产总值增长率上升 1.02%,东盟国家的国内生产总值增长率可达到两位数,韩国也可以上升到 9% 以上,中国也会有较大的提高,这将大大激活亚洲经济。不参加东亚自由贸易区的台湾,其经济增长率将下降 2.56%。如果周边国家和地区缔结自由贸易协定而日本不参加的话,那么日本的经济增长率将下降 0.05%。②

东亚自由贸易区的特点是,金融危机的教训使东亚各国开始谈论地区,也就是想在自助、双边与多边之间补充上"地区"这个层次,东亚地区主义终于从谈论、设计、建议、理论阶段开始进入实践阶段。③

目前东亚地区主义的形势是,双边"自由贸易区"(FTAs)成为热点,而且,不少国家之间竞相签订双边自由贸易协定,一时间,东亚出现了竞争性的地区主义(competitive regionalism)。之所以叫"竞争性

---

① 张震:《试论 FTA 与东亚自由贸易区的构建》,《世界经济与政治论坛》2002 年第 2 期,第 10 页。
② 傅骊元:《新世纪的东亚:合作与发展》,载于曹和平主编:《新世纪亚洲经济合作——中国地位与影响》,北京大学出版社 2003 年版,第 35 页。
③ 这是美国布鲁金斯学会访问研究员、研究东亚地区一体化的一位日本学者对当前东亚经济合作的观点。见 Naoko Munakata, "Whither East Asian Economic Integration?", *Brookings Working Paper*, June 2002. See, http://www.brookings.edu/dybdocroot/fp/cnaps/papers/2002_munakata.pdf。

的地区主义",是因为,东盟国家主动出击,分别争取日本和中国的重视,而中国与日本则分别与东盟谈判建立自由贸易区。这样,在东亚,在"10+3"的地区框架下,实际上展开了国家主导的不同地区主义之间的竞争。中国的地区主义构想不同于日本的地区主义,而东盟的地区主义则又不同于中日。但此种"竞争性地区主义"对东亚并非不利,因为如此竞争,一个东亚自由贸易网络实际上逐渐形成,为最终的东亚自由贸易区,甚至最终的"东亚共同体"的实现奠定了基础。这里要指出的是,其实,中日两国与东盟的双边自由贸易区已经超越了贸易,而且扩大到整个经济合作,并具有一定的政治与安全意义。①

有幸的是2014年APEC决定启动亚太自由贸易区进程,批准亚太自由贸易区路线图,2025年有望建成亚太自贸区。它将在美国主导的TPP(跨太平洋伙伴关系协定)、RCEP(区域全面经济伙伴关系协定)等整合基础上建立。亚太自由贸易区路线图具有里程碑意义,这是一个载入史册的决定,将把亚太区域经济一体化提升到新的更高水平。

(二) 亚洲共同体

2001年东亚合作展望小组的报告明确提出是建立东亚共同体(East Asian Community)。展望小组把它作为东亚合作的长期目标。展望小组成员中国专家张蕴岭教授对此构想进行了较为详尽的评介。2002年"10+3"领导人会议通过了东亚研究小组(EASG)提出的建立"东亚共同体"报告。2003年底,日本和东盟举行特别首脑会议,会后发表的《东京宣言》也确认了建立"东亚共同体"这一目标。目前,东亚各国已经确定了以建立"东亚共同体"为东亚合作的长远目标。2009年9月,日本民主党执政后,首相鸠山由纪夫在与中、韩领导人接触时多次提及东亚共同体的建设,中、韩领导人也予以积极回应,东亚共同体的概念迅速升温。2009年12月底,时任中国国家副主席习近平应邀对日本进行正式访问,访问前夕,习近平12日在人民大会堂接

---

① 分别见中日与东盟的合作文件。中国的框架叫做《中国东盟全面经济合作》,而日本的框架叫做《日本东盟全面经济伙伴》。一般认为,中国东盟合作的重点是双边自由贸易,但是也包括人力资源开发、地区开发,以及次区域的合作(湄公河开发,以及中国西南省份与中南半岛国家的合作)和相互投资。日本与东盟伙伴的重点似乎不是自由贸易,特别是在农产品领域,但这种合作更强调人力资源开发与投资促进。

受了日韩主流媒体驻京记者的联合采访,并对东亚共同体的建设作出重要表态。习近平说,东亚共同体是中日共同目标,他表示,鸠山首相提出建立东亚共同体,显示了日本政府重视东亚区域合作的积极姿态。这一构想符合亚洲一体化进程的大趋势,也是包括中日两国在内本地区各国共同追求的目标。构建东亚共同体是一个系统工程,既要立足现实,又要着眼长远。当前最重要的是各国应加强对话沟通,形成共识。这次谈话,向世界展现了东亚共同体未来光明的建设前景,引起广泛关注。

随着中国"一带一路"战略实施,东亚共同体概念已发展成为"亚洲共同体"与"亚太共同体"了。2015年博鳌亚洲论坛年会的主题是"亚洲新未来:迈向命运共同体"。"命运共同体""亚投行""一带一路"成为国内外各大媒体刷屏率极高的词语。中国国家主席习近平在论坛开幕式上作主旨演讲。《华尔街日报》、美联社等国外媒体认为,习近平主席规划了中国与亚洲的"命运共同体","一带一路"将打造亚洲经济、安全新秩序。①

亚洲共同体是目前为止国内外多数学者所认同的最佳模式。"亚洲共同体",不仅包括经济合作,而且还包括政治、安全以及社会文化方面的合作。共同体的基础是经济合作。经济合作的主要内容和方式包括:建立东亚自由贸易区,成立东亚金融合作机构,在小区域开发和能源、科技、农业、环境等方面进行合作(包括成立相应的机构或基金);政治和安全合作的主要内容是:建立领导人定期协商机制和紧急磋商机制,发展政府职能部门、议会间的合作机构,建立地区安全合作机构等。共同体的建设以经济合作为主轴。可以设想用15年的时间建成东亚自由贸易区,用30—50年的时间完成东亚政治安全合作共同体的进程。亚洲共同体应该具有自己的特色,不能沿袭欧洲联盟的模式。共同体推进东亚共同体建设的原则是各国间进行合作,而不是进行联合,长远目标是通过合作,创建一个稳定、和平和繁荣的地区。但是,推进地区共同体建设必须有规约和机制保证,因此,要逐步发展

---

① 《构建亚洲命运共同体》,《中国青年报》2015年4月20日。

起包括经济、政治、安全在内的地区合作组织机构。①

有的学者从亚洲共同体三个分析维度加以详尽分析,即经济金融维度(包括贸易、产业分工和货币金融问题及关系)、政治安全维度(包括国家间政治军事关系)和社会文化维度(包括资源和环境、公共卫生、社会意识和文化价值观等)。其中"经济金融维度"对应于"生产结构"和"金融结构""政治安全维度"对应于"安全结构""社会文化维度"对应于"知识结构"。这三个维度上的地区一体化最终成果将构成未来东亚共同体的三根支柱——经济共同体、安全共同体和社会共同体。三个维度相互连接、相互依赖、相互巩固,共同支撑出一个立体的地区结构——这个结构就将成为未来的地区共同体大厦的基础。②

推动"亚洲共同体"的建设具有很强的经济和政治意义。从经济方面来说,亚洲已经形成密切的地区贸易和投资关系(区内贸易和投资的比例超过50%),未来还会进一步加强。从政治方面来说,出于历史和现实的原因,地区内存在严重的不信任,甚至对立,以及发生冲突的潜在危险。推动地区政治和安全合作有助于增加各国间的信任,建立起制度性的合作机制。同时,推动共同体的建设对于扩大我国影响,逐步确立我国在这个地区的主导地位具有重要的战略意义。③

建成一个包含亚太地区各国在内的共同体是一个远大的美好目标,是一个漫长的、需要几代人努力的过程。

二、亚太新地区主义前景与趋势

亚太地区主义合作发展趋势可以归纳为以下五点:

趋势之一:亚太地区地域、经济、政治、安全、文化、宗教等差异巨大,企图短期内形成地区一体化如统一的自贸区、亚太共同体、亚盟是不现实的幻想。它是长期而复杂的过程。欧盟经历60年历程,几乎15年一台阶。而"亚盟"第一台阶(自贸区)已历经26年尚在规划中,2025年才有可能实现。第二第三台阶可能要更长。

---

① 张蕴岭:《关于推进东亚合作的若干战略构想》,《中国社会科学报》,http://www.cass.net.cn/y_rwsk/y_rwsk_114.htm。
② 详见耿协峰:《新地区主义与亚太地区结构变动》,北京大学出版社2003年版。
③ 同上。

趋势之二:多体组织并存局面将长期存在。亚洲一体化不可能是欧盟的翻版,照搬欧共体模式不符合亚太地区实际,亚太与亚洲不大可能真正"一体化",很可能是"多体化"。APEC只能是其中一体。APEC、上合组织、TPP、东亚峰会都是亚太地区的区域合作机制,各有各的核心和主导力量。几者之间有联系也有差异,各有特色,应取长补短,应不断整合,不应相互排斥。

趋势三:亚太合作未来地域大幅向西移,重点地域由东向亚欧方向扩展。中国"一带一路"战略与高铁的发展必将改变与扩大亚太地域。如前所述亚太地域在过去重心一直在亚洲东部。亚洲中部与南部均属边缘地带。但在未来,这三大地带将是亚太的中心部位或至少与东部同等重要。同时,亚洲与欧洲、非洲北部也将连成一体。随跨区域的整合,亚洲地域欧非地域也连成一片。

趋势四:亚太区域合作组织由以APEC为主将让位给上合组织与亚欧合作经合组织为中心。未来随着欧亚高铁、中亚高铁和泛亚高铁这三条线路建成运营,将会有力带动欧亚大陆的经济整合。中国将可与欧洲进行资源、技术的交换。同时向中亚、西亚和非洲投资制造产业,建立一个以中国为核心的新的经济发展体系将成为事实,中国、欧盟、俄罗斯、印度几个超级经济体所处的欧亚大陆占据了全世界大部分的资源,届时他们将会通过高铁的串联形成一个巨大的利益共同体。APEC虽然依然可以继续发挥作用,但地位将会大大降低。上合组织很有可能必将迅猛发展成亚洲最大经济与安全合作组织。现存的亚欧合作论坛有可能成为欧亚两大洲的经合组织与共同体。

趋势五:亚太区域合作组织与世界地缘中心将由以美国主导改为以中国为主导。在美国主导的海权时代,马六甲海峡、苏伊士运河、巴拿马运河这三条最重要的全球航运线却都牢牢把控在美国手中。但中国"一带一路"战略与高铁的发展必将摆脱这一困境,必将建立一套以中国为核心的新经济合作体系。"陆权"的回归将成必然趋势,届时中国在整个产业链中的地位将会发生重大变化,美国所控制的环太平洋地区和东南亚对我国的战略威慑都将大打折扣,以美国为中心的海权与世界霸权将受到最强有力的挑战。

第八章 亚太三大合作组织

第一节 APEC 发展历程与成就

一、发展历程

亚洲与太平洋经济合作组织(简称"亚太经合组织", Asia-Pacific Economic Cooperation, APEC)。亚太经合组织创立于 1989 年 11 月。回顾其发展进程,按其发展成熟程度大体可划分为六个阶段。

第一阶段:创始与准备阶段(1989—1992 年)。

这一阶段共有四次部长级会议:1989 年堪培拉成立会议、1990 年新加坡会议、1991 年汉城会议和 1992 年曼谷会议。1989 年 11 月,在澳大利亚总理霍克的倡议下,在堪培拉召开了一次以商讨亚太地区经济合作为主题的部长级会议,与会的有亚太地区五个发达国家(美、日、澳、加、新)和东盟六国以及韩国共计 12 个国家的外交、经济、工商、财政部长。此次会议在加强经济合作、共同抗衡贸易保护主义、敦促全球拆除贸易壁垒等方面取得了比较一致的看法。尽管没有达成什么实质性的决议,但因为此次会议在亚太经济合作历史上是一次规模较大、级别较高的政府间协商会议,并且会上还作出决定把这一协商进程继续下去,从而使之成为 APEC 的创始会议。"APEC 的诞生标志着从 60 年代中期开始的亚太地区经济合作进程已从设想、论证进入到实施阶段。"

创始初期,该组织仅是一个国际经济论坛,是亚太国家讨论开展地区经济合作的一个场所,形式是每年召开一届部长级会议,其影响远不如联合国亚太经社会(ESCAP,1947年成立)和非官方的太平洋经济合作理事会(PECC,1980年成立)。但该组织在创始时期却为其以后的发展奠定了重要的基础和较为充分的准备。这包括以下几个重要方面:

(1) 1989年创始会议提出了若干重要的目标和原则,就其性质、范围、目标及行事方式原则作了规定,这些规定是:不把亚太经合组织搞成封闭的贸易集团,而是谋求加强开放的多边贸易体制;只讨论经济合作问题,不讨论政治与安全问题;在促进多领域的经济合作的同时,推进本地区的贸易自由化;以平等、协商、渐进的方式来推进地区经济合作。

(2) 1991年的《汉城宣言》对APEC的原则、目标的含义做了说明,从而"赋予了APEC以一个明确的国际人格"。根据该宣言,APEC的宗旨是推动全球贸易自由化,促进成员间贸易、投资和技术领域的经济合作。其具体合作的目标是:保护这个地区的经济增长和发展势头,造福于本地区各国人民,从而为世界经济的增长和发展作出贡献;通过加强经济相互依赖性,包括促进商品、服务和劳务、资本以及技术的流动,来增加本地区和世界经济的收益;为了亚太地区各国和各地区及其他所有国家的利益,发展和加强多边开放贸易体系;减少妨碍亚太经济合作参加者之间进行商品、劳务、贸易和投资的壁垒,减少的方式要与适用的关贸总协定原则相一致,而且不损害其他经济实体的利益。此外,《汉城宣言》还规定了APEC合作的重点在于能增加共同收益和获得共同好处的领域,并以互惠原则和保证进行公开对话并达成共识为合作的原则。

(3) 汉城会议和曼谷会议在组织机制化方面迈出了重要步子。汉城会议提出APEC自身应从"论坛"发展成为一个机制化的组织,认为已进入"建立机制性基础的阶段"。1992年的曼谷会议又决定设立秘书处,常设于新加坡,并建立APEC基金以有效地支持APEC的机制化,为此通过了《关于APEC机构安排的曼谷宣言》。

(4) 1992年中国、中国台北和香港正式加入APEC。这三个成员的加入增加了亚太经合组织的活力。台湾是以"中国台北"的名义加入的,从而为台湾做出了合适的定位。

第二阶段:机制化初步形成与经济合作设想规划阶段(1993—

1994年)。西雅图和茂物两次首脑会议是这一阶段的主要标志。1993年美国西雅图会议在APEC发展历程中是一块重要里程碑,具有突出意义。首先,这次会议是APEC首次最高领导人的会议,尽管是非正式的,却被沿袭下来,使APEC的组织结构发生了根本变化,形成高官会议——部长级会议——首脑会议三层决策结构。这种组织结构模式是其他国际组织所没有的,它是亚太经济合作组织的特有的机制,高官会议是APEC的协调机构。每年定期集会3—4次,决定工作议程,为部长会议讨论和决定的问题做准备工作;部长级会议,每年定期举行一次,主要由成员国或地区政府的外交部长(台、港除外)和经济部长(或工商、外贸部长)组成,在非正式首脑会议召开前是APEC的核心会议,每年轮流在各成员之间举行,并且可以就某一专题举行部长级特别会议;非正式首脑会议,由各成员最高领导人(台、港除外)组成,是各成员经济领导人交流意见、协商问题的重要场所。

APEC的重要决定最终由首脑会议来决断,并以首脑会议做出的"承诺"作为实施的保证。它成为APEC的最高决策机构。其次,在西雅图会议上,APEC各成员最高领导人首次就区域经济合作交换了意见,基本上确定了APEC发展的大方向。会议最后通过了一个《亚太经合组织领导人经济展望声明》。《展望》就亚太地区实现区内自由贸易、促进全球贸易自由化等方面的问题达成了七点原则,包括:开放与合作的精神;支持开放的国际贸易体制;减少贸易和投资壁垒;发展教育和工作培训;维护经济持续性增长等,会议还通过了部长会议联合声明,提出将建立贸易和投资委员会以加强各成员在全球贸易和投资方面的合作。

1994年11月15日在印尼雅加达附近的茂物宫举行了APEC成员首脑的第二次非正式会晤。按照预定计划,这次首脑会议重点讨论了实现贸易和投资自由化的目标和时间表问题,经由APEC 18个成员经济领导人讨论,发表了一份《共同决心宣言》,即《茂物宣言》。《宣言》决心要在"亚太地区实行自由和开放贸易与投资的长远目标",各成员"将通过进一步减少贸易投资壁垒和促进商品、服务和资本的自由流动来迅速实现这个目标"。同时,《茂物宣言》还根据APEC成员的经济发展水平的不同,制订出一个发达成员和发展中成员分别不迟于2010和2020年实现上述目标的时间表。《茂物宣言》的发表,标志着 APEC 贸易和投资自由化进程的正式开始,尽管它所确定的贸易自由化目标只是意向性的,而且其时间表尚有相当大的灵活性;但它表明 APEC 成员能在相互尊重、协商一致基础上达成共同意愿,推动 APEC 在贸易自由化道路上迈出关键的一步,是 APEC 发展过程中的分水岭。

第三阶段:由构想步入务实、行动阶段(1995—2000 年)。茂物会议之后,APEC 的任务是制订实现《茂物宣言》目标与时间表的行动计划。这一任务先后由 1995 年 11 月在日本大阪召开的第三次非正式首脑会议、1996 年 11 月在菲律宾马尼拉召开的第四次非正式首脑会议、1997 年 11 月在加拿大温哥华召开的第五次非正式首脑会议和 1998 年 11 月在吉隆坡举行的第六次首脑会议来完成。具体来说,1995 年 11 月第 3 次领导人非正式会议制定了旨在顺利实现《茂物宣言》的行动方针,并为区域内的长期合作构筑框架,会议发表了《亚太经合组织经济领导人行动宣言》(简称《大阪宣言》),通过了实施贸易投资自由化和开展经济技术合作的《大阪行动议程》;1996 年 11 月第 4 次领导人非正式会议发表了《亚太经合组织经济领导人宣言:从憧憬到行动》,通过了实施贸易自由化的《马尼拉行动计划》和指导开展经济技术合作的《框架宣言》;1997 年 11 月第 5 次领导人非正式会议讨论了贸易投资自由化、经济技术合作以及东南亚发生的金融危机等问题,通过了《亚太经合组织经济领导人宣言:联系大家庭》;1998 年 11 月第六次领导人非正式会议通过了《亚太经合组织经济领导人宣言:加强增长的基础》、《走向 21 世纪的亚太经合组织科技产业合作议程》和《吉隆坡技能开发行动计划》等重要文件。

1999 年 9 月第七次领导人非正式会议在新西兰奥克兰举行。会议最后通过了《亚太经合组织经济领导人宣言:奥克兰挑战》,并批准了《亚太经合组织加强竞争和法规改革的原则》和《妇女融入亚太经合组织框架》等文件。2000 年 11 月第八次领导人非正式会议在文莱首都斯里巴加湾举行。会议主要讨论了经济全球化、新经济、次区域合作、经济技术合作、人力资源开发和石油价格等问题。会议最后通过了《亚太经合组织经济领导人宣言:造福社会》和《新经济行动议程》。

第四阶段:调整与恢复时期(2001—2007 年)。2001 年 10 月第九次领导人非正式会议在中国上海举行。**上海会议标志着 APEC 由低落开始走出困境的转折点**。中国国家主席江泽民主持会议并发表题为《加强合作,共同迎接新世纪的新挑战》的重要讲话,全面阐述了中国对当前世界和地区经济形势的看法,以及对推进 APEC 合作进程的主张。与会领导人以"新世纪、新挑战:参与、合作,促进共同繁荣"为主题,就当前世界经济形势以及"9·11"事件对经济发展带来的影响、人力资源能力建设和亚太经合组织未来发展方向等问题深入交换意见,达成了广泛的共识。会议通过并发表了《领导人宣言:迎接新世纪的新挑战》《上海共识》《数字亚太经合组织战略》等文件。与会各成员领导人还利用午餐会就反对恐怖主义问题交换了意见,并发表了《亚太经合组织领导人反恐声明》。

2002 年 10 月第十次领导人非正式会议在墨西哥的洛斯卡沃斯举行。会议发表了《领导人宣言》等文件。2003 年 10 月第十一次领导人非正式会议在泰国曼谷举行。会议的主题是"在多样性的世界,为未来建立伙伴关系"。会议结束时发表《领导人宣言》,决定加强伙伴关系,推动贸易投资自由化与便利化,保障民众和社会免受安全威胁,并能从自由开放的贸易中充分受益。2004 年 11 月第十二次领导人非正式会议在智利首都圣地亚哥举行,议题是多边贸易体制、地区贸易安排、贸易投资自由化和便利化、经济技术合作、可持续发展、人类安全、反恐和反腐败等。2005 年 11 月第十三次领导人非正式会议在韩国釜山闭幕,通过有关防治禽流感及推动世贸组织(WTO)新一轮多边贸易谈判(多哈回合)的首脑宣言。2006 年 11 月第十四次领导人非正式会议在越南河内举行,会议主题为"走向充满活力的大家庭,实现可持续发展与繁荣"。2007 年 9 月第十五次领导人非正式会议在澳大利亚悉尼举行,会议的主题是"加强大家庭建设,共创可持续未来",主要讨论气候变化和清洁发展、区域经济一体化、支持多哈回合谈判、贸易投资自由化和便利化等议题。

第五阶段:应对金融危机时期(2008—2013 年)。此间正值世界金融危机高发期,亚太经合组织面临新的挑战。历次会议核心内容大都是围绕如何支持亚洲经济的可持续性稳定增长。2008 年 11 月第十六次领导人非正式会议在秘鲁利马举行,会议发表《利马宣言》和关于全球经济的声明,重点阐述了各成员就世界经济金融形势、多哈回合谈判、粮食安全、能源安全、区域经济一体化、企业社会责任、气候变化、防灾减灾等问题达成的共识。2009 年 11 月第十七次领导人非正式会议在新加坡举行,发表《新加坡宣言》,宣布 APEC 的共同目标没有改变,即通过自由开放的贸易与投资,支持亚太地区经济增长与繁荣。2010 年 11 月第十八次领导人非正式会议在日本横滨举行,发表《领导人宣言》,又称"横滨宣言",就继续推进地区经济一体化进程、切实推动亚太自由贸易区建设达成一致。2011 年 11 月第十九次领导人非正式会议在美国夏威夷举行,议题是亚太地区经济增长、区域经济一体化、绿色增长、能源安全、规制合作等。2012 年 9 月第二十次领导人非正式会议在俄罗斯符拉迪沃斯托克举行,议题是贸易投资自由化与区域经济一体化、加强粮食安全、建立可靠供应链、推动创新增长合作等。2013 年 10 月第二十一次领导人非正式会议在印尼巴厘岛正式举行,就如何在世界经济不景气的背景下,建立一个更加强劲而富有活力的亚太地区进行讨论,会议发表了《活力亚太,全球引擎——亚太经合组织第二十一次领导人非正式会议宣言》和《支持多边贸易体制和世界贸易组织第九届部长级会议声明》,承诺加强政策协调和多边贸易体制,推进区域一体化进程,深化互联互通等领域合作,共同维护和发展开放型世界经济。

  第六阶段:2014 年 11 月 APEC 在北京召开第二十二次峰会。这次峰会标志着亚太合作组织进入历史新阶段。正如中国国家主席习近平在 2014 年 APEC 会议上的讲话中所指出:"这是亚太合作进入历史新阶段的一次重要会议。"会议通过了两个文献:《北京纲领:构建融合、创新、互联的亚太——亚太经合组织领导人宣言》《共建面向未来的亚太伙伴关系——亚太经合组织成立 25 周年声明》,进一步明确了亚太的发展方向、目的、举措。北京会议主题是"共建面向未来的亚太伙伴关系"。会议有三大议题:推动区域经济一体化;加强全方位互联互通和基础设施建设;促进经济创新发展、改革与增长。此次会议共计举办了约 300 场活动,达成了上百项成果倡议,取得了丰硕成果。突出成就是:决定启动亚太自由贸易区进程,批准亚太自由贸易区路线图;拟定了《互联互通蓝图(2015—2025)》,给出明确时间表,2025 年实现亚太地区"无缝联通"的目标;建立亚太经合组织反腐败执法合作网络,就追逃、追赃开展执法合作等达成重要共识等。

二、组织概况

APEC成立之初是一个一般性地区经济论坛和磋商机构,经过十几年的发展,已逐渐演变为亚太地区最高级别的政府间经济合作机制、联系太平洋两岸的重要纽带和各成员开展合作的舞台。

澳大利亚前总理霍克1989年1月提出召开亚太地区部长级会议,讨论加强相互间经济合作的倡议。这一倡议得到美国、加拿大、日本和东盟的积极响应。1989年11月6日至7日,亚太经合组织第一届部长级会议在澳大利亚首都堪培拉举行,这标志着亚太经合组织的成立。1993年6月改名为亚太经济合作组织,简称亚太经合组织或APEC。亚太经合组织的性质为官方论坛,秘书处对其活动起辅助作用。其议事采取协商一致的做法,合作集中于贸易投资自由化和经济技术合作等经济领域。亚太经合组织21个成员的总人口达25亿,占世界人口的45%;国内生产总值(GDP)之和超过19万亿美元,占世界的55%;贸易额占世界总量的47%以上。这一组织在全球经济活动中具有举足轻重的地位。

1991年11月,中国以主权国家身份,中国台北和香港(1997年7月1日起改为"中国香港")以地区经济名义正式加入亚太经合组织。到目前为止,亚太经合组织共有21个成员:澳大利亚、文莱、加拿大、智利、中国、中国香港、印度尼西亚、日本、韩国、马来西亚、墨西哥、新西兰、巴布亚新几内亚、秘鲁、菲律宾、俄罗斯、新加坡、中国台北、泰国、美国和越南。其中,澳大利亚、文莱、加拿大、印度尼西亚、日本、韩国、马来西亚、新西兰、菲律宾、新加坡、泰国、美国等12个成员是于1989年11月APEC成立时加入的;1991年11月,中国、中国台北和中国香港加入;1993年11月,墨西哥、巴布亚新几内亚加入;1994年智利加入;1998年11月,秘鲁、俄罗斯、越南加入。东盟秘书处、太平洋经济合作理事会和太平洋岛国论坛为该组织观察员,可参加亚太经合组织部长级及其以下各层次的会议和活动。APEC接纳新成员需全部成员的协商一致。1997年温哥华领导人会议宣布APEC进入十年巩固期,暂不接纳新成员。

亚太经合组织的正式工作语言是英语。经过多年的发展,亚太经合组织形成了领导人非正式会议、部长级会议、高官会及其下属委员会和专题工作组、秘书处等多个层次的工作机制,涉及贸易投资自由化、经济技术合作、宏观经济政策对话等广泛的合作领域。其中最重要的是领导人非正式会议,会议形成的领导人宣言是指导亚太经合组织各项工作的重要纲领性文件。

领导人非正式会议是亚太经合组织最高级别的会议。会议就有关经济问题发表见解,交换看法,会议形成的领导人宣言是指导亚太经合组织各项工作的重要纲领性文件。首次领导人非正式会议于1993年11月在美国西雅图召开,此后每年召开一次,在各成员间轮流举行,由各成员领导人出席(中国台北只能派出主管经济事务的代表出席)。至2004年共召开25届会议、22届最高领导人会议。2015年菲律宾拟主办亚太经合组织第二十三次会议。秘鲁、越南、巴布亚新几内亚、智利、马来西亚、新西兰和泰国拟分别主办2016、2017、2018、2019、2020、2021和2022年亚太经合组织会议。

部长级会议是亚太经合组织决策机制中的一个重要组成部分。会议的主要任务是为领导人非正式会议做准备、贯彻执行领导人非正式会议通过的各项指示、讨论区域内的重要经济问题和决定亚太经合组织的合作方向与内容。部长级会议实际是"双部长"会,即由各成员的外交部长(中国香港和中国台北除外)和外贸部长,或经济部长、商业部长等(中国香港和中国台北派代表)参加的会议,每年在领导人非正式会议前举行一次。首次会议于1989年在堪培拉召开。

高官会议是亚太经合组织的协调机构,始于1989年,通常由当年举办领导人非正式会议的东道主主办,每年举行3至4次会议,主要负责执行领导人和部长级会议的决定,审议各工作组和秘书处的活动,筹备部长级会议、领导人非正式会议及其后续行动等事宜。高官会议下设4个委员会和11个专业工作小组。4个委员会是贸易和投资委员会、经济委员会、高官会经济技术合作分委员会和预算管理委员会。11个专业工作小组分别为产业科技、人力资源开发、能源、海洋资源保护、电信、交通、旅游、渔业、贸易促进、农业技术合作和中小企业。

秘书处于1992年9月在新加坡设立,为APEC各层次的活动提供支持与服务。秘书处最高职务为执行主任,任期一年,由每年亚太经合组织会议东道主指派。副执行主任由下届APEC会议东道主指派,一年之后成为执行主任。

工商咨询理事会是亚太经合组织的常设机构,1995年11月在日本大阪正式成立,其前身是1993年成立的太平洋工商论坛。它的主要任务是对亚太经合组织贸易投资自由化、经济技术合作以及创造有利的工商环境提出设想和建议,并向领导人和部长级会议提交咨询报告。理事会的主要任务是鼓励工商界人士参与亚太经合组织合作进程。每个亚太经合组织的成员派3名具有代表性的工商界人士参加理事会。工商咨询理事会秘书处暂设在菲律宾马尼拉,经费由各成员缴纳。理事会主席采取轮换制的原则,即由当年亚太经合组织领导人非正式会议的东道主担任工商咨询理事会主席。工商咨询理事会每年召开3—4次例会,并在每年亚太经合组织领导人非正式会议期间,与各成员领导人举行一次对话会。

中小企业部长会议的目的正是为了找出影响亚太经合组织中小企业发展的领域,协调政策措施并讨论如何在这些方面加强合作,推动各成员中小企业的共同发展。中小企业在亚太经合组织经济体中占有重要地位。该地区95%的企业为中小企业,雇用了80%的劳动力,占国民生产总值的30%—60%和整个出口的35%。但由于规模和实力原因,中小企业在发展中遇到了特有的困难。

三、发展成就

经过二十多年的发展,亚太经济合作组织成就卓著,共有六个方面。

成就之一:APEC的诞生和发展填补了世界三大板块(欧洲、北美、亚太)中亚太地区没有高层次区域组织的空缺,也加强了国际地区合作的趋势和潮流。它的成立与发展标志着亚太的崛起,也标志着世界中心与重心开始向亚太地区的转移,改变世界经济与政治格局,"亚太世纪"初见端倪。

成就二:加速亚太特别是中国与东盟地区经济发展,促进了全球一体化和亚太地区的区域化,推动了亚太地区的经济发展。1989年亚太经合组织刚成立的时候,各成员的人均GDP在4000多美元,和世界平均水平相当。但是到了2006年的时候各成员的人均GDP已超过了15000美元,几乎是非成员GDP水平的两倍,说明这个地区的发展非常迅速,原因有很多方面,其中一个最重要的原因就是 APEC 对这个地区的发展起到了重要的推动作用,为地区内贸易提供了一些相互协商、促进沟通的平台。1989 年 APEC 成立时中国 GDP 仅 3780 亿美元,排在世界第 10 位,排在西班牙和巴西后。2001 年上海会议时上升为第六位。2014 年北京会议时已排在亚洲第一位、世界第二位。

成就三:推进亚太与东亚区域化进程。APEC 为建立亚太自由贸易区(Free Trade Area of the Asia-Pacific,FTAAP)做准备。2014 年 APEC 决定启动亚太自由贸易区进程,批准亚太自由贸易区路线图:2014 年开始启程,两三年后有望进入正式谈判 2025 年有望建成亚太自贸区。它将在美国主导的 TPP(跨太平洋伙伴关系协定)、RCEP(区域全面经济伙伴关系协定)等基础上整合建立。亚太自由贸易区路线图具有里程碑意义,这是一个载入史册的决定,将把亚太区域经济一体化提升到新的更高水平。它将使 APEC 由虚体、论坛变为区域真正一体化的实体,意义堪比欧共体的建立。同时,APEC 还促进了东亚"10+1"、东亚"10+3"及中日韩自贸区以及各类域内双边协定的建立与发展。

成就四:促进亚太地区经贸环保互联互通等问题达成共识。(1)经贸环保计划,这也是 APEC 最主要的目标,并确立了两个时间表,发达经济体于 2010 年实现外贸投资自由化便利化,发展中经济体是 2020 年。原来有些部门不太认可,认为这不符合整个发展趋势,但是不同类别的经济体均可达到共同的水平,发达经济体可以达到,发展中经济体也会逐渐地达到这个目标。(2)技术合作。就是这个地区除了贸易投资以外需要在技术层面加强合作,发展中经济体需要发达经济体帮助,这个理念已在亚太地区达成共识,大家都很需要这样的合作。虽然取得的成果很少,特别是发展中经济体要拿技术拿资金还是有一定的难度的,但至少已经达成一些共识。(3)气候变化、环保、能源诸多问题取得共识。当然有一些是刚刚开始,在探索当中前进。比方,2009 年,大家共同约定,到 2030 年将能源强度降低至少 25%,到 2020 年亚太地区各种森林面积至少增加 2000 万公顷,农园和环保之类的目标都有其具体的数据要求,这些都是有可能实现的。大家取得了共识,因此在实践上都有相应的操作。此外,还有一个方面是协商应对各种危机与急迫问题,包括 1998 年亚洲金融危机、2008 年国际金融危机,由于各成员都多少受到了其带来的影响,还有其他一些共同面临的重大问题,包括赈灾等等,大家普遍比较关注的问题,在会议上均能得到深入探讨,而且能够提供一些解决办法。(4)互联互通蓝图(2015—2025)将对硬件、软件、人员全方位互联互通给出明确时间表,2025年实现亚太地区"无缝联通"的目标。它通过基础建设使亚太航路、公路、铁路以及网路四路四通八达,这将改变世界全球化格局:海陆全球一体化即地球村,因互联互通而成现实。①

  成就五:合作方式、决策机制与合作模式的创新。过去世界上并没有的类似APEC非正式领导人会议这样的非正式首脑会议,在亚太经合组织中诞生,这就属于一种创新。在合作方式、决策机制与合作模式上都有所创新。合作方式也即APEC方式,就是承认多样性、强调灵活性、渐进性和开放性;遵循相互尊重、平等互利、协商一致、自主自愿的原则。这就是中国最早提出来的,并被大家所公认的APEC方式。APEC由于成员发达程度的差异比较大,经济发展水平不一样,因而谈论到这个地区的成员应当如何应对各种问题,规定不同地区根据各自发展水平采取了灵活渐进的措施。这样一来对整个地区而言,不仅自身受益,而且其他地区也在受益。这种开放式在过去是没有的,不管是欧盟还是北美自由贸易区,它们都是对自己采取保护措施,仅对本地区的成员国采取政策上的优惠,其他国家却没有这种优惠,这本质上就是贸易保护主义。但是APEC并不是这样,它是开放式的,自身成员有规定有优惠政策,对其他非APEC成员也同样有照顾。所以,APEC的这种合作方式在世界上开创了一种新的模式。从决策机构上来讲,过去也是没有的,而非正式首脑会在此前也同样不存在,一般都是开会时大家均西装革履正式地探讨。APEC则是非正式的首脑会议,而且是三级制,即最高的是首脑级会议,然后是部长级会议,然后是高官会议。

  APEC实行的合作模式是官商学三位一体。此前也不存在这种模式。APEC讲官商学一体,从它的机构里面就可以看出来。每次部长级会议开会的时候,会议的领导人都要在比如工商咨询理事会或相关

---

① 《亚太经合组织经济创新发展、改革与增长共识》,《中国青年报》2014年11月12日。

理事会发表演讲,即在商人的会议上发表演讲,在这个过程中商人起了很重要的作用。然后是学者,由很多学者组成了多个不同领域的专家组,包括中国也有些著名的学者进入了专家组。这些学者说话有一定的分量,特别能在会议里面提出一些主张,往往被高官和部长会议所采纳。另外,一旦会议决定了某项政策,各成员国可以执行,也可以不执行,又允许申请单边行动。也就是说,这个会议提出一些主张,提出一些决定,允许自己行动,也允许和大家一起共同行动。

成就六:为亚太地区各成员提供了一个政治经济安全问题多边与双边协商场所。亚太经合组织有 21 个成员,它们之间有很多问题,往往一时很难解决,也很难面对面,那么这个场所就可以为它们提供一个协商的机会,也是首脑之间一个非常好的合作平台,各国领导人可利用这个机会握手言和,举杯相庆,搞"走廊外交",乘机谈论两国之间的问题。正式会议由于严肃的氛围和面子的顾忌并不好商谈,但在外面非正式场合下随便聊,有时候效果比较好。所以这给双边都提供了一个非常好的条件。APEC 能成为这样一个舞台,这一点是非常重要的,也是其最重要的成就。2014 年北京峰会在改善中国与美俄日韩关系方面均取得了显著乃至突破性进展。

成就七:提高了中国在亚太的地位。APEC 一方面促进了中国融入亚太与世界,促进了中国的经济高速发展,同时也展现了中国在亚太地区的巨大作用与影响。其一,中国经济持续增长,对于稳定亚太地区经济发挥了至关重要的作用,也是推进 APEC 进程所必需的宏观经济基础。其二,中国为 APEC 出谋划策,在历次一百多项重要提案中有一半以上是中国提出的。中国带头推进 APEC 的各项重大议程与难题。如 1989 年与 2009 年中国政府分别将拨款 1000 万美元设立中国 APEC 科技产业合作基金与亚太经合组织合作基金,用于鼓励和支持中国相关部门和企业参与亚太经合组织经济技术合作。特别在 2014 年峰会上宣布成立的亚投行尤为显著。其他如在中国为 APEC 设立了十大工业园区,建立亚太经合组织反腐败执法合作网络等,对中国对亚太意义都很大。其三,中国由融入亚太到主导亚太。2001 年的上海 APEC 峰会,是中国加入世贸组织前夕。当时是中国主动在经济上融入西方经济体系当中,和西方进行经济对接背景下开的一次会议。那次会议,中国是融入者、被主导者。2014 年北京这次 APEC

峰会则是中国第一次在经济上主导亚太规则的一次会议。中国不但将这次会议变成了展现自己国家发展成果和国家战略的舞台,还将自己的国家战略深深地融入到了会议当中,并最终将形成 APEC 成员的共识,指引亚太发展方向。从这次会议起,中国的战略、政策的影响不再只是局限于国内和地区,而是全球性的引导甚至局部的主导。中国不再是规则的顺应者。正如一家企业协会所言:"中国从 2001 年第一次主办 APEC 峰会到今年第二次主办 APEC 峰会,时隔有 13 年。这 13 年时间的开始,中国还是即将加入世贸组织的融入者;到这 13 年的末尾,中国则一跃成为主导者。不得不叹服,世界变化是如此之快。中美在 APEC 主导权易手,不是 30 年河东 30 年河西,而是 13 年河东 13 年河西。"①

四、面临问题

综上所述,自成立以来,APEC 始终坚持"开放的地区主义"这一经济合作原则,坚持务实协商的态度,以建立亚太经济共同体为目标,优先选择贸易投资自由化合经济技术合作两大领域开展官方磋商合作。这种合作模式具有很大的灵活性、务实性,采取的是渐进机制化的合作道路,这种合作尊重了本地区多样性、多元化的政治经济现实。这是 APEC 一个重要特点,也是保持其具有活力的一个重要保证。但是,随着合作的不断深入发展,这种模式也出现了很多新的问题。从目前情况来看,亚太经合组织至少面临着以下几个方面的问题:

1. 成员差异巨大,缺乏统一的约束性规则

从发展的角度来说,一个地区组织要发挥效力,必然对成员的行动要有强制性的约束机制,尤其是对已经确定的议程的实施必须有一定的"强制性"机制。但是,组成 APEC 成员之间在政治体制、经济发展水平和历史传统等多方面都存在着巨大的差异,这就决定了在它们之间很难达成一种带有约束性质的组织机制。到目前为止,各成员关于 APEC 的组织性质和原则仍然存在分歧,APEC 仍然缺乏统一的约束性规则。

---

① 中非企业家投资协会:《揭秘北京 APEC 会议:13 年河东 13 年河西》,昆仑策研究院,2014 年 11 月 10 日。

在这个问题上,美国与其他成员特别是发展中成员存在明显的分歧。美国等发达成员一直主张亚太经合组织应该实行制度化、组织化。美国主张 APEC 不应只限于经济领域,而且应当包括政治和安全。在行动原则上,美国企图以"实质多数"强行推行符合自己的利益措施。显然,美国的目的在于通过该组织实现主导整个亚太的目的,使 APEC 变成贯彻其利益和意志的工具。但是,其他成员明显对美国的这种主张持有很大的戒心。包括中国在内的大多数成员认为,亚太经合组织应当是一个"松散的进行经济问题协商的区域性组织",应充分尊重各成员的多样性,承认成员间的发展水平和发展阶段上的差异以及由此带来的不同利益与需求,强调灵活性、渐进性和开放性,遵循平等互利、协商一致、求同存异、自主自愿原则,实行单边行动与集体行动相结合的原则。

因此,到目前为止,亚太经合组织仍是各成员进行经济合作的一个协商论坛,而不是一个贸易谈判的场所,它一直遵循着在"协商一致和非约束性"两大原则基础上寻求相互平等的沟通与合作关系的模式。这种情况决定了亚太经合组织的原则与规定并没有法律效力,对各成员也没有约束力。在这种情况下,达成的各种协议往往很难落实。1993 年,APEC 在美国西雅图举行首次领导人非正式会议,就确定将致力于贸易投资自由化和便利化。早在 1994 年,APEC 就制定了发达成员和发展中成员分别在 2010 和 2020 年实现贸易投资自由化和便利化的目标。而从目前的发展情况来看,是否能按期实现这个目标还难以预料。

2. 目前经济技术合作仅停留于会议和研究

按照 1995 年通过《大阪行动议程》,APEC 的议程主要集中在三个领域:贸易和投资自由化、贸易和投资便利化、经济技术合作。在议程中还明确了经济技术合作的 13 个领域。目前,关于贸易和投资自由化、贸易和投资便利化方面已经取得了一定进展,采取了一些措施。但是经济技术合作方面的进展很不令人满意,经济技术合作长期滞后于贸易投资自由化现象并没有得到根本改变。迄今,经济技术合作只是停留在会议和研究上,真正的经济技术合作进展非常有限。

在这一点上,美国等发达成员与发展中成员之间也存在着很大分歧。以美国为代表的发达成员依然强调所谓亚太经合组织的主要宗旨是贸易和投资自由化,认为经济技术合作只是实现贸易投资自由化的一种辅助手段。美国甚至认为,发展中成员强调经济技术合作的目的是想从发达成员处获得资金和技术,害怕APEC变成一个发展援助机构,承担资源义务。基于这种考虑,美国等发达成员对经济技术合作一直不感兴趣,而把兴奋点一直放在贸易自由化上。发展中成员则坚持经济技术合作与经济贸易投资自由化二者要等量齐观,它们间的关系是相辅相成,缺一不可。温哥华会议和吉隆坡会议虽然从表面上摆正了二者关系,但会议的注意力依然主要集中在贸易投资自由化上,对经济技术合作问题还停留在讨论上,尚缺乏大范围的合作环境。即使已启动的项目,往往也是资金很少,规模有限,发展中成员获得的利益难以见到。

3. APEC由论坛式"虚体"变成"实体"将是复杂艰巨过程

近年来,随着经济全球化的发展,各种区域性的国际组织得到很大发展,亚洲地区特别是东亚地区经济合作迅速发展,展现勃勃生机。虽然各国对地区经济合作的模式和进程还在协商和探讨之中,但合作的愿望空前强烈,已经开始进入制度性安排和日程安排的阶段,这为亚洲地区经济一体化发展奠定了新的基础。在此基础上的多边和双边合作也日益密切。但与此同时,这也为APEC的发展带来新的挑战。APEC长期以来是一直是一个论坛式的虚体,如何进一步发展其职能,提高其效力,扩大其生存与发展的理由与可能,否则人们将会对其失去信任和信心。因为一个没有实质职能的"空谈俱乐部"不可能生存下去。许多国际组织消亡的根本原因就是协议或规划流于形式,没有发挥实质职能,成员国无法从中获取自己希望的国家利益,从而导致组织不解自散。这也正是人们对APEC未来前景的一个主要担心。如何将APEC由论坛式"虚体"变成"实体"是实体,如何处理好它与各次区域但织的实体的关系,从理论到实践缺乏依据与经验。

幸运的是,2014年APEC北京峰会决定启动亚太自由贸易区进程,批准亚太自由贸易区路线图,2025年有望建成亚太自贸区。但这是一项巨大工程,有诸多不确定因素,亚太自由贸易区的建立任重道远。概而言之,亚太一体化规划容易实践难。

第二节 东亚合作组织的发展及成效

（一）基本情况

1. 东盟

东盟的全称是"东南亚国家联盟"（英文名称为 Association of Southeast Asian Nations，简称 ASEAN），成立于 1967 年 8 月，又称"亚细安""东协"。东盟自建立起至 2014 年已走过 47 个年头，共召开过 24 届东盟首脑会议。成立之初东盟只是一个保卫自己安全利益及与西方保持战略关系的联盟，其活动仅限于探讨经济、文化等方面的合作。1976 年 2 月，第一次东盟首脑会议在印尼巴厘岛举行，会议签署了《东南亚友好合作条约》以及强调东盟各国协调一致的《巴厘宣言》。此后，东盟各国加强了政治、经济和军事领域的合作，并采取了切实可行的经济发展战略，推动经济迅速增长，逐步成为一个有一定影响的区域性组织。

1998 年亚洲金融危机爆发，东南亚各国经济遭受重创，使东南亚各国认识到合作对于本国和本地区经济发展的重要性。此后，东盟得以快速发展。第六次东盟首脑会议时东盟由原来的 6 国（印尼、菲律宾、马来西亚、泰国、新加坡、文莱）发展成为 9 国（越南、缅甸和老挝 1997 年入盟），柬埔寨 1999 年入盟，使东盟成为 10 国，舆论称"大东盟"。2002 年 11 月第八届东盟首脑会议在柬埔寨召开，10 国领导人就实现东盟一体化、打击恐怖主义等共同关心的地区性和国际性问题进行了深入广泛的讨论，并达成了共识。特别值得注意的是东盟第九次首脑会议 2003 年 10 月在印度尼西亚巴厘岛举行所取得的重要成果。东盟 10 国领导人签署了一份旨在 2020 年成立类似于欧盟的"东盟共同体"宣言，标志着东盟政治、经济、安全、社会与文化全面合作进入历史新阶段，并向地区一体化迈进了一大步。这份被称为"巴厘第二协约宣言"的文件主要包括"东盟安全共同体""东盟经济共同体"

"东盟社会与文化共同体"三个部分。① 关于建立"东盟安全共同体",文件强调了几项基本原则:只能通过和平手段解决东盟国家之间的分歧,不许使用武力或以武力相威胁;尊重国家主权,各国有权采取独立的外交政策和国防措施,这一共同体绝不是军事同盟;遵守《联合国宪章》和其他国际法以及东盟所确定的互不干涉内政、以协调一致为基础的决策等。关于"东盟经济共同体",文件强调到2020年把东盟地区建成以商品、服务与投资自由流动和资本更为自由流通为特点的单一市场与生产基地,实现《东盟2020年设想》所确定的经济一体化的最终目标,并使东盟成为全球供应链中最有活力和强劲的组成部分。关于建立"东盟社会与文化共同体",文件强调了社会发展方面的合作,以提高劣势社会团体和农村人口,特别是妇女、儿童和地方社会生活水准。随着共同体的逐步形成,东盟国家将加强在包括传染性疾病,比如预防和控制艾滋病和非典型肺炎等公共卫生领域合作。此外,东盟国家还将加强在人口增长、失业、环境保护和跨国界污染以及灾难管理等方面的合作。东盟的合作前进方式,可成为东亚合作进程值得借鉴的模式。

  2004年11月30日,第十次东盟首脑会议在老挝首都万象落下帷幕。会议通过了《万象行动纲领》,强调要缩小东盟10个成员国之间的发展差距,扩大与伙伴的合作关系。纲领说,与会领导人同意努力谋求东盟的全面一体化,以在2020年实现建成一个对外开放、充满活力的东盟共同体。2005年12月12日,第十一届东盟首脑会议在马来西亚首都吉隆坡举行。会议通过了关于制定东盟宪章的《吉隆坡宣言》,以加快实现东盟共同体的建设。2007年1月13日至14日,第十二届东盟首脑会议在菲律宾中部城市宿务举行。会议确定了东盟宪章蓝图计划并签署《宿务宣言》,决定成立高级别特别小组,负责起草宪章,决定在2015年建成以安全、经济和社会文化共同体为支柱的东盟共同体。2007年11月,第十三届东盟首脑会议在新加坡举行。会议通过了包括《东盟宪章》《东盟经济共同体蓝图宣言》等一系列重要

---

① 中国与东盟《领导人联合宣言——面向和平与繁荣的战略伙伴关系》,2003年10月10日,于印度尼西亚巴厘岛。参见 http://www.fmprc.gov.cn/chn/ziliao/wzzt/zgcydyhz/dqcdmeyzrhdld/t27721.htm。

文件,重申在 2015 年之前建成东盟经济共同体。2009 年 2 月 8 日至 3 月 1 日,第十四届东盟首脑会议在泰国华欣和差安举行。会议签署了《东盟共同体 2009—2015 年路线图宣言》,以及东盟政治与安全、经济、社会与文化蓝图等多项对东盟今后发展及共同体建设具有战略意义的文件。2009 年 10 月 21 日至 25 日,第十五届东盟首脑会议在泰国华欣举行。会议通过了关于成立东盟政府间人权委员会的宣言,并发表了加强东盟教育合作和关于气候变化的联合声明。2010 年 4 月 8 日至 9 日,第十六届东盟首脑会议在越南首都河内举行。会议通过了《东盟经济复苏和可持续发展联合声明以及东盟应对气候变化联合声明》。2010 年 10 月 28 日至 29 日,第十七届东盟首脑会议在越南河内举行。会议通过了促进经济复苏和人力资源开发的《东盟宣言》、旨在加强保障东盟地区妇女儿童福利的《河内宣言》《东盟互联互通总体规划》以及实施海上搜救合作的文件。2011 年 5 月 7 日至 8 日,第十八届东盟首脑会议在印度尼西亚首都雅加达举行。会议发表主席声明,表示东盟领导人将继续致力于建设一个以人为本、以规则为基础的东盟。2011 年 11 月 17 日,第十九届东盟首脑会议在印尼巴厘岛举行。会议通过了《在全球国家共同体中的东盟共同体巴厘宣言》(又称《巴厘第三协约宣言》),强调东盟在加快共同体建设的同时,将加强与外部世界互动与融合,提升东盟作为地区组织在国际事务中的地位。2012 年 4 月 3 日至 4 日,第二十届东盟首脑会议在柬埔寨首都金边举行。会议通过了包括《金边宣言》《主席声明》《金边议程》《2015 年建立东盟无毒品区宣言》《"全球温和派行动组织"概念文件》等一系列重要文件,为东盟共同体建设取得进展制定了具体行动计划。2012 年 11 月,第二十一届东盟首脑会议在柬埔寨首都金边举行,与会东盟领导人共同签署了《东盟人权宣言》,启动了旨在维护东盟地区和平与稳定的"和平与和解机构",决定在柬埔寨建立东盟地区排雷行动中心,并将 2015 年 12 月 31 日设为建立东盟共同体的最后期限。2013 年 4 月 24 日至 25 日,第二十二届东盟首脑会议在文莱首都斯里巴加湾举行。会议发表《主席声明》,强调加强东盟共同体建设,扩展东盟次区域合作,和平处理有关争议。2013 年 10 月 9 日,第二十三届东盟峰会在文莱首都斯里巴加湾举行,重点讨论了在 2015 年前建成东盟共同体及加强东盟对外合作等问题。2014 年 5 月第二十四届东盟峰会在缅甸首都内比都召开。这是缅甸自 1997 年加入东盟后,首次担任轮值主席国,首次主办东盟峰会。此次东盟峰会主要集中讨论东盟一体化建设、东盟的外交合作、2015 年东盟共同体建成后的展望,以及共同关心的国际和地区问题。

2."10+1",即东盟分别与中、日、韩之间的合作机制

关于东盟与中国的对话与合作有关问题我们将在下一节专门介绍。这里重点介绍东盟与日本、韩国之间的对话与合作。

(1)东盟与日本的对话与合作。日本与东盟的对话启动时间很早。1973 年,东盟尚未正式成立,双方即建立了对话关系。但进入新世纪以来,日本对东盟的经济关系开始出现新变化,最初体现于日本前首相小泉 2002 年 1 月在新加坡记者招待会上发表的公开演说和答记者问上。① 在这次演说中,日本不仅提出了日本对东盟经济外交的新理念,而且明确了日本与东盟经济合作的重点,包括三个方面,即改革方面的合作、安全保障方面的合作、面向未来的合作,同时日本还明确了日本—东盟自由贸易区的时间表。2002 年 11 月 5 日,日本与东盟发表《日本—东盟领导人关于框架性经济合作构想的共同宣言》。共同宣言共 14 条,其主要内容包括了日本—东盟自由贸易区的意义;经济合作协定的档次和内容;经济合作的途径和目标;签署经济合作协定的原则;签署经济合作协定的准备和行动;建立由政府高级官员组成的委员会,推进双方框架性经济合作有关方面的工作,讨论和起草框架性经济合作的文件,提交给领导人会议等六个方面。2003 年 10 月 8 日,东盟 10 个成员国与日本首相小泉纯一郎签署了《东盟与日本全面经济伙伴关系框架协议》。这一协议旨在最大限度地减少贸易壁垒,降低商业成本,促进地区内贸易与投资,提高经济效率,为双方企业创造更大的市场以及增加东盟和日本对资本和人才的吸引力。双方将开展一系列活动,其中包括向东盟、特别是向东盟中较新的成员提供技术援助、展开贸易与投资对话、商界对话、为人员交流提供便利以及交换有关资料等。② 对于那些尚未加入世贸组织的东盟成员

---

① 具体内容参见刘昌黎:《日本与东盟自由贸易的进展评析》,《当代亚太》2003 年第 4 期,第 30—38 页。
② 《日本和东盟新千年活力与持久伙伴关系东京宣言》,见 http://www.mofa.go.jp/region/asia-paci/asean/year2003/summit/tokyo_dec.pdf。

国,日本将继续给予最惠国待遇,从 2004 年起,东盟和日本将开始就商品贸易、服务贸易以及投资自由化问题进行磋商。

此后,日本与东盟关系总体发展顺利,特别是日本图谋借助东盟力量对抗中国,对发展与东盟的关系表现出积极热情。2013 年 12 月,日本与东盟特别首脑会议在东京举行,通过一份旨在加强经济、防灾及安保等领域合作的共同声明。声明说,日本与东盟就缔结经济合作协定(EPA)达成实质性一致,今后将进一步扩大经贸合作;拓展在防灾、救援领域合作。日本首相安倍晋三十分兴奋,说通过此次会议,日本与东盟关系上升到一个新层次。目前来看,日本对发展与东盟的关系热情很高,日本政府采取多种措施鼓励日本企业南下,投资东盟。东盟内部一些国家也非常欢迎日本,对与日本的合作有浓厚兴趣,特别是与中国有领海纠纷的几个东盟国家更是如此。但东盟内部对此存在很大分歧,也有一些国家对日本的用意怀有很大戒心,除了历史上日本曾对东南亚进行残酷的殖民统治这一因素外,现实中日本企业的投资很多时候并未给东盟国家带来经济上的收益,日本更多将东盟当作商品倾销市场和廉价资源供应地,而并未能从根本上给东盟经济带来变化,因此日本与东盟的合作也并不像日本一厢情愿的那样顺利。

(2)东盟与韩国的对话与合作。韩国与东盟的双边关系最早开始于上个世纪 80 年代末。2001 年时,韩国与东盟的合作与中、日同时起步,但因地理位置等各种原因,最初几年发展不如中国和日本迅速,但后来韩国与东盟的合作却非常顺利。2005 年 12 月 13 日,在韩国与东盟第 9 届首脑会议上,双方签署《东盟—韩国经济合作框架协定》及《关于落实东盟与韩国全面合作伙伴关系联合宣言的行动计划》,这实际上就是一个双边自由贸易协定。2009 年 6 月,东盟与韩国正式签订双边自由贸易协定框架下的投资协定。自此,一个涵盖超过 6 亿人口和 GDP 总和超过 2 万亿美元的自由贸易区正式形成。韩国原本是继中国与日本之后才同东盟展开自贸协定谈判的国家,但韩国却成为"东盟+3"对话伙伴中,首个完成双边自贸协定框架下的货物贸易协定、服务业协定、投资协定及争端解决机制协定这四大协定的国家。由此可以看出韩国对东盟关系的重视以及为此所作出的努力。2013 年 2 月,东盟和韩国在新加坡签署了东盟—韩国自由贸易区《服务贸易协议》,向双方在 2009 年建立自贸区又迈进了一步。《服务贸易协议》规定,韩国将在对世贸组织所作承诺的基础上,在金融、成人教育和环境咨询等服务行业进一步向东盟国家开放市场。从韩国和东盟经济所具有的影响力来看,两者之间的合作对东盟和韩国自身发展肯定有巨大推动作用,同时对整个东亚乃至整个亚太地区的合作也将有重大推动。

3. "3",即中、日、韩之间的合作机制

由于历史原因,中日韩三国的合作可以说是启动艰难,过程曲折,但目前总体情况发展还算良好。冷战时期,中日韩三国虽有交流,但三国一起的合作可谓空白。直到 1999 年,中日韩三国领导人才实现定期非正式会晤。2000 年,三国领导人决定在 10+3 框架内定期举行会议。此外,三国在诸多领域建立了部长级、高官级和工作层会晤机制,并以经贸、信息、环保、人力资源开发和文化为重点领域开展了富有成效的合作。2003 年 10 月 7 日,中日韩三方领导人发表的《中日韩推进三方合作联合宣言》,是"3"(中、日、韩)合作的突破,这一突破可以说填补了东北亚仅存的双边合作关系的历史,其意义非同小可。该宣言中明确指出:"三国领导人一致认识到,中日韩推进三方合作已经具备了坚实的基础,确信拓展和深化三方合作不仅有利于进一步推动三国间双边关系的稳定发展,而且有利于实现整个东亚的和平、稳定和繁荣。"三国将在相互信任、相互尊重、平等互利、谋求共赢的基础上,在诸多领域加强广泛的、面向未来的合作,包括在经贸、投资、财金、交通、旅游、政治、安全、文化、信息通信技术、科技、环保等领域的合作。三方合作将是透明、开放、非排他性和非歧视性的。三国将保持各自与其他国家的合作机制,以相互吸取经验,促进共同发展。[①] 2004 年在老挝万象举行的三方会议,主要就中日韩合作、东亚合作以及国际和地区形势交换意见。三国领导人发表了《中日韩三国合作行动战略》,为三国各领域具体合作确定指导方针,并通过《中日韩合作进展报告》。中日韩三国对于促进东亚地区合作有广泛的共识,也有广泛的共同利益。2007 年 11 月第八次中日韩三国领导人峰会上,就

---

① 《中日韩三国推进三方合作联合宣言》,2003 年 10 月 10 日,于印度尼西亚巴厘岛,参见 http://www.fmprc.gov.cn/chn/ziliao/wzzt/zgcydyhz/dqcdmeyzrhdld/default.htm。

三国不定期轮流举办这一峰会达成协议。

2008年12月,首次10+3框架外的中日韩领导人会议在日本福冈举行。会议签署并发表了《三国伙伴关系联合声明》,首次明确了三国伙伴关系定位,确定了三国合作的方向和原则。会议还通过了《国际金融和经济问题的联合声明》《三国灾害管理联合声明》和《推动中日韩三国合作行动计划》。在这次会议上,三国决定,在保留10+3领导人会议期间会晤的同时,将三国领导人单独举行会议机制化,每年在三国轮流举行。

2009年10月10日,第二次中日韩领导人会议在中国北京举行,中国国务院总理温家宝、日本首相鸠山由纪夫和韩国总统李明博出席会议。在这次会议上,中日韩敲定未来合作大方向,这就是共同建设东亚共同体。2011年5月22日,第四次中日韩领导人会议在日本东京举行,中国总理温家宝、日本首相菅直人、韩国总统李明博出席会议。会后发表共同宣言,提出要在韩国建立三国合作秘书处,尽快完成三国自由贸易区联合研究,三国投资协定谈判尽早达成实质性共识,探讨建立三国循环经济示范基地。2012年5月13日,第五次中日韩领导人会议在北京举行。中日韩正式签署投资协定,一致同意尽快启动中日韩自由贸易区谈判。

2013年,中日韩三国领导人会议出现波折。由于日本挑起钓鱼岛冲突,导致中日关系紧张,日韩之间也因为历史问题和领土问题,关系一直处于紧张状态,这使原本定于年内在韩国举行的第六次中日韩领导人会议被推迟。这次峰会的中断,在很大程度上展示了中日韩三国合作面临的困境。众所周知,中日韩的合作对于推进整个东亚乃至亚太合作至关重要。以三国的经济体量而言,如果三国能够顺利合作,成为亚太合作的主导国,对整个亚太的合作将是极大的推动。问题就在于中日韩三国之间存在历史和现实诸多方面的冲突和纠纷,而这些冲突和纠纷在短时期内很难得到彻底解决,就决定了在相当长一段时间三国合作很难取得实质性进步,不能不说是东亚合作乃至亚太合作的一个遗憾。这个方面主要责任在于日本,由于其至今不但不能正确认识自己在历史上所犯下的错误,拒绝向中国和韩国等遭受其侵略的亚洲国家予以真诚道歉,而且还不断在争议海域挑起纠纷,向他国领土领海提出所谓的主权主张,成为东亚不稳定的根源。这一问题不解决,东亚和亚太的合作就不可能获得实质发展。

4."10＋3",即东盟与中日韩合作机制

"10＋3"是指东盟 10 国领导人与中国、日本、韩国 3 国领导人举行的会议。这是目前唯一的整个东亚范围的对话与合作的机制,是东亚合作真正意义上的合作。1997 年,马来西亚作为东盟轮值主席国承办第二届东盟首脑非正式会议,积极促成了东盟与中日韩领导人非正式会晤。会议每年举行一次,由东盟主办。自 1997 年金融危机以来经过 8 年的努力,"10＋3"首脑会议无论从组织结构到合作内容正在走向成熟。从组织结构来看,东亚 13 国领导人会议就东亚合作的重大问题做出判断和抉择,部长会议负责向领导人提出每年的合作计划并执行领导人会议的决定,而由与会国著名专家组成的"东亚展望小组"则就东亚合作进程的各种有关事项进行全方位的研究,并向部长会议提供"展望报告"。这一构架为未来的东亚合作搭建了从宏观到微观的权威和高效的平台。

1997 年第一次东盟与中、日、韩首脑非正式会晤在马来西亚首都吉隆坡举行,这是东亚国家历史上首次最高层次的会晤。会议的主要议题是:21 世纪东亚的发展前景、亚洲金融危机、深化地区经济联系。会议对东亚合作的必要性和意义有了非常明确的认识,并为以后的历次领导人会晤奠定了良好的基础。

1998 年第二次东盟与中、日、韩领导人非正式会晤在越南首都河内举行,会议议题是:东盟—中日韩在地区经济恢复方面的合作;东盟—中日韩面向 21 世纪维护和促进地区和平、安全与稳定方面的合作。

从 1999 年第三次会议开始,东亚合作进入了务实阶段,在很多领域的合作取得了重要进展,其重要成果是发表了《东亚合作联合声明》,声明表示,13 国领导人承诺继续推动现有的磋商与合作,在各个领域以及不同层次上,特别是在以下领域和方面共同作出努力:经济与社会领域(经济合作、货币和金融、社会和人力资源开发、科学和技术发展、文化和信息、发展合作);政治安全领域,他们一致认为,将继续进行对话、协调与合作,加强相互理解与信任,从而在东亚建立持久的和平与稳定;在涉及国家间的问题上,他们一致认为,应该加强在涉

及他们对东亚共同关心的问题上的合作,以使这些问题得到解决。①另外,此次会议在韩国总统金大中的倡议下,领导人同意成立"东亚展望小组",就东亚合作的前景和规划提出建议。会议把东亚合作目标的确定问题突出地提出来,是东亚合作的重要转折点。

2000年第四次会议取得的重要成果是更加注意规划长远发展,就建立未来东亚贸易和投资自由区的可行性进行研究,表明关于东亚合作的目标已成为重要议题。此外,这次会议进一步加强了东亚国家领导人之间的对话和合作机制,把"东盟+3"首脑非正式会议升格为正式"首脑会议",特别是确立了中日韩领导人之间的正式协商与合作机制。这说明东亚合作逐渐步入正轨,并为以后的东亚领导人会议打下了更为坚实的基础。金融合作作为东亚合作的重点,在2000年度取得了重要进展。2000年4月,"10+3"财长会议在泰国清迈召开,通过了著名的"清迈倡议",主要内容是推动"10+3"国家之间建立货币互换安排,以防范和减轻金融风险。各国为落实"清迈倡议",开始了双边货币互换协定的签署或商谈。

2003年11月第七次会议取得累累硕果,堪称东亚合作发展史上的重要里程碑,使东亚合作有了新的起点。(1)中国与东盟十国签署并发表了《面向和平与繁荣的战略伙伴关系联合宣言》,这是中国第一次与一个地区组织建立战略伙伴关系,中国也是东盟的第一个战略伙伴;(2)中国加入《东南亚友好合作条约》,是加入该条约的第一个非东南亚大国,也是中国第一次加入本地区区域性的政治条约;(3)中日韩领导人签署了《中日韩推进三方合作联合宣言》,这是三国领导人发表的第一份三方合作文件,确定了三国合作的框架、原则和前进方向。上述三个"第一",表明东亚域合作达到了新的水平,对推进东亚合作具有深远的意义,标志着东亚合作进入了一个新的发展阶段。

2004年11月29日第八次会议在老挝万象举行,会议确定东亚共同体为东亚合作的长远目标,决定启动东亚自贸区可行性研究。就在这次会议上,与会各国领导人决定,2005年在吉隆坡召开首届东亚峰会。

2005年12月12日第九次会议,同时也是第一次东亚峰会,在马

---

① 《"东盟+3"领导人会议联合声明》,美联社马尼拉1999年11月28日英文电。

来西亚吉隆坡举行,会议签署《关于东盟与中日韩领导人会议的吉隆坡宣言》。2007年1月14日第十次会议在菲律宾宿务举行,会后发表《第十次10+3领导人会议主席声明》。2007年11月20日第十一次会议在新加坡举行,会议审议通过了第二份《东亚合作联合声明》和《2007—2017年东盟与中日韩合作工作计划》,决定建立10+3合作基金。2009年10月24日第十二次会议在泰国华欣举行,重点讨论气候变化、灾害管理、粮食和能源安全、公共卫生、经济和金融以及教育合作,会议发表了《10+3粮食安全和生物能源开发合作华欣声明》。2010年10月29日第十三次会议在越南河内举行。会议议题是:回顾10+3合作,展望未来发展方向;就地区和国际问题交换看法。2011年11月18日第十四次会议在印度尼西亚巴厘岛举行。2012年11月19日第十五次会议在柬埔寨金边举行,会议通过了《关于纪念10+3合作15周年的领导人联合声明》和《关于10+3互联互通伙伴关系的领导人声明》。2013年10月10日第十六次会议在文莱首都斯里巴加湾市举行,东盟10国以及韩、日、美、俄、印度、澳大利亚、新西兰等国领导人或代表出席,中国总理李克强发表讲话并强调把握和平发展、互利合作大方向、推进东亚合作健康发展。各国领导人围绕东亚合作发展、有关国际地区问题和全球性议题交换意见。

5. 东亚峰会

东亚峰会构想是1990年首先由当时的马来西亚总理马哈蒂尔提出,他建议通过这一论坛,逐步实现"东亚经济共同体"。但由于美国担心此举会削弱APEC的重要性及其自身在该地区的影响遭到排挤而强烈反对。直到2004年11月出席第十届东盟峰会的各国领袖一致同意,将东盟10+3峰会正式更名为"东亚峰会"。东盟之所以积极推动"东亚峰会"是希望进一步密切与中日韩等东亚大国的合作来促进自身的经济发展,实现政治经济上的腾飞。2005年12月12日在马来西亚首都吉隆坡召开首届东亚峰会,共有16个国家的元首或政府首脑参加。根据组织设计,东亚峰会是一个开放的、包容的、透明的和具有前瞻性的论坛,东盟发挥主导作用。东盟提出的参加东亚峰会的三个基本条件是:应是东盟的全面对话伙伴;已加入《东南亚友好合作条约》;与东盟组织有实质性的政治和经济关系。截至2011年11月,东亚峰会有18个参与国,即东盟10国和中国、日本、韩国、印度、澳大利亚、新西兰、美国和俄罗斯8国。目前,东亚峰会是涵盖国家最多、最重要的东亚合作组织,是建立东亚自由贸易区的基础。

(二)主要成效

经过冷战后二十多年的发展,东盟以及相关组织的合作取得了巨大成就,主要表现在以下几个方面。

一是推动东亚自由贸易区初步成形并取得阶段性成果。以东盟为核心推动建立东亚自由贸易区是东亚合作的发展目标。目前,东盟已经与中国、日本、韩国、澳大利亚、新西兰、印度等6个国家签署了5份自由贸易协定(澳大利亚和新西兰共同与东盟签署一份自贸协定)。这5份自由贸易协定涵盖国家之多、经济总量之大为东亚自由贸易区奠定了基础。以中国—东盟自贸协定为例,2010年1月1日建成后,将惠及19亿人口、GDP接近6万亿美元、贸易总额达到4.5万亿美元。中国和东盟之间将有超过90%约7000种产品享受零关税待遇,实现货物贸易自由化。自贸区的建立将使中国和东盟的百姓享受更低的消费价格。东盟的热带水果,比如泰国的榴莲、红毛丹,菲律宾的芒果,越南的火龙果等可以以较低价格进入中国,中国的轻纺、电子工业的大部分产品等也能够以零关税进入东盟市场。2011年中国与东盟贸易额创历史新高,达3629亿美元。目前,东盟已是中国第三大贸易伙伴。中国是东盟第一大贸易伙伴。中国东盟自贸区成为区域合作新型模式,为发展中国建立自贸区树立典范,将积极影响世界经济并将改变世界贸易格局。

二是为区域内全面经济关系协定(RCEP)提供了基础。RCEP是东盟国家近年来提出并以东盟为主导的区域经济一体化合作形式,是成员国间相互开放市场、实施区域经济一体化的组织形式。RCEP的成员国初步计划包括与东盟已经签署自由贸易协定的6个国家,即中国、日本、韩国、澳大利亚、新西兰、印度,共计16个国家,东亚峰会另外两个成员国,即美国、俄罗斯因目前并没有与东盟建立自由贸易关系,所以暂时不在RCEP成员国计划范围之内。东盟的设想是等16个国家将RCEP建到一定程度后,再考虑美国、俄罗斯加入事宜。RCEP拥有占世界总人口约一半的人口,生产总值占全球年生产总值的三分之一。显然,如果这一经济组织得以最终完全建成,将在世界经济版图中占据重要位置,对亚太各国经济发展将起到极大的促进作用。正如中国总理李克强所指出的,"区域全面经济伙伴关系协定(RCEP)是东亚地区参与成员最多、规模最大的贸易协定谈判,是对既有成熟自贸区的整合。RCEP 具有较强的包容性,符合亚洲产业结构、经济模式和社会传统实际,采取循序渐进方式,兼顾成员国不同发展水平,不排斥其他区域贸易安排。RCEP 和 TPP 应成为多边贸易体制的重要补充,二者可以并行不悖、相互促进,希望 RCEP 在 2015 年能够达成协议。"从目前的发展趋势来看,东亚峰会的建立和发展打破了区域内界线,采取开放式做法,从而创造了一种区域合作新模式、新平台,特别是这种合作模式能够在一定程度上缓和东亚与美国的关系,降低了美国担心被排除在东亚合作进程之外的忧虑,从而为 RCEP 的建立和发展提供了一个很好的基础。

三是为中国与新、台、韩等签订双边贸易协定创造良好氛围。截至 2013 年,中国已与新加坡、智利、巴基斯坦、新西兰、秘鲁、哥斯达黎加等 19 国签订了自由贸易协定,其他国家也在加快签订自由贸易协定。2008 年中国与新加坡签署了自由贸易协定。协定涵盖了货物贸易、服务贸易、人员流动、海关程序等诸多领域,是一份内容全面的自由贸易协定。

"两岸经济合作架构协议"(ECFA)于 2010 年 6 月 2 日签订。"两岸经济合作架构协议"的英文名为 ECFA(Economic Cooperation Framework Agreement),是指在世贸允许的框架内,两岸类似自由贸易区的经济合作协议。本着世界贸易组织(WTO)基本原则,考虑双方的经济条件,逐步减少或消除彼此间的贸易和投资障碍;通过签署 ECFA,建立有利于两岸经济繁荣与发展的合作机制。ECFA 签署在经济上形成"中华经济体",韩国先驱报创造新词"Chiwan",陆港台三地 GDP 总和共 5.5 万亿美元,超过日韩朝 GDP 总和。2013 年,大陆与台湾贸易额为 1972.8 亿美元,超美台、日台贸易额总和。台对大陆的"出口"占总"出口"的比例近 40%,对大陆依存度攀升。

中韩自贸协定(FTA)谈判自 2004 年开始到 2014 年 11 月 10 日结束,已经过了 10 年。中韩自由贸易协定签署,给东北亚自由贸易框架树立一个标杆,大大有助于推动中日韩自贸区的建立。中韩自贸区是我国迄今为止对外商谈的覆盖领域最广、涉及国别贸易额最大的自贸区。根据谈判成果,在开放水平方面,双方货物贸易自由化比例均超过"税目90%、贸易额85%"。协定范围涵盖货物贸易、服务贸易、投资和规则共17个领域,包含了电子商务、竞争政策、政府采购、环境等"21世纪经贸议题"。中韩自贸区谈判实现了"利益大体平衡、全面、高水平"的目标。官方数据显示,中国是韩国最大贸易伙伴,2013年双边贸易达到2289亿美元,相当于韩国1.08万亿贸易总额的21%。[①]

第三节 上海合作组织及其成就

（一）基本情况

上海合作组织简称上合组织（SCO）,前身是"上海五国"会晤机制。1996年4月26日,中国、俄罗斯、哈萨克斯坦、吉尔吉斯斯坦、塔吉克斯坦五国元首在上海举行会晤。"上海五国"会晤机制正式建立。2001年6月14日—15日,上海合作组织国家元首在上海举行第六次会谈,乌兹别克斯坦正式加入。15日,上海合作组织国家元首举行首次会谈并签署《上海合作组织成立宣言》,上海合作组织正式成立。上海合作组织国家元首正式签署《关于打击恐怖主义、分裂主义和宗教激进主义公约》。2001年9月,上海合作组织政府首脑在哈萨克斯坦阿拉木图举行首次会谈。在会谈中上海合作组织政府首脑联合决定启动上海合作组织多边经济合作进程,宣布正式建立上海合作组织政府首脑定期会谈机制。

目前上海合作组织有6个成员国：中国、俄罗斯、哈萨克斯坦、吉尔吉斯斯坦、塔吉克斯坦和乌兹别克斯坦；5个观察员：伊朗、巴基斯坦、阿富汗、蒙古和印度；3个对话伙伴：斯里兰卡、白俄罗斯和土耳其；3个参会客人：土库曼斯坦、独联体和东盟。工作语言为汉语和俄语。上海合作组织是第一个在中国境内宣布成立、第一个以中国城市命名的国际组织,成员国总面积为3018.9万平方公里,即欧亚大陆总面积的五分之三,人口约16亿,为世界总人口的1/4,已成为世界最大的区域组织。

上海合作组织的准则是互信、互利、平等、协商、尊重文明多样性、

[①] 中韩正式启动自贸协定谈判,http://news.xinhuanet.com/2012-05-02/c_111874782.htm。

谋求共同发展。这与和平共处五项原则有些相似,但毕竟还是不一样,适用的情况也不一样。

上海合作组织的宗旨:(1)加强成员国的相互信任与睦邻友好;(2)维护和保障地区和平、安全与稳定,共同打击恐怖主义、分裂主义和极端主义、毒品走私、非法贩运武器和其他跨国犯罪;(3)发展成员国在政治、经济、环保、文化、科技、教育、能源、交通、金融、贸易等领域的有效合作,促进地区经济、社会、文化的全面均衡发展,不断提高成员国人民的生活水平;(4)推动建立民主、公正、合理的国际政治经济新秩序。

上海合作组织遵循的原则:(1)恪守《联合国宪章》的宗旨和原则;(2)相互尊重独立、主权和领土完整,互不干涉内政,互不使用或威胁使用武力;(3)所有成员国一律平等;(4)平等互利,通过相互协商解决所有问题;(5)奉行不结盟、不针对其他国家和组织及对外开放的原则。

上海合作组织组织合作的基本方向:(1)政治区域合作;(2)安全领域合作;(3)区域经济合作;(4)人文领域合作。

上海合作组织已基本建立起涵盖不同层次、涉及众多领域的较完善的机构体系,已建立国家元首、总理、总检察长、安全会议秘书、外交部长、国防部长、经贸部长、文化部长、交通部长、紧急救灾部门领导人、国家协调员等会议机制。每个会议机制的运作,均有相应的文件予以规范。其常设的机构有两个:上合组织秘书处和地区反恐怖机构,秘书处设在北京,地区反恐怖机构设在乌兹别克斯坦首都塔什干。

上海合作组织每年举行一次成员国国家元首正式会晤,定期举行政府首脑会晤,轮流在各成员国举行。下面是历届上海合作组织峰会:

第一次峰会——上海峰会:2001年6月15日在上海举行。六国元首签署了《上海合作组织成立宣言》《打击恐怖主义、分裂主义和极端主义上海公约》。

第二次峰会——圣彼得堡峰会:2002年6月7日在圣彼得堡举行。六国元首签署了《上海合作组织成员国元首宣言》等文件。

第三次峰会——莫斯科峰会:2003年5月29日在莫斯科举行。六国签署上合组织地区反恐怖机构执行委员会细则等文件,签署上合组织各机构条例、徽标和秘书长人选。

第四次峰会——塔什干峰会：2004年6月17日在塔什干举行。六国元首签署塔什干宣言等文件，给予蒙古上合组织观察员地位。

第五次峰会——阿斯塔纳峰会：2005年7月5日在阿斯塔纳举行。批准上合成员国合作打击恐怖主义、分裂主义和极端主义构想等文件，给予巴基斯坦、伊朗、印度上合观察员地位。

第六次峰会——上海峰会：2006年6月15日在上海。此次峰会适逢上海合作组织成立5周年和"上海五国"机制建立10周年，举世瞩目。

第七次峰会——比什凯克峰会：2007年8月16日在比什凯克举行。成员国元首共同签署了《比什凯克宣言》。

第八次峰会——杜尚别峰会：2008年8月28日在塔吉克斯坦首都杜尚别举行。成员国元首共同签署了《上海合作组织成员国元首杜尚别宣言》等重要文件，会议发表了《上海合作组织成员国元首理事会会议联合公报》。

第九次峰会——叶卡捷琳堡峰会：2009年6月16日在叶卡捷琳堡举行。上合组织成员国元首发表《叶卡捷琳堡宣言》。白俄罗斯和斯里兰卡成为上合组织对话伙伴国。

第十次峰会——塔什干峰会：2010年6月11日在塔什干举行。峰会批准《上海合作组织接收新成员条例》和《上海合作组织程序规则》等文件。

第十一次峰会——阿斯塔纳峰会：2011年6月15日在哈萨克斯坦首都阿斯塔纳举行。会议签署了《上合组织10周年阿斯塔纳宣言》，发表《新闻公报》。宣言强调，打击恐怖主义、分裂主义、极端主义仍是上合在安全领域的主要优先方向。该宣言是上合组织未来一段时期的行动指南。

第十二次峰会——北京峰会：2012年6月6日至7日在中国北京举行。会议批准《上合组织中期发展战略规划》，通过阿富汗成为上合组织观察员、土耳其成为对话伙伴。

第十三次峰会——比什凯克峰会：2013年9月13日在吉尔吉斯斯坦首都比什凯克举行。参会元首一致同意，共同打击"三股势力"、贩毒、跨国有组织犯罪，应对信息安全威胁；深化经济合作，扩大地区互联互通,推进区域贸易投资便利化;加强人文、科技、旅游、卫生领域合作,巩固睦邻友好合作关系;同有关国家、国际和地区组织开展对话和合作,共同维护地区和世界安全稳定。

第十四次峰会——2014年9月在塔吉克斯坦首都杜尚别举行。会议继续制订《上海合作组织至2025年发展战略》,并按程序提交下一次上合组织成员国元首理事会会议批准。元首们认为有必要加强对话,扩大财金合作,以促进上合组织所有成员国经济发展,加深地区经贸往来,提高本地区在世界经济中的地位。元首们指出,为研究成立上合组织发展基金(专门账户)和上合组织开发银行问题所做工作十分重要,责成继续努力并尽快完成该项工作。习近平主席在会上发表重要演讲,深入阐述上合组织未来发展之道:"凝心聚力,精诚协作,全力推动上海合作组织朝着机制更加完善、合作更加全面、协调更加顺畅、对外更加开放的方向发展,为本地区人民造福。"

(二) 主要功能

概括来看,上海合作组织主要有三方面的功能。

1. 安全功能

因为恐怖主义在这个地区泛滥成灾,所以无论俄罗斯、中国,还是其他国家都需要在安全上进行合作,共同打击恐怖主义。安全功能是以打击三股势力(恐怖、分裂、极端)为首要目标,也是上合组织成立开始时期的最主要目标,维护本地区的安全和稳定。与此同时,上合组织也做了大量的军事方面和安全方面的合作。

2. 政治功能

随着实践发展,上合组织在安全功能基础上又演变出了政治功能和经济功能,这样一种多方位的功能。从政治功能方面来看,原则上提倡上海精神,所谓的上海精神并不是说中国精神,而是指上海合作组织的精神。具体而言可分为如下几点:(1)正式建立多边睦邻友好合作条约与机制,寻求新型非对抗性国际关系有重要意义。(2)2006年《上海合作组织五周年宣言》,提出上海合作组织将为建立"互信、互利、平等、相互尊重"的新型全球安全架构作出建设性贡献。(3)代表着欧亚大陆不同文明和全世界近一半人口的国家团结在了"上海精神"这面旗帜之下。

表面上看来,这些表述好像是很普通的语言,并没有什么特殊之处,但要真正落到实处还远没有那么容易。上合组织的成员国家恰恰在这些方面做出了巨大的努力和贡献,也为世界各国的合作树立了榜样。

3. 经济功能

近年来,在仍然重视安全功能的同时,上合组织已从原先的安全组织逐渐上升为一种经济合作组织。扩大经贸合作对于这些地区国家来讲是一种共同的需要。2003年上海合作组织成员国政府首脑会议签署了《上海合作组织成员国多边经贸合作纲要》,这标志着经济与安全成为上合组织两大重点合作领域。

国际金融危机爆发以后,上合组织的经济功能更加重要。2009年上合组织峰会重点讨论了如何共同应对危机,在基础设施建设、能源等领域的合作有望取得新进展。各国提出要加快落实大型项目,以扩大地区交通、通信能力,实现同国际市场的对接,加强基础设施建设,建立现代国际物流、贸易和旅游中心,成立新型企业,应用创新技术、节能技术和可再生能源技术。中国宣布向上合组织成员国提供一百亿美元信贷支持。这笔贷款将优先用于落实上合组织框架内交通、能源、通信等领域多方参与、共同受益的网络型项目,以及帮助其他成员国实现一些改善民生、发展经济的项目。

从实践来看,上合组织为有关国家加强贸易、经济等方面合作,创造了一个良好的组织功能,将成为亚洲地区经济发展的强力推手,实现亚洲新丝绸之路。中国与上合组织其他成员国的贸易额从2001年的121亿美元增至2011年的1134亿美元,增长近10倍。中国已经成为俄罗斯第一大贸易伙伴,哈萨克斯坦、吉尔吉斯斯坦和塔吉克斯坦的第二大贸易伙伴。目前,上合组织已经决定建立开发银行、粮食安全合作机制、种子库和农业示范推广基地、能源俱乐部等目标,这必将为区域经济合作增添新的动力,提升成员国在全球经济中的竞争力,区域内国家都将从这种合作中获益,推动本国经济增长。这其中,中国在力所能及的范围内做出了应有的贡献。截至2012年3月底,中国国家开发银行为区域内能源、基础设施、交通通信、农业、中小企业等领域几十个合作项目的贷款余额达385亿元,是上合组织银联体中贷款规模最大、最活跃的成员。同时,上合组织的经济合作也成为中国经济增长的重要推动力,特别是在能源供应方面,中国拓展了能源供应渠道。最典型的例子就是西起新疆霍尔果斯,东至上海,南至广东、香港的西气东输二线管道,每年从土库曼斯坦可以引进300亿立方米天然气,惠及沿途15个省区市约4亿居民。

(三) 面临问题

1. 内部问题

从上合组织的发展效果来讲,应该说要比APEC的作用要大,而且虚实比例跟APEC不一样,APEC是虚多实少,上合组织虚的东西相对而言极少,也即实多虚少,但内部也存在着一些矛盾,在上合组织成员国内部,关于组织发展前景及其具体的政治和经济活动形式存在着相当纷杂的观点与意见。在解决应对威胁与挑战、建立经济合作与伙伴关系、开展共同外交活动等问题时,何种意见会成为主流,上合组织的效率及最终组织本身的发展情况都将取决于各个成员国的智慧和协调、妥协的能力。因为各个国家的利益不一样,比如俄罗斯身处中亚,虽然和我们很多方面是战略伙伴关系,但是内部的需求和要求都不一样,俄罗斯一直将中亚地区看作其固有的势力范围,对于中国根深蒂固的防范心理,虽然现在中俄处于历史上最好的一个时期,但我们不可不看到俄罗斯对于中国迅速崛起的担心和戒备。

2. 外部问题

(1) 与美国关系问题。尽管上海合作组织一再宣称不针对任何第三国,但由于其影响力不断扩大,并成为一个重要的地区性的国际组织,北约和美国等西方发达国家仍然对其提防,并认为是与北约的对抗,在上海合作组织举行反恐演习时,经常同期在亚太地区举行军事演习,以示对抗。美国对上合组织的分化瓦解直接冲击上合组织的生存和发展。

(2) 成员扩大问题。上海合作组织现有的观察员国家有蒙古、伊朗、巴基斯坦和印度。①

蒙古始终对上合组织发展十分关心,也在各层面吐露过希望从观察员"转正"的愿望。蒙古与中俄地理相连,同上合组织成员经济交往密切,与其他国家无重大领土分歧,相对而言,蒙古各方面条件比较符

---

① 印度与巴基斯坦于2015年7月第十五届上合组织会议上正式加入该组织。

合上合组织要求。

伊朗是具有悠久传统的文明古国，是西亚举足轻重的地区大国，在中亚地区也具有非常独特的影响力，其在中亚南部的塔吉克斯坦和土库曼斯坦经营多年，在宗教、经济方面颇具感召力，由于长期受到西方制裁，伊朗希望以中亚为桥梁，借助上合组织打破外部对其实施的封锁和孤立。伊朗同中亚邻国在安全、交通、里海能源等领域具有广阔的合作前景，只是缺乏适当的地区合作机制，上合组织似乎正可以满足这一需要。另外，如何协调和北约的关系，如何处理和 APEC 的关系，如何处理和东南亚组织的关系，这都是上合组织面临的课题，需要我们思索。

无论如何，上合组织是新世纪的一股不可小觑的新力量，尽管它暂时还存在着各式各样的问题有待解决，但毕竟这是中国乃至亚太地区一次较为成功的突破。上合组织仍很年轻，发展前景十分光明，我们坚信上合组织保持着步步为营、趋利避害的前进步伐，将为中国、为亚洲创造更大的福利！

第九章　美国组建的 TPP

第一节　TPP 的进展与障碍

一、TPP 的概况与进展

TPP,全称《跨太平洋战略经济伙伴关系协定》(Trans-Pacific Partnership, TPP)。早在 2002 年,新西兰、新加坡、智利和文莱等四国(P4)发起成立多边关系的自由贸易协定,原名亚太自由贸易区,旨在促进亚太地区的贸易自由化。2009 年 11 月,美国正式提出扩大跨太平洋伙伴关系计划,澳大利亚和秘鲁同意加入。美国借助 TPP 的已有协议,开始推行自己的贸易议题,全方位主导 TPP 谈判。自此跨太平洋战略经济伙伴关系协定,更名为跨太平洋伙伴关系协定,开始进入发展壮大阶段。2010 年,马来西亚和越南也成为 TPP 谈判成员,使 TPP 成员数量扩大到 9 个。2011 年 11 月的亚太经济合作组织高峰会完成并宣布跨太平洋伙伴关系协议纲要。至 2013 年已有 12 个国家参加 TPP 谈判。在美国的主导下,TPP 谈判具有领域广、标准高的特点,体现出新一代区域贸易安排的发展趋势。TPP 共进行了多轮谈判。TPP 协议的主要条款有:货物贸易自由化、服务贸易自由化、投资自由化、便利化、"边境内"措施和社会条款等。根据美国贸易谈判代表办公室公布的 TPP 谈判的进展情况介绍,TPP 谈判自 2012 年下半年以来取得了一定程度的实质性进展。其中,各方在海关措施、电信、规制一致化、发展等章节已基本达成了共识,后续轮次将不再就这几个议题进行谈判,少量遗留工作待 TPP 协定最终文本确定时一并完成。知识产权、竞争、环境、劳工标准等是目前 TPP 谈判各方分歧最大、最具挑战性的领域。各方在货物和服务贸易市场准入、投资、政府采购等几个领域的磋商虽然已取得了一定的成效和进展,但距达成共识还有一定的距离。①

二、TPP 谈判进程的障碍

(一) TPP 与 APEC 区域内现存的 FTA 协议的矛盾

TPP 的出现与 APEC 主导下亚太地区经济一体化的缓慢进程存在着必然的联系②。亚太地区各国在推动双边自由贸易协定上的意愿十分强烈,FTA 协议如雨后春笋纷纷出现。TPP 作为一个辐射整个亚太地区的自由贸易协定,其高标准的协议必然与该地区现存的大量自由贸易协议形成"结构性"的矛盾。一方面,澳大利亚、新西兰和新加坡主张用 TPP 全面的自由贸易协议取代现存的各项自由贸易协议;另一方面,美国则希望保存与四个 TPP 成员国(澳大利亚、智利、秘鲁和新加坡)现有的自由贸易协议,再与其他谈判国开展新的市场准入协定谈判,并将其融入 TPP。可见,TPP 参与国的多重 FTA 身份将形成亚太地区不同的市场准入与不同的关税标准的混乱。APEC 是亚太最大的经合组织,TPP 与 APEC 二者成员大部分一致,美国在 APEC 框架外另起炉灶,如何处理与 APEC、FTA 之间关系乃是 TPP 在结构上存在的一大难题。这一结构性矛盾不仅成为 TPP 谈判进程本身的一个障碍,更将增加亚太地区区域经济一体化的整合成本与复杂性。

(二) TPP 谈判中各国对敏感条款的掣肘

以农产品项目的谈判为例,"美国和巴西等国就农产品补贴等问题争执不下"③制衡了美洲自由贸易区谈判的进程,而远比美洲自由贸易区参与国更多且谈判项目覆盖更广、谈判标准更严苛的 TPP 同样难以回避这一困境,甚至各国对这一系列敏感条款的博弈也成为 TPP

---

① 刘晨阳:《TPP 章节谈判的进展及我国的应对策略》,载唐国强:《亚太与东亚区域经济一体化形势与建议》,世界知识出版社 2013 年版,第 63 页。
② 田海认为 TPP 是 APEC 进程受挫的产物,参见田海:《TPP 背景下中国的选择策略思考——基于与 APEC 比较的分析》,《亚太经济》2012 年 4 期。
③ 刘晨阳、于晓燕主编:《亚太区域经济一体化问题研究》,南开大学出版社 2009 年版,第 45 页。

谈判进程中的最主要障碍。"最易受自由化冲击的农业"①是各国保护的重要领域,TPP 的主要谈判国日本在农业问题上不肯轻易让步很大程度上阻碍了 TPP 谈判的进程。向来缺乏国际竞争力的日本农业主要依赖政府的补贴和高水平关税的贸易保护。正如下表中的数据所显示的,如果日本取消农业关税,日本农业甚或将面临"破产"的危机。2014 年 5 月底,日美双方围绕降低农产品关税一事进行谈判,包括降低牛肉、猪肉关税以及防止进口激增措施,同样未能达成一致。同样竞争力不强的韩国农业也面临加入 TPP 后将遭遇的强大冲击。

相比之下,作为 TPP 中发达成员国之一的新加坡的农业产值仅占其 GDP 的 0.13%,这类国家显然更易接受"美国式"的高标准。此外,TPP 的"美国式"高标准还体现在劳工保护、国有企业竞争政策、环境保护、知识产权等条款上,经济发展水平各异(如表 9.1 所示)的参与国要在这些条款上"达标"进而实现全面、彻底的自由化恐需消耗较长时间的博弈。

表 9.1　TPP 谈判各方和日本平均关税比较(%)②

	新加坡	文莱	新西兰	智利	美国	澳大利亚	秘鲁	越南	马来西亚	日本
单纯平均最惠国待遇关税	0.0	2.5	2.1	6.0	3.5	3.5	5.5	10.9	8.4	4.9
农产品	0.2	0.1	1.4	6.0	4.7	4.7	6.2	18.9	13.5	21.0
电器机器	0.0	14.3	2.6	6.0	1.7	1.7	3.1	10.9	4.3	0.2
电视机	0.0	5.0	0.0	6.0	0—5	0—5	9.0	0—37	0—30	0.0
运输机械	0.0	4.0	3.1	5.4	5.1	5.1	1.5	18.9	11.6	0.0
汽车	0.0	0.0	0—10	6.0	5.0	5.0	9.0	10—83	0—35	0.0
化工产品	0.0	0.5	0.8	6.0	1.8	1.8	3.1	4.2	2.9	2.2
纺织品	0.0	0.9	1.9	6.0	6.8	6.8	13.1	10.0	10.3	5.5
非电器产品	0.0	7.1	3.0	6.0	3.1	3.1	0.8	3.6	3.6	0.0

① 李文韬:《东盟区域经济一体化战略及其对 APEC 合作影响》,《南开大学学报(哲学社会科学版)》2012 年第 4 期。

② 《当代亚太》2012 年第 1 期。

第二节 美国的战略意图与影响

一、美国的战略意图

其一,有美国经济学家预计,TPP 的启动将大大有利于奥巴马政府提出的美国出口倍增计划的实现。这对美国来说是最直接的利益获得,是近期就要实现的目标。美国通过 TPP 谈判,可以避免自身被排除在亚洲尤其是东亚区域经济合作之外,从而可以获得现实的经济利益和长远的战略利益。近年来,亚太区域经济整合进程明显加快,形成了"10+1""10+3""10+6"等经贸合作机制。美国意识到:它在该区域的贸易份额持续减少,有被排除于亚太区域经济合作之外的危险。特别是中国—东盟自由贸易区正式建成,对东亚经济一体化进程产生重要冲击与影响。中国的影响力始终是美国关注的焦点。随着中国地位的提升,美国在亚洲的经贸影响力相应衰落,如果任由亚洲形成将美国排除在外的诸多优惠贸易协议,那么美国出口企业和整体经济将会因此受到损害。美国通过 TPP 谈判可以对中国东盟 FTA 起到制衡作用,削弱中国经济在该区域的影响力,确保其东亚地缘政治、经济和安全利益。美国学者认为亚洲形成一个将美国排除在外的贸易集团对美国不利。彼得森国际经济研究所估计,一个没有美国参与的东亚自由贸易区可能使美国公司的年出口至少损失 250 亿美元,或者约 20 万个高薪岗位。① 因此,"美国调动一切行政、经济和外交资源全面主导 TPP 谈判,打破亚太原有的区域经济整合节奏。通过对亚太区域经济一体化进程的介入,进一步稀释中国的区域经济和政治影响力"。

其二,美国另一重要目标是通过 TPP 主导东亚甚至是亚太经济合作进程,换言之就是取得亚太经济合作的主导权,这应当是美国要达到的中期目标,因为除此之外,美国还有更长远的考虑。美国之所以要这样做,主要原因是基于目前的亚太合作进程现实的考虑。从某种意义上说,当前的亚太经济合作正处于快速发展之中,但还没有一个

---

① 《跨太平洋战略经济伙伴关系协定》,http://baike.sogou.com/v66228172.htm。

明确国家或组织能够成为各方公认的合作主导者。换言之,当前的亚太合作正处于合作主导权的争夺和形成中。从国际合作发展历史看,一个地区的合作要想取得快速发展,必须有一个或几个国家成为合作的主导者,就像欧盟的法德两国。因此,亚太地区最终形成一个或几个合作主导权国家是历史的必然。2010年1月,中国—东盟自由贸易区正式建成,这个有19亿人口和6万亿美元GDP的合作组织引人瞩目。就中国奉行的外交哲学而言,中国不可能公开宣布要主导亚太合作,而且就亚太地区的复杂形势而言,中国支持东盟成为亚太合作主导是符合现实利益的战略选择。但中国主观上的选择和支持是一回事,现实中国经济实力的不断增强,使中国的影响客观上却在日渐增加,逐渐形成一种中国主观上并无抢夺亚太主导权的战略考虑,但客观上却形成中国的主导作用日渐凸显的现实。对于这一点美国看得十分清楚。美国意识到,如果中国取得了事实上的亚太经济合作主导权,对美国来说是最为不利的结果。因此,如果美国能主导TPP合作进程,就可以弱化甚至排除中国在亚太经济合作进程中的影响。以当前中美经济力量的对比来看,虽然中国发展势头良好,美国经济处于衰退之中,但总体而言美国的经济实力还是要远远超过中国。美国的目的就是要利用当前美国经济仍然具有的影响力,按照自己的意图主导TPP发展,重塑并主导亚太区域经济整合进程,将中国排除在外,稀释中国的区域影响力,推动实现没有中国参与或者中国影响很小的亚太合作进程。毫无疑问,一旦这个目的实现,对中国经济将是极为不利的影响。"美国不想再当旁观者,要采取切实的行动成为亚太区域经济整合的领导者。"TPP被公开定义为是美国亚太"再平衡战略"的经济和贸易支柱,是美国旨在重新夺回受到中国挑战的亚太地区经济和贸易影响力的基本步骤。[1]

其三,美国通过TPP要达到的目标绝非仅仅是经济方面的利益。单就经济领域而言,目前亚太地区已经有多个相对比较成熟的合作组织。美国虽然没有占据绝对的主导权,但以美国的经济实力和国际影响力来说,完全可以选择继续依托现有经济合作组织发展扩大自己的影响力,进而实现主导亚太经济合作进程的目标。虽然无法精确计

---

[1] 《跨太平洋战略经济伙伴关系协定》,http://baike.sogou.com/v66228172.htm。

算,但相较而言,依托现有组织发展应当不会比重新建立一个组织要付出更多的代价,但美国却坚持要另起炉灶,重新发展一个新的国际经济合作组织。这只有一个解释就是美国要排除中国建立一个由其完全主导的国际组织。这不由令人回想起上个世纪50年代的马歇尔计划。美国通过马歇尔计划,先经济后军事,最后牵头成立北约组织,完全控制了西半球的政治经济格局,成为美国对抗苏联的坚实基础,并最终围剿成功,成为苏联解体的一个重要原因。当前,很多分析认为,从目前的发展趋势看,美国实际上就是试图通过TPP为载体,复制当年在欧洲的成功,最终建立一个由其主导的跨太平洋战略联盟,而这个战略联盟的对象就是中国。而且,目前美国已经在亚太有几个事实上的军事政治同盟国家,如果能将这些国家纳入TPP,就将形成一个政治军事和经济全面合作的同盟关系。应当说,从中美关系的本质以及美国对中国的战略定位来说,这种分析不无道理。因此,TPP短期看是一个经济合作组织,但长期发展很可能就会变成一个政治经济的综合体。

其四,美国积极推进TPP的根本战略目标,除针对中国之外,就是保持和扩大自己在整个世界的资源版图,重新构建危机后的信用体系,达到在危机后重新瓜分世界资源和财富的目的,继续保持美国超级大国的霸权地位。这是TPP协议对于金融等领域开放的规定比一般的国际贸易协议走得更远的原因。美国主导TPP,放到全球上来看也是对付德国和俄罗斯的手段。俄罗斯有丰富的资源,德国有过人的制造业。美国强势主导TPP的野心,不仅仅在亚太遏制中国,而是在世界范围内,遏制所有最强的对手,建立危机后全球的信用新秩序。环境保护已是全球性的重要课题,环境也越来越成为一个重要的信用体系。在这个议题里面占据主导地位的是欧洲人,而TPP的建立和未来对于环境问题的讨论,很可能将架空《京都议定书》,等于是借助TPP建立一套新的环境信用体系。其中关于环保的协定,其愿景是要抗衡欧洲主导的以碳排放为主的环保信用体系。未来人们可以看到世界围绕环保信用的大博弈。TPP这个信用体系建立起来后,不但是要架空原有的APEC这样松散的区域性组织,还要在环保问题上架空欧洲主导的绿色力量和《京都议定书》,还要与欧盟、俄罗斯、中国等整个欧亚大陆国家竞争,这是美国的一个全球战略而不是简单的区域性战略,是美国在危机后继续主导全球新信用体系的雏形,在这个信用体系下进行全球财富和资源的再分配。①

二、TPP 的积极意义与影响

跨太平洋伙伴关系协议将对亚太经济一体化进程产生重要影响,它有明显的针对中国的战略意图与负面影响,但也应全面客观分析,它也具有重要的积极的正面作用与影响。

TPP 将打破传统 FTA 模式,开创并主导 21 世纪贸易协议的新标准。一般 FTA 谈判都涉及很多例外,包括产品和服务的例外,而 TPP 协议在这方面比较激进,试图打破传统 FTA 模式,创立新的 FTA 模式,制定高标准的贸易协议,使其成为亚太区域一体化进程的典范。例如,2008 年 12 月,美国著名智库彼得森国际经济研究院的贸易政策研究小组,给当选总统和第 111 届国会递交了一份贸易政策建议(*A New Trade Policy for the United States*),在谈到美国的 FTA 战略时,指出可以与中国、巴西甚至印度开展对话,但是不能按照传统的 FTA 模式去谈判,应该专注于基础服务业、能源和环境问题的谈判。而此次美国高调参与 TPP 谈判,目的就是与 TPP 成员达成新型的自由贸易协议。该协议将无一例外地涵盖所有产品和服务。规则透明度是 TPP 谈判的优先关注点。亚太经济体之间规则和标准的差异为贸易和投资带来了很大障碍。增加规则的透明度和可预见性能够确保贸易商、投资者和消费者获得 TPP 协议带来的潜在好处。

贸易协议新标准尤为更加关注工人和环境问题。原有的贸易协议标准已经在国内引起强烈的政治冲突。由于美国制造业岗位流失严重,很多民主党议员将责任归咎于过去的自由贸易协议。面对国内的反对声音,奥巴马表示,与先前的协议相比,TPP 协议将对美国的工人和环境提供更强大的保护。跨太平洋伙伴协议谈判目的之一就是开创 21 世纪贸易协议的新标准:更加关注工人、中小企业、农民和环境。奥巴马政府将履行贸易协议承诺,确保美国企业拥有自由和公平的市场准入机会。美国签署的贸易协议有利于美国的就业和企业,能够更好地保护工人权益和环境。

---

① 《现代金融经济的眼重看历史》,http://www.yi-see.com/read_232742_11191.html。

美国试图开创并主导 21 世纪贸易协议的新标准,符合美国利益,对整个亚太也未尝不是件好事,它可提升亚太经济合作水平。充分利用 TPP 优势,发挥其积极作用何乐而不为?

第三节　中国应对之策

中国没有被邀请参与 TPP 谈判,明显看出美国有意将中国排除在外。TPP 被公开定义为是美国亚太"再平衡战略"的经济和贸易支柱,是美国在经济上实行亚太"再平衡战略"制衡中国战略的重要步骤。因此,TPP 将是未来中美在亚太经济合作激烈的博弈主战场。美国以其强大的政治和经济影响力,试图主导亚太区域经济一体化进程。对此中国必须有清醒认识。但中国可化消极负面因素为积极正面的因素。TPP 已经是一个存在的事实,中国必须采取适当的应对策略。

(1) 应积极利用 TPP 提供的机遇。从目前发展趋势来看,虽然 TPP 谈判存在很多困难,但 TPP 本身的定义就是一个高标准的贸易协议,有可能成为亚太自由贸易区的重要基础和 APEC 区域一体化的重要动力,最终目标是打造一个超出亚太地区现有经济组织合作水平的高标准区域经济合作平台,一旦打造成功,这个合作组织将占据全球 GDP 的 50% 和贸易份额的 40%。世界上任何国家都不可能忽视这一组织的存在,中国同样如此。TPP 的组织原则和目标也确实有利于推动亚太地区经济贸易自由化,有利于推动亚太地区的经济发展。而且中国身处亚太,完全拒绝这一组织等于脱离亚太经济一体化进程。因此,中国应将 TPP 看做一次机遇而不是挑战。中国应该抓住这一机遇,在亚太区域经济整合中发挥与自身实力相对称的作用。

(2) 加快推进区域合作进程.将 TPP 与亚太自贸区进程整合。中方已明确表态认为东亚全面经济伙伴关系、跨太平洋战略经济伙伴协定等均可稳步推进亚太自由贸易区建设,实现亚太区域经济一体化目标。① 中国已有意把亚太自贸区与 TPP 二者巧妙整合,将 TPP 当作亚太区域经济整合与中国发展的重要契机,与美国进行新兴战略性合

---

① 早在 2011 年 11 月,中国外交部部长助理刘振民就声明,中国的对外贸易关系是全方位的,中方对包括《跨太平洋战略经济伙伴协定》(TPP)在内的任何有利于亚太地区经济融合、共同繁荣的合作倡议都持开放态度。

作。2014 年 APEC 北京峰会亚太自贸区蓝图实际上就是其中目标之一。

TPP 是高标准的贸易协议,包括所有货物、服务和农产品贸易,可以作为推动 APEC 区域一体化的重要动力,有可能成为亚太自由贸易区的重要基础。美国借 TPP 提升与亚太新兴经济体的经贸关系,创造出一个适合 21 世纪经济发展趋势的高标准区域经济合作平台。该平台涉及的经济体将占据全球一半的 GDP 和 40% 的贸易份额。这是一次巨大的机遇,中国恰好可借机打开亚太市场,为中国出口企业开创更加便利的国际市场环境,可将 TPP 当作亚太区域经济整合的重要契机。TPP 是亚太区域经济一体化的重要推动力量。

（3）为参与 TPP 谈判做好准备。从当前发展形势来看,美国并没有明确提出要中国参与,这主要是由于美国有更深层次的战略考虑,但中国现在也并不是只能无所作为,完全可以密切跟踪研究 TPP 谈判议题和进程,根据国际经济形势发展,选择合适时机和形式参与 TPP 谈判。中国应为此做好相应准备,比如在劳工标准和绿色环境标准议题方面,应该制定谈判预案和应对措施;在产业层面上做好准备,应加快产业升级,发展绿色制造业,提升现代服务业水平等。

中国前期可以密切跟踪研究 TPP 谈判议题和进程,权衡自身综合利益以后,选择合适的时机参与到 TPP 谈判中来。可以采取列席或者观察员的方式参与协商,待到时机成熟可以果断加入 TPP 谈判,推动 TPP 成为亚太自由贸易区。可以预见,无论是在多边还是区域层面,劳工标准和绿色环境标准议题的谈判将会加快。中国应该制定自己的谈判预案,制定切实的应对措施。未来中国企业将会面临来自劳工标准和环境标准的冲击。中国应该在国际劳工标准和绿色环境标准制定中发挥作用,体现自身利益,否则将会陷入被动局面。在产业层面上做好准备:发展绿色制造业,提升现代服务业。[①]

---

① 《跨太平洋战略经济伙伴关系协定》,http://baike.sogou.com/v66228172.htm。

第十章 中国"一带一路"战略

第一节 "一带一路"战略的提出

"丝绸之路经济带"是2013年习近平主席在访问哈萨克斯坦的时候提出来的。后来在印度尼西亚,习主席又提出"21世纪海上丝绸之路",现将其统称为"一带一路"战略。2013年中国国务院总理李克强参加中国—东盟博览会时强调,铺就面向东盟的海上丝绸之路,打造带动腹地发展的战略支点。加快"一带一路"建设,有利于促进沿线各国经济繁荣与区域经济合作,加强不同文明交流互鉴,促进世界和平发展,是一项造福世界各国人民的伟大事业。

2014年11月,中央财经领导小组第八次会议对"一带一路"建设规划了顶层设计。2015年2月,召开推进"一带一路"建设工作会议,"一带一路"建设工作领导小组正式成立,显示中国对"一带一路"建设工作的重视。2015年3月,国家发展改革委、外交部、商务部联合发布了《推动共建丝绸之路经济带和21世纪海上丝绸之路的愿景与行动》。这一切表明"一带一路"是中国统筹国内国际两个大局作出的重大决策。

"一带一路"战略正式形成之前,实际已酝酿多年,为推动我国西部的快速发展,扩大与西部周边国家的经济深度合作,中国一直在实施"向西开放"的战略,中国西部大开发战略及推动上合组织的成立与发展应是其重要内容,2012年有学者将其概括为"西进战略"①。与此

---

① 见王缉思:《西进:中国地缘战略的再平衡》,《环球时报》2012年10月17日。

同时，我国与东盟国家的合作也日益深入，双方共同利益点不断增多，双方进一步加深合作的愿望也十分强烈。有学者将之概括为"南进"或"东出"战略，也就是加强与东盟和南亚国家的合作。但正式提出"一带一路"战略并把它列为最高层面的乃是习近平主席。"一带一路"战略是"西进"和"东出"战略的更为深化与具体形象体现与公开正式提法。具体而言，中国提出"一带一路"战略的背景可以归纳以下几点：

第一，是推动全球经济复苏的需要。2008年美国金融危机对全球化形成了永久性的伤害。当今世界正发生复杂深刻的变化，国际金融危机深层次影响继续显现，世界经济缓慢复苏、发展分化，国际投资贸易格局和多边投资贸易规则酝酿深刻调整，各国面临的发展问题依然严峻。根据IMF的测算，全球经济仍然未能走出危机，**全球丢失了1.5%的潜在增长水平和能力**，贸易增长的速度低于全球实际经济增长的速度，全球FDI占GDP的比重比2007年下跌了一半。投资下降、贸易下降、全球资本流动下降，表明**全球化停滞和世界经济复苏乏力**。美国虽然经济有所复苏，但"全球经济正处于无明显增长动力的垃圾时间"。"美国和美元主导的全球化3.0模式具有先天缺陷，单极货币和需求驱动容易诱发全球贸易和投资不平衡，具有先天的危机基因"[①]。在这种背景下，有关国家共建"一带一路"顺应世界多极化、经济全球化、文化多样化、社会信息化的潮流，秉持开放的区域合作精神，致力于维护全球自由贸易体系和开放型世界经济[②]，有利于推动世界经济尽快走出困境，尽快走上复苏和常态发展。

第二，中国具备了推动"一带一路"发展的能力。提出思路是重要的，更重要的是要有能力将思路变成现实。过去，我们经济规模小，无力提出如此宏伟战略，即使提出也无法实现，只有在现今的国内外情况下才有基础与可能。目前，中国的经济体量已经接近美国，据有关测算，中国的经济规模，将在本世纪中叶达到美国的3到5倍，俄罗斯、欧盟、印度难与中国相比。只有中国有这样的资本和号召力，拥有足够强的经济、军事和政治能力与潜力，可以提出这样可以影响欧亚整个大陆甚至更广泛影响的战略。这是中国制定"一带一路"战略的

---

① 东方证券宏观策略，2015年4月4日。
② 《推动共建丝绸之路经济带和21世纪海上丝绸之路的愿景与行动》，新华网，2015年3月28日。

内因与依据。

第三,是推动中国经济走出去的需要。近几年中国经济虽然迅速发展,外汇储备接近 4 万亿美元,约占到世界外汇储备的三分之一。同时存在普遍的过剩产能,钢、铜、煤炭等在过去高投资的增长方式下保持了较高产量,至今产量仍居高不下。当投资的边际报酬持续下降,投资增速开始下滑时,过剩产能将影响到中国经济增长。淘汰落后产能,转变经济增长方式,是产业转型与升级的必由之路。当前国内需求疲软。中西部地区占中国国土面积的 80%,人口近 60%,但只占全国进出口总量的 14%,中国未来发展很大程度上取决于该地区的走向。中国的经济增长以往更多得益于东部沿海的率先开放,如今必须调整发展战略,全方位开放,打造对外开放的升级版,否则中国经济就无法可持续发展,有可能面临一轮轮的产能过剩危机而跌入"中等收入陷阱"。

第四,是推动亚太加强合作的需要。如前所述,亚太区域合作组织虽然繁多,但总体而言取得成效有限,特别是 APEC 与东亚峰会问题多多,进程迟缓,如何促进亚洲区域合作快速发展面临严峻考验,需要亚太国家不断探索,做出更多努力。推进"一带一路"战略能够为亚太国家提供更为有效的合作机制,探索形成更有效的合作模式,能够增强现有合作组织的运转效率,推动亚太合作向纵深发展。

第五,是维护中国国家安全的需要。由于种种深层原因,中国西部一些国家民族、宗教、教派冲突问题比较严重,政治社会局势动荡,不能不对我国国内产生影响。近年来中国国内民族分裂势力活动日益增多,针对平民的恐怖袭击行为也多次发生,对人民生命财产和国家安全都造成巨大影响,这些问题的产生及发展实际上与国外恐怖势力的渗透和支持有密切关系。实施"西进战略",加强同相关国家的安全合作,维护中亚、西亚地区的和平,与有关国家协同打击三股势力,能够有力震慑和打击中国国内的恐怖主义、分裂主义和极端主义行为,有力维护中国国家安全。

第六,推动亚太文化交流的需要。文化的交流是当今国际政治的一个重要内容,能够为国家之间建立更稳固的关系。2014 年 6 月 23 日在第三十八届世界遗产大会上,"丝绸之路""大运河"被正式列入世界遗产名录。"丝绸之路"申遗成功为西进战略提供了新的动力与条件。丝绸之路是中国首次进行跨国联合申遗的项目,由中国与吉尔吉斯斯坦、哈萨克斯坦联合申报,整个项目横跨欧亚大陆,线路跨度近5000公里,涉及中国、哈萨克斯坦、吉尔吉斯斯坦3个国家的33处遗迹。正如国家发展改革委、外交部、商务部联合发布的《推动共建丝绸之路经济带和21世纪海上丝绸之路的愿景与行动》所言:"2000多年前,亚欧大陆上勤劳勇敢的人民,探索出多条连接亚欧非几大文明的贸易和人文交流通路,后人将其统称为'丝绸之路'。千百年来,'和平合作、开放包容、互学互鉴、互利共赢'的丝绸之路精神薪火相传,推进了人类文明进步,是促进沿线各国繁荣发展的重要纽带,是东西方交流合作的象征,是世界各国共有的历史文化遗产。"[①]

在上述背景下,"一带一路"应运而生。

第二节 "一带一路"战略地域与合作重点

陆上丝绸之路贯穿亚欧非大陆,一头是活跃的东亚经济圈,一头是发达的欧洲经济圈,中间广大腹地国家经济发展潜力巨大。丝绸之路经济带大致在古丝绸之路范围之上,它贯穿整个欧亚大陆,涵盖中亚、南亚、西亚、东南亚和中东欧等国家和地区,沿线60多个国家、94个城市。从中国连云港出发,到荷兰阿姆斯特丹闭合成为一个圆环。沿线区域主要是新兴经济体和发展中国家,这些地区总人口约44亿,经济总量约21万亿美元,分别约占全球的63%和29%,是目前全球贸易和跨境投资增长最快的地区之一。[②] 21世纪海上丝绸之路重点方向是从中国沿海港口过南海到印度洋,延伸至欧洲;从中国沿海港口过南海到南太平洋,横跨亚欧,绵延7000多公里。

根据"一带一路"走向,陆上依托国际大通道,以沿线中心城市为支撑,以重点经贸产业园区为合作平台,共同打造新亚欧大陆桥、中蒙俄、中国—中亚—西亚、中国—中南半岛等国际经济合作走廊;海上以重点港口为节点,共同建设通畅安全高效的运输大通道。中巴、孟中印缅两个经济走廊与推进"一带一路"建设关联紧密,要进一步推动合

---

① 新华网,2015年3月28日。
② 东方证券宏观策略,2015年4月4日。

作,取得更大进展。①

"一带一路"建设是一项宏大系统工程,重点方向是:"陆上依托国际大通道,以重点经贸产业园区为合作平台,共同打造若干国际经济合作走廊;海上依托重点港口城市,共同打造通畅安全高效的运输大通道。"②主要内容可概括为"五通":政策沟通、设施联通、贸易畅通、资金融通、民心相通。重点在以下方面加强合作。

(1) 政策沟通。加强政策沟通是"一带一路"建设的重要保障。加强政府间合作,积极构建多层次政府间宏观政策沟通交流机制,深化利益融合,促进政治互信,达成合作新共识。沿线各国可以就经济发展战略和对策进行充分交流对接,共同制定推进区域合作的规划和措施,协商解决合作中的问题,共同为务实合作及大型项目实施提供政策支持。

(2) 设施联通。基础设施互联互通是"一带一路"建设的优先领域。在尊重相关国家主权和安全关切的基础上,沿线国家宜加强基础设施建设规划、技术标准体系的对接,共同推进国际骨干通道建设,逐步形成连接亚洲各次区域以及亚欧非之间的基础设施网络。基础设施互联互通是"一带一路"突破口,其核心是建设全方位"亚欧大陆桥"。随着"一带一路"沿线国家经济融合的不断深入,传统的观念将不再局限于铁路运输。原本"亚欧大陆桥"主要指连接亚洲和欧洲的三条铁路。③ 现今在"一带一路"战略总体框架下,"亚欧大陆桥"将会被赋予更多新的含义,它将成为全方位立体交通的代名词。"亚欧大陆桥"将建成"海、陆、空、铁、管"五位一体的立体式综合交通网络体系,并在功能、载体、平台等方面不断突破。未来以港口相连的"亚欧大陆桥"将具备海陆两条通道,不仅可发展国际国内海运,更可发展国

---

① 《推动共建丝绸之路经济带和21世纪海上丝绸之路的愿景与行动》,新华网,2015年3月28日。
② 《"一带一路"建设工作领导小组亮相》,观察者网,2015年2月02日。
③ 亚欧大陆桥铁路主要有三条:第一条经吉林省的珲春和俄罗斯的符拉迪沃斯托克,横穿西伯利亚通向欧洲各国,最后到达荷兰的鹿特丹;第二条东起连云港,向西经陇海铁路、兰新铁路、北疆铁路与哈萨克斯坦铁路接轨,穿越俄罗斯、波兰、德国,最后同样到达荷兰的鹿特丹,是目前亚欧大陆东西向最为便捷的通道。第三条为最新建成的渝新欧铁路,从重庆始发,经达州、西安、兰州、乌鲁木齐,向西ället北疆铁路至中国边境阿拉山口,进入哈萨克斯坦后转俄罗斯、白俄罗斯、波兰,最后到达德国的杜伊斯堡。

际海铁联运这种新兴的海铁枢纽型发展模式。① 此外,要加强能源基础设施互联互通合作,共同维护输油、输气管道等运输通道安全,推进跨境电力与输电通道建设,积极开展区域电网升级改造合作。共同推进跨境光缆等通信干线网络建设,提高国际通信互联互通水平,畅通信息丝绸之路。

(3) 贸易畅通。投资贸易合作是"一带一路"建设的重点内容。宜着力研究解决投资贸易便利化问题,消除投资和贸易壁垒,构建区域内和各国良好的营商环境,积极同沿线国家和地区共同商建自由贸易区,激发释放合作潜力,做大做好合作"蛋糕"。

如今,"一带一路"不仅是中国对外开放中长期最为重要的发展战略,更是沿线各国的共同事业。有数据显示,1990—2013 年期间,全球贸易、跨境直接投资年均增速为 7.8% 和 9.7%,而"一带一路"相关 65 个国家同期的年均增速则分别达到 13.1% 和 16.5%。② 尽管如此,"一带一路"区域内各国之间贸易、投资合作仍面临着经济一体化建设仍明显滞后、贸易比重相对较低、贸易往来存在较多壁垒及障碍等问题,未来将从根本上改变区域内的贸易投资合作现状。其一,"一带一路"建设可以加强区域内主要大国(中国、印度、俄罗斯、土耳其)之间的协调合作,对区域内其他国家的经贸往来起到引领作用。按照 2013 年统计计算,中印俄土四国经济总量占这一地区总量的 65.7%,外国直接投资净流入占 67.9%,贸易额比重也在 40% 以上。这些国家是区域内其他成员的主要出口市场和跨境直接投资流入的主要来源,四国本身的发展与合作事关区域整体的发展大局和未来前景。其二,上海合作组织成员国和观察员国涵盖了丝绸之路经济带上的大多数国家,具有广泛的区域代表性和凝聚力,有利于区域内已有多边、双边合作机制的深化和完善,能够通过签署贸易或投资协定、建立双边或次区域自由贸易区等多种方式推动区域经济深度合作的尝试。其三,扩展中国—东盟自由贸易区的建设。东盟和中国的贸易占到世界贸易的 13%,成为一个涵盖 11 个国家、19 亿人口、GDP 达 6 万亿美元的巨

---

① 《"一带一路"战略引领中国开放经济新格局》,中国金融信息网,2014 年 12 月 16 日。

② 同上。

大经济体,是目前世界人口最多的自贸区,从经济规模上看,将是仅次于欧盟和北美自由贸易区的全球第三大自由贸易区,也是发展中国家间最大的自贸区。自贸区的建立充分体现了中国和东盟之间不断加强的经济联系,是中国与东盟关系发展中新的里程碑。经过多年发展,这种合作已经形成"一轴两翼"区域经济合作战略,具体说,就是由泛北部湾经济合作区、大湄公河次区域"两个板块"和南宁—新加坡经济走廊"一个中轴"组成,形成形似英文字母 M 的"一轴两翼"大格局。

(4) 资金融通。资金融通是"一带一路"建设的重要支撑。深化金融合作,推进亚洲货币稳定体系、投融资体系和信用体系建设。扩大沿线国家双边本币互换、结算的范围和规模。推动亚洲债券市场的开放和发展。共同推进亚投行、金砖国家开发银行筹建,有关各方就建立上海合作组织融资机构开展磋商。加快丝路基金组建运营。中国倡议成立亚投行,一些域外发达国家也纷纷申请加入,亚投行的创始成员国更具代表性和广泛性。深化中国—东盟银行联合体、上合组织银行联合体务实合作,以银团贷款、银行授信等方式开展多边金融合作。支持沿线国家政府和信用等级较高的企业以及金融机构在中国境内发行人民币债券。符合条件的中国境内金融机构和企业可以在境外发行人民币债券和外币债券,鼓励在沿线国家使用所筹资金。加强金融监管合作,推动签署双边监管合作谅解备忘录,逐步在区域内建立高效监管协调机制。完善风险应对和危机处置制度安排,构建区域性金融风险预警系统,形成应对跨境风险和危机处置的交流合作机制。加强征信管理部门、征信机构和评级机构之间的跨境交流与合作。充分发挥丝路基金以及各国主权基金作用,引导商业性股权投资基金和社会资金共同参与"一带一路"重点项目建设。

(5) 民心相通。民心相通是"一带一路"建设的社会根基。传承和弘扬丝绸之路友好合作精神,广泛开展文化交流、学术往来、人才交流合作、媒体合作、青年和妇女交往、志愿者服务等,为深化双多边合作奠定坚实的民意基础。扩大相互间留学生规模,开展合作办学,中国每年向沿线国家提供 1 万个政府奖学金名额。沿线国家间互办文化年、艺术节、电影节、电视周和图书展等活动,合作开展广播影视剧精品创作及翻译,联合申请世界文化遗产,共同开展世界遗产的联合保护工作。深化沿线国家间人才交流合作。加强旅游合作,扩大旅游规模,互办旅游推广周、宣传月等活动,联合打造具有丝绸之路特色的国际精品旅游线路和旅游产品,提高沿线各国游客签证便利化水平。推动 21 世纪海上丝绸之路邮轮旅游合作。积极开展体育交流活动,支持沿线国家申办重大国际体育赛事。加强科技合作,共建联合实验室(研究中心)、国际技术转移中心、海上合作中心,促进科技人员交流,合作开展重大科技攻关,共同提升科技创新能力。加强文化传媒的国际交流合作,积极利用网络平台,运用新媒体工具,塑造和谐友好的文化生态和舆论环境。①

但"一带一路"战略是一项浩瀚工程,它必将面临诸多挑战与风险。中国安全包括中国的投资安全、海外资产保护、信息安全、边境安全和国土安全等均将受到影响。口岸全部打开,势必带来人员的流动频繁,而其他国家的不安定因素甚至部分极端主义势力也会随之而来。这就会提升中国对整体安全的需求,而这些都需要中国在外交、信息、情报、安全、国防以及投射能力的综合系统上有一个全方位的供给能力的提升。

此外,由于途经中东、中亚等大国间博弈的敏感地,可能无法避免相关国家对中国战略意图的恶意揣度。特别会引起欧美大国的疑虑和警惕,也很容易被戴上"新殖民主义""攫取资源"等帽子。美国对中国的这一战略就保持高度关注,认为中国战略会侵犯其在中亚和中东的战略利益,因而采取各种手段加以阻拦。如何管控风险、避免冲突,并与周边大国建立信任关系也将是严峻考验。

第三节 "一带一路"战略的意义

"一带一路"战略具有极其重要的意义。概括地说,它是"统筹国内国际两个大局作出的重大决策,对开创我国全方位对外开放新格局、促进地区及世界和平发展具有重大意义"②。具体有五个方面:

意义之一:为中国经济发展带来新的巨大动力,是实现伟大"中国

---

① 《推动共建丝绸之路经济带和 21 世纪海上丝绸之路的愿景与行动》,新华网,2015 年 3 月 28 日。

② 《"一带一路"建设工作领导小组亮相》,观察者网,2015 年 2 月 2 日。

梦"的合理延伸,是中国第二次崛起的宏伟战略决策体现之一。中国自2000年开始提出西部大开发战略,是基于历史和现实的考虑。历史上,古代中国的经济和政治重心一直在内陆,并长期偏向于西部,虽然面临太平洋,但中国一直被认为是一个大陆国家,从没有向海外延伸领土疆界的历史。而且,通向欧亚大陆西部的丝绸之路,曾是沟通东西方文明与商业活动的重要桥梁。然而近代以来,中国经济发展中心开始向沿海转移。建国之后的前三十年,在计划经济政策的指导和部署下,中国的西部地区和沿海地区发展并未表现出过大的差异。但改革开放以后,由于东部沿海地区率先实行对外开放政策,来自外部的投资大多集中于东部地区,东部沿海地区的经济率先发展起来,东西部发展开始出现差距并且越来越大。随着时间的推移,这种东西部之间的差距已经成为影响我国经济社会全面发展的巨大障碍。为实现全国的均衡发展,自2000年起,中国政府开始实行西部大开发战略。这个战略的主要目的就是将经济发展中心向西部转移,将资源向西部倾斜,集中力量发展西部经济,缩小东西部发展差距。建设"一带一路"对中西部地区经济发展的意义尤为重大。中西部地区占中国国土面积的80%,人口近60%,但只占全国进出口总量的14%,吸引外资总量的17%,对外投资总量的22%,GDP总量的1/3左右。在"一带一路"大框架下,中国中西部地区与邻国交流合作的优势将得以发挥,为实现跨越式发展觅得商机。实行"一带一路"战略,加强我国与西部有关国家在资金、技术、物流等领域的合作,就可以在我国西部周边地区建立起一个幅员辽阔、资源丰富、潜力巨大的"经济合作区",从而将我国西部省区变为对外开放的前沿,为经济发展提供直接外部依托,将中国西部的中心城市打造成为辐射中亚、西亚的金融、物流、交通中心,在直接带动西部地区经济发展的同时,也间接拉动我国经济发展重心从东部沿海向西部内陆的逐渐转移。中西部经济将成为中国经济升级版的主引擎,从而将形成"东部—西部—西亚"新雁行发展模式,保障中国经济可持续发展。

意义之二:助推沿线国家现代化水平,促进亚洲及欧亚经济合作与文化融合。从深层与理论意义而言,这一战略将推动世界现代化向第四个高峰即第四次浪潮的来临,即世界现代化由东亚向亚洲西部南部直至非洲辐射,全球最后的一片处女地将被开垦并布满现代化鲜花,其直接效应是带动四十多个国家发展(中亚五国、南亚七国、西亚二十国、北非诸国)。中亚有可能成为世界第三大经贸轴心,第一、二大轴心是大西洋与太平洋。

与此同时,"一带一路"战略必将推进亚洲五个区域原有的区域合作一体化进程,使其区域合作机制巩固、提高、成熟。"一带一路"一头连接亚太经济圈,一头连接欧洲经济圈,南亚和西亚是"一带"和"一路"的交汇之地。① "一带一路"为亚洲振兴插上两只翅膀。丝绸之路可将其合作逐步辐射到中亚、南亚、东欧和部分非洲地区。未来有可能以乌鲁木齐为"中心",由东而西、由西向东、由北而南,逐步形成区域合作联盟,甚至打造一个新的"亚洲共同体"或"亚盟"。

意义之三:打造全方位对外开放新格局。它可说是中国新一轮对外开放,将极大地扩大中国对外开放的空间。通过"一带一路"战略,中国把目光投向世界各大区域,实行全方位外交,涵盖亚非拉欧,重点是围绕中国周边、亚洲西部五大地域四十多个国家。

意义之四:有利于中国建立新型的国家安全体系。"一带一路"战略有利于推进中国新兴国家安全观的建立和实现。这其中有两个方面的问题最为关键。(1)在打击恐怖主义方面。该战略不仅是经济战略,也是涵盖反恐在内的安全战略。由于种种深层原因,中国西部一些国家民族、宗教、教派冲突问题比较严重,政治社会局势动荡,不能不对我国国内局势产生影响。近年来中国国内民族分裂势力活动日益增多,针对平民的恐怖袭击行为也多次发生,对人民生命财产和国家安全都造成巨大影响,这些问题的产生及发展实际上与国外恐怖势力的渗透和支持有密切关系。"一带一路"战略的广阔地带也恰好是恐怖主义活动地区,二者在地域上有相当重合。因此,反恐与"一带一路"战略二者紧密相关。反恐为"一带一路"战略提供安全保障,反之,西进战略也为反恐斗争提供政治与经济的保证。"一带一路"战略为中国与中亚国家、中东国家、北约联合起来共同加大反恐力度提供了机会。

(2)在维护能源安全方面。随着中国经济的发展,能源短缺问题越来越严重,中国能源对外依存度越来越高,近60%的石油依靠国际

---

① 李肇星:《"一带一路"是亚洲腾飞的双翅》,《环球时报》2015年2月17日。

市场供应,目前这些外来能源特别是石油,主要通过海洋运输方式进入中国,渠道单一而脆弱,一旦发生意外,中国经济将遭受难以承受的打击。为解决中国的能源供应渠道单一化问题,有必要探寻新的输送途径。"一带一路"战略的实施就是解决这一问题的重要措施。

意义之五:对海权论构成挑战,将改变世界格局。近五百年有三大传统中心论:一是世界经济政治之中心在欧亚(麦金德的"大陆腹地说"),二是海洋控制大陆中心论(马汉的"海权论"),三是杜黑的空权论。过去两千五百年一直是陆权时代;近五百年是海权时代,九个西方列强(葡萄牙、西班牙、荷兰、英国、法国、德国、日本、俄罗斯、美国)靠海权起家;现今美国则崇尚海权和空权,推行"空海一体战"的战略构想。但未来随着欧亚大陆的崛起,陆权与海空权则具同样地位。"一带一路"战略是中国重拾陆权、开拓海权的重要标志。亚太地区、欧亚大陆、非洲大陆、南美大陆的繁荣与振兴将进入高铁时代。高铁的高速特性实现了资源能够在最短的时间里在各国之间快速地输入输出,新需求、新投资也将被不断催生,将会有力带动欧亚大陆的经济整合,从而实现对整个产品链的有效控制,建立一个以中国为核心的新的经济发展体系将成为可能,中国在整个产业链中的地位将会发生重大变化。中国与欧盟、俄罗斯、印度几个超级经济体所处的欧亚大陆占据了全世界大部分的资源,它们将串联形成一个巨大的利益共同体。从线到片贯通中亚、东南亚、西亚乃至欧洲区域,逐步形成跨洲区域经济大合作。中国既要面向大海建设海洋强国,又要与亚欧非各国共同建设好"世界岛",实现海权陆权两权并重的大棋局。如完成这一大棋局,将改变过去 500 年海权决定世界统治权的时代,世界将重归陆权。① 届时,中国走向世界舞台中央或"中国世纪"才真正会到来!

---

① 张建刚:《中国高铁将重振世界陆权时代》,《环球时报》2015 年 1 月 28 日。

安全编

第十一章 亚太安全新格局与新安全观

第一节 亚太安全新格局

一、亚太安全新格局特征

冷战时期,美苏在亚太地区的激烈争夺和长期的军事对抗,造成该地区政治局势的动荡、局部战争和武装冲突频繁发生,构成了对亚太地区安全的主要威胁。冷战结束后,在世界缓和的总体局势下,亚太安全呈现相对稳定的局面。中东虽有几场局部战争,但亚太大部分地区特别是东亚并无战事。这是二次战后和平发展总体态势的进一步体现,也是冷战后时代特征的集中体现。之所以出现这种局势,除由战后和平发展时代特征决定外,主要由以下三种因素决定。

其一,亚太经济的迅速发展和相互依存程度的加深,导致各国间利益的重叠性和连带性加强,从而强化了相对稳定的均势状态。"全球化时代,国与国相互依存空前紧密,利益共生不断深化。面对挑战没有一国能独善其身"①。经济全球化成为世界和平最为关键因素,各国经济利益相互渗透,形成"你中有我,我中有你"的共同利害关系,各国在谋取本国利益和制订政策时,不得不努力避免矛盾激化并力争妥协,而且,亚太各国间的竞争的主要战场越来越向经济和高科技领域转移,这些状况则必将产生增强国际安全的积极效应,有利于遏止战争,可以利用经济优势和高科技手段来谋取国家利益而取代暴力和

---

① 王毅:《构建以合作共赢为核心的新型国际关系》,《环球时报》2015年3月27日。

战争手段,从而降低了使用军事手段达到国家目标的可能性。这决定于各国只能和平相处,一旦发生大战一损俱损。因此,世界大战特别核战发生概率几乎等于零。

其二,亚太地区大国间的相互制约在一定程度上维持了该地区的均势状态。冷战结束后,亚太地区多极化格局进一步形成,出现"以美、日、中、俄为主体的多种力量相互依存、相互制约又相互合作的多元结构",这种多元结构,"支撑着亚太地区稳定的框架",它们之间的合作与制约为亚太的安全与稳定提供了一定的基础。

其三,中美正建立不冲突、不对抗、相互尊重、合作共赢的新型大国关系。维持亚太与世界和平是两国最大的利益与共识。中国提出的"构建以合作共赢为核心的新型国际关系"必将对未来国际关系发展产生重要和深远影响。美俄中日印五大国中真正有资本打世界大战的只有美俄中。日本已降到二三流国家只能紧跟美国。日本无美国助力不敢与中国较量。俄虽有企图与美欧争雄,也有强大军事实力,但缺乏经济实力,双方恐均有底线。冷战时期美苏争斗那么激烈双方都没交火,现时虽在所谓"新冷战"时期,这种可能性也大大降低。关键是中美两国,中国只想和平崛起,不想与美争雄。美国只想维持亚太霸主地位,打压中国,但不想与中国打大战。中美两国经济总量占世界三分之一、人口占世界四分之一、贸易总量占世界五分之一。中美两国利益深度交融,历史和现实都表明,中美两国合则两利,斗则俱伤。中美合作可以办成有利于两国和世界的大事,中美对抗对两国和世界肯定是灾难。在军事上,一旦打破这种关系,双方都会重伤,战争对双方的代价都是毁灭性的。

需要指出的是,虽然亚太地区总体保持了相对稳定,但仍有许多现实的或潜在的不稳定和不确定因素。

其一,美国为维持在亚太的主导地位,推行强权政治,实行所谓"亚太再平衡"战略,从而成为影响亚太地区安全的一个重要的不利因素。在美国纵容下,利用日本以及其他盟国对抗中国。日本正在向政治大国和军事大国迈进,安倍上台后推行的"地球仪"外交,通过对澳大利亚、印度、菲律宾、越南等国家的访问,更是积极地与美国一道,拉拢亚洲邻国对抗中国的崛起。由此可见,美日正悄然构筑一个包含多国在内的遏制中国崛起的包围圈。安倍晋三2015年访美之行带来了美日同盟的重要性转变,美日两国达成了最新版的《日美防卫合作新指针》。这个《新指针》从根本上升级了日美军事同盟关系,即首次允许日本出兵海外帮助美军打仗。强调日美防卫合作的全球性以及日美军事同盟对保护区域和全球海上自由航行安全、导弹防御、网络与太空安全的重要性。再加上美日双方再次明确美日安保条约适用于中国钓鱼岛,显而易见,美日军事同盟的首要遏制对象就是中国。"美日关系的军事要素得到前所未有的增强,军事还成为美国在西太、南太发展外交关系的轴心。美日同盟越来越不掩饰其遏制中国崛起的前哨作用,这对中美、中日本来就很脆弱的信任将形成新的动摇。""美日新防卫指针是亚洲新危险源"。① 美国还不遗余力推动美日韩联盟建立"东方小北约",为了遏制中国,正推动在韩部署萨德反导系统。此外,美国为破坏中国周边稳定,挑起朝鲜半岛南北冲突甚至对立,在南海挑拨中国与东南亚国家关系。

其二,美俄逼近"新冷战",影响亚太格局的变化。由于美国对俄罗斯根深蒂固的冷战思维,导致普京执政以来对美国的各种对俄政策开始反击,导致美俄关系短暂蜜月阶段走向结束,两国关系又向对抗性质发展,美俄乌克兰之争,正是这种矛盾的集中体现。围绕乌克兰危机,美俄关系最近呈现剑拔弩张之势。美俄正一步步逼近"新冷战",战略猜疑正大幅加深。"德国之声"评论称,这场危机已使俄欧关系持续紧张并降至冷战以来最低点。② 从 2006 年起,俄欧关系开始陷入停滞。大国战略关系的变化趋势比实力对比发展趋势复杂。2014 年的乌克兰危机给了俄美欧关系更重一击,美欧俄相互制裁与反制裁措施轮番升级。俄与美欧双方相互定位也在转变。俄与美欧这种"新冷战"态势不能不直接与间接影响亚太格局。

其三,亚太地区仍存在诸多边界、领土、领海权益争端以及民族宗教矛盾和冲突。其中突出的问题包括:日俄之间的北方四岛之争、中日之间的钓鱼岛之争、印巴之间克什米尔之争、东亚一些国家的领土纠纷等。旧的热点问题尚未完全解决,特别是冷战时期遗留下来的国

---

① 《美日新防卫指针是亚洲新危险源》,《环球时报》2015 年 4 月 30 日。
② 《俄欧正一步步逼近"新冷战" 战略猜疑大幅加深》,《环球时报》2015 年 3 月 12 日。

家分裂问题始终未能得到真正解决,其中包括朝鲜半岛、台湾问题。

其四,在中东地区,伊斯兰极端主义仍在扩张,对亚太地区治理的挑战和长期形成的历史怨恨仍将是引发该地区动荡的另一大因素。

其五,亚太地区是世界军事力量增长速度最快地区。亚太是进口武器最多最快的地区。瑞典斯德哥尔摩国际和平研究所发表一项研究指出,亚洲武器进口量是全球之冠:在2007到2011年间,亚太地区的常规武器进口在全球占44%,欧洲占全球武器进口总量19%,中东占17%,北美和南美占11%,而非洲占9%。[①] 亚洲包揽全球进口武器前五名,印度近五年进口5百多亿美元。东亚国家除增加军费购买武器外,调整防务战略,普遍强调质量建军,走"精兵"之路,并将武装建设重点由地面部队向海空部队转移。

其六,该地区成为核武器国家数量最多和核武竞赛最激烈地区,从而增加了该地区冲突的变数。随着地下核走私市场网络的曝光,核武器技术和知识的传播也正在日益脱离国际社会和个别国家的控制。无论是个人行为体还是集团行为体,在下一个十年里,它们获得和利用核能的能力将会持续加强。跨国恐怖组织的暴力活动则标志着这场战争正向"第四代"过渡,加上全球化的原因,政治、社会、经济和技术的革命向非常敌人提供了不对称的优势。与此同时,其他一些低层次的战争也将分散全世界各国政府的注意力。"五大全球化战争"就是针对世界范围的包括走私毒品、贩卖军火、侵犯知识产权、人口走私和洗钱在内的非法交易。全球化使非法市场迅速扩容,有组织犯罪集团的规模和资源得到扩大,同这些犯罪集团的斗争就更为困难。

其七,亚太地区缺乏地区性安全机制,目前安全机制尚处草创和准备阶段,并将要经历相当漫长的道路。在欧洲,自冷战时期就有两个对立的军事集团(北约与华约组织)和全区性安全机制(欧安会),从而在一定程度上确保了欧洲的安全。亚太地区不大可能形成类似欧洲那样的安全机制。建立安全机制的努力在冷战时期就受到各国的冷遇。冷战结束后,亚太各国虽然对建立安全机制有了一定共识和愿望,但困难重重,难以在短时期内出现什么奇迹,其最终建立的时间表难以断定。

---

① 新华网,2012年3月21日。

二、亚太安全格局的发展趋势

综上分析,展望未来十至二十年,我们对亚太未来格局有以下四个判断:

其一,预计未来二十年美国仍将在世界舞台占据主导地位,但其地缘政治的实力将渐渐弱化,中国将在各大领域逐渐赶上美国。尽管在 2020 年前,军事实力尚不能挑战美国的霸权,或者接过美国的全球安全重担,但是,由于美国的霸气对其有效的影响力起到了阻挡的作用。国际社会对美国主导的不安以及包括美国长期的盟友在内的对美国的安全和外交政策持续上升的反对,美国的影响力就更加有限。① 随着中国实力的迅猛增强及美国遏制政策的失效,亚太总体格局正由"一超多极"向"美中两极"方向不可逆转地发展。"G2 时代"不可避免降临。

其二,亚太大国战略关系出现"两极化"趋势。2013 年底乌克兰爆发的危机越演越烈,俄罗斯因克里米亚面临着美国、日本与欧盟等国严峻的经济制裁和北约的军事威慑。美国两头出击,同时对中俄造成重大战略威胁,促使中俄两国战略靠拢,以破除美国对俄、对华包围圈。"美日构筑包围圈,逼迫中俄战略靠拢,中与俄全面战略协作伙伴关系的最大动力,是美国为首的西方对中俄两国日益增大的战略威胁。"② 这两个新阵营之间的战略互动与博弈将来会导致什么结果还很难预测,是否会导致军事冲突还取决于其他一系列因素。但毋庸置疑的一点是,随着美日包围圈对华压力日益加大,中俄战略协作也必然日益加深;彼此发生冲突的概率可能会加大。③ 2011 年中俄两国与西方大国在叙利亚危机上形成对立。2012 年中日钓鱼岛争端形成了中俄对美日的东亚战略冲突。2013 年的乌克兰危机强化了中俄战略合作,此后中俄在国际事务、军事、安全、区域经济与贸易、能源合作等领域的多方面协作,均是中俄联手应对美日欧围堵之举。由此观之,

---

① 冯绍雷总主编:《大格局:2020 年的亚洲》,华东师范大学出版社 2010 年版。
② 陈定定:《国际格局正起变化:美日构筑包围圈,中俄战略靠拢》,澎湃新闻,2015 年 5 月 5 日。
③ 同上。

"东亚与亚太两极化已显现"。①

其三,西太平洋与南海的军事领域斗争有加剧之势,成为国际政治新热点。目前,世界上主要有二十多个海权之争,其中有八个比较大的争议:英阿马岛之争、黑海之争、苏尔特湾、北方四岛之争、南海之争、日韩独(竹)岛之争、中日钓鱼岛之争、北极之争。其中一多半在太平洋。亚太领域四大领海争端:日俄北方四岛之争、日韩独(竹)岛之争、中日钓鱼岛之争、南海领海之争。随着海洋经济与战略价值的日趋重要,亚太领域四大领海争端必将白热化。中国海洋面积是299.7万平方公里,其中一半被他国强占或有争议。尤其令人担忧的是,美国为谋取太平洋的独霸地位,围堵遏制中国,实行亚太再平衡战略,力图拉拢与中国有领海争议声索国,使东海与南海局势陷入复杂与紧张态势。美国现已由以前的"不介入、不表态",过渡到公开介入阶段。美军海空力量甚而可能直接介入南海,美国《华尔街日报》透露五角大楼正在制定派军机军舰直接闯中国南海岛礁领海领空的计划,在中国南海附近,美国"华盛顿"号航母进行日常演练、加油、修飞机、快递包裹等,美国航母进入菲律宾。② 因此,南海有可能成为中美较量的爆发点。"美国重拾地缘政治遗祸世界。"③

其四,如何评估世界与亚太安全总体形势有待进一步观察。世界安全形势是否重新走向冷战局面或"新冷战"? 清华大学阎学通教授认为:上世纪的冷战建立在三个必要条件之上:相互核威慑,以意识形态冲突为主要矛盾,以代理人战争为主要竞争手段。"在核威慑继续的条件下,中美当前的核心矛盾不是意识形态分歧而是国际规则之争,竞争手段不是代理人战争而是科技发明和竞争友好关系。"④因此,在可预见的未来,有可能会保持"大战可除或次区域战难免"的态势,它不是"冷战"的完全回归,却有冷战局部影子,可称"冷和平"。有学者认为:"就目前这个时间阶段而言,两个基本势均力敌的大国之间的冲突也同样不大可能发生。因此,严重的武力相向的前景几乎不存在。相反的是,由于美国对先进技术、精确战争和信息控制的依赖,

---

① 阎学通:《现在谈"中国世纪"太早了》,《环球时报》2015年3月20日。
② 环球网,2015年5月14日。
③ 刘中民:《美国重拾地缘政治遗祸世界》,《环球时报》2015年5月12日。
④ 阎学通:《现在谈"中国世纪"太早了》,《环球时报》2015年3月20日。

美国将面临不同地区大国的挑战,也将面临次国家冲突中有升级成灾难性暴力的潜在可能的挑战。"东亚几大火药桶:朝鲜半岛、东海钓鱼岛、南海岛屿恐难以平静。"次国家战争将是2020年前最主要的冲突形式。"①

第二节 亚太新安全观

鉴于冷战后亚太地区面临的安全形势,建立东亚地区安全保障体制,对包括中国在内的所有相关国家都是十分必要的,对此多数国家也是有共识的。但是,应看到合作安全实行起来并非易事,其原因有很多,其中一个重要原因就是不同国家所持的安全观不同,由此导致对建立一个什么样的安全合作机制产生了不同的观点。

世界与亚太安全很大程度上取决于大国特别是美中两大国。美中在维持亚太与世界和平上有最大的利益与共识,故可成为世界和平的保障与基础,但却无法避免地区性冲突,局部战争仍存隐患,其根源在于两种安全观与安全战略的对立。

在国际社会与国际关系中对安全观有不同说法与概括:如通常有"个体安全""集体安全""合作安全"三种。"个体安全"(individual security),是指依靠自己的力量和盟友的力量来保障国家的安全。这种安全体系的重要表现形式是双边军事同盟。同盟是建立在共同防范或攻击共同敌人基础上的。集体安全(collective security),一般地说,是指试图通过建立有关国家之间的防务互助关系来遏制来自其他国家的安全威胁。个体安全与集体安全共同之处在于,两者均针对第三国并以军事结盟为主要防范手段。冷战时期普遍使用的多是集体安全概念。因此,实质上,所谓"个体安全""集体安全"均是军事同盟。美日同盟以及美与韩澳等国的同盟均是这种安全的体现。

"合作安全"(cooperative security),主要指通过促进一个地区或全球所有国家在安全事务上的合作,来使各国安全得到共同的保障。"合作安全"或"安全合作"这一概念是冷战后才广为使用的,但据了解,早在冷战时期东盟国家就率先提出这一概念。1976年东盟巴厘会

---

① 冯绍雷总主编:《大格局:2020年的亚洲》,第4—5页。

议明确提到东盟之间实行"安全合作",而不搞"防务合作"。会议强调把《东南亚友好合作条约》作为地区合作安全的基础,并决定将该条约提交联合国加以确认,以"促进东盟内部就东盟安全合作问题进行对话"。90年代这一术语越来越经常在国际关系中出现。

在亚太地区存在着两种不同的安全观,与两种不同的安全观相对应,在建立什么样的合作安全机制问题上同样存在着两种不同的安全战略或模式。一种是美国倡导的军事同盟战略和模式,一种是包括东盟和中国在内的东亚发展中国家倡导的和平合作战略和模式。两种战略的区别是多方面的,但可归结为一点:是维持冷战时期的集体军事结盟战略,还是根据冷战后亚洲新特点提倡新的合作安全战略,即非军事结盟的安全合作战略。

军事结盟(集体安全)与非军事结盟(安全合作)有几个明显的界线:

第一,安全合作倡导在区域内所有国家间建立安全机制,一般不针对第三国,即通常说的"共同安全"。共同安全的手段主要是通过对机制内所有国家的军事装备和军事行动施加限制,并规定标准以及建立保证措施;而集体安全一般是针对第三国而建立的联盟机制,其手段主要是建立军事互助联盟或军事同盟条约。因此,传统意义上的集体安全是建立在"威慑"基础上的安全,以此警告第三国;而合作安全是建立在"让大家都有安全感"之上的安全,它试图使各方意识到,彼此均无威胁之意,并从心理上、行为上消除侵略之威胁。

中国主张不搞"军事同盟",而是坚定"建设伙伴关系的新思路",即"超越传统国际关系或是结盟或是对抗的怪圈,走出一条对话而不对抗,结伴而不结盟的新路"①。国与国之间,志同道合是伙伴,求同存异也是伙伴。中国承认世界上存在结盟政治的现实,尊重各国自主选择对外政策的权力。同时,我们更希望各方探索构建不设假想敌、不针对第三方、更富包容性和建设性的伙伴关系。中国高举和平、发展、合作旗帜,秉持平等、包容和共赢理念,迄今已同75个国家、5个地区或区域组织建立了不同形式的伙伴关系。我们的"朋友圈"越来越大,伙伴越来越多。我们推动中美构建新型大国关系,保持中俄全面

---

① 王毅:《构建以合作共赢为核心的新型国际关系》,《环球时报》2015年3月27日。

战略协作伙伴关系高水平运行,打造中欧和平、增长、改革、文明四大伙伴关系,同新兴市场国家和发展中国家的团结协作不断增强。①

实践说明,结盟属于过时的霸权主义做法,西方的结盟政策都是为了争夺全球霸权地位,包括前苏联。我们反对霸权,倡导国家间的平等合作,当然不能采取结盟的做法。中国的不结盟政策益处多多,它便于我们对国际问题采取更加灵活的政策。如果结盟,就会受到盟约的束缚,不履约就没有了诚信,在敌强我弱只能自保的情况下,不结盟不代表我们不履行类似盟约性质的承诺,比如对"巴铁",没有盟约但我们做得比有盟约的还强,这样更能争取人心。不结盟可以让我们充分照顾弱小国家的顾虑,更能争取他们的好感。

第二,合作安全是一种全方位的安全,即所谓"综合安全"或"全面安全"。澳大利亚学者 Andrew Mack 给这一概念下了如下定义:"它从多维的空间看待国家安全,经济发展、环境保护和国家建设等是国家安全的重要内容。因此,一国为了维护自己的安全,应该尽量避免经济危机、政治动乱和环境恶化等,这些因素都将危害国家安全。"全面安全概念与西方侧重军事方面的集体安全概念的不同点在于:"它强调获得和维护安全的非军事手段"。这就包括经济安全、政治安全、环境安全等。这种说法已得到亚太地区的广泛支持。

第三,合作安全倡导通过渐进方式、多种层次的安全合作机制,在条件逐步成熟时再建立全区域性的安全机制。"合作安全考虑通过一个更渐进的方式来发展多边体制。它也是更灵活的概念,因为它承认现有双边的和均势的安排促进区域安全的价值……并允许多边主义发展于一个更随机的、非正式的和灵活的过程,直至体制化的多边主义产生的条件变得更加成熟。"

第四,合作安全强调机制中的成员是平等的关系,彼此不干涉内政,不利用合作安全强迫别国服从自己,不把自己的意志强加于人,彼此互利合作,不存在领导与被领导关系。而冷战时期的集体安全则刚好相反。这种集体安全表面上是所有参加国的安全,实际上是为一两个大国所垄断或控制。它们在组织内部处于绝对优势和领导地位,对联盟事务大包大揽,通过向盟国提供所谓的安全保障,牢牢地掌握对

---

① 王毅:《构建以合作共赢为核心的新型国际关系》,《环球时报》2015 年 3 月 27 日。

盟国的控制。因此,各盟国之间的关系根本谈不上是平等和对称的互利关系。对联盟外的国家则也是往往以联盟的名义称霸于世,干涉他国内政,将自己的意志强加于人,损害他国的国家安全,实行霸权主义和强权政治。

总之,合作安全是比集体安全更积极的安全,它符合时代的要求。而传统的集体安全出于一种军事结盟意识或对抗意识,其代价是同盟外国家的不安全感或对抗形态。这种意识不符合当今地区政治多元化的特点,不符合时代的潮流,是战后两极时期冷战的产物。原来的安全机制北约、华约以及其他众多的军事联盟无疑均属集体安保范畴;欧安会等组织具有一定的合作安全保障体系的性能和作用,但在冷战时期它们却打上了两极争霸的烙印,也带有一定程度的集体安全特点,无疑应进行相应的整合,否则将不适应当代新的国际关系。今日我们倡导的应是适应冷战后时代特征、具有真正意义的合作安全保障体系,而非传统意义上的冷战时期的集体安全体系。

2014年5月20日至21日,亚洲相互协作与信任措施会议(亚信会议)第四次峰会在中国上海举行。中国国家主席习近平作主旨发言,系统阐述了中国的亚洲安全观。

习近平主席提出中国的亚洲安全观,继承了上述合作安全的基本理念,但也发展了合作安全的思想,主要体现在三个方面:

其一,亚洲要确立自身安全观。亚洲各类安全问题多多,其产生的根本原因,一方面源于全球化带来的权力东移和权力分散,这给全球各地增加了安全不确定性,亚洲自然难以幸免。另一方面是亚洲在安全问题上不能完全自主,在美国重返亚洲背景下,呈现亚洲国家经济上靠中国、安全上靠美国的"亚洲悖论"。其中,亚洲国家相互不信任是症结,缺乏一体化的亚洲安全机制是核心,亚洲不能自主自立是关键。① 因此,亚洲的事情归根结底要靠亚洲人民来办,亚洲的问题归根结底要靠亚洲人民来处理,亚洲的安全归根结底要靠亚洲人民来维护。以亚洲方式实现亚洲安全梦:搭建地区安全合作新架构,努力走出一条共建、共享、共赢的亚洲安全之路。这是亚信精神的集中

---

① 望海楼:《亚洲安全梦要靠亚洲人来圆》,《人民日报》2014年5月24日。

概括。①

其二,创新安全理念,对合作安全概念更明确概括为:共同安全、综合安全、合作安全、可持续安全的亚洲安全观,走出一条各国共建、共享、共赢的安全之路。除对共同安全、综合安全、合作安全三个方面加以重新界定外,另增加一"可持续安全"概念,意就是要安全和发展并重,以实现持久安全,无此持久安全则其他安全均会成为空中楼阁,经济发展是安全的基础。2015年联合国将制定2015年后发展议程,世界上还有十几亿人生活在极端贫困线以下。发展不平衡是当今世界诸多矛盾热点的根源所在。各国应树立利益共同体意识,在共同发展中寻求利益最大公约数。秉持这一理念,中国大力推动共建"一带一路",契合亚欧大陆的实际需要,为亚太"可持续安全"提供有力支撑。

其三,在实践上中国积极致力于维护地区稳定。我们成功召开亚信峰会,并愿以上海合作组织和东亚合作框架为支撑,开展双多边防务安全交流合作。坚持通过和平方式处理领土主权和海洋权益争端,已同14个邻国中的12个国家彻底解决陆地边界问题。倡导处理南海问题"双轨"思路,得到地区多数国家理解支持。参与打击恐怖主义、维护网络安全、抗击传染疾病等国际合作,在安全事务中发挥负责任大国作用。中国积极参与热点问题的斡旋调停,探索有中国特色的解决之道。我们倡导解决热点问题三原则,即坚持不干涉别国内政,反对强加于人;坚持客观公道,反对谋取私利;坚持政治解决,反对使用武力。

第三节 战略选择与安全共同体

一、新格局下的战略选择

中国崛起将改变亚太乃至世界其他地区的国际秩序。如何在**新格局大背景下选择正确战略,乃是维持亚太安全的重要前提**。亚太地区国际秩序权力转变可能会出现三种战略选择:通过战争权力转变、

---

① 望海楼:《亚洲安全梦要靠亚洲人来圆》,《人民日报》2014年5月24日。

维持现状、谈判改变现状。①

按照西方学者的观点,权力转变,"即原守成大国美国被新兴大国中国挑战或取代",这可能导致三种结果:一是中国成功地挑战美国在这一地区的霸权地位,亚太地区权力结构变为中国主导下的秩序;二是亚太地区权力结构转变失败,伴随失败的结果是危机、冲突、美国霸权得到强化,中国有可能出现崩溃;三是改变美国亚太地区霸权支配国地位,亚太地区权力结构转变为一种新的两极权力平衡体系,实现"中美共治"。②

解决办法即通过战争。现实主义和新现实主义者们都是权力和平转变的悲观论者。罗伯特·吉尔平的霸权稳定理论称:"支配国际体系的守成霸权国与崛起大国由于实力和从属地位的不相称,从而陷入安全困境,只有通过战争才能解决。"吉尔平认为:"受权力零和博弈驱使的国家不可能关注国际秩序中的权力(等级)规则和价值。"③国际关系历史发展进程中的事实说明,大多数权力转变都伴随着战争,而从理论上讲,战争对于一个新霸权国在权力转变中获得支配不可或缺,大国强调运用安全手段的作用是不言而喻的。20世纪上半叶,美国取代英国的霸权地位,世界上发生了几场战争。

通过战争方式实现权力转变,不符合当今世界潮流。中国主张"维持现状"与"谈判改变现状"两种战略选择。中美建立新型大国关系正是这两种战略选择的集中体现。维持现状即美国主导下的地区格局不应受到挑战,同时承认中国在亚太地区的现有地位。中国不断调整其亚太战略,以逐步适应与美国在该地区共存的环境。"中国的战略目标和对外政策正极力寻求避免与美国发生战略冲撞的空间。面对美国霸权、美国与东亚盟国的政治、军事合作,中国不断调整其对策,以逐步适应地区安全环境。"④中国领导人多次向美国表示:第一,中国不会挑战美国在亚太地区的存在,因为它有利于美国采取行动抑

---

① 张贵洪、斯瓦兰·辛格:《亚洲的多边主义》,时事出版社2012年版。
② 仇华飞:《国际秩序转变与中美亚太战略选择》,载张贵洪、斯瓦兰·辛格主编:《亚洲的多边主义》,时事出版社2012年版,第238页。
③ 同上。
④ David Shambaugh, "China Engages Asia," *International Security*, 29 (3), Winter 2005, pp. 70-72, 91.

制日本重新走向军事大国的企图;第二,中国不会向周边邻国施加压力,强迫它们放弃与美国的利益合作;第三,中国积极参与亚太地区安全论坛及经济合作机制,不反对中美在亚太地区建立"等级性双重权力"结构。近年来事实说明:中国坚持以现有的国际秩序作为国际合作与交流的前提,与各种国际组织成员国的战略对话,通过中美之间业已建立起来的战略对话机制维护两国的共同利益,维护地区的安全稳定。"中国的行为证明其已成为国际体系的维护者"。从这个意义上看,"中国的崛起是作为负责任大国维持地区安全现状的行为,虽然与美国的利益发生冲突,但不在权力和地位层面上,而是在外交和经济影响力方面的合作与竞争,目标旨在稳定中国周边环境,构建政治、经济合作机制,以增强本国实力发展的动力。"①

"通过对话改变现状"区别于中美亚太维持现状战略。中国不断缩短与美国的实力差距时,如何构建中美共同治理亚太安全新秩序是值得探讨的问题。由于中国已在当今世界几乎所有国际政治经济安全机制对话领域发挥积极作用,如亚太地区论坛、东盟"10+1"、东亚峰会、上合组织、亚太自贸区、亚信组织、亚投行、"一带一路"战略等,均在不同程度上是对美国现行霸权地位进行了挑战,美国的全球霸权行为则受到制约。这种趋势逐渐加大。面对亚太地区地缘政治秩序的转变在很大程度上无疑取决于未来中美两国的战略选择。而以和平谈判方式解决是中美两国战略的最佳选择。中方毫无疑问,关键在美方。从现实与未来趋势看,美国将会无奈采取与中国及其盟国合作协商的态度谈判而达到的权力转变。

但这却是一个艰巨而长期的博弈过程,是一个彼此互动的过程。美国对华战略如何与中国对美战略如何二者是互动关系,这种互动将决定中国以什么方式、在多长时间、能不能实现中华民族伟大复兴和成为世界大国。中美战略互动一方面取决于美国,但也在很大取决于中国。中国可变被动为主动。一靠政治外交智慧,二靠实力。二者缺一不可。中美之间既有对峙,也有合作;既有有限的挑战,也有有限合作;既有融入美国主导世界体系的一面,也有改造和修正体系的一面。

---

① 仇华飞:《国际秩序转变与中美亚太战略选择》,载张贵洪、斯瓦兰·辛格主编:《亚洲的多边主义》,时事出版社2012年版,第238页。

通过谈判对话维护亚太地区政治、经济秩序稳定,不仅有利于地区的和平与安宁,也有利于中国建立和平崛起的安全环境。通过谈判对话来变革亚太地区政治秩序的权力结构,构建从两权力结构到最终实现多边安全体系格局。亚太地区国际秩序力结构转变可能会导致作为守成超级大国和新兴挑战国之间的竞争。今天的中国正在遵循被国际社会普遍认同的规则和规范,有利于解中美两国在亚太地区存在的安全困境。

二、亚太安全共同体

亚太地区最佳的安全合作战略选择是同亚太各国一道,建立多边合作机制,朝着区域"安全共同体"(security community)方向发展。所谓"安全共同体",其特征是"成员国主要价值观的一致性和共同的反应性"。"而建立共同的沟通与交流是实现'安全共同体'的可靠路径。"①中国国务院总理李克强2013年10月出访东南亚时,在第八届东亚峰会上表示,亚太地区经济合作架构众多,建立一个符合地区实际、满足各方需要的区域安全架构势在必行。

亚太安全共同体目前尚处萌芽与草创之中,其难度要远超经济共同体。关键因素是上节论述的两种根本对立的安全观与价值观。但也非不可突破,只要中美两大国建立起不对抗不冲突、相互尊重互利共赢新型大国关系,亚太安全共同体在未来有望建成。中美与其他亚太国家应为之不懈努力。

亚太已有几类次区域安全机制,其中包括东盟地区论坛、亚信会议、亚洲会议等多种模式,它们为未来亚太地区"安全共同体"建立提供了一定参照系数与经验。特别值得提出的是东盟地区论坛与亚信会议

东盟地区论坛(英文名:ASEA Regional Forum—ARF),是目前东南亚地区唯一的官方多边安全对话机制,又称高级官员的磋商论坛。1992年初东盟首脑会议就加强地区政治、安全对话达成共识。1993年7月在新加坡举行的第26届东盟外长会议特别安排了东盟6个成

---

① 仇华飞:《国际秩序转变与中美亚太战略选择》,载张贵洪、斯瓦兰·辛格主编:《亚洲的多边主义》,时事出版社2012年版,第238页。

员国、7个对话伙伴国、3个观察员国和2个来宾国共18方外长参加的"非正式晚宴"。其间,各方同意于1994年在曼谷召开东盟地区论坛(ARF),就地区政治安全问题进行非正式磋商。1994年7月25日,ARF首次会议在曼谷召开。ARF外长会议每年轮流在东盟主席国举行,之前召开高官会,为外长会议做准备。前8届外长会议分别在泰国(1994年)、文莱(1995年)、印度尼西亚(1996年)、马来西亚(1997年)、菲律宾(1998年)、新加坡(1999年)、泰国(2000年)和越南(2001年)举行。目前论坛共有27个成员:印度尼西亚、马来西亚、泰国、菲律宾、新加坡、文莱、越南、老挝、缅甸、柬埔寨、中国、日本、韩国、朝鲜、印度、蒙古、俄罗斯、美国、加拿大、澳大利亚、新西兰、巴布亚新几内亚、巴基斯坦、东帝汶、孟加拉、斯里兰卡和欧盟。

ARF的目的是就亚太地区政治安全问题开展建设性对话,为亚太地区建立信任措施、核不扩散、维和、交换非机密军事情报,海上安全和预防性外交六大领域开展合作。ARF分三阶段开展合作,即促进建立信任措施、推进预防性外交和探讨对待冲突的方式。中方支持ARF探讨适合本地区实际的预防性外交,形成各方都能接受和支持的预防性外交概念与原则。ARF未来发展方向,中国认为ARF应坚持论坛的性质,以建立信任为核心。①

2003年10月在印尼巴厘召开的第九次峰会上,东南亚国家联盟(东盟)则宣布计划在2020年前建成基于经济共同体、安全共同体和社会文化共同体三支柱之上的东盟共同体。一年后,老挝万象峰会又通过了一个雄心勃勃的行动计划,决定2015年前实现这一目标。

各国高度评价了论坛在促进成员增进对话与了解方面发挥的作用。它为亚太安全共同体建设做出了积极贡献。其一,它强调各国相尊重并通过和平方式解决争端。其二,有亚太众多国家参与其中并被立可。有学者以为"它是最可接受的多边机制,也最有能力引领周边以外地区的此类活动。它已经成为最有效和开创性的组织,强调和平解决传统和非传统部门的冲突,不仅通过东盟+3巩固了太平洋侧翼,

---

① 东盟地区论坛,http://baike.sogou.com/v10900281.htm。

而且通过将澳大利亚、印度和新西兰纳入东亚峰会而得到扩展。"①东盟地区论坛模式为泛亚多边安全机制与共同体提供了一种可行的视角。

但是,随着亚太安全形势特别是由于美国介入南海,使东盟地区论坛发生复杂变化,其作用已大打折扣。曾经一度被看好的东盟,"因区域内个别成员过分谋私利和破坏共识,并充当亚洲外盟友的忠实代言人,挑拨离间,导致东盟不能成长为一个被亚洲广泛认可的代表性组织"②。此外加上东盟自身地域与成员的局限性,东盟地区论坛未来发展成为亚太共同体的可能性似乎愈益困难。

亚信会议全称"亚洲相互协作与信任措施会议"(Conference on Interaction and Confidence-Building Measures in Asia—CICA),创立于苏联解体之后,由哈萨克斯坦总统纳扎尔巴耶夫1992年10月在第47届联合国大会上提出,亚信会议是一个有关安全问题的多边论坛,主要目的是要在亚洲大陆上建立起有效的、综合性的安全保障机制,维护地区和平、安全和稳定。亚信会议实行协商一致原则,所通过的决定只具有建议性质。2002年6月4日,在阿拉木图召开了"亚信"第一次峰会。迄今,亚信会议建立了国家元首和政府首脑会议、外长会议、高官委员会会议、特别工作组会议和部门领导人会议机制。亚信会议常设执行机构为秘书处,设在哈萨克斯坦阿拉木图。截至2014年5月,亚信会议有26个成员国:中国、阿富汗、塞拜疆、埃及、印度、伊朗、以色列、哈萨克斯坦、蒙古国、俄罗斯、吉尔吉斯斯坦、巴基斯坦、巴勒斯坦、塔吉克斯坦、土耳其、泰国、乌兹别克斯坦、韩国、约旦、阿联酋、卡塔尔、孟加拉。11个观察员(7个国家与4个国际组织):美国、日本、越南、印度尼西亚、马来西亚、乌克兰、联合国、欧安组织、阿盟等。

中国政府一直对"亚信会议"进程予以热情关注和支持。在"亚信会议"的发展初期,中国政府曾向哈萨克斯坦政府提出了许多中肯的建设性意见,为"亚信进程"的健康发展起到了重要作用。中国为

---

① 斯瓦兰·辛格:《安全共同体范式的演变:亚洲的视角》,载张贵洪、斯瓦兰·辛格主编:《亚洲的多边主义》,时事出版社2012年版,第28页。

② 和静钧:《亚信峰会将强化亚洲主体意识》,《人民日报》2014年5月19日。

2014年至2016年亚信轮值主席国。2014年5月上海召开第四次高峰会议,规模超过亚太各大会议。"亚信会议"提出的基本精神与合作构想对地区的和平与发展具有积极意义,习近平会议上提出新亚洲安全观。新亚洲安全观的提出为"亚信会议"为其未发展成为亚洲安全机制注入了新的指导思想。

为创设机制,习近平主席代表中国政府倡议,在亚信基础上推动建立亚洲地区安全合作新架构,共同探讨制定地区安全行为准则和亚洲安全伙伴计划,建立亚洲执法安全合作论坛、亚洲安全应急中心等。同时,实现亚洲自立自强的亚信方式与创新体制,其依托是"21世纪海上丝绸之路"与"丝绸之路经济带"这"一路一带"倡议。亚信会议是开放的,"由亚信来统领上海合作组织、东盟、南盟、阿盟等亚洲地区的安全机制,实现亚信与亚欧会议、北约之欧亚部分的对接,最终实现欧亚大陆安全一体化,是可预计的未来发展方向"。①

当然,亚信会议能否在中国任内打造成为一个正式的亚太安全机制,尚存诸多问题。其中包括:如何处理亚信安全诉求和上合组织的主旨二者关系问题;自身组织成员扩大特别涉及敏感度高的中东、中亚一些国家;如何处理好美日的渗透与冲击;如何协调与北约、APEC组织以及区内其他各类组织的关系等等。"亚信会议"及亚太安全一体化仍面临诸多考验。

---

① 望海楼:《亚洲安全梦要靠亚洲人来圆》,《人民日报》2014年5月24日。

第十二章　美国亚太战略与中美关系

第一节　美国的全球战略

美国的亚太战略是其外交战略或者说全球战略的一部分。目前，学界关于美国外交战略的研究文章和专著可谓是汗牛充栋。就美国的国家战略来说，冷战后美国外交战略的调整跨越了布什、克林顿、小布什、奥巴马四位总统，虽然每位总统都给自己治下的美国外交战略命名了不同的名称，但却从根本上来说美国的外交战略始终围绕着一个目标明确、前后一致的核心，这就是维持美国作为世界上唯一超级大国的地位、确保美国的霸权利益、建立美国领导下的单极世界。只是在具体的实施手段和某些具体的目标上有所不同而已。在克林顿第二任期的总统就职演说中，他就公开宣称，21世纪要"成为美国世纪"，"要在全世界维护我们的价值观和利益"，要"保持抵御恐怖和破坏活动的有力手段"，美国"将领导一个全部由民主国家组成的世界"。① 而已故著名政治学大师亨廷顿更是做出了如下断言："比起一个美国在决定全球事务方面继续据有比其他国家更大的影响的世界来，一个美国不占首要地位的世界将是一个更加充满暴力、更加混乱、更少民主和经济增长更困难的世界。维持美国在国际上的首要地位是保障美国人的繁荣和安全的关键，也是保障自由、民主、开放经济和

---

① 新华社华盛顿1997年1月20日电。

国际秩序在这个世界上继续存在下去的关键。"①这里引用的仅仅是对冷战后美国外交战略较有代表性的两段论述。概括冷战后美国政府对美国外交战略的诸多表述以及美国的外交实践,我们认为,尽管冷战后美国外交战略内容丰富多样,但可以概括为:一个核心、三大支柱、重在亚太。

一、一个核心:确立美国全球霸主地位

前面我们已经指出,确立美国全球霸主地位即"领导权"或领袖是美国国家利益的核心中的核心。这实际上是二战结束以后美国确立世界霸权地位之后一直坚持的目标。和其他国家不同,对美国来说,所谓"美国安全",首先就是美国对于世界的霸权地位、领导地位的安全。美国的全球战略目标,就是实现和维护美国的全球领导地位,世界各地任何危及这一地位的行为都将被视为对美国国家利益的损害,必定受到美国各种手段的反对和制止。

历任美国总统最关注的最基本的战略问题是美国在世界的霸权地位,是在全球没有竞争对手或者潜在竞争对手。在美国历年出台的《国家安全战略报告》《四年防务评估报告》《国防报告》《总统国情咨文》等战略性文件中,确保美国对世界的领导地位,是美国国家安全战略的首要任务,而且直言不讳宣称领导世界。比如2000年《美国新世纪国家安全战略》指出:美国必须在世界上发挥领导作用,保护我们国内的民众和我们的生活方式。2010年9月,美国国务卿希拉里在美国外交学会发表演讲称,国际关系中"新的美国时刻"已经到来,"在这样一个时刻,我们的全球领导地位至关重要,即便我们必须通常以新的方式进行领导也是如此"。她还提到,"这是一个通过艰苦努力和大胆决策抓住的时刻,以便为今后数十年美国保持持久的领导地位奠定基础"。② 2011年1月,美国国家安全委员会发言人迈克·汉默说,美国政府在2011年的首要目标仍是"重塑美国在全球的领导地位"。美国将努力巩固其与欧洲、亚洲盟友之间的关系,并与一些国家建立新

---

① Samuel P. Huntington, "Why International Primacy Matters", *International Security*, Vol. 17, No. 4, Spring 1993, p. 83.
② 《参考消息》2010年9月10日,第3版。

的伙伴关系,以应对全球性挑战。① 2013 年奥巴马在一次谈话中重申美国的"独一无二"特征,为美国的世界霸权辩护,宣称一旦美国从世界撤退,很多地方将陷入混乱。言外之意就是美国必须承担起领导世界的责任。

二、三大支柱:安全、经济和民主

这里的"支柱"概念实际上就是美国外交战略的主要内容。综合冷战后历任美国总统所坚持的外交理论和实践,美国对外战略可以概括为三大支柱,即:安全、经济、民主与人权。具体说就是,美国认为,为了实现美国在世界上发挥领导作用的目的,就必须加强美国的安全,促进美国的经济繁荣,促进国外的民主与人权。需要说明的是不同的总统在这方面有不同的表述,具体实践时也有不同的侧重。但总的来说冷战后美国外交实践大体上是围绕这三个方面展开的。比如,冷战后第一位总统克林顿曾提出著名的"克林顿主义",其核心内容就是:保持强大军事实力、促进经济繁荣和推进全球民主化与人权;把建立在扩大民主国家大家庭并阻止和遏制对美国、美国的盟国和美国利益的一系列威胁,作为冷战后和跨世纪美国家利益根本之所在及国家安全战略的基本目标。克林顿时期基本上是三个方面内容并重,到了小布什时期,由于"9·11"事件的突然发生,整个小布什时期的外交战略基本上是围绕着国家安全这一核心内容而展开。

奥巴马上台后,针对美国遇到的各种挑战,特别是 2008 年国际金融危机的爆发,将经济发展这一问题摆在奥巴马面前。奥巴马开始对小布什时期的各种政策进行调整。在外交方面,三大支柱的优先次序再次发生变化,安全、民主目标明显后移,经济被放在第一位。概括地说,奥巴马的对外战略中,反恐和民主固然重要,但已不是最优先目标,应对金融危机与经济衰退才是美国对外战略的优先目标,必须综合运用各种手段,延长和确保美国经济优势,维持美国超强地位。奥巴马之所以要进行如此调整,是因为奥巴马从国际金融危机中意识到美国经济遭遇到了前所未有的挑战,需要从根本上进行变革,否则美国经济将可能遭遇更大滑坡。经济上的强大是美国称霸全球的最重

---

① 人民网,2011 年 1 月 28 日。

要基础,失去了经济上的支撑,美国即使能够在短时期内维持目前的霸主地位,但终究无法长期维持下去。因此,奥巴马将经济优先作为美国外交的战略选择是美国实用主义的一种典型体现。在经济优先的总原则指导下,奥巴马开启了不同于小布什时期的外交实践。(1)经济方面:鉴于中国近年来在经济方面的优异表现,奥巴马尤其注重加强中美关系,特别是国际金融危机刚刚爆发的两三年内,美国多名政要访问中国,称中国是阻止世界经济下滑不可或缺的伙伴,向中国保证金融资产安全换取中国好感,以换取中国对美国经济的支持;同时,美国还积极参与 G20 系列金融峰会等国际经济合作组织,协调同欧盟、日本等盟国的经济政策,共同推出经济振兴计划,并将中国、印度等新兴经济体纳入国际金融体系,发挥其在应对金融危机、拉动世界经济复苏中的作用。(2)安全方面,奥巴马改变了小布什时期凡事由美国亲自出马搞定的反恐策略,更多依托他人力量实现美国的反恐目标。奥巴马任期内先后提出从伊拉克、阿富汗撤军的目标,并由欧洲出面对利比亚干预,这一切都不同于小布什时期的美国外交实践。(3)民主和人权方面:在继续指责他国人权状况以争取国内人权组织支持的同时,并不采取实际措施同美国眼中的人权问题国家对抗,比如中国、俄罗斯等。即使对叙利亚内战、伊朗核问题、朝鲜核问题等,美国也采取了容忍态度,同意尽量以谈判手段解决问题。

三、战略重心:转向亚太

从地缘政治的角度来看,欧亚大陆是全球政治板块的核心地区,因此欧亚大陆在美国的霸权战略规划中始终居于核心地位,但在历史上,美国的欧亚大陆战略棋盘,历来都有一个优先次序问题。也就是说,美国从来就没有把精力平均分散在这两个大陆上。二战以后美国的战略重点是欧洲,因为美国认为苏联可能会从欧洲发起进攻,而当时西欧各国是美国最重要的盟国,是所谓自由主义世界联盟的主要成员,防止苏联对这些国家的进攻是美国最重要的任务。为防止苏联在欧洲的扩张,美国把驻海外军队的大部分兵力都部署在了欧洲,并且一直准备与苏联在欧洲展开一场全面性战争。但冷战结束以后,由于苏联的解体,这种情况发生了变化,"欧洲优先"的观点开始遇到挑战。由此,冷战结束后,美国国内在其全球战略重点到底应在欧洲还是在亚洲的问题上产生了严重分歧，并为此展开了激烈的争论。不过不管怎么争论，一个不容置疑的事实是，尽管存在不同看法，冷战后亚太地区的战略地位的确有了明显提高。

第二节　美国的亚太战略

冷战后，亚太地区在美国国家战略中的地位大幅度上升是有着深刻原因的。从经济层面上说，亚太地区经济规模已经占世界一半以上，新兴市场面积为世界之最，美国对亚洲出口占世界出口的36%—40%，已占到美国总出口的三分之一，与亚太经济关系的好坏已经能直接影响美国的经济发展，而世界其他经济大国或经济集团如欧盟和日本，也对亚太地区抱有极大兴趣，这样亚太地区已经成为各发达国家争夺新兴市场最广阔也是最激烈的地带。但对于美国来说，之所以在冷战后更加重视亚太地区，更重要的是安全因素。美国认为，冷战后的亚太地区安危直接关系到美国未来的安全命运。美国参谋长联席会议公布的题为《2020年联合展望》的文件中对21世纪美国军事战略进行了构想，该报告认为，10年前美国将大部分力量集中于欧洲的军事冲突，而今天则是欧、亚两洲平分秋色，今后则应更多地向亚洲倾斜，将美国的战略重心由欧洲转向亚洲。[①] 美国另一份报告《亚洲·2025年》也说，今后对美国的威胁将发生在亚洲，欧洲则并无可以预见的与美国发生冲突的威胁。[②] 赖斯在担任美国安全事务顾问时曾向美国政府提出了一个重新界定国家利益重点的清单，清单共有五条内容，其中三条都与亚太安全利益有关。这就是：（1）美军有能力慑止战争投送兵力，并在威慑失效时为保卫国家利益而战，赖斯对此的解释是，它是指首先美军必须能够决定性地对付亚太地区、中东海湾和欧洲出现的任何敌对军事强国，这些地区不仅关系到美国的利益，而且关系到重要盟国的利益。（2）重新建立与盟国牢固而密切的关系，这些盟国享有美国的价值观，并能够分担促进和平繁荣和自由的重任。（3）集中

---

① 《夜光新闻》2000年6月19日，http://dailynews.muzi.com/tp/chinese/Korea_situation.shtml。

② 〔美〕罗伯特·凯塞：《亚洲·2025年》，《华盛顿邮报》2000年3月17日。

全力发展与大国,特别是俄罗斯和中国的全面关系,这样才能并将会形成国际政治体系的特色。"9·11"事件后,美国战略重点转向反恐,但也未忘记亚洲。"美国的决策者越来越认识到对美国全球势力的重大挑战很可能出现在亚洲,因此亚洲注定要成为美国安全战略的焦点。"①

鉴于亚太地区重要的战略价值,冷战后美国更加重视亚太地区,并制定逐步完善了比较成熟的亚太战略。美国亚太事务助理国务卿凯利在美国参议院作证时曾明确表示,美国的亚太战略利益是长期和一贯的,甚至在过去的两个世纪中明显一致②,这就是美国治下的"和平与安全,获得该地区的商业准入,航行自由,以及防止任何霸权力量或联盟的崛起"③。从各种研究来看,在美国的亚太战略上达成的比较一致的看法是,美国90年代亚太安全政策的目标包括以下内容:保持美国作为亚太地区首要大国的地位;阻止欧亚大陆出现一个霸权国家;抑制地区热点问题;鼓励军备控制,建立信任措施机制,发展危机预防机制;防止大规模杀伤武器的扩散。④

奥巴马上台后更是提出了重返亚洲的战略。继小布什之后上台的奥巴马曾自称是"美国首位太平洋总统"。在2009年11月14日于日本东京的演讲中,奥巴马提到"美国是太平洋国家,与亚洲命运有密不可分的关系"。"世界上没有哪个地区比亚太地区的变化更剧烈,美国与亚太地区的命运也在这种变化中更紧密地联系在一起。美国将更多地参与讨论如何构筑亚太地区的未来,并参加该地区合适的多边组织。"奥巴马采取的强化亚太战略的主要措施有以下几个方面。

(1)强化亚太军事部署。2012年1月奥巴马公布美国新军事战略,将美国国防安全重心向亚太地区转移,且不受国防预算限制,同时将裁撤陆军,以加强海军与空军力量。2012年4月,美国和日本就驻日美军迁移问题达成协议,内容包括将冲绳基地9000名海军陆战队

---

① 英国《简氏情报文摘》周刊2002年3月18日,题:《美国战略重点在亚洲》。
② 凯利2001年5月在美参议院的证词。
③ 《美国国防部东亚战略报告》,1995年3月。
④ U. S. Department of Defense, A Strategic Framework for the Asian Pacific Rim: Looking Toward the 21st Century, p.6; Donald S. Zagoria, "The Changing U. S. Role in Asian Security in the 1990s," p.53.

官兵转移至关岛、夏威夷和澳大利亚等地，意在强化美军在亚太地区前线的机动作战能力。美国国防部副部长阿什顿·卡特透露，未来几年内，美军在亚太地区舰只数量占美军总舰只数量的比例将从目前的52%增加至60%，其中包括净增一艘航空母舰，使美军在亚太地区的航母数量达到6艘。

（2）强化亚太同盟关系。在奥巴马2009年11月14日于日本东京的演讲中，他指出："我们需依靠美国与日本、韩国、澳大利亚、泰国和菲律宾达成的盟约——这些盟约不依靠过时的历史文献，而要求坚持对我们的共同安全有着根本意义的具有相互约束力的承诺。"在美国同亚太国家的一系列同盟关系中，美日关系是核心，冷战时期至今美日同盟一直发挥特殊功能，被视为"美国亚洲安全政策的关键"和"基石"。美国白宫在2015年的国家安全战略报告中表示要侧重对盟友的依赖，并准备在后续战略目标的实现中，让盟友扮演更为重要的角色。日本就是美国在亚太最重要的盟友，未来必然会被赋予更多战略任务，美国也会为日本成为正常国家松绑。譬如，2015年初美国高官连续呼吁日本巡航中国南海，就是赋予日本的新任务，而与之相配套的就是安倍政府的推动修宪。① 除此之外，东盟和印度也被美国认为是能够帮助自己确立在全球领导地位的关键的两个盟友，因此，加强美东、美印关系是美国亚太战略新的主攻方向。在加强美东关系方面，奥巴马说："作为（美国）总统，我已经清楚地表明，美国有意在亚洲发挥领导作用。""为此，我们加强了既有同盟，深化了新的伙伴关系，并重新密切了与地区组织的关系，包括东盟。"前国务卿希拉里也表示，"东盟对全球未来至关重要，美国必须与东盟建立强有力的关系，必须在东盟拥有强大的、有力的存在"。"我希望传达的一个明确信息是：美国回来了，我们将全面与东盟接触，全力推动双方关系，我们希望恢复和加强美国与东盟强大的同盟关系和友谊。"为恢复美国在东南亚的影响力，美国采取的主要举措包括：其一，与东盟签署《东南亚友好合作条约》。此举被视为美国与东盟关系上的一个重要里程碑；其二，美国参加东亚10+8峰会；其三，介入南海争端，拉东打中。在美国与巴印关系方面，小布什时期由于反恐需要借助巴基斯坦，因

---

① 《军事文摘》2015年第5期。

而美国与印度关系一度趋于平淡,但后来美国意识到印度在亚洲的重要作用,因而又调整了对印政策,双方关系不断升温,美国对印度态度发生重大变化,由原来的制裁转变为合作,解除了对印度的制裁,实际上就是承认了印度的核大国地位,这反映了美国对印度的重视。

(3)重视对华关系。下面将作专门介绍和分析。

第三节 美国对华双重战略

一、美国战略对手的确定

冷战结束之初,由于苏联的解体曾使美国要防范的战略对手到底是谁的问题上产生过某种程度的困惑,并为之产生了一些争论。但随着其冷战后国家战略的逐步确立以及维护其霸权地位的意识日益强烈,美国开始担心可能出现的大国挑战,即使在很多时候美国依然强调恐怖主义、大规模杀伤性武器的扩散等给美国带来现实威胁,而且"9·11"事件后,美国更是将主要精力集中于消灭恐怖主义上,但其国家战略中的根本性目标却始终没有改变,这就是遏制潜在的霸权挑战国的崛起,为此在进行反恐战争的同时,美国始终没有忘记对它担心的霸权挑战国采取一些遏制措施。实际上,在冷战后出台的大多数《国家安全战略报告》以及其他相关文件中,防止未来潜在对手对美国的霸权地位提出挑战一直是最为重要的内容之一。早在1992年2月18日,美国国防部拟订的《1994—1995财年防务计划指导方针》草案中就曾明确地指出:苏联解体后,美国对外战略的"首要目标"和"主要考虑"就是要维护美国作为世界上唯一超级大国的地位,防止在欧洲、亚洲或前苏联出现一个对立的超级大国。

防范大国的挑战成为冷战后美国国家战略中所要维护的核心国家利益,但这个挑战大国的确定过程却经历了一些变化。前述《1994—1995财年防务计划指导方针》中曾详细地分地区列举了一系列包括美国盟国在内的国家,提出要使其他先进工业国家"不向我们的领导地位挑战,或是试图推翻已有的政治和经济秩序",要保持"德国和日本纳入美国领导下的集体安全体系",美国必须保持强大的军事力量,"威慑潜在的竞争者,使它们甚至不敢奢望发挥较大的地区性或全球性作用"。① 显然冷战结束之初,美国是将日本和德国作为其主要霸权挑战国的。② 这是因为,伴随苏联这一最大的政治和安全对手的消失,经济利益成为美国对外战略的中心议题。与此相适应,冷战刚刚结束的时候,作为世界上仅次于美国的第二大经济强国的日本和有着巨大发展潜力的德国曾一度被视为美国的最大竞争对手。当时日本在经济上所表现出来的咄咄逼人的气势使很多普通美国人都感到了来自日本的压力,而德国统一后所显现出来的发展潜力以及欧盟统一进程的不断推进使一些美国学者和政客认为德国将有可能迅速崛起为一个新的世界性大国。尤其当考虑到日本和德国在历史上所表现出来的强烈的大国欲望以及这种欲望带来的行动曾使世界陷入两次世界大战的时候,美国不能不对这两个国家开始有所防范。

肯尼思·沃尔兹曾经指出,"如果一个国家不想成为强国,那是一种结构性的反常现象……迟早,国家的国际地位会与它们的物质财富同步提高。不管愿意不愿意,拥有强大经济实力的国家必将成为强国。"显然这个时期日本和德国发展所显示出来的经济实力使美国把其列为了潜在的霸权挑战国。早在1991年8月,布什政府提出的冷战后第一份《国家安全战略报告》就明确指出,"日本和德国作为世界经济和政治的领导者以及美国的激烈竞争者的面目出现,是新时期一个最重要、影响最深远的发展变化"③。而在1992年2月美国国防部拟订的《1994—1999年防务计划指针》中更进一步强调防止在西欧和亚太出现对美国地位提出挑战的任何全球性对手,以此影射日本和德国。④ 克林顿政府上台后,由于视经济安全为美国对外政策的首要目标,一度也继续将日本当作美国最大的对手。在这一背景下,美日经济战风起云涌,双方以贸易为核心的摩擦事件不断发生,就连美国出

---

① "Excerpts from Pentagon's Plan: Prevent the Emergence of a New Rival", *New York Times*, March 8, 1992.

② 参见〔美〕理查德·N.哈斯:《规制主义——冷战后的美国全球新战略》,陈遥遥、荣凌译,新华出版社1999年版,第48页。

③ The White House, *A National Security Strategy of the United States*, August 1991.

④ 该文件披露后,曾引起国际舆论特别是日本和德国方面的强烈抨击。

版的《即将到来的美日战争》也成了畅销书。①

但这种状况并没有持续多长时间,到 90 年代中期后,由于泡沫经济破灭,日本经济陷入长期低迷,失去了原有发展势头,而德国统一后经济增长也一直乏力,这两个国家逐渐失去了追赶美国的本钱,美国也日渐对两个国家失去兴趣,认为其在短时间内已经不能从根本上对美国构成威胁。更为进一步的是,随着美国开始重新评估其面临的国际安全环境和主要对手,美国不仅改变了原来将日本作为挑战国的政策,而且把日本由对手候选国变为冷战后实现美国战略目标的盟友。在这种转变下,在美国的对日政策中,开始把经济利益和安全利益结合起来,明确美国国家利益为基础,以美国的长远利益为根本出发点,但同时兼顾美日之间的共同利益。② 1994 年,时任助理国防部长的约瑟夫·奈提出所谓的"奈倡议",认为全球均势向亚洲倾斜意味着日本的战略重要性不是下降了而是增加了,美国应长远地考虑日本的地位和作用,不能把美日关系当作冷战的遗产而予以废弃,而应缔造一种更为平衡的同盟,以应付 21 世纪的发展变化。在奈的主持下,美国于1995 年 2 月发表的《东亚及太平洋地区安全战略报告》强调美日同盟是美国亚洲安全政策的基石,这标志着美国对日政策进入了一个新的阶段。

二、中国成为美国战略对手

与此同时,冷战结束以后,美国对中国的认识开始发生了变化。最重要的变化是,由于苏联的解体,双方共同对抗苏联这一基础已经不存在,因而,"在苏联崩溃后,同中国保持良好关系已失去意义"③的想法开始在美国政界蔓延开来。更为重要的因素是,中国经济在 90年代世界许多国家经济普遍疲软的情况下却一花独秀,连续保持多年快速增长,综合国力不断上升,而中国国土辽阔,人口众多,历史悠久,

---

① George Friedman and Meredith Lebard 所著的 *The Coming War with Japan*(New York:St. Martin's Press, 1991)在国内被译为《下一次美日战争》。参见〔美〕乔治·弗里德曼、梅雷迪思·勒巴德:《下一次美日战争》,何立译,新华出版社 1992 年版。
② 〔美〕肯尼思·达姆、约翰·多伊奇、约瑟夫·奈、戴维·罗:《遏制日本:美国对付日本作为全球大国崛起的战略》,《华盛顿季刊》1993 年春季号。
③ 同上。

具备成为世界性大国的必要条件,加上中国一直坚持共产主义意识形态和政治制度,又有着与美国迥然不同的文化传统和价值观念。而在美国看来,"如果别的超级大国具有与我们敌对的政治和社会价值观,那么不让它崛起将符合我们的国家利益"①。由此,中国逐渐演变成了冷战后美国"关注"的所谓潜在挑战国候选者。美国于 1997 年 4 月发表的《国防报告》把"地区大国的霸权倾向"列为头号安全威胁,强调"防止与美国为敌的新兴霸权国家的出现,防止重要地区落入与美国为敌的国家的控制之下",是维护 21 世纪美国"世界领导地位"的关键。② 报告虽然没有明确指出中国就是美国的头号威胁,但其中所包含的防范中国的用意十分明显。而 1997 年 5 月发表的《四年防务评估报告》就明确指出,2015 年后俄罗斯和中国可能会成为美国新的全球性对手,并将美军作战指标由原来的打赢几乎同时发生的"两场大规模地区冲突"(two major regional conflicts)提升为"两场大规模战区战争"(two major theater wars),表明美军将来不仅要准备与伊拉克等地区性国家作战,更要准备与俄、中等潜在的全球性对手较量。因此,在美国看来,一个日益强大的中国将成为在世界和亚太地区维持其强权政治的美国的主要障碍,甚至从长远来看可能构成对西方世界的挑战,因此对中国实行遏制成为冷战后美国政府制定对华政策思路时的重要指导思想。思想导致行为,正是由于这样的指导思想的存在,使原先在冷战时代退居次要位置的中美关系中的一些问题,如人权问题、台湾问题、贸易平衡和知识产权问题、核武器扩散和武器出售问题、中国的军备开支和军事现代化问题,转变为突出的争执问题,并且由于中国国内情况以及中国多边和双边关系的变化而变得引人注目。这些情况表明,中国开始成为冷战后美国确定的霸权挑战国,成为其国家战略和军事战略中考虑的重要目标。

关于中国如何成为美国所界定的霸权挑战国,美国芝加哥大学教授约翰·米尔斯海默在其代表性著作《大国政治的悲剧》中做了较为系统的论述。米尔斯海默主张,美国外交政策的中心目标是西半球的

---

① 〔美〕理查德·N.哈斯:《规制主义——冷战后的美国全球新战略》,陈遥遥、荣凌译,新华出版社 1999 年版,第 47 页。

② 参见萨本望:《美国全球战略调整中的六大矛盾》,《和平与发展》1999 年第 1 期。

霸主,防止欧洲和东北亚出现敌对的霸权国,谨防出现与之匹配的竞争者。为了达到这一目标,美国在欧洲和东北亚地区历史性扮演了"离岸平衡手"的角色。

那么美国在东北亚驻军要遏制的潜在大国是谁呢?米尔斯海默认为,目前的东北亚地区的国际格局情况是,除了朝鲜这个现实的安全威胁外,还有三个国家拥有成为大国所必需的足够的人口和财富,这就是中国、日本和俄罗斯。关于这三个国家的发展前景,米尔斯海默认为,目前日本是这一地区最富裕的国家,但是日本没有能力把大量财富转变为决定性的军事优势,而足以威胁东北亚其他国家。尽管日本比中国富裕的多,但是人口相对较少,尤其是无法同中国相比。因此,日本几乎不可能建立一支比中国更强大的军队。如果日本想要称霸东北亚,还将面对一个严重的力量投送问题。这样,米氏实际上排除了日本成为霸权挑战国的可能。另外,米尔斯海默也明确排除了俄罗斯在 2020 年以前成为东北亚的潜在霸权国的可能性。① 而米尔斯海默明确将中国定义为未来挑战现状的潜在霸权国。他认为,中国是理解东北亚未来力量分布的关键。虽然现在中国明显不是潜在霸权国,因为它不如日本富强。但是,如果中国的经济在接下来的十年继续以 20 世纪 80 年代早期以来的速度增长,中国可能超过日本成为亚洲最富强的国家。由于中国人口规模巨大,有能力比日本更富强,甚至超过美国。米尔斯海默的这种观点在美国学界有普遍的代表性。

学者的论述固然不能完全代表政府的立场和政策,而且即使从学术研究角度来看,米尔斯海默的观点也有诸多偏颇和不当之处,如过分强调军队数量在现代国际政治中的作用,认为军队数量的多少对于一个国家政治行为有关键影响,而忽视了现代军事技术发展对国际政治的影响,而且更有意或无意地忽视了一个国家历史传统和外交文化等因素对国际政治的影响。因此,米尔斯海默的观点也并不为所有学者所认同,一些学者就认为,国际体系的大国不仅存在修正主义倾向,而且也存在维持现状的倾向。但无论如何,米氏的观点代表了相当一部分美国人的看法。在这些学者看来,打击恐怖主义固然是美国面临

---

① 〔美〕约翰·米尔斯海默:《大国政治的悲剧》,王义桅、唐小松译,上海人民出版社 2003 年版,第 539 页。

的现实紧迫任务,但遏制新挑战国的崛起才是美国最重要的战略任务。而在防范挑战国崛起的战略中,冷战时期一直坚持的遏制战略仍然是有效的手段。所以,将来朝鲜威胁解决之后,驻韩美军如果继续存在,它的一个重要任务,就是遏制这一地区潜在霸权国的崛起,而从目前来看,美国认为这个潜在的霸权国是中国。因此,在冷战后时代,如何对中国崛起并成为强国的现实作出反应,成为美国在亚太地区面临的最大挑战。

三、美国对华的双重战略

美国对华的双重战略,即合作与防范或"接触"与"遏制"并行不悖的双轨政策。这一政策,是冷战后历届政府的一贯政策。尽管历届政府其亚太战略各时期(布什政府、克林顿政府、小布什政府、奥巴马政府的亚太战略)不断调整。"接触"和"遏制"说法各异、侧重点不断变换,但万变不离其宗。而且在可预见的未来,美国对华这一基本战略也不会发生根本变化,均要在所谓"接触"和"遏制"间寻求一种平衡的双轨政策。其根本原因在于服从于美国的国家总体利益。

冷战后美国为维护亚太地区的稳定与在亚太霸权地位,保证美国在该地区的经济利益,它需要建设比较稳定的中美战略关系,正因为如此,在主张对华实行遏制政策的同时,对华也要实行接触与合作政策,一些学者认为,中国的崛起并不会因美国的遏制而停止,中国已成为一个不可忽视的力量中心。因此美国应该与中国保持"接触",在全球、地区和双边多层次上加强协调与合作。在 1995 年发表于《外交》的一篇文章中,约瑟夫·奈对所谓的对华遏制政策提出了强烈批评。他虽然也认为"一个强大的中国将不可避免地对美国和世界秩序的其他部分形成挑战",但他明确指出,"一个由美国领导、试图遏制中国的政策既是一个方向性错误,也不会成功",而"全面接触政策则符合美国和中国的利益,也符合亚太地区所有国家的利益"。按照他的解释,所谓"全面接触"就是"设法将中国融入亚洲和全球政治秩序"①,以最大限度地满足美国自身的全球战略利益。奈的这一观点得到了兰普

---

① Joseph S. Nye, Jr., "East Asian Security: The Case for Deep Engagement," *Foreign Affairs*, July/August 1995.

顿的支持,他指出,美国对华政策的主要目标应该是尽量"避免出现第二次冷战,维护地区稳定,通过经济及其他方面的合作最大限度地获得好处"①。而前国务卿奥尔布赖特也强调,美国的目标"是使中国成为一个负责任的、认真地参与国际事务,而且也能按照国际准则——其中包括有关对待本国人民的准则——办事的国家"②。与此相适应,美国国家利益委员会 1996 年 7 月发表的《美国国家利益报告》就对华政策做出了分析,认为"中国不成为世界性或地区性的军事威胁,以及按照谨慎的条件加入国际体系,是美国的国家利益所在。它不仅有利于我们(美国)的地缘政治安全,而且符合我们(美国)在维护人类尊严和自由方面的道德利益"③。而 1998 年度的美国《国家安全战略报告》则进一步强调,"中国融入国际体系将不但影响其政治和经济发展,而且影响其与世界的关系"④。曾在克林顿政府时期担任助理国务卿的罗思于 2000 年 4 月在《国际先驱论坛报》上发表了一篇文章,对冷战后美国的对华政策进行了解释。他强调,美国对华政策的最终目标是一个强大、稳定、繁荣和开放的中国,而实现上述目标的根本战略则是将中国融入地区和全球机制,帮助其成为一个接受公认的国际规则并且按照这些规则和平地进行合作与竞争的国家。按照他的说法,融合战略(integration strategy)的目的是要将中国融入价值观、经济和安全三个方面的地区和全球规则。⑤ 综合起来看,对华"全面接触"是美国在冷战后基于对其战略利益、经济利益和中国未来走向的判断而提出的一项政策手段,它既强调与中国的接触、对话与交往,以求得美国在华现实利益的实现和中国与美国的合作,又着眼于中国崛起后可能对美国形成地区性或全球性挑战的潜在可能,以便对中国

---

① David M. Lampton, "A Growing China in a Shrinking World: Beijing and the Global Order", in Ezra F. Vogel, ed., *Living with China: U. S. -China Relations in the Twenty-first Century*, New York: W. W. Norton & Company, 1997, p.21.

② Secretary of State Madeleine K. Albright, "American Principle and Purpose in East Asia", remarks at the U. S. Naval Academy, Annapolis, Maryland, April 15, 1997.

③ The Bipartisan Commission on America's National Interests, *America's National Interests*, July 1996.

④ The White House, *A National Security Strategy for a New Century*, 1998, p.43.

⑤ Stanley O. Roth, "Seeking a Strong and Stable China", *International Herald Tribune*, April 19, 2000.

进行防范和牵制,而其真正目标,则是要实现符合其全球战略利益的"霸权规制"。因此,在美国一些人看来,"中国是一个正在发生迅速而又规模宏大的变化的国家,其结果如何尚不得而知,也根本不能保证它们会是有利的结果。美国对这个世界上人口最多的国家能够采取的最佳政策,就是争取最好的效果,同时采取各种措施防止出现最坏的局面"①。

正是在些看起来相互矛盾的政策建议推动下,冷战后美国对华政策的调整在"遏制"和"接触"之间左摇右摆,徘徊于"遏制论"与"接触论"之间,动摇不定,经历了一个以遏制为主、接触为辅向以接触为主、遏制为辅的转变过程,由此也带来了中美关系的"走低"或"升高"。

90年代前半期,美国对华政策主要以遏制为主,接触为辅,其主要表现在:在经济领域,不断制造经贸摩擦;在政治上,利用"民主""人权"为武器向中国发起攻势;在外交上,公开发展同台湾的实质性关系,不断抬升台湾的地位,使中美关系中的台湾问题更加复杂化。美国的做法使冷战结束以来的中美关系曾数度爆发危机,一度跌入谷底。然而,美国在推行遏制政策的同时,也非常注意辅之以接触政策,并采取了一些具体措施,使中美关系不至于走到破裂的临界点,尤其是尽量避免刺激中国的核心国家利益,对台湾政策始终保持在中国可以容忍的限度之内。

90年代后半期,主要是在克林顿的第二任期内美国对华政策开始向接触为主、遏制为辅的方向转变。1995年10月在联合国成立50周年特别纪念会议期间,两国首脑进行了会晤,就中美关系的重要性和两国间存在的重大共同利益达成了广泛的共识,双方一致同意应从战略高度和21世纪的角度看待和处理中美关系。美国一些政界和学术界人士也撰文指出:"目前在遏制中国方面所采取的行动是不明智的,……遏制将丧失在重大国际问题和地区问题上获得中国支持的机会。""一个感受到美国遏制政策包围的中国不可能在美国重大的安全目标上与其合作,而且遏制实际上还可能为美国制造安全难题",因为"遏制……将促使中国加速其国防现代化,促进地区开展军备竞赛并

---

① 〔美〕迈克尔·曼德尔鲍姆:《对中国采取双管齐下的办法》,《巴尔的摩太阳报》1999年4月7日。作者系美国约翰霍普金斯大学高级国际问题研究学院教授。

加大发生地区武装冲突的可能性。遏制政策还将导致美中两国向对方关闭各自的市场。"1996年11月,克林顿更是强调:"美国对遏制中国不感兴趣。遏制是一种负面战略,而美国想要的是继续同中国保持全面接触政策,以便能在未来增加实现更自由、更繁荣以及更真诚的合作机会。因此,我打算拿出更多的时间,付出更多的精力,做出更多的努力,致力于使中国将来成为美国和其他国家的一个真正伙伴,而不是着眼于遏制中国。"这表明,经过90年代前半期的曲折和反复,美国朝野已意识到对抗与遏制将不利于美国亚太战略乃至全球战略的推行。这使美国对华政策的侧重点发生了变化,接触的一面逐步突出起来。即使在中美关系发展良好的克林顿政府后期,美国也并没有放弃防范和遏制中国的思想。明显针对中国的日美同盟的再定义和TMD计划的强行推行,使美国遏制中国的意图昭然若揭,而且还发生了美国轰炸中国驻南斯拉夫大使馆事件。

2001年的总统竞选期间,对华政策依然是一个焦点话题,共和党候选人小布什攻击克林顿的对华政策,宣称自己如果当选将采取强硬对华政策。而这并不仅仅是他的竞选语言,更是他当选后真实政策的写照。小布什上台之初,就宣布放弃克林顿时期确定的中美战略伙伴关系,公然宣称中国是美国的对手而不是伙伴,宣布如果大陆向台湾使用武力,美国将保卫台湾。这些言论使克林顿后期确定的接触为主的对华政策终结,重新开始了遏制为主的势头。就在人们等待小布什还会采取什么实质性强硬措施的时候,"9·11"事件爆发了。历史往往因一些偶然事件而发生方向性改变。

"9·11"事件对美国产生了巨大影响,使美国人意识到美国本土也不是安全的天堂,恐怖主义是美国最现实的敌人。在这种情况下,不论谁是美国的统治者,都必须将打击恐怖主义列为美国的头号任务,至少是几年内美国的重要任务。因此,美国将国家战略目标转而确定为消除恐怖主义对美国的威胁,而在一系列国际事务中,美国需要中国的协助,同时美国意识到失去中国等于失去一个世界上最大的市场,对美国是没有好处的。这样,几经周折,小布什政府对刚上台时的对华政策重新进行了调整,又逐步确立了接触为主的对华政策,政治上,既同中国保持广泛而全面的接触,又在涉及中国主权和内政问题上继续进行干涉;经济上,以贸易不平衡为借口,以市场准入为核心,以努力开拓中国市场,通过局部压力换取巨大利益;军事上,既扩大两军交流,又与有关盟国加强双边军事关系对中国实行遏制。因而,接触和遏制始终构成对华政策的两个方面,目的就是既要获取经济利益,促进美国经济增长,同时利用中国推行其亚太战略和全球战略,处理国际事务;又要通过各种手段防止中国成为对美国构成威胁的对手。

奥巴马上台以后,基本上延续了此前美国的遏制与接触对华双重政策,战略上,实行重返亚洲战略,在中国周边构筑包围圈的同时,加强同中国的经济合作,在许多重大国际问题上借助中国。

总而言之,冷战结束以来中美关系的发展历程表明,由于中美两国存在着巨大差异,以及两国的全球和亚太战略从根本上说是相对立的,因此美国不可能放弃对中国的遏制,去实行所谓"全面接触";在现实国际战略环境下,美国与中国也不可能成为全面合作的"战略伙伴"。美国的对华战略实质上就是一种"遏制与接触"并存的战略,即一方面保持或加强与中国的经济、政治和军事关系,在全球和亚太事务中与中国开展多方面合作;另一方面也保持或加强对中国的经济、政治和军事压力,不断以各种手段和方式干涉中国内部事务,抵御中国可能对美国的利益和目标形成的挑战。

关于冷战后的中美关系,有一点需要特别指出,这就是,近年来中美合作的趋势正在不断加强,双方进行了多次战略对话,高层也进行了多次互访,可以说中美关系正在向积极合作全面的关系与应对共同挑战的伙伴关系发展,中美两国关系已远超出双边关系在全球与区域上已广泛合作,在一些重大国际机构和平台(包括联合国、世界贸易组织、国际货币基金组织、亚太经合组织、G8、G20 以及解决金融危机、气候问题、朝核问题、伊核问题、阿富汗问题等的平台)的交流和互动,为两国在广泛和专门问题上的沟通和合作,创造了机会。

美国之所以对华采取友好政策,主要原因有两点。

第一,对华友好是美国经济利益需要。奥巴马对此直言不讳:一个强大而繁荣的中国的崛起,将成为国际社会的力量源泉。与中国的伙伴关系对快速启动美国经济复苏至关重要。随着改革开放推进,市场经济体制逐步建立,中国经济飞速发展,中美双边贸易额已从 1979 年的 25 亿美元增长到 2010 年的 3853.4 亿美元,32 年增长近 150 多倍。两国已经互为第二大贸易伙伴。此外,中国还是美国最大债权国。中国持有美国国债1.1万亿美元,相当于美国GDP十分之一,比其第二大债权国日本多近两倍。

第二,对华友好是美国安全利益的需要。中国在推动全球核不扩散机制,维护地区特别是东亚与中亚地区的和平稳定,支持朝鲜半岛无核化,促进伊朗、阿富汗、巴基斯坦的安全与稳定等方面需要中国。另外,中国在解决世界的反恐、环境、毒品、走私、移民、能源等世界性问题方面也将起重要作用。

但接触不能代替遏制,而且永远也不能替代。尽管中美关系更加亲密,美国表面上也对中国十分友好,但在这友好的另一面是美国对华遏制措施的不断强化。也就是说,进入新世纪以后情况依旧,无论中国进行怎样的政策表态,美国将中国列为其在亚太地区甚至全球范围内的主要竞争对手的政策并没有发生任何改变。遏制中国的政策将不会有任何变化。不论是小布什把中国定位成美国的战略竞争对手,还是奥巴马把中国视为全面伙伴关系,美国对华的基本战略短期内尚不会发生根本变化,仍要在所谓"接触"和"遏制"间寻求一种平衡的双轨政策。奥巴马政府出台的美国的亚太再平衡战略正是在新历史条件下的对华新战略。

第四节 美国的亚太再平衡战略

美国亚太战略与对华的双重战略,当今集中体现在美国"再平衡"战略之中。美国"再平衡"战略是其亚太战略与对华的双重战略的继承与发展。

美国的"亚太再平衡战略"经历了一个"高开低走"的过程。2006年美正式提出中美"利益攸关方"。2009年首轮中美战略与经济对话在美国华盛顿开幕。美国总统奥巴马在致辞:21世纪中美关系是"本世纪最重要的双边关系""中美关系将塑造21世纪的历史"。2009年美国经济史学家尼尔·弗格森提出一个"新概念",即现在广为议论的"中美国"(Chimerica)。弗格森认为,现在中美已走入"共生时代":美国是全球最大消费国,中国是世界最大储蓄国;双方合作方式是美负责消费、中国负责生产。G2 盛兴一时。① 此后美高层开始变调。

2011 年 11 月在夏威夷亚太经合组织(APEC)峰会上,希拉里高调亮出"转向亚洲"战略。在 2012 年 6 月 3 日闭幕的本年度香格里拉对话会上,美国防长帕内塔正式提出了美国"亚太再平衡战略",指出美国将在 2020 年前向亚太地区转移一批海军战舰,届时将 60% 的美国战舰部署在太平洋。美国此刻将"亚太再平衡战略"正式列为在亚太与对华的中长期战略。

美国之所以在此刻调整亚太战略,名曰"亚太再平衡战略",其重要因素是奥巴马政府自 2009 年 1 月执政以来,面临着美国成为世界霸主、尤其是后冷战时期一超独霸后前所未有的内外困境。其中最为突出的是 2008 年的金融风暴导致二战结束以来最严重的金融、经济、债务和社会危机,以及因深陷小布什政府发动的阿富汗与伊拉克两场战争而在国际上处于孤立与被动的局面。与此同时,中国对亚太地区和区内各国的影响力急速上升。中国已崛起为仅次于美国的世界第二大经济体、世界主要贸易国和最大外汇储备国。中国积极推动亚太地区的一体化合作,于 2010 年和东盟十国建成了自由贸易区。亚太地区经济活跃,成为当今世界经济的主要动力和增长源。相形之下,美国则在亚太地区面临着影响力下降和盟国离心等一系列问题。美国朝野精英层也深陷深层的心理不平衡:因发展不平衡、力量对比急剧变化而产生的纠结;因超级大国地位和世界事务主导权削弱而导致的失落与忧患感。在此背景下,奥巴马政府为摆脱危机、重振美国在亚太地区和全球的战略主动权与主导地位,经全球战略评估与权衡后推出了"亚太再平衡战略",对美国的全球和亚太战略做出了重大调整。②

美国提出"再平衡"战略关键核心目标是进一步明确针对中国。奥巴马政府虽然一再否认该战略是针对中国的,认为这并不符合美国的国家利益。但连其国内舆论都无法真正相信。奥巴马在 APEC 上称:中美关系是亚太再平衡的核心。美国的真正意图是通过重振美国在亚太地区的"领导地位"与主导权,并将中国设定为亚太地区和全球

---

① 2012 中方首次提出了中美"两国协调"(C2)。"C"可以是协调(Coordination)、合作(Cooperation),也可以是命运共同体(Community)。

② 贾浩:《美国亚太再平衡战略评析》,《上海东华大学学报》2013 年第 5 期。

的"战略竞争对手",可以集中和动员美国的国家意志、国力、各方面优势和各种资源,以达到振兴美国和在竞争中取胜的目的。① 美国"再平衡"战略的指导思想仍在于牢牢控制亚太的主导权,决不容许任何一国取美国而代之。奥巴马说:"在我总统任内,美国绝不当老二。"

奥巴马政府"亚太再平衡战略"的具体内容与上述对华双重战略一脉相承、基本一致,主要包括经贸、军事安全和亚太多国建立统一战线等三个方面。一是在经贸方面,通过"跨太平洋伙伴关系"(TPP)谈判,介入亚太地区正积极发展中的经济一体化和贸易自由化进程,并通过扩展美国与亚太国家的贸易、投资和其他经济合作,帮助重振美国经济并维持美国在全球经贸、投资、金融和美元领域的主导地位,以此制约中国在亚太地区和全球上升中的经济力量和影响。二是在军事安全方面,加强与日、韩、澳、菲、泰等5个亚太地区盟国与东盟其他伙伴国以及印度等国在军事基地、军事演习、武器出口和其他安全方面的合作。2020年前将美国海军舰只的60%和6个航母舰队、美国本土以外60%的空军力量和更多高科技武器及地面力量部署到亚太地区,以及"离岸控制战""空海一体战""网络战"等各种军事战略部署。三是与东盟等各国建立统一战线,选择在南海地区与中国进行战略较量。

美国"亚太再平衡战略"应包括防范与合作两个方面,但一般均将其理解为是对中国的防范与遏制,而且主要体现在军事方面。实际上,美国"亚太再平衡战略"是实行战略与军事上的制约与防范,经济、地区和全球治理问题上则合作与竞争,二者并重,同时均有增强之势。前者力图以保持美国军事实力和强化地区盟国关系来制衡中国,后者则希望防止与中国的竞争与合作演变为对抗。②

第五节　中美关系

一、中美关系定位的演变

在现实的国际关系中,国家间关系定位有多种形态:敌人、对手

---

① 贾浩:《美国亚太再平衡战略评析》,《上海东华大学学报》2013年第5期。
② 同上。

（竞争者）、伙伴、盟友、非敌非友等。中美在建交之后到冷战结束之前，为应对前苏联，双方构建了某种程度上的"准盟友"关系。但随着冷战走向终结，两国在一段时期内迟迟找不到新的稳定的关系定位。中美关系定位在冷战后经历了复杂且戏剧性的演变。

在20世纪90年代中前期，中美关系进入了"多事之秋"：从人权与最惠国待遇挂钩，到李登辉访美，再到台海危机，中美双方持续对抗，双边关系陷入低谷。直到台海危机之后美才开始改善中美关系。1997年至1998年，中美元首实现冷战后的首次互访，标志着两国关系进入了一个新的阶段。1997年秋天，江泽民主席对美国进行国事访问。中美发表联合声明，正式宣布两国"共同致力于建立中美建设性战略伙伴关系"。江泽民主席向党外人士通报访美情况时指出，建立中美面向21世纪的建设性战略伙伴关系，主旨是不搞对抗，相互友好，加强合作。这种关系包含三层意思：第一，两国应该是伙伴，而不是对手；第二，这种伙伴关系是建立在战略全局上的，而不是局部的，是长期的，而不是权宜之计；第三，这种战略伙伴关系是建设性的，而不是排他性的，更不是为了谋求霸权。国内知名的中美关系专家倪世雄在他的学术回忆录中直截了当地写道：中美确立的战略伙伴关系就是一种不对抗、不结盟、不针对第三国的"新型大国关系"。1998年夏天，克林顿总统应邀回访中国，两国领导人再次确认了建立建设性战略伙伴关系的共识。

虽然两国领导人坚称中美战略伙伴关系只是一个努力的方向，但美国国会和舆论的主流意见是不能接受这个新的定位，认为日本和韩国才是美国在亚洲的战略伙伴。中美之间分歧非常严重，中国不但不是美国的战略伙伴，还是美国的战略竞争者。更重要的是，对于如何建立中美战略伙伴关系，美国政府并没有清晰的路径或者方案。因此，中美建立建设性战略伙伴关系在实践中并不成功，面对美国国内反华势力的挑战，"战略伙伴关系"仅是一句外交辞令，并无实际内容。随后发生的一系列事件，如克林顿拒绝在朱镕基访美期间签署中美关于中国入世的协议、"考克斯报告"、北约空袭中国驻南联盟大使馆等，"实质性地瓦解了建设性战略伙伴关系"这个概念。尽管在克林顿执政的最后一年中美关系有所恢复，但"战略伙伴关系"已经淡出了中美关系的话语体系。① 2001年1月,新上台的美国小布什政府正式否定了"中美战略伙伴关系"。被提名为国务卿的鲍威尔在参议院听证会上对中美关系作了一个新的定位:"中国不是战略伙伴,但中国也不是我们无法回避和不可转变的仇敌。中国是一个竞争者,一个地区性的潜在对手。"

美国发生"9·11"事件后,中美元首在上海举行会晤,又确立了的中美关系新定位。小布什明确地将中国称为全球反恐联盟的重要伙伴。2005年9月21日,美国常务副国务卿佐利克发表了一个关于鼓励中国成为国际体系中"负责任的利益攸关方"的著名演讲,表明美国认识到21世纪的中美关系不同于传统的大国关系。此时中美成为"利益攸关方"。在此思想指导下,中美在2005年和2006年先后启动了高层战略对话和战略经济对话。2006年4月,胡锦涛主席访美,两国元首确定了"全面推进中美建设性合作关系"的双边关系发展方向。2009年4月,胡锦涛主席与美国新任总统奥巴马在伦敦举行首次会晤,双方一致同意共同努力建设"21世纪积极合作全面的中美关系"。2009年11月,奥巴马总统访华,双方发表联合声明,重申致力于建设21世纪积极合作全面的中美关系,并将采取切实行动稳步建立应对共同挑战的伙伴关系。2011年1月,胡锦涛主席对美国进行回访,双方在联合声明中除了重申致力于建设21世纪积极合作全面的中美关系外,还对两国关系作出了新的定位:"中美致力于共同努力建设相互尊重、互利共赢的合作伙伴关系"。

二、中美新型大国关系

2012年5月3日,在北京召开的中美战略与经济对话期间,双方将构建中美"新型大国关系"作为主题,这一概念被高调推出。2014年11月11日晚,国家主席习近平在中南海同美国总统奥巴马举行会晤,习近平强调要以积水成渊、积土成山的精神推进中美新型大国关系建设。

对新型大国关系内涵,中美的解释各不相同,美方的说法是对"崛起国与守成国必然冲突"这一历史魔咒的打破,是以"新答案"解决

---

① 胡勇:《冷战后中美关系定位演变与新型大国关系构建》,《国际展望》2015年2月。

"老问题"。中国说法是不对抗、相互尊重、互利共赢的合作伙伴关系；尽管双方并未使用相同的概念，双方均认为：21世纪的中美关系必须避免大国对抗和零和博弈的历史覆辙，切实走出一条新路。

新型大国关系基本内容，即习近平主席的三句话：第一句是"不冲突、不对抗"，第二句是"相互尊重"，第三句是"合作共赢"。[①]

"不冲突、不对抗"，是构建中美新型大国关系的必要前提。有研究显示，历史上大约有过15次新兴大国的崛起，其中有11次与既有大国之间发生了对抗和战争。但现在的世界已今非昔比，中美之间乃至全球各国之间已是日趋紧密的利益共同体，对抗将是双输，战争没有出路。不冲突、不对抗的宣示，就是要顺应全球化潮流，改变对中美关系的负面预期，解决两国之间的战略互不信，构建对中美关系前景的正面信心。

"相互尊重"，是构建中美新型大国关系的基本原则。世界是多样的，中美作为两个社会制度不同、历史文化背景各异，同时又利益相互交织的大国，相互尊重就显得尤为重要。我们只有相互尊重对方人民选择的制度与道路，相互尊重彼此的核心利益与关切，才能求同存异，进而聚同化异，实现两国的和谐相处。

"合作共赢"，是中美构建新型大国关系的必由之路。中美双方在双边关系各领域都有着广泛合作需求和巨大合作潜力。此外，作为两个大国，环顾当今世界，从反恐到网络安全，从核不扩散到气候变化，从中东和平到非洲发展，也都离不开中美两国的共同参与、合作和贡献。因此，中美只有始终坚持合作，不断加强合作，才能实现共赢，而这个共赢，不仅是中美的共赢，还应当是世界各国的共赢。[②] 中美是两个大国，不可能没有分歧，分歧也不会因为建设新型大国关系而一夜消失。"有句话叫'心诚则灵'，只要双方拿出诚意，守住'不冲突、不对抗'的底线，筑牢'相互尊重'这个基础，我们就能共同做好'合作

---

① 对新型大国关系基本内涵与如何实现，王毅外长在2013年布鲁金斯学会的演讲中做了详尽说明。

② 《如何构建中美新型大国关系》，王毅外长在布鲁金斯学会的演讲全文，2013年9月22日，http://mp.weixin.qq.com/mp/appmsg/show?__biz=MjM5NjM1Njk1Mg==&appmsgid=10001012&itemidx=2&sign=f2990d650b78965526b5dd7fa5e31d63&3rd=MzA3MDU4NTYzMw==&scene=6#wechat_redirect。

共赢'这篇大文章。我们不必总是用显微镜去放大问题,而是要更多地端起望远镜去眺望未来,把握好大方向。"①

中美构建新型大国关系是一个"创举","势在必行",因为这符合双方的利益,也符合时代发展的潮流。②

中美关系是中国外交的重中之重。这主要由以下几个方面因素决定。

首先,中美关系与民族复兴。维护住中美两国之间的正常关系是中国和平与发展的基本保障。中国需要一个和平的环境发展自己。美国是唯一有能力对中国发动大规模战争因而对中国国家安全和民族复兴目标构成威胁的国家,美国也是唯一一个有能力遏制中国成长的国家。只要中美不打仗,和平与发展基本格局就不会有大的改变,中国就能持续进行国内经济建设和政治发展,实现中华民族复兴的伟大目标。美国对华战略如何与中国对美战略如何制定,将决定中国以什么方式、在多长时间、能不能实现中华民族伟大复兴和成为世界大国。

其次,中美关系与经济发展。中国是个全方位对外开放的国家,但美国在中国的对外开放中具有特殊的意义。中国为美国第二大贸易伙伴。据美国商务部统计,2015年双边贸易总额将超过5000亿美元。2010年中美双边贸易总额为3853.4亿美元,2009年中美双边贸易额为3659.8亿美元,其中,美国对中国出口695.8亿美元,自中国进口2964.0亿美元。美方贸易逆差2268.3亿美元,中国外贸严重依赖美国(远超过美对华的依赖),对美外贸的下降或上升制约中国经济发展。中国所需要的外部市场、资金、技术、管理人才、信息来源、管理经验等,许多事关提高中国综合国力的重要因素,有相当大一部分来自美国这个当代科技发展最活跃、经济实力最强的国家。

最后,中美关系与台湾问题。美国是唯一深深地卷入了中国台湾问题的世界大国。中美两国关系如何直接影响中国维护国家统一和国家安全的重大利益,也将决定中国用什么方式维护统一和国家安全。

---

① 王毅:《中美构建新型大国关系势在必行》,中国新闻网,2015年3月8日。
② 同上。

基于上述认识,构建中美新型大国关系对双方势在必行,但它却是一个需要中美双方,包括社会各界共同来探讨和实践的浩瀚系统性工程,同时也是一个需要双方保持政治定力,持之以恒、不懈推进的长期事业。中方将为构建中美新型大国关系做出最大努力,主要体现在五个方面:

第一,不断增进战略互信,使中美新型大国关系建立在更加牢固的基石之上。中方始终强调,中国的发展是和平的发展,我们从来都没有想要挑战甚至取代美国地位的战略意图,而是真心实意地希望和包括美国在内的各国共同维护和平,共同实现发展。我们注意到,美方近年来也反复表示不把中国视为威胁,无意遏制中国,乐见中国走向强大,保持稳定。只要中美各自都能秉持上述战略取向并将其付诸行动,就一定能够建立起战略互信,不断夯实构建中美新型大国关系的基础。

第二,要大力促进务实合作,使中美新型大国关系建立在更加深厚的利益纽带之上。中美建交四十多年来,快速发展的经贸关系不仅给两国各自的发展都带来了巨大红利,也成为中美关系历经风雨但始终破浪前行的压舱石。如今,中美贸易额已近5000亿美元,相互投资超过800亿美元,而且据中美交流基金会最新研究报告预测,10年后,也就是2022年,中美两国将成为彼此最大的贸易伙伴。美国对中国出口额将达4500多亿美元,为美国创造超过250万个就业机会,赴美中国游客将从2012年的150万人增长到1000万人。这是中美两国学者共同研究得出的结论,将为中美新型大国关系的历史进程不断注入强劲的动力。

第三,积极加强人文交往,使中美新型大国关系建立在更加坚实的民意基础之上。能否成功构建中美新型大国关系,很重要的一点就是看能否得到两国多数民众的理解、参与和支持。为此,应鼓励和扩大两国各领域、各界别民众,包括家庭、社区、学校、民间团体等社会基层民众之间的相互往来,让他们增进相互了解和感情;深化文化交流,使双方在交流与碰撞中逐渐实现彼此包容与融合,积极引导各自民意,让支持中美友好合作成为主流声音,不断壮大中美关系的社会基础。

第四,不断加强在国际地区热点及全球性问题上的合作,使中美新型大国关系建立在更加紧密的共同责任之上。我们在维护地区和国际形势稳定、促进人类可持续发展等重大问题上有着越来越多的利益交集,承担着越来越大的共同责任。中美如能携手为世界的和平稳定、人类的文明进步作出贡献,不仅符合国际社会对中美两国的期待,也理应是中美新型大国关系的应有之义。中国已准备好与美国在地区和全球层面展开全方位合作,我们不是要搞所谓"两国共治",而是优势互补,各擅所长,中国愿意承担与自身国力及国情相适应的国际责任,与美方一起,为国际社会提供更多优质的公共产品。

第五,重点加强亚太事务合作,使中美新型大国关系的构建先从亚太地区做起。亚太是当今世界发展速度最快、潜力最大的地区,也是热点问题最多的地区,中美两国在亚太的利益交织最为密集,互动最为频繁。换句话说,构建中美新型大国关系可以也应该先从亚太开始。如果中美在亚太能够不冲突、不对抗,那么在其他地方就都可以和平相处;如果中美在亚太事务上能够相互尊重、合作共赢,那么在其他问题上也可以开展合作。①

亚太将成为中美构建新型大国关系的"试验田"。做到这点应强调两条:"一是在亚太要真正尊重和照顾对方的利益关切。中国尊重美国在亚太的传统影响和现实利益,我们从未想过要把美国从亚太排挤出去,而是希望美国为维护亚太和平稳定发展发挥积极和建设性作用。正如习近平主席指出的,宽广的太平洋有足够空间容纳中美两个大国。同时,亚太是中华民族几千年来的安身立命之所,我们希望美方也应尊重中国的利益与关切。"台湾问题事关中国的主权和领土完整,事关13亿中国人的民族感情。当前,两岸关系保持和平发展势头,要和平不要战争、要合作不要对抗、要交往不要隔绝已是两岸同胞的人心所向,两岸在相互往来合作中逐渐彼此融合,直至实现最终统一将是谁也无法阻挡的历史潮流。多年来,台湾问题始终是中美关系中损害互信、干扰合作的一项负资产。如果美方能够顺应两岸关系和平发展的大势,切实理解和尊重中国反对分裂,致力于和平统一的努力,那么台湾问题就会从中美关系的负资产变成正资产,从消极因素

---

① 《如何构建中美新型大国关系》,王毅外长在布鲁金斯学会的演讲,2013年9月22日。

变成积极因素,就能为中美关系长期稳定发展提供保障,为中美开展全方位合作开辟前景。"二是中美应共同努力,争取在亚太热点问题的合作上取得实质性成果。这样既可以为在全球范围内开展战略合作积累经验,又能对外展示中美共同维护地区和平稳定的能力和决心"。比如朝核问题,中美在这个问题上已积累许多共识,坚定推进半岛无核化,维护东北亚地区的和平,是双方承担的共同责任。中方认为,实现半岛无核化的正确途径是坚持对话与谈判,六方会谈则是被实践证明行之有效的对话机制。各方应尽快回到"9·19"共同声明的立场上来,共同为重启六方会谈创造必要条件。在这个问题上,美方立场至关重要。中方愿继续与美方保持沟通。此外,中国也愿同美国在阿富汗等地区热点问题上开展合作。阿富汗局势已进入一个关键转折期,能否顺利推进国内和解与重建进程,涉及中美以及本地区各国的共同利益。双方在这一问题上的合作刚刚开始,潜力和空间还很大。只要我们发挥各自优势,相互配合,阿富汗问题完全有望成为两国合作的新亮点。①

近几年来,中美新型大国关系正在落到实处。中美之间目前已经形成了六十多项各个层次、各个领域的对话与合作机制。其中战略与经济对话机制是两国之间级别最高、对话内容最具有综合性和战略性的对话管道。中美战略与经济对话(简称"SED")可以说是中美构建新型大国关系的体现。2009年7月27日首轮中美战略与经济对话在美国首都华盛顿举行。2013年7月10日中美第五轮SED对话,发表91项具体成果,涵盖双边合作,能源合作,环保合作等八个领域。2014年7月中美第六轮战略与经济对话于在北京举行,达成90项协议,加上人文等300项。中美在2014年11月APEC会上又达成几项重大协议,尤为突显中美新型大国关系的正能量。如中美第一次就世界性问题单独达成协议(《中美气候变化联合声明》)②,签署建立重大军事行动互通情报机制和公海海域海空军事安全行为准则,达成万亿美元

---

① 《如何构建中美新型大国关系》,王毅外长在布鲁金斯学会的演讲全文,2013年9月22日。

② 美国首次提出到2025年温室气体排放较2005年整体下降26%—28%,刷新美国之前承诺的2020年碳排放比2005年减少17%。中方首次正式提出2030年左右中国碳排放达到峰值。

ITA 协定,200 种科技产品关税降至零协定,延长学生商业旅游签证 5 至 10 年等等。

  以上均从正面积极方面谈及开创中美新型大国关系,特别从中国角度加以分析。实际上,开创中美新型大国关系是古今中外最复杂最为特殊关系。既有争斗,也有合作,既有挑战,也有机遇,既有融入体系的一面,也有改造和修正体系的一面,对双方来说都是一种复合式的战略选择。不能用简单的思维或标签化方式来定位。中美新型大国关系应是一个动态与进程,并非中美关系的全部现实,而是一个两国共同奋斗的目标,它应使中美新型大国关系成为现实与未来中美关系的新常态。

第十三章　日美同盟与中日关系

第一节　日本的战略价值

自古以来,地理位置很多时候往往比经济实力、国土面积等因素更能决定一国的国际政治地位,很多经济上并不发达有时甚至很落后的国家经常因此而成为影响政治和历史发展变化进程的重要角色。日本就是这样一个国家,虽然日本经济上十分发达,但美国之所以从二战结束至今一直把日本作为亚洲重要盟国,经济因素并不是决定性的,美国更看重的是日本的战略位置。

日本包括北海道、本州、四国、九州四个大岛和其他 6800 多个小岛屿,陆地面积 37.78 万平方公里,居世界第 60 位。但如果包括海洋面积,按照日本自己的计算标准则达 400 多万平方公里,居世界第 6 位。因此,日本是一个标准意义上的海洋大国。从地理位置上看,日本位于亚欧大陆东部、太平洋西北部,由数千个岛屿组成,众列岛呈弧形。日本东部和南部为一望无际的太平洋,西临日本海、东海,北接鄂霍次克海,隔海分别和朝鲜、韩国、中国、俄罗斯、菲律宾等国相望。

独特的地理位置使日本成为东亚大陆的海上屏障,众多的岛屿可形成一条难以逾越的海上长城,对于东亚地区各国向海洋方向的发展,从事海洋方向的军事活动,都具有极大的制约作用。历史上,日俄战争期间,日本就曾利用这一有利条件,以数量上处于劣势的联合舰队分割了沙俄远东舰队,全歼了旅顺分舰队,重创了海参崴分舰队;尔后,又在对马海战中全歼了驰援远东的波罗的海舰队。

美国就是看中了日本重要的战略位置,出于对抗苏联的战略需要,在二战结束之后不仅在很短时间内就终止了二战时盟国定下的对日本的占领政策,而且将日本这个二战时的主要对手之一变为了自己的盟国,使日本成为美国在亚洲对抗苏联的主要战略支点。围绕日本这个战略支点,美国构筑了在亚太的三条战略岛链:第一条,北起韩国、日本群岛,经琉球群岛至东南亚,形成美军"前沿基地";第二条,北起小笠原群岛至马里亚纳群岛、关岛形成美军"战略预备基地"带;第三条,北起阿留申群岛,经中途岛至夏威夷群岛。在这三条岛链中,日本居于核心位置,价值重大。

具体来说,第一岛链中的冲绳处于东亚海上交通要冲,这里可谓是驻日美军的"兵营",是驻日美军人数最多的地方(约2.5万人),占全部驻日美军的一半还多。美军基地面积占全部驻日美军基地总面积的75%,建有各种军事设施共39处。

第二岛链中的关岛是马里亚纳群岛中的第一大岛。岛上建有国际机场,辟有七条国际航线,可扼守美国宣布要控制的全球16个航道中的4个,关岛因此成为西太平洋空、海交通的重要枢纽。美军从关岛向北可以威慑朝鲜半岛、控制朝鲜海峡,对我国的华东地区造成威慑,对台湾海峡危机实施干预,可快速前往南海,控制马六甲海峡的国际航道。同时,关岛基地与印度洋迪戈加西亚基地联动可对中亚、中东及非洲等地做出反应。冷战后,美国曾缩减驻关岛的军事力量。1995年,美军一度关闭了岛上的海军基地。然而,从1998年开始,美国再次重视关岛在亚太地区的军事价值。特别是2000年,美军突然180度大转弯,迫不及待地要加强关岛的军事力量,在该岛进行军事部署的速度和规模也达到了惊人的程度。关岛依然是美军亚洲安全战略的重要组成部分。

第三岛链指北起阿拉斯加,中经夏威夷群岛,南至大洋洲一些群岛。

在美国的战略谋划中,主要目标就是通过控制这三条岛链进而控制西太平洋地区战略地位极为重要的海峡、航道、海域和岛屿,从而把大陆与大洋隔开。这其中,日本作为东北亚进出太平洋的大门,是三条链条的关键,地理位置之优势可以说在全球都独一无二。二战之后,美国充分利用日本所具有的战略位置,抗衡了苏联,也遏制了中国。冷战后仍在美国亚太再平衡战略中具有突出作用。

第二节　日美同盟形成和发展

二战之后日本成为美国最重要的亚洲盟国,是有一个过程的。从目前公布出来的相关资料以及有关研究的分析,二战结束前后,日本并不在美国的亚洲战略之中,美国最初的打算是扶植中国的蒋介石政府作为其亚洲盟国以在亚洲与苏联对抗。由于日本是美国太平洋战争的主要对手,曾给美国造成巨大创伤,因此早在战争结束前美国就已决定在日本投降之后要彻底削弱日本,摧毁日本军国主义根源,消除军国主义影响,以免日本东山再起给美国带来伤害。当时的美国从内心来说并不希望看到一个强大的日本再次崛起。

但后来亚洲形势却发生了巨大的转折。首先是中国的内战形势迅速发展变化,尽管有美国的巨大援助,但蒋介石政府很快在内战中失败,中国共产党取得了内战的胜利。此后,由于种种必然和偶然的因素导致中国共产党与美国未能建立起正常的外交关系①,美国失去了中国这个亚洲盟国。其次是在此期间,越南和朝鲜等亚洲国家纷纷建立社会主义政权,其他一些亚洲国家也先后取得民族独立。面对这种情况,美国认为在亚洲受到共产主义的威胁,必须找到新的战略盟友以共同遏制共产主义在亚洲的扩张。在这种情况下,美国开始考虑把日本作为亚洲盟国抗衡苏联,遏制亚洲共产主义的扩张。因此,美国迅速调整了对日本的占领政策。在政治上防止日本倒向苏联阵营;在经济上使日本自立和复兴;在军事上正式明确日本作为美国战略防卫线上的重要一环。②

为尽快结束对日本的占领状态,1951年9月,美国在旧金山主持召开对日和会,签订"对日和约"。"对日和约"理论上承认了日本的主权和独立的恢复,结束了日本的战败国地位,终止了美国以盟国的名义对日本的全面占领。在《旧金山对日和约》签字当天,美国随即与日本签订了《日美安全条约》。条约规定:日本向美国提供陆海空军基

---

①　关于当时的中美两国到底为何不仅未能建立起正常的外交关系,反而因很快爆发的朝鲜战争而陷于长期的对抗,其原因一直是学界研究的热点问题,各种解释层出不穷,限于本书的研究重点和篇幅,不对这些研究作更多列举和分析。

②　〔日〕信夫清三郎:《日本外交史》下册,商务印书馆1980年版,第760—762页。

地,美国则"为了和平与安全的利益,目前愿意在日本国内和周围驻扎相当数量的武装部队"。1952年2月8日,日美两国又签订《行政协定》,规定实施《日美安全条约》的细则。根据协定,美军可以在日本的任何地方设立军事基地;美军及其家属犯罪不由日本判处;日本要分担美军驻留日本的部分费用。条约还规定:日本行政管辖下的领域内日美任何一方受到攻击时将采取共同行动。

《旧金山和约》《日美安全条约》《行政协定》三者构成了日美关系的安保体制。这一体制的建立标志着日美两国从敌对占领关系演变为附属同盟关系。但《日美安全条约》明显是一个不平等条约,因此随着日本经济实力的增强和国际地位的提高,日本国内对《日美安全条约》的不满情绪逐渐增长,要求修改安保条约的呼声越来越高。面对日本压力,美国也不得不做出妥协。1960年1月9日,日美两国签订《日美共同合作和安全条约》代替旧的《日美安全条约》。新条约进一步加强了日美军事同盟关系,同时又给予日本更多自主权,有意凸显美日两国的平等性。修订后的条约主要调整内容包括:删除了驻日美军可以镇压日本内乱以及不经美国同意日本不得将基地和基地有关权利等给予第三国的规定;明确了美国对日本的防伪义务;增加了日美两国"随时就本条约的执行问题进行协商"和加强"经济合作"的条款。规定条约有效期为10年。

纵观整个冷战时期,美日关系虽不断调整,特别是随着日本国力的不断增强,日本的自主性也不断增强,但日美关系的本质并未发生重大变化,大部分调整都属同盟体系内的调整与演变。

随着苏联解体、东欧剧变,冷战结束,第二次世界大战后形成的国际政治格局发生根本性变化。在冷战结束后的一段时间内,由于苏联解体使日美同盟的主要防范和遏制对象消失,美日国内均不约而同地产生了一种对日美同盟关系持怀疑态度的观点和言论,美国的战略家托马斯·麦克纳格和乔治·凯南等人就提出,随着冷战的结束,应重新讨论美军在东亚存在的意义和现行的防卫政策,既然共同的敌人已不复存在,那就理应解散日美同盟。[1] 日本国内更是如此,诸如"日本

---

[1] 张玉国:《同盟困境与日美同盟——日本的同盟政策分析》,《日本学论坛》2004年第1期,第32页。

可以说不"之类怀疑美国和日美同盟的言论成为当时日本国内最为流行的语言。但这种对日美同盟产生怀疑的言论并没有持续多久,美日两国政府均意识到在冷战后继续保持并巩固两国同盟关系对美日两国均至关重要。特别是随着中国国力的不断增强,美日两国均同时感受到了所谓来自中国的"威胁"。因此,冷战之后,美日双方不仅没有结束同盟的意思,反而采取了继续强化同盟关系的一系列措施。

1995年美国防部发表了《东亚及太平洋地区安全战略报告》,全面阐述了冷战后美国亚太安全战略新思路,在美国亚太安全战略新思路中,美日安全同盟被界定为美国亚洲安全政策的基石。这一报告为冷战后日美同盟发展方向定了调,明确了冷战后日美同盟的发展方向,不是弱化,更不是解除,而是要继续坚持,并不断强化。日本方面也做出积极回应,1995年11月,日本内阁会议通过了冷战后的第一部《防卫计划大纲》,称日美安保体制对于确保日本安全不可或缺,同时强调在发生对日本的和平与安全产生重大影响的事态时,要圆满有效地运用日美安全保障体系。当然,鉴于冷战后国际局势和各自国内形势的变化,美日双方对同盟关系进行了相应调整。

1996年4月美国总统克林顿访日,与日本首相桥本龙太郎共同发表《日美安全保障联合宣言——面向21世纪的同盟》,提出要对日美同盟进行"再定义",确认了以日美安保条约为基础的日美同盟关系将继续是面向21世纪确保亚太安全与繁荣的基石。1997年中国台海地区因"台独分子"加快活动而出现紧张局势,日本和美国自认为威胁到其安全,以此为借口于当年9月签署《日美防卫合作指针》,进一步扩大了日美同盟的活动范围和职能,建立了针对冷战后亚太局势变化的相互协同和联合作战的安全保障体制,确定了美日进行防卫合作的基本形式和内容。实际上,以这个文件为标志,日美同盟正式转型,从冷战时期以苏联为防范对象转向冷战后以中国为防范对象。1999年4月和5月,日本国会先后通过新指针的三个相关法案,即《周边事态法》《自卫队法修正案》《日美相互提供物资和劳务协定修正案》。通过这一系列举动,日美完成了对冷战后日美同盟关系的调整。

小布什上台后,美国将中国作为战略对手的定位更加清晰,特别是美国认为中国的崛起已经在亚洲范围对美国造成实质性威胁,因此必须将中国作为主要对手加以遏制。日美同盟成为美国重要的遏制手段。自从进入 21 世纪之后,美日两国关于日美同盟应当取消的论调基本销声匿迹。取而代之的是如何进一步加强日美同盟的论述和政策。因此,小布什时期比克林顿时期更加重视同日美同盟,小布什批评克林顿政府在后期忽视了日本,美国因此大力主张提高日本国际地位,鼓励日本突破"和平宪法",参加"集体防卫",进一步发挥日本的作用。2003 年 3 月伊拉克战争爆发后,日本相继通过《应对武力攻击事态法》《安全保障会议设置法修正案》《自卫队法修正案》等"有事法制三法案"。根据该法案,日本不仅在受到攻击时,而且只要预测到存在有被武力攻击的危险时,就可出动自卫队进行防卫作战。法案还特别规定,在发生紧急情况即"有事"时,首相可以不经过由外相、防卫厅长官等参加的安全保障会议和内阁会议而直接调动自卫队、警察和地方政府力量。依据该法案,2004 年 2 月,日本正式将 550 名全副武装的陆上自卫队队员派往伊拉克战区,实现了战后日本历史上的首次海外派兵。

奥巴马上台之后,日美双方均更加重视日美同盟,主要原因有三个。一是奥巴马上台之后旋即爆发金融危机,美国国力遭受重创,美国要维持全球霸权就必须更加依赖其战略盟友,日本就是其中之一。二是奥巴马上台之后对美国战略进行调整,确立了重返亚洲战略,日本则成为美国重返亚洲的重要帮手。三是日本更想借助美国力量实现自己的世界政治大国的目标。

为强化日美同盟关系,奥巴马第一任期的国务卿希拉里 2009 年上任后打破美国国务卿首访必为欧洲和中东的惯例,首访即访问东亚,在日本希拉里强调了对日美同盟的重视。同年 11 月,奥巴马访问日本,重申了美国对日本的外交政策。在此期间,尽管美日关系因日本鸠山政府提出亚洲优先的外交政策而受到影响,但随着鸠山的辞职,日美关系很快回归正轨,日本政府重新将美国摆在优先地位,强调日美同盟是日本最重要的外交关系,是日本外交的唯一基轴。此后,日美在多项议题上达成共识,并多次联合军事演习。美国积极支持日本解禁集体自卫权,对日本在亚洲的冒险行为采取纵容甚至支持态度,日美关系进一步强化,日美同盟磋商及协作机制细密化,日美同盟合作领域多元化,同盟的合作地域由所在地区转向全球,主要内容从军事层面向其他层面拓展,日美同盟得到进一步巩固和提升。

值得重视的是美日本 2015 年 4 月 27 日在纽约举行外长和防长"2+2"磋商,正式修改《美日防卫合作指针》,使美日同盟关系进一步发展。新版《美日防卫合作指针》解除了对日本自卫队行动的地理限制,允许日本武装力量在全球扮演更具进攻性的角色,提出从平时到发生突发事件的"无缝"合作。新版指针首先体现了安倍政府力争完成的新安保法制核心部分,列举了今后将在安保法制中定位为"存亡危机事态"、日本自卫队行使集体自卫权的事例,包括拦截弹道导弹和美国舰船护卫等。新版指针以"无法限定地区"为由,明确了自卫队活动将不再限于日本周边。新版《指针》明确:当美军遭遇第三国威胁时日本可以前往给予援助,也可以协助美军在中东执行扫雷任务等。由此可见,美日新防卫指针在亚洲造成的恶劣影响正逐渐扩散,它公然将钓鱼岛纳入日美安保的范围,并鼓励日本自卫队走向包括南海的"全球"。"这一切有可能对亚太区域的政治现状形成根本性冲击。""美日在对 21 世纪做一种危险的引导。"①

三、日美同盟的双重影响

美国是世界第一强国,日本也是亚洲举足轻重的国家,日美同盟作为亚洲最重要的同盟关系,自然会对亚洲乃至世界格局产生深刻影响。论及日美同盟的影响,大部分研究都集中于日美同盟带来的消极影响。固然,就所带来的影响而言,日美同盟所产生的影响肯定是消极方面为主,但这并不是说日美同盟没有任何积极影响。从其历史产生和发展过程来看,在对亚太局势产生巨大消极影响的同时,也产生了一定的积极影响。

(一)积极影响

日美同盟最初产生时,美国除了用以遏制苏联的目的外,还想利用这个同盟限制日本发展军事的能力。因此,日美同盟的建立粉碎了日本军国主义思想,限制了日本军事的发展,对维持当时的地区稳定起到了一定作用。

冷战结束后,日美同盟在促进亚太地区新格局形成方面也有一定

---

① 环球社评:《美日新防卫指针是亚洲新危险源》,《环球时报》2015 年 4 月 30 日。

的促进作用。从美国东亚政策的历史和现实来看,美国在东亚实行的是一种多极均势外交政策。就东亚地区的大国关系而言,中日两国无疑是东亚地区最重要的国家,也是美国在本地区主要的竞争对手,美国深刻地认识到如何巧妙地游刃于这两个国家之间,影响和操作这组双边关系,对于美国在该地区发挥主导作用的重要性。在这里,"努力处理好同日本与中国的关系和维持包括美国在内的稳定的三方间相互作用关系,这对于美国的外交技能和政治想象力将是严峻的考验"①。在美国看来,它在亚洲所能选择的最佳战略就是让日本和中国这两个天然的对手互相抗衡。日本和中国都是美国在东亚的地缘政治对手,只要它们互相遏制,美国就不必冒直接与其中的一个对抗的危险。为此,美国利用日美同盟将日本发展军事力量的能力约束在可控制的范围内,并通过与中国进行交往与合作,缓解这一地区的其他国家对日本可能重新军国主义化的恐惧,进而防止日本在该地区坐大。也就是说,美国希望通过日美同盟防止日本代替苏联成为冷战后新的一极,防止冷战后在东亚出现新一轮"冷战",这在一定程度上稳定了冷战后的东亚局势。可以想象,以日本的历史传统和现实国力而言,如果失去美国控制,冷战后的日本就很可能替代苏联成为新的地区霸权国。如果日本成为独霸东亚的国家,其必将给东亚地区带来更大安全威胁。当然,凡事皆有两面,美国这种均势外交政策本身很难达到一种完美均衡,美国在限制日本成为霸权国的同时,为遏制中国而强化日美同盟,同样也给东亚地区带来极大消极影响,下面将对此进行分析。

(二)消极影响

(1)影响亚太地区格局平衡。日美同盟终究是冷战的产物,日美军事同盟名为"安保体制",实为"冷战体制"和"分裂体制"。日美安保体制最要害的问题在于:固守传统过时的冷战型双边或集体军事结盟形态。"主要表现为设定假想敌国和一味依靠美国的军事力量解决亚洲危机",它"仍未摆脱冷战型的军事同盟范畴"。这种冷战型体制不仅不能"保障安全",反而会危害亚洲的和平与稳定。不管是在亚洲

---

① 〔美〕布热津斯基:《大棋局——美国的首要地位及其地缘战略》,中国国际问题研究所译,上海人民出版社1998年版,第241页。

重新形成类似冷战时期的两大对立集团,还是出现单一复活的军国主义势力,都将会给亚洲带来不幸的后果。因此,东亚国家一致对日美安全保障体制"怀有戒心",并认为它"已不适应时代的潮流"。

(2)影响亚太地区多边安全合作。亚太地区矛盾错综复杂需要多边安全合作,但日美同盟的存在无法实现多边合作的对等性。首先,美国借日美安保之尸,还继续称霸东亚之魂。前面已经指出,在美国看来,苏联解体后在东亚地区能够对其"领导地位"构成挑战的对手只有两家:中国和日本。如何对付这两大对手是美国东亚战略考虑的核心。面对这两个强大的潜在对手,美国只能采取"对付"一个,"化解一个"。其化解的最佳途径则是重新界定日美安全体制,并继续在亚太地区维持10万人美军的战斗力量。在美国看来,只要有了美国军事力量的存在和重新确立日美安保体制,美国就可消除这两大心患,从而保住在亚太的领导地位。"加强、利用日美安保体制是维持其亚太军事主导权的关键所在。"这既可"拉日纳轨"(将日进一步纳入其对外战略的轨道),又可"拉日做伴"(要使日本成为其实现亚太领导大权的伙伴),也可"拉日抑中"(将日本作为遏制中国的最佳盟友),可谓"一箭三雕"。这种完全出于美国自身利益,妄图继续称霸亚太、充当东亚"太上皇"的企图与做法,自然是东亚和平与安全的大敌,与东亚国家倡导的平等、多边对话机制格格不入。东盟国家认为,"当出现'紧急事态'时,如果由美军来主导一切,致使类似于'东盟地区论坛'那样的多边对话机构不起作用,那么冷战后的安全秩序就有可能从根本上发生动摇"。

(3)美国利用日美同盟遏制中国,成为亚太再平衡的核心工具。首先,随着中国地位的不断上升,美日两家心怀叵测,互相利用,制造所谓"中国威胁论",一再明里暗里要"遏制中国"。美国"拉日抑中",日本则"借美抑中",在遏制中国这一点上不谋而合。《日美安保条约》虽然没有明说甚至一再否认要把矛头对准中国,但字里行间却渗透着这一核心思想。美日两国领导人在谈到此安保体制时一致认为,其主要课题或主要防卫范围是朝鲜半岛、台湾海峡和南沙群岛。近年来,中日关系因钓鱼岛问题降入冰点,日本不惜一切代价与中国对抗,其背后的一个重要原因就是自恃有美国撑腰。日美同盟的存在以及美国政要公开宣称钓鱼岛在《日美安保条约》防卫范围之内,是导致中日关系持续恶化的一个重要因素。其次,日本"借船出海",美国纵容其"出海打鱼"。日本为争当政治大国,正在推行军事扩张战略,并竭力走出"家门",特别是2013年以来安倍晋三推动解禁集体自卫权,实际上即由过去的"防卫型""接受保护型"转向"攻防兼备型""主动参与型"。日美安保同盟则正中日本下怀。根据该同盟的战略分工,日本自卫队在远东发生"不测事件"时,积极支援美军,发挥后勤补给和保卫运输线的作用。实际上意味着美军行动扩展到哪里,日军则可追随其后,"借车搭乘"或"借船出海",轻而易举实现其战略。日本学者前田对此评论说:"在这之前,日美两国的安全作用是十分明确的。日本只是保卫自己的盾牌,而美国则是出鞘之剑。""但是,今天的日美宣言意味着这种明确分工的时代已经过去,美国也许要促使日本起到某种剑的作用。"这种势态的结果必将加剧东亚地区已经缓和的紧张局势,不仅将损害日本同东亚国家的双边关系,而且可能重蹈历史覆辙,给本国和亚洲带来新的灾难后果。正如已故美国著名政治家理查德·M.尼克松所言:"如果日本采取富于侵略性的对外政策,它在修补与邻国的关系方面取得的所有成果就会顷刻间化为乌有。"新加坡报刊评论说,日美安保条约"把日本引上了重蹈军国主义覆辙的危险道路上去了"。总之,美日同盟乃是亚洲新危险源。

第三节 影响中日关系的三大症结

1972年,中日两国结束了半个多世纪战争对抗和二十多年冷战对峙的"非正常状态",重建外交关系,至今中日关系的波动与发展仍是广为关注的话题。中日建交以来的历史证明,中日关系能否健康发展,关键在于能否处理好两国关系中的一些重大敏感问题。这其中,历史认识、领海争端、战略矛盾是影响中日关系能否健康发展的三大症结,能否处理好这三个问题,既关系中日两国关系能否健康发展,也关系东亚乃至整个亚太地区的稳定。

一、历史认识——以参拜靖国神社和解禁集体自卫权问题为例

这个问题其实很简单,就是日本如何对待历史上曾经对中国发动的侵略战争问题。19世纪末,日本加入了西方列强瓜分中国的行列,

制定"大陆政策",企图侵吞整个中国,1895年攫取台湾,1931年侵占中国东北,1937年发动全面侵华战争,直至1945年战败投降。这段历史给中国带来了人类历史上罕见的深重灾难,给中国人民留下了难以抹去的悲惨记忆。

需要说明的是,中日建交以后相当长的一段时间内,历史问题并未成为中日关系的焦点问题。中日之间虽然也曾出现过因历史问题而产生的争议,但总的来说由于日本方面并未在历史问题上主动挑起纷争,中国方面虽然知道日本并未从根本上正确认识历史问题,但由于日本方面特别是日本中央政府很少无事生非,因此也坚持从维护中日关系大局出发,对历史问题也持搁置态度。但进入新世纪以来,情况开始发生变化,中日关系风波迭起,摩擦不断。这其中,最为引人注目的问题有两个:一是包括日本首相在内的政府高官频频参拜靖国神社问题,二是日本解禁集体自卫权问题。

(一)参拜靖国神社问题

自二战结束以后,和彻底反省侵略历史的德国不同,围绕对中国以及亚洲国家进行侵略的历史,日本朝野各界始终存在着反省和否认两种态度。这首先与日本这个民族的民族性格有关。历史上,日本就形成了一种因过于优越而过于自信傲慢民族性格,即使自己存在过失也不敢面对错误,而是文过饰非、强词夺理、设法掩饰、模棱两可、羞羞答答、出尔反尔。其次是由于美国出于借助于日本对抗苏联的利益考虑,改变了对日本战争势力进行清算的初期占领政策,没有对日本军国主义势力进行彻底清算和改造,致使这股历史翻案势力在日本社会始终阴魂不散,具有举足轻重的地位。特别是在长期执政的自民党内,军国主义右倾势力一直十分强大。进入20世纪80年代以后,日本否认或歪曲侵略历史的倾向表现得日益明显,多次引起中日外交争议,比如,1982年6月和1986年6月日本文部省篡改教科书中的侵华历史,中国政府给予强烈抗议;此外,日本政府阁僚还不时发表否认侵略历史的言论。这其中最突出的事件是日本政府阁僚每年大举参拜供奉着二战甲级战犯的靖国神社,1985年8月15日中曾根首相还曾率领全体阁僚正式参拜靖国神社。这些举动极大地伤害了曾经饱受日本军国主义侵略之害的亚洲人民的感情,激起了国际舆论的谴责。自此之后,参拜靖国神社问题就成为影响中日两国关系的一个死结,几乎每年日本战败投降日前后,这个问题都成为牵动两国外交神经的一个重大问题。

1. 基本情况

东京靖国神社坐落在日本东京都市中心千代田区九段,面积10万多平方米,始建于1869年,是为祭祀自明治维新以来历次战争中的战死者而建的。二战前,靖国神社既是国家宗教设施也是军事设施,它从一开始就与军队和军国主义有着密不可分的特殊关系。在日本对外侵略的过程中,军国主义分子利用靖国神社煽动崇拜天皇、为天皇陛下英勇赴死的军国主义情绪,起到了控制国民政治和意识形态、为侵略战争服务的特殊作用。战后,由于靖国神社的军国主义性质,占领军总司令部在1945年12月15日发出"神道指令",切断了靖国神社与国家的特殊关系。进而,根据宪法的政教分离原则,1952年9月,靖国神社改为独立的宗教法人,逐渐失去了昔日显赫的地位。[①]

2. 参拜本质

在参拜问题上,并不是说各国都无视日本人在对待死者问题上的文化宗教传统,而是靖国神社里供奉着侵略亚洲其他国家的战犯的牌位。因此,从战后国际关系的道德和法律尺度看,参拜问题又是日本对战后国际政治价值观的态度问题,也就是说参拜问题的国际层面主要涉及亚洲国家人民的感情,特别是它损害了中日关系赖以维持的国民感情基础,因此它又是个外交问题。

中曾根康弘于1985年8月15日战后四十年之际以日本首相的身份对靖国神社进行官方参拜,引起当时国际社会的广泛关注。而中日之间,在教科书问题还没有解决的背景下,又围绕参拜靖国神社问题展开讨论,中国外交部发言人称这次参拜"严重伤害了深受日本军国主义侵略迫害的包括中日两国人民在内的亚洲各国人民的感情"。尽管中曾根在写给胡耀邦的信中表明自己参拜靖国神社并不是为了肯定军国主义和侵略战争,而是为了尊重日本国民的感情和追悼在战争中死去的人,但中国在这个问题上的态度依旧坚决。主要原因在于神社里供奉着"甲级战犯",这个问题已经不是宗教文化问题,而上升

---

① 中国社会科学院日本研究所外交研究室:《21世纪初期日本的东亚政策》,世界知识出版社2010年版,第133页。

为国际法问题以及外交问题,中国绝不允许日本为侵略战争翻案。中国驻日大使章曙曾对日本记者说,靖国神社问题是日本对那场战争认识的问题和伤害亚洲人民感情的问题,在考虑到这两点的基础上,解决这个问题并不难。日本记者认为,中国的意思就是把甲级战犯从参拜对象中排除,日本应采取明确的措施向中国表示日本对那场战争的责任。

笔者认为"靖国神社问题"成为两国关系的死结主要始自民党小泉时代。小泉纯一郎在2001年自民党总裁选举时,曾承诺他将在8月15日参拜靖国神社,因此受到了国内外的批判。后来他避开了8月15日这个敏感的日子,尽管如此,他还是每年都去参拜,一共参拜了六次之多。2006年9月,小泉在下台前夕对国内外的批评,不无激动地说,日本首相参拜什么地方不应该受到批判。他还表示,日本已经反省了战争,战后61年间日本已经发展成为没发动过一次战争的和平国家。小泉的意思似乎是想表达,靖国神社问题是日本的内政,不容别国说三道四,而且日本是个和平国家,不会再次发动战争。说得更直白些,在小泉看来参拜靖国神社并不意味着日本没有反省那次侵略战争。

3. 美国的态度

小泉下台前,美国出于在东南亚战略利益的考虑,对"靖国神社问题"始终采取"不介入政策"。美国表现得如此"大度",除了东西方文化差异的原因外,更主要的是美国为了维持日美安全体制,不想追究日本的历史责任,以免在日本引起反美的民族主义情绪。小泉下台后,特别是安倍晋三担任首相并参拜以来,美国的"不干涉政策"也走到了尽头。美国之所以改变原先的政策主要有两个原因。

一是参拜靖国神社对美国来说也是一个感情问题。2005年以来,随着中日关系的恶化,美国人开始关注起这个影响中日关系的问题,美国政治家开始采取行动表示对日本的不满。2005年8月20日,众议院国际关系委员会主席亨利·海德在小泉参拜靖国神社后三天就向日本驻美大使加藤良三递交了抗议信,信中写道:靖国神社已经成为日本"在'二战'中所犯暴行和军国主义的象征",那里还供奉着"二战"战犯,"我对日本政府官员反复参拜靖国神社感到不安"。2013年安倍晋三参拜靖国神社之后,美国直接公开表达了不满和批评态度,这在以前从未出现过。

二是美国从战略层面考虑日本人的做法是否损害美国在亚洲的利益。事实上,美国政府的高级官员都对日本首相的参拜行为不以为然,早在 2005 年 2 月 3 日,就有一位白宫官员说:"日本领导人应该从大局考虑,停止参拜与战争有关的靖国神社。"据美国《国际先驱论坛报》分析认为,最近美国政要之所以频频对日本首相参拜提出批评,是因为美国政府认为,如果不在此事上警告日本,将让其他亚洲盟国把敌意转向美国,而且在亚洲遭到孤立的日本将给日美同盟带来负面影响。美国已经感到中日之间的不合作会使美国的亚洲政策不能顺利进行。

(二) 日本解禁集体自卫权问题

所谓集体自卫权,是指与本国关系密切的国家遭受他国武力攻击时,无论自身是否受到攻击,都有使用武力进行干预和阻止的权利。这个权利来源于 1945 年制定的《联合国宪章》第 51 条规定,主权国家拥有"单独或集体自卫的固有权利"。按照这一规定,一般国家拥有集体自卫权,但因为日本是发动第二次世界大战的国家之一,依据"放弃战争,不设军队"的宪法第九条规定放弃了集体自卫权。《日本宪法》第九条规定:"日本国民衷心谋求基于正义与秩序的国际和平,永远放弃以国家权力发动的战争、武力威胁或使用武力作为解决国际争端的手段。为达到前项目的,不保持陆海空军及其他战斗力量,不承认国家的交战权",核心是放弃战争、战争力量及交战权。也就是说,根据日本战后制定的和平宪法,日本不拥有集体自卫权,这在国际社会已经达成共识,日本战后也一直坚持这一政策主张。

所谓解禁集体自卫权是相对于禁止行使集体自卫权而言,即行使集体自卫权不再限于在本国受到攻击时行使武力,在盟国受到攻击时甚至在敌对国未攻击本国时也可以行使武力。日本要想解禁集体自卫权,就必须修改先发的相应规定。对于修宪,《日本和平宪法》第九十六条规定了修改宪法的程序,主要是:(1)本宪法的修订,必须经各议院全体议员三分之二以上的赞成,由国会提议,向国民提出,并得其承认。此种承认,必须在特别国民投票或国会规定的选举时进行投票,必须获得半数以上的赞成。(2)宪法的修订在经过前项承认后,天皇立即以国民的名义,作为本宪法的一个组成部分公布之。从这些规定可以看出，日本要修改宪法所需法律程序非常严格，因此修宪在日本通常被认为是不可能的任务。

虽然修宪难度极大，但日本国内始终有人对解禁集体自卫权怀有梦想。特别是冷战结束后，解禁集体自卫权的冲动越来越强烈。尤其是在美国"9·11"恐怖袭击事件发生后，美国也开始要求日本行使"集体自卫权"，给日本增加了解禁的底气。此后，日本加快了解禁的步伐。

2005年11月22日，日本政府公布宪法修改草案，核心内容是抛弃现行宪法中日本不得拥有陆海空三军等武装力量的重要规定，将日本自卫队升格为日本自卫军，并规定自卫军可以为"确保国际和平而展开国际合作活动"。但由于种种原因，这次修宪没有成功。2012年10月16日，日本首相野田佳彦公开表示，计划重新定义"集体自卫权"，有意修改宪法。2013年2月15日，日本首相安倍晋三称，将修宪定位为"需解决的重大课题"，表示在任期内要实现修宪。2014年2月20日，日本首相安倍晋三表示，如果日本自卫队获准行使集体自卫权，也将受到《宪法》第九条的制约，将行使集体自卫权限定在"必要最小限度"。2014年6月27日，安倍政府提交了解禁集体自卫权的内阁决议案最终版本。2014年7月1日，自民、公明两党在日本国会内举行了有关安全保障法制整备的执政党会议，就修改宪法解释以允许行使集体自卫权的内阁决定案达成一致。2014年7月1日，日本政府在临时内阁会议上，正式决定修改宪法解释以解禁集体自卫权。决议认为，即使自身未受到攻击，日本也可以为阻止针对他国的攻击而行使武力。

日本解禁集体自卫权将产生重大影响。日本行使集体自卫权将加速日美军事一体化，不仅可以与澳大利亚、印度和东盟进行紧密的安全协作，而且有理由军事干预台海局势、朝鲜半岛，乃至钓鱼岛和东海的局势，从而达到制衡中国的目的，特别是给中国实现国家统一增加重大隐患和阻力。

另据《每日新闻》报道，日本自民党和公明党2015年5月11日召开执政党会议，就安保法制改革法案正式达成一致。该新安保法案将取消对日本自卫队活动范围的地理限制，同时大幅扩大其海外活动权限。比如，发生"存立危机事态"时，可按照"新三要件"行使集体自卫权;发生"重要影响事态"时,可对美军或友军实施后方支援;发生尚未构成武力攻击的"灰色事态"时,可对弹道导弹发射实施警戒,等等。其中,在日方所假定的所谓"重要影响事态"中,当"朝鲜半岛有事"时,可对美军实施燃料物资补给与输送等后方支援;当中国南海海上航路受阻时,可对美军等进行补给和输送等。由此可见,日本解禁集体自卫权与修改和平宪法的步伐正在加速行。

二、领海争端问题

(一) 钓鱼岛问题

钓鱼岛的主权归属问题是引起中日两国纷争的一个敏感而重要的因素。自2012年日本政府姑息纵容右翼势力掀起所谓"购岛"风波以来,钓鱼岛问题成为东亚国际政治的一个热点问题。中日两国围绕钓鱼岛问题展开激烈争夺。关于这个问题,中国政府在一系列声明和文件中已经说得十分清楚,这里我们不再作过于详尽的介绍和分析,只是简单梳理一下钓鱼岛问题的历史脉络,以此论证中国对钓鱼岛的主权依据。

一般所说的钓鱼岛是指钓鱼列岛,是我国东海大陆架东部边缘的一组岛屿,位于台湾基隆市东北102海里,由钓鱼岛、黄尾屿、赤尾屿、南小岛、北小岛等8个小岛组成,总面积6.3平方公里,以钓鱼岛最大,面积为3.6平方公里。自古以来,钓鱼岛就是中国领土不可分割的一部分。它是由中国人最早发现、最早开发利用和最早列入海防范围的。1403年,明朝时期一部记载航海经验的书籍《顺风相送》中就有对钓鱼岛的明确记载;1562年,明朝政府为打击倭寇袭扰,将钓鱼岛划入浙江提督胡宗宪所辖的7省防区;1893年,清朝慈禧太后为嘉奖大臣盛宣怀,曾颁布诏书将钓鱼岛赐予他作为采药用地。

明治维新后,日本把对外扩张作为重要国策,中国的台湾及其附属岛屿便成其觊觎的目标。1885年,日本政府命冲绳县官员对钓鱼岛进行了秘密考察,但对清政府尚有几分忌惮,未敢轻举妄动。1895年1月,日本发动的甲午战争胜利在望,日本内阁便迫不及待地作出决定,正式侵占钓鱼岛,将其编入日本版图。同年4月,日本强迫清政府签订了《马关条约》,割占了台湾岛及所有附属岛屿。1900年,日本又将钓鱼岛改名为"尖阁列岛"。

第二次世界大战期间,中美英三国首脑发表的《开罗宣言》中明确规定:"日本所窃取于中国之领土,例如满洲、台湾、澎湖群岛"归还中国。根据这一宣言,日本战败后,中国有权收复一切被日本侵占的领土,作为台湾附属岛屿的钓鱼岛也理应归还中国。然而,战后,美国对钓鱼岛强行托管,并未如约归还。1951年,美国为遏制中国政府,抛开中国政府,私自与日本缔结和约,炮制了所谓的《旧金山和约》,对冲绳岛(即琉球群岛)进行托管。1953年12月,在美国公布的琉球群岛的地理范围中,包括本属于中国的钓鱼岛。1971年6月,日美达成了《冲绳归还协定》,美国居然把钓鱼岛也归还了日本。这个行动遭到了中国政府的谴责和抗议。1971年12月,中国外交部便发表声明:"钓鱼岛、黄尾屿、赤尾屿、南小岛、北小岛等岛屿是台湾的附属岛屿,它们和台湾一样,自古以来就是中国领土不可分割的一部分。美国政府在归还冲绳协定中,公然把中国的钓鱼岛等岛屿划入归还区域,完全是非法的,而这丝毫不能改变中华人民共和国对钓鱼岛等岛屿的领土主权。"正是由于美国政府无视中国主权,对钓鱼岛进行非法的托管才为今天的中日两国留下了争端问题。

从钓鱼岛的历史渊源可以看出,中国对钓鱼岛拥有主权是不容置疑的。早在被日本侵占之前,中国就已对钓鱼岛行使了数百年的主权管辖。而且国际法中有一条原则:"一国的领土主权,不因其他国家间的条约对该领土有所处置而受到剥夺或影响。"因而,美国私自将钓鱼岛交给日本并不能改变其主权归属于中国的史实。

对于中国提出的大量历史资料,日本主要是从法律的角度进行论证,维护明治政府合并钓鱼岛的合法性。日本认为,中国以大量历史资料为根据,认为日本的"先占"是无效的,那么如何解释国际法的先占权才是问题的关键。日本也承认中国早就"知道"钓鱼岛,也不否认中国提出的历史资料的真实性,但是日本不认为因为历史有记载就可以自动成为中国的领土。日本指出,中国在历史上并没有对这个岛进行统治的痕迹,而日本则是在认定该岛的无主之地性质之后,根据国际法的"先占"原则将其编入冲绳县的,所以明治政府的行为是"合法"的。日本还提出根据国际法院的判例问题,认为国际法判例不承认根据不明了的记录进行间接推定,要想证明对特定领土的主权,必须要有课税、审判记录等行使行政、司法、立法权限等确凿无疑的直接证据。

无论如何,从历史事实、国际法以及地质构造看,日本用以证明其拥有钓鱼岛主权的理由无一站得住脚:(1)钓鱼岛在1895年1月14日被非法"编入日本领土"之前早已是中国的领土,而并不是"无主地",也不是由日本"先发现"和"先占领"的。这一点甚至在那以前的日本文献中也有大量记载;(2)中国没有签署的《旧金山对日和约》以及《日美归还琉球协定》均无法改变钓鱼岛作为中国领土的地位;(3)实现包括钓鱼岛在内的台湾回归祖国,是中国的一贯政策,只是由于美国的军事干预,中国统一的进程受到影响。

日本著名历史学家井上清在其著作《钓鱼列岛等岛屿是中国领土》中,用大量史实也论证了这一点。从其全书的各章标题中即可了解其观点与论据:第一章,为什么要再谈钓鱼群岛问题;第二章,日本政府等故意无视历史事实;第三章,众所周知,钓鱼岛自明朝以来就是中国的领土;第四章,清代的记录也证实钓鱼岛是中国的领土;第五章,日本的先知者也明确记载了钓鱼岛是中国领土;第六章,驳斥"无主地先占为主的法则";第七章,琉球人和钓鱼群岛的关系淡漠;第八章,所谓的"尖阁列岛"岛名和区域都不固定;第九章,天皇制军国主义的"琉球处置"与钓鱼群岛;第十章,甲午战争中日本确立对琉球列岛的独占;第十一章,天皇政府觊觎钓鱼群岛长达9年;第十二章,日本在甲午战争中明夺台湾暗取钓鱼群岛;第十三章,日本领有"尖阁列岛"在国际法上亦为无效;第十四章,反对掠夺钓鱼岛是当前反军国主义斗争的焦点;第十五章,补充资料。①

虽然中国对钓鱼岛问题拥有无可否认的主权,但鉴于现实中两国存在不同看法,因此中日复交后,中国政府立足于中日关系大局,从维护东亚地区和平稳定的角度出发提出了关于钓鱼岛问题的务实政策建议。中日两国建交时,周恩来总理提出把钓鱼岛等岛屿的归属问题挂起来,留待将来条件成熟时再解决,当时双方就这一点达成了协议。1978年,中日签署和平友好条约时,邓小平同志表示,钓鱼岛问题可留日后慢慢解决。中国政府明确宣布,搁置(钓鱼岛)主权争议,留待子孙后代解决。但中国政府的善意并未换来日本等同的回报。自两国

---

① 〔日〕井上清:《钓鱼列岛等岛屿是中国领土》,七十年代杂志社,1973年。

建交以来,日本就在钓鱼岛问题上不断挑起是非,制造事端。特别是进入90年代以来,随着世界局势的变化,日本在钓鱼岛问题上动作不断。1990年日本右翼在钓鱼岛上搭建了一个简易灯塔,继而日本右翼团体多次登上钓鱼岛,修建非法设施和标记,活动频频,使得两国间的争端越演越烈。2005年农历大年初一,日本宣布将灯塔收归国有,以示主权所有,使得中日关系降到新低点。此后,中日双方围绕钓鱼岛展开多次斗争。一直到2012年日本政府推出所谓"购岛"计划,将钓鱼岛问题推向白热化,成为影响中日关系的一个难解症结,一直持续至今未能获得解决。以目前的状态来看,倘若两国不能找到一个相互妥协的和平解决策略,钓鱼岛问题随时都能再次激化,成为影响两国关系的阻碍性因素。

(二)东海能源问题争端

如果说钓鱼岛问题是关于一个岛的主权之争的话,那么东海问题就是关于领海和专属经济区的经济主权之争。

虽然日本国土面积约为38万平方公里,居世界第60位,但是它的领海和专属经济区的面积大约有447万平方公里,居世界第6位,排在美国、法国、澳大利亚、俄罗斯、加拿大之后,超过排在第15位的中国,即使加上国土面积,即领土和领海的面积总和,日本可以排在世界第8位。

可见,虽然日本国土面积不是很大,凡是领海和专属经济区的面积却不小,这对于渔业和海洋运输业非常发达的"海洋大国"日本来说意义非同一般。正因为这样,日本才可以在它的最南端"冲之鸟岛"——其实不过是一个礁石——用水泥加以固定,目的就是以此为圆心获得半径200海里的专属经济区。另外,日本还在它的海岸从事海水拓干事业,根据日本统计,截至2008年10月1日,日本的总面积由于拓干事业一年内领土面积增加了13.58平方公里,增加的部分超过了东京都千代田区的面积。

东海划界问题相对于钓鱼岛的问题,其资源之争的色彩更加明显。如果说钓鱼岛问题还主要在表面上表现为领土主权之争的话,东海的划界问题则一开始就与资源之争联系在一起,东海大陆架是世界上蕴藏量最丰富的油田之一。据统计,东海油气储量达77亿吨,至少足够中国使用80年。如果按照日本界定的范围来算,天然气部分可供日本使用 100 年。也就是说,东海的意义不仅对于货物进出口 99.7% 是通过海洋出入的日本来说具有海上交通方面的重要性,还因为丰富的海洋资源对于陆地资源极端匮乏的日本来说极具战略价值。

东海问题的根本之处在于它是经济主权有关的专属经济区的划界问题。专属经济区的概念是国际海洋法中提出的,中日两国都签署了《国际海洋法公约》,该公约与 1994 年生效,日本于 1996 年批准。之后中日两国便围绕东海海域的主权出现了争议,争议的焦点是专属经济区,也就是关于经济区主权的划分。

具体来说,争议开端于中国对春晓、断桥、天外天、平湖、冷泉和龙井六个油气田进行的勘探和开采,争端的焦点则在于中国坚持"大陆架自然延伸原则",而日本提出了"中间线原则"。

1. 中国的主张

中日双方根据《联合国海洋法公约》的有关规定,拥有从领海基线开始 200 海里的专属经济区和大陆架的主权。两国之间的东海的宽度不足 400 海里,因此在 200 海里专属经济区重叠,对此中国认为两国有必要协议划定界限。然而,由于两国提出了不同的划界标准,所以划界问题至今不能解决。

中国主张以 20 世纪 70 年代国际法的规定为根据,即以大陆架的尽头冲绳海沟为界限,以大陆架的自然延伸、大陆与岛屿的对比等东海的特性为基础划分。中国提出的以冲绳海沟为界的标准,除了对专属经济区的获得有利之外,还对于钓鱼岛的主权问题具有法律上的意义,因为钓鱼岛正好就在冲绳海沟的中国一侧,在中国大陆架上。

2. 日本的主张

对于日本来说,如果日本承认以冲绳海沟为界的话,那么不但不能获得大面积的专属经济区,而且也会失去钓鱼岛的"主权"。因此对于中国的主张,日本认为自然延伸论是 20 世纪 60 年代以前,关于相邻国家在大陆架划定的案例,是以前的国际法观点。日本认为如果以 1982 年通过的《联合国海洋法公约》的规定以及之后的国际判例为基础的话,相邻国家之间的距离不足 400 海里的经济水域界限划分,不能使用自然延伸论。另外,冲绳海沟的海底地形并不具有法律意义,所以日本认为中国要求大陆架到冲绳海沟为止的主权主张是不符合现代国际法约的。日本主张应该根据《联合国海洋法公约》规定和国际判例,类似情况应该以中间线为基础公平划定解决。

事实上,中国和日本本来就没有在一个大陆架上。冲绳海槽的西部,是中国大陆向东自然延伸的大陆架,称为陆架,而冲绳海槽东部是日本琉球群岛向西自然延伸的岛屿大陆架,称岛架。这才是国际地理学界更加认可的太平洋西部大陆架划分的方法。既然双方没有在一个大陆架上,就根本无"中间线"之说。日本方面也自知这样的地理构造对其主张领海权不利,于是便以包括了中国领土钓鱼岛及日韩之间有争议的独岛等岛屿为基线,到中国大陆沿岸岛屿为范围,进行所谓的"等距离划分",这样,就可理直气壮地声称与中国同属一个大陆架。从这个角度看来,日本按照一厢情愿的标准来划分中间线,既是为与中国争夺海洋资源,同时也企图将对中国领土钓鱼岛的非法占有永久化和合法化。这是对中国主权和领土完整的严重侵犯,是中国政府所不能容忍的。

3. 吸管理论

从上个世纪70年代起,中国在东海先后建设了春晓、天外天、平湖和断桥四个油气田。考虑到中日之间存在领海纠纷,中方将四个油气田的开采位置均设在日方所强调的"日中经济海域分界中间线"的中方一侧,最近的也距"中间线"五海里。这一点日本方面也不得不承认。但日本却莫名其妙地提出所谓的吸管理论,以反对中国开发油气资源。日本提出,因为海底油气资源是连在一起,并存在流动性,所以如果中国在中日海域中间线附近开采油气,就不可避免地会像吸管一样"吸走"属于日本的资源,并要求中方向日本提供相关采掘数据。中日围绕这几个油田已经展开多次斗争,直到2008年6月18日,中日两国政府同时宣布,双方就东海问题达成原则共识,同意合作开采春晓、龙井油田,继续谈判合作开采天外天、断桥的协议。应当说,这项共识是双方经过三年多时间艰苦磋商达成的,体现了双方的冷静、务实和智慧,从中可以看到双方决心使东海成为和平、合作、友好之海的强烈意愿。

4. "原则共识"被搁浅

尽管经过艰苦磋商,中日两国就东海问题达成了原则共识,但此原则共识最终并没有得到贯彻实行,2008年7月,也就是双方达成原则共识之后没多久,日本就指摘中国采取拖延合作的谈判策略,违反协议,擅自开采天外天油气田,令合作停滞不前,原则共识由此被搁浅。其实,日本方面的指责完全是无中生有,原则共识之所以被搁浅,主要原因有以下两点。

一是日方混淆合作开发和共同开发。中方认为,合作开发和共同开发是两种性质的开发。共同开发是在有争议海区。合作开发则是在没有争议海区。中方对春晓油气田拥有主权权力。中日2008年签订的原则共识规定,日方可根据中国有关法律出资参与合作开发,这与共同开发有本质区别,不容混淆。

二是日本欲将争端国际化。据日本媒体报道,日本政府已大致上制定"应对方针",称若中国决定单独开发油田,日本不排除就此将中国告上国际海洋法法庭。台"中央社"援引日本《每日新闻》报道称,2010年2月21日传出日本政府已制定新的应对方针,称不排除采取司法手段控告中国,其中包括向国际海洋法法庭提出控告等方式。据称日方已将此事告知中方。2010年1月17日,日本外相冈田克也在日本会晤中国外长杨洁篪时,曾强调中国如果单独进行春晓油田的开发,做出有违双方协议之举的话,日本就不排除向国际法庭起诉来解决两国海域界线纠纷。杨洁篪当时回复指,中国拥有春晓等油气田的主权,不能接受日本的起诉主张。

无论是岛屿的获得还是海域的扩大,都意味着疆域的扩展和资源的增加,同时意味着综合国力的增强,因此在领海和领土问题上中日双方不会做出原则性让步。所谓让步也只能是搁置主权争议,求同存异,在对双方都有利的资源开发问题上进行合作。至于在联合开发过程中发生的利益之争和主权搁置以后发生的摩擦,由于双方缺乏信任而在所难免。因此,要想改善两国关系,以冷静、互谅和前瞻的态度来解决这些争端与摩擦十分重要。但从19世纪日本企图霸占钓鱼岛开始就反映了其扩大疆土的意识,岛国日本对领土的执着其实不难理解,问题是日本在拓展疆土的过程中寸土必争而不惜与邻国发生争端,则反映了这个民族的大国意识。这种意识同样反映在钓鱼岛问题以及东海问题等问题上,争夺专属经济区对日本这个"海洋大国"来说至关重要,不仅意味着更多资源的获得,更重要的是意味着疆域的扩展。所以,无论中国提出多少有力的历史资料,也无论中国在划界问题上多么有理有据,日本都不会买账。因此,中日之间的领海纠纷解决前景并不乐观,以目前形势发展,双方很难通过对话谈判形式心平气和地坐下来进行协商。特别是日本国内右倾思潮日益浓厚的情况下,对外扩张已经成为其国家政策主张,没有人敢公开提出带有妥协性质的谈判主张。

三、中日结构性矛盾问题

如果说前面两个问题是具体的、微观层面的对抗与冲突,结构性矛盾则属于宏观的、全面的对抗与冲突。根据结构性矛盾的界定,中日关系的结构性矛盾是指在现存国际体系和地区层面,中日两国为了获得在政治、经济和安全结构中的优势地位而产生的矛盾和冲突。一般而言,这些矛盾和冲突是深层次的,与现存的政治、经济和安全结构联系在一起,并且难以化解,其他领域的冲突和斗争都是这些深层次矛盾的表象。中日结构矛盾是冷战后随着中国的崛起而逐渐形成并显现出来的,主要体现在政治结构、经济结构、安全结构三个方面。

(1) 政治领域的结构性矛盾:战略冲突与地区主导权之争。中日在政治领域的结构性矛盾表现为中日两国的大国战略冲突和对东亚地区主导权的争夺。历史上,中日两国长期存在的"一强一弱"或"你强我弱"的关系,致使两国之间还没有处理近年来逐渐形成的"强强关系"的习惯或经验。同时,由于中日两国同处东亚,随着"两强"格局的出现,势必在该地区造成"一山难容二虎"的态势。特别是日本,长期以来在东亚地区"一枝独秀",日本将中国的崛起看作是对自己东亚主导权的挑战。

中国方面,经历了三十多年改革开放的高速发展,中国的综合国力得到了全面提升。在这种背景下,中国提出了和平发展的战略思路,这可以被称为中国的大国战略。简单说,中国的大国战略就是实现中华民族伟大复兴目标,使中国发展成为一个经济、政治、军事、文化大国。

日本方面,日本给自己确定的大国战略可以说是政治大国战略,或者叫"普通国家"战略。因为,日本认为二战后自己被剥夺了武装权,政治上是一个"不正常"的国家。因为,对日本而言,长期以来是"经济大国、政治小国"。随着日本经济的高速发展,日本早就不满足经济巨人、政治侏儒的现状,希望增加政治影响力,发挥与其经济相称的地位。为了改变这种状况,中曾根内阁开始提出日本要做政治大国。此后日本历届政府都将重新成为一个政治大国而努力,各种政策举动皆围绕这个目标而确定和实施。

比较中日两国的大国战略,我们可以看出两国战略目标在一定程度上的重叠与冲突。日本为实现所谓政治大国目标而重新武装必然恶化中国的外交环境,不利于中国和平发展。前面我们曾经指出,冷战结束以来,美国实际上已经把中国视为其霸权地位的潜在挑战者,强调与日本的军事同盟以及加强美日关系,是美国亚洲政策的核心,是美国在亚洲范围内遏制中国的战略重点。在美国的全球战略布局中,日本是美国实施亚太安全战略的中心。为此,美国对日本发展军事力量、突破和平宪法约束采取默许和纵容的态度,甚至扮演了一种重要的外在推动力量。由此导致日本军事实力的发展和"再武装",这加重了中日甚至东亚本已存在的"安全困境"。

由于中日之间历史积怨的影响,日本成为军事大国势必会刺激到中国,不利于中国长期的和平发展。周边地区是中国经济外交的主要舞台和与大国进行斗争的战略依托地。日本主宰亚洲的战略目标与中国周边外交迎头相撞,日本将亚洲看作"责任田"的做法对中国积极广泛参与亚洲尤其是东亚事务造成障碍,影响到中国影响力在该区域的发挥。因此,中日两国在地区主导权上的冲突是直接的,难以调和的。

(2)经济领域的结构性矛盾:摩擦、能源争夺和权益之争。

和政治领域的冲突一样,经济领域的冲突也是近年来逐渐形成的。长期以来,中日在经济领域里处于互补状态,而且中国在经济上对日本的依赖相对大些。在经济结构上,日本对中国具有优势地位。日本的贷款与援助、先进技术和机器设备是中国所缺乏的,中国的农产品和初级产品、能源是日本所缺乏的,两国经济互补性很强。因此,在很长一段时间内,中日两国之间并不存在经济上的冲突。然而,随着中国经济的高速发展,中日两国在经济结构上的不对等地位逐渐不存在,中国的产业结构和消费结构都发生了变化,中国经济实力的增强、制造业的兴起和外向型经济的发展,使中日两国之间的经济冲突开始显现。一方面,中国对日本资金和产品的依赖逐渐减少,双方在国际市场上的竞争却不断增加,特别是两国产业之间差距的缩小、中国产品竞争力提高,必然导致两国的经济摩擦。

另一方面,中日的贸易额非常大,两国经济往来的密切也带来了贸易摩擦的增多。而且,随着中国经济的发展,中国对资源和能源的需求日益扩大,也开始到全世界买石油、铁矿石等。而日本本身就是一个严重依赖外部资源和能源的国家,中日两国在能源领域的争夺日渐激烈,这实际上反映了两国经济利益的深层次冲突。近年来,中日之间关于钓鱼岛领土争端、东海油气资源争夺,一方面是领土权益之争,另一方面也是经济权益之争,也就是说经济领域的结构性矛盾强化了双方权益争夺。

(3) 安全领域的结构性矛盾:相互猜疑和防范。中日两国在安全领域的结构性矛盾主要由政治领域的结构性矛盾而产生,具体地说就是围绕两国不同的大国战略展开,特别是国家发展空间的扩展带来两国对地区主导权的争夺,如台湾问题和钓鱼岛问题是中国统一战略的必然延伸,而这两个地方也被日本认为是国家生存发展的生命线。在现存国际秩序无政府状态下,安全和自保是大国的理性选择。中日两国由于地理位置的接近、历史积怨的纠缠,安全领域的结构性矛盾更是难以化解,相互的不信任和防范非一日能消除。

美国国际政治学者米尔斯海默曾说,大国彼此心存畏惧。[①] 这是由无政府主义的国际体系的结构造成的,国际体系鼓励国家寻找机会最大化地夺取权力。现存的东亚安全结构决定了中日的结构性矛盾。中日作为两个相邻的大国,加上历史的积怨,这种相互恐惧和担忧就表现得更为明显。

就日本来说,由于相对其他亚洲国家,日本曾经有一段特殊的优越历史,这使得日本民族产生了一种比亚洲其他民族更自信、更自豪、更优越的民族心理,但这种心理发展到一定极端就变成了狂妄自大、傲慢的民族性格,即"大和民族的优越论"。在这种变异的民族心理支配下,近年来日本对中国崛起感到不服、不适、不快、不爽,由不敢面对到被迫不得不正视,因而扭扭捏捏,不知如何是好。因此,中国国力的增长加重了日本的焦虑和失落感,而日本为走向政治和军事大国所作的种种努力又无不针对中国,这在中国看来则是一个危险的信号。中

[①] 〔美〕约翰·米尔斯海默:《大国政治的悲剧》,上海人民出版社2003年版,第45页。

日两国之间由此产生"安全困境"并导致两国相互猜疑和防范心理不断上升,这就是中日安全结构的结构性矛盾。

这里需要特别指出的是,中日安全领域的相互猜疑和防范又因台湾问题的出现而更为敏感,日本对台海问题和中国军事力量的发展表现出过度的反应。具体分析,中日结构性矛盾与东亚国际格局密切相关,中日关系是在中美日三角关系为主体的东亚国际体系的背景下展开的。因此我们可以看到,由于地缘政治的影响,在中美关系不稳定的时候,日本的地位最为有利和微妙,日本可以有效地利用中美矛盾提高自己的战略地位。反过来,中日关系的摩擦和冲突有利于强化日本与美国的同盟关系,并提高日本在亚洲的影响力。日本以"中国威胁论"作为强化同盟的基础,而中国则对日美同盟怀着警惕的注视。在中美日三边关系结构中,中日两国已经陷入"安全困境"之中。冷战后,日本把中国看作是对自己的威胁,同时认为中国是影响地区安全的不确定因素,从而对中国抱有防范和敌视的态度,渲染中国军事力量增长,鼓吹"中国威胁论"。日本不愿看到台湾与大陆统一,因为一旦两岸统一,中国的国力和在亚洲的战略地位就会得到极大的提升,就自然会强化中国对日本的安全优势,这是日本所不愿看到的。因此,和美国相比,日本其实更不愿意看到台海两岸改善关系,至于两岸统一更是日本绝对难以接受的局面。

总而言之,结构性矛盾是中日关系改善的巨大障碍,它涵盖了政治、经济、安全等领域的尖锐对立。结构性矛盾的产生,既是由东亚国际关系和地区格局决定的,更是由冷战后中日两国力量的对比变化加剧而导致的,而两国的历史积怨使得这一矛盾变得更为敏感和复杂。

无论从历史还是从现实看,中日两国之间的结构性矛盾的化解绝不是一朝一夕就可以实现的。中日关系的结构性矛盾日益暴露出了两国"零和博弈"的心态和情势,这是现实主义国际政治观的必然结果。在现实主义国际政治理论看来,国际体系的无政府状态刺激大国维护、扩张和显示权力,对权力的追求必然导致大国之间的竞争和冲突。因此,大国的矛盾是结构性的,是无法从根本上化解的。大国注定相互防范、猜疑和敌视,只有取得对对方的优势地位,才会有安全感。

从本质上讲,中日结构性矛盾的现实主义困境,根源于双方根深蒂固的不信任。两国相互的不信任使得相互看不清楚：日本无法正确看待中国的崛起，而中国对日本的走向也心存疑虑。说得更直白些，中日关系的困境或结构性矛盾，是两国各自对对方的现实主义认识和解读。中日双方究竟是把对方视为未来的竞争对手还是合作伙伴，选择后者是中日真正走向战略互惠的关键。但能否选择后者，决定性因素在日本，而不在中国。因为，以中国的历史文化和外交主张分析，中国从未将扩张侵略作为国策选择，未来也不可能。对中国而言，由于日本在不能正视侵略历史的情况下大力发展军事力量，不能不让人担忧日本的政治大国和军事大国之路，因而担心日本会重新走向军国主义道路，从而给亚洲和中国带来灾难。虽然在当今国际形势下，这种可能性很小，但在日本举国保守化和新民族主义弥漫的今天，中国不能不保持高度的警惕。也就是说，如果日本不能彻底清算右翼力量及思潮，中日之间的结构性矛盾就永远不可能得到真正化解。

第四节　中日症结难解之因与解决之道

一、中日症结难解之因

客观地说，自从冷战结束，中日关系就陷入坎坷波折之中，最近几年更是因历史认识问题、钓鱼岛问题而陷入建交以来的最低谷，而且看不到两国关系彻底好转的理由和愿景。中日关系为何不能顺利发展，导致中日关系之间存在的诸多障碍性问题难以获得理想解决的因素究竟是什么，这是目前从学界到政界都十分关心的热门问题，各种论述不断见诸报端。我们认为导致中日之间症结问题难以解决的因素主要来自三个方面。一是美国因素，简要说就是美国要以日制华。二是中国因素，主要是中国的崛起尚在进行之中，日本对中国不可能完全接受和认同。三是日本因素，主要是日本浓厚的历史优越感、独特的岛国文化、固有的武士道精神。这三个因素阻碍了日本正确面对中日问题。

1. 美国因素。前面已经指出，美国在东亚的战略就是均势战略，要让中国和日本两个东亚大国保持均势，不对美国利益构成威胁，哪一个强大就遏制哪一个，当前的战略形势就是中国国力呈上升趋势，而日本国力呈衰落趋势,美国将中国认定为最大的战略对手,因而要拉日抑中,支持日本与中国对抗,在这种情况下,美国不可能看到中日之间保持和睦友好的外交关系,因为中日友好不利于美国的东亚战略实现。

2. 中国因素。中国自身因素这个问题也很简单。日本这个民族向来对它认为真正强于它的强者十分服从,不论这种服从是发自内心还是表面,总之外在的表现就是一切向这个强者学习,在诸多国际事务中听从这个强者的调配,就如同如今的美国,因在二战中彻底打败日本,而且至今美国仍是世界第一强国,日本曾一度以为自己能超越美国,如今却发现与美国仍有很大差距,所以日本至今的国策就是一切追随美国。对于中国而言,最大的问题就是未能实现完全崛起。当前的中国主要是在一些经济指标上超过了日本,不论是从经济的创新能力、可持续发展能力以及政治、文化等其他综合因素,都还未能完全超过日本,而且很多与日本还有很大差距,因此日本并不可能从内心完全信服中国。也就是说,中国的发展还未到令日本心服口服的阶段,这个阶段两国的关系是非常微妙的国家关系,原先一直处于领先地位的日本被中国超越,即使在部分经济指标上超越,内心产生的感觉不是信服和跟随,而是某种嫉妒和不安,于是原先总体和谐的两国关系因此而产生各种摩擦与冲突就成为一种现实的必然。正如很多分析所指出的,一旦中国完全崛起,在政治经济文化各个方面都全面超越,发展成为真正的全球性大国,日本这个信奉强者的民族自然会主动搞好与中国的关系,就像自从唐朝以来的数百年的中日关系一样。反之,如果中国的崛起不幸中断,中国不能完全崛起,则中日关系不可能实现良好的发展前景。

3. 日本因素。就日本因素而言,主要有三个方面影响中日关系的改善,这就是历史传统、岛国文化、武士道精神。

(1) 历史传统的影响。和中国、印度、俄罗斯、美国等多民族国家不同,日本自古以来就是一个单一民族国家,大和民族是主体民族。日本认为,由神直接生出的国家只有日本,自古就有一种大和民族优越论。而且,日本的历史发展和中国、印度等国也不同,由万世一系,在近代以前,几乎没有外族入侵的经历,曾经横扫欧亚数十国的蒙古两次进攻日本均以失败告终,更是使日本对自身的文化产生优越感,近代以后日本又接连在两次战争中打败了中俄两个最大的邻国,并通过明治维新脱亚入欧,成为亚洲实现现代化最早最成功的国家,从而使日本的优越感更加强烈,自认为比其他国家特别是比亚洲其他国家更加先进、更加文明,使日本在面对世界时比其他民族更自信、更自豪、更优越。问题是,这种自信、自豪和优越如果不加以理智控制和理性支使,很容易发展成为狂妄、自大和傲慢,一个人是这样,一个国家同样如此,日本的自信、自豪与优越感最终演变成了狂妄自大的"大和民族的优越论"。这种妄自尊大的大和民族优越论导致日本形成了一种暧昧的历史观,取得成功则傲慢,一旦遭遇失败则不敢面对错误,而是文过饰非、强词夺理、设法掩饰,模棱两可、羞羞答答、出尔反尔。如今面对中国的崛起,日本内心其实就是一种不服、不适、不快、不爽的感受,对中国由欺辱—轻视—重视—恐惧—不知如何是好,现实中表现出来就是没有一个明确的外交政策,一会儿表示要重视发展与中国的关系,一会儿又刻意挑衅中国,总而言之就是不能正确接受中国崛起的事实。

(2)岛国文化的影响。众所周知,日本是一个典型的岛国,由此产生了一种独特的岛国文化,这种岛国文化当然有很多优点,比如重视团结、拼搏、秩序、礼仪,但也有诸多缺陷,比如认为世界应当以日本为中心,视野狭窄自私,只在乎自己的尊严名誉,视他人安危于不顾;非理性思维和极端化的价值取向,铤而走险,不计后果;好勇斗狠、以力服人;内外界线分明、对内谦恭有礼、和善慈悲,自家称仲间,对外称外人、异人;在岛内是绅士风度,可一旦出岛则可为所欲、野性大发,日本有谚语"旅途路上无耻辱",就是这种文化的典型体现。二战期间,日本强征几十万亚洲妇女做慰安妇,残忍制造南京大屠杀,制造出一系列令人触目惊心的残暴行为,就是这种非理性岛国文化的直接产物。美国著名人类学家本尼迪克特在她享有盛名的经典之作《菊与刀》里曾对日本人的文化特征做出这样的概括:既生性好斗而又温和谦让;既穷兵黩武而又崇尚美感;既桀骜自大而又彬彬有礼;既顽固不化而又能伸能屈;既驯服而又不愿受人摆布;既忠贞而又心存叛逆;既勇敢而又怯懦;既保守而又敢于接受新的生活方式。这种看似矛盾但却实实在在体现在日本这个民族身上的诸多特征对日本的内政外交不可能不产生影响。对中国关系的处理上的诸多矛盾表现都可以在此找到根源。

（3）武士道精神的影响。武士道精神是日本特有的一种文化传统，从其产生开始经历了长期演变，主张佛教、神道、天皇、武士四位一体，其内涵非常丰富，对日本历史发展产生过重要而复杂的影响，在对日本现代化发挥过积极作用的同时，也产生过巨大的负面作用，军国主义的产生与发展就同武士道精神有着密切联系，对于这些方面内容在这里不作详细介绍。我们想指出的是，二战结束之后，武士道精神并未随着日本政治经济社会的现代化而消亡，而是继续潜移默化的以各种不同形式对日本社会发挥作用，产生影响。特别是20世纪90年代以后，由于日本国内的政治经济形势开始发生剧烈变化。其中，一个突出的特点是右翼势力抬头，活动空间的日趋扩大，政治逐步趋向总体保守化，其原因是多方面的，但武士道精神的影响是一个不可忽视的重要因素。比如，日本拒绝承认战争罪行，就与武士道精神的战争观有密切关系，武士道本身就是战争之道，认为以战争获取财富是光荣的，战争不存在正义与非正义之分，因而不服输不认错，弱肉强食是天经地义的，只信服强者，对强者恭顺学习，对弱者则可掠夺杀戮，而且还刺激人们认同和积极参与战争。再比如，日本政要执意参拜靖国神社，与武士道精神的生死观有密切关系，武士道主张死也一定要光彩体面，"死得其所"，即使生前罪恶多端，死后也会成佛，均可以供奉起来供人参拜，靖国神社就是这样的机构。

二、中日症结解决之道

鉴于中日关系复杂性，如何解决当前中日之间面临诸多问题也必然是一个复杂的理论和现实问题。不同的研究、不同的角度，提出的对策建议也必然不同。我们也不可能提出一个涉及各方面的全方位解决方案，仅就我们的理解和认识提出几点政策建议。

1. 解决中日症结之道一：耐心等待日本自身对华的调试。就解决中日两国间的历史问题需要双方共同的努力，中国为改善中日关系做出了种种友好的表示，但日本至今未把表态和承诺真正落实到行动上。篡改教科书、靖国神社参拜等历史问题目前已成为中日两国政治关系困难的症结所在，日本政府和领导人如果继续在这些问题上一意孤行、放任事态的恶化，不仅会影响这些问题的最终解决，而且会影响中日两国在其他领域开展更进一步的对话与合作。倘若日本政府和领导人如果能妥善处理这些问题,将为解决中日之间的其他问题找到一个"突破口",将有力地推进中日双方高层次的战略对话,进而从根本上改善两国关系,求得未来中日关系持续、稳定、健康的发展。日本政府和领导人会做出何种选择,我们拭目以待。另外,笔者认为我们需要耐心等待日本对华的调试。对中国来说,解决中日关系问题的核心是中国的自身的强大、真正和平崛起,彻底改变中国的形象,全方位赶上并超过日本,让其心服口服。前面我们多次指出,日本是一个只屈服于强者的民族,实现这一目标需要时间,需要不断调试与耐心等待,有一个长期等待过程。在此之前耐心等待、不急不躁,风物长宜放眼量。但在此间中日矛盾会加剧,处于一个较为危险的时期,中国对此应有充分处置预案。

2. 解决中日症结之道二:领土问题上寻求政治解决。在领土问题上,笔者认为我们不应期盼在短期内能得到很好的解决,但不会变得是中国在此问题上将坚持主权原则,将主要通过外交、法律等途径解决,坚持和平方针,做到"不战而屈人之兵,善之善者也"。关于钓鱼岛问题,必要时候中国可以诉求国际法庭。另外,中日应建立防止事态恶化机制以避免战争发生,笔者认为"中日必有一战"的说法不可取,原因有以下几点:一是日本国内并没有与中国开展的市场,军国主义势力不占主流;二是美国虽然离间中日关系,但是离而不战,毕竟中日开战对美国经济安全弊多利少;三是中日之战对中国弊端多多,一旦爆发必将影响中国建设大局与国际形象以及周边国家关系。因此中国对日本应采取"斗而不破,有利有理有节"方针,对日本军国主义与政治大国的谋求进行客观冷静的分析以及实事求是的全面评估。

3. 解决中日症结之道三:重视发挥民间外交作用。目前,日本民众对中国有好感的只有1/3,63.4%的日本民众对中国无好感,创历史新高,原因包括中国崛起以及中国民众厌日情绪等。《新闻周刊》问卷调查显示,59.64%的人悲观地认为"将难免围绕资源问题引发一次战争"。笔者认为在这种情况下,中国有必要多做有利于争取日本民众的工作,防止被日本反华势力利用。

4. 解决中日症结之道四:以美制日。美国是解决中日症结最重要的外部因素,以美制日实际上是利用中美大博弈控制中日小博弈。

日本政治军事外交均服从美国利益,日本国内外重大决策由美国一手策划。中美关系重要性高于美日关系,美日亲密关系是同窗异梦,历史恩怨未了,参拜之事引起美国的反感,在美国的压力下,安倍只好停止参拜。因此,以美制日也是解决中日症结问题的有效之道。虽然美日是同盟关系,而且美国也正利用日本制衡中国,但从当前的中美关系来说,也存在一些可以利用的有利因素。(1)中美历史上没有侵占与领土之争,中美同是反法西斯盟友,均有反法西斯抗日的悲情,而美日同床异梦,中美之间异床同梦与异梦并存。(2)中国对美国经济上的重要性将逐渐超过日本。2011年双边贸易额达到4467亿美元,超过中日贸易额3449亿美元,起过1千亿美元。2011在美国主要贸易伙伴中,中国居于第2位,日本是第4大贸易伙伴。(3)战略上美国对中国有需求。美国对华关系的友好程度低于对日关系,但对华关系的重要程度却远高于对日。如果中美战略关系发展到一定水平,很可能出现第二次"越顶外交"(1972年,尼克松访华没有事先知会日本,被日本称为"越顶外交")。美国在外交中会优先考虑自身的利益,他能越顶一次,就会有第二次。一旦出现这种情况,中日关系、台湾局势将会迎刃而解。但必须指出的是,以美制日这个策略说起来容易,实现起来很难,是一个有限的策略,当前美日制华的共同战略利益高于中美共同利益,此格局短期不可能打破,日美同盟关系不可能从根本上动摇,因此,不能把中日关系改善的全部希望寄托在美国身上。

5. 小结。回顾近年的中日关系,可以说是曲折多舛、向积极方向发展的态势。这是因为中日关系不断向前发展,符合中日两国人民的根本利益和东亚地区的整体利益。进入21世纪,中日经济关系继续发展,人员往来规模不断扩大,但因为历史问题、台湾问题、军事互信问题、领土与海域问题等相继出现,使得政治安全陷于停滞甚至有所倒退,例如上面提到的参拜靖国神社问题以及钓鱼岛问题、东海问题等。笔者认为短期内中日关系无法从根本上好转,只可以维持和缓。原因有三:一是中日结构性矛盾有待中国真正崛起才能彻底解决;二是领海领土之争将长期化,虽有可能缓和但根本难以解决;三是日本政治经济体制难以改变、政治高人更难以出现,只能寄希望日本内部政治经济社会发生变革,进而影响外交政策和中日关系。但有一点可以肯定,虽然中日关系比较紧张,但还不至于发展到刀兵相见、战争解决一切问题的程度。原因其实很简单,以当前的中日两国国内情况和当前的国际背景而言,战则两败俱伤,一旦爆发战争对两国都是难以承受的灾难性结果。但另外一个问题同样值得注意,预防战争的最好手段是准备战争,中国必须认识到这一点,只有做好充分的战争准备,才能避免战争的发生。

　　2014年11月7日APEC会议期间,中日双方就处理和改善中日关系达成四点原则共识。一、双方确认将遵守中日四个政治文件的各项原则和精神,继续发展中日战略互惠关系。二、双方本着"正视历史、面向未来"的精神,就克服影响两国关系政治障碍达成一些共识。三、双方认识到围绕钓鱼岛等东海海域近年来出现的紧张局势存在不同主张,同意通过对话磋商防止局势恶化,建立危机管控机制,避免发生不测事态。四、双方同意利用各种多双边渠道逐步重启政治、外交和安全对话,努力构建政治互信。这四点原则共识在当下中日关系的缓和无疑有一定意义。但要从根本上解决中日关系绝非易事。

第十四章 朝鲜半岛弃核与统一

第一节 朝鲜半岛战略价值

一、朝鲜半岛政治格局的变迁

关于朝鲜半岛格局的历史变迁以及有关大国与朝鲜半岛政治格局变迁的关系,国际政治学大师汉斯·摩根索在他的代表作《国家间政治》中有一段精辟的论述:由于它的地理位置毗邻中国,在历史上大部分时间里,它依靠强邻的控制和介入,作为一个自治国家而生存。每当中国的权力不足以维护朝鲜的自治地位时,另一个国家,主要是日本,就会试图在朝鲜半岛取得立足点。自公元1世纪以来,朝鲜的国际地位大体上一直由中国至高无上的地位或者中日之间的竞争所决定。

7世纪朝鲜的统一是中国介入的结果。从13世纪到19世纪中国权力的衰落为止,朝鲜听命于中国,与中国的关系是与宗主国的关系,在政治和文化上接受中国的领导。在日本入侵朝鲜未能取得持续的成功之后,自16世纪末,日本便反对中国的要求,企图由它自己来控制朝鲜。由于在1894—1895年的中日战争中获胜,日本的要求得以实现。此后在控制朝鲜问题上,日本受到俄国的挑战,并且,从1896年起,俄国的影响占主导地位。日本与俄国就控制朝鲜进行的争夺由于1904—1905年日俄战争中俄国的战败而结束。日本于是确立了对朝鲜的控制,这种控制由于日本在第二次世界大战中的战败而告终。此后,美国取代日本来抗衡俄国对朝鲜的野心。中国通过参与朝鲜战争恢复了它在朝鲜问题上的传统影响。因此,两千多年来,朝鲜的命运一直取决于一个国家控制朝鲜的优势,或者取决于两个竞相控制朝鲜的国家之间的权力均衡。[①]

应当承认,虽然摩根索对朝鲜半岛政治格局变迁的描述带有一些意识形态色彩,对一些问题的表述也存在诸多偏差,但这位国际政治学大师的论述的确精辟。他除了用简洁的语言描述了朝鲜半岛政治格局的历史变迁外,还准确地揭示了大国力量的变化与朝鲜半岛局势的变化之间的内在联系。从历史进程中看,一直以来,朝鲜半岛上的国家自身从来没能真正决定自己的命运,只能被动地参与到大国或大国集团在半岛上进行的角逐中。这种情况甚至直到今天都没有发生根本性改变。

和东亚政治格局一样,朝鲜半岛政治格局历史上长期保持稳定。直到西方殖民主义的兴起并且把侵略魔爪逐步伸向东亚,朝鲜半岛的厄运开始接踵而来,这种关系也开始发生改变,朝鲜半岛的政治格局也开始发生变化。从19世纪中叶开始,当西方列强完成了对华夷体制外围藩属国的蚕食之后,便纷纷将侵略矛头指向了朝鲜半岛。在它们看来,只有进入朝鲜半岛,才能最终摧毁传统的华夷秩序,并在政治上和外交上彻底降服清王朝,从而将东北亚国际事务完全纳入西方近代外交体制之内。在这一时期,中国、日本以及俄、美、英、法等国之间为争夺对朝鲜半岛的控制权与影响力展开了激烈的角逐,朝鲜半岛不可避免地卷入了大国政治的漩涡之中,美日和日俄之间的矛盾以及英俄之间的冲突均在这个半岛上上演,使之成为19世纪末20世纪初东北亚国际事务的"晴雨表"。

19世纪50年代在克里米亚战争中失败后,沙俄开始将其扩张的矛头转向远东,而积贫积弱的朝鲜则成为其首要的目标。在俄国看来,朝鲜首先是它从19世纪初就孜孜以求的全天候的太平洋出海口。为向太平洋地区推进,俄国渴求取得济州岛附近的海峡;在这种欲望驱使下,它在1904年对日本开战。虽然战争以俄国的失败而告终,但至少在1896年以后的一段时期内,俄国都得以在围绕朝鲜半岛的大

[①] 〔美〕汉斯·摩根索:《国家间政治:权力斗争与和平》第七版,徐昕、郝望、李保平译,北京大学出版社2006年版,第214—215页。

国角逐当中保持了一种明显的优势地位。

对朝鲜近代史影响最大的国家是地理上属于东亚但由于实行资本主义改革而在治国理念上实行脱亚入欧政策的日本。实际上,日本在历史上和亚洲大陆文化接触主要是通过朝鲜进行的,中国的许多先进文化要素都是通过朝鲜这一通道才得以传到日本的。从这个意义上说,朝鲜既一次又一次地充当了日本向亚洲大陆进行军事征服的跳板,又是日本文化和经济发展所必不可少的通道。在日本看来,朝鲜半岛居于东北亚的"枢纽地位",任何敌对势力控制了朝鲜半岛,都会对日本的安全构成致命威胁,而如果日本控制了朝鲜,则可以作为其向亚洲大陆进行扩张的跳板。因此,无论是政治上还是经济上,日本总将朝鲜半岛视为国家的生命线。自明治维新以来,朝鲜半岛不但成为日本对外扩张政策中的首要目标,而且也成为日本对亚洲大陆势力作战的跳板。正因为如此,朝鲜半岛在19世纪晚期开始格局变化并不是或者说不主要是在西方外来力量引起的,而是主要源自远东内部力量的变动,具体地说,日本在19世纪后期实行资本主义改革以后的崛起是造成朝鲜半岛局势动荡的最主要原因。回顾历史,我们可以看出,从16世纪甚至14世纪日本就可能对朝鲜有野心,但限于国力有限,加上中国国力的强大,日本并没有实现对朝鲜野心的条件,但随着近代史上日本自身力量的崛起、晚清中国的衰败,加上美英等国由于利益斗争而产生矛盾使日本从中渔利,日本发现实现自己对朝鲜野心的条件已经具备。而正是在这个时候,随着日本国力的增长,日本国土狭小、资源贫乏的缺点逐渐显现出来,向亚洲大陆扩张寻求更多的生存空间成为一些日本执政者确定的国策。在这种情况下,实际上一直承担着日本同亚洲大陆联系"跳板"的朝鲜被日本认为是其国家的"生命线",成了日本有效实施向外扩张、图谋远东霸权的第一步。

为控制朝鲜半岛这一生命线,日本于1894年和1904年先后与中国和俄罗斯开战。1894年中日甲午战争后,与清政府脱离藩属关系,在日本的要求下,朝鲜获得名义上的独立。以此为标志,存在了数百年的东亚封贡体制正式结束。东亚封贡体制的瓦解具有重要意义,它标志着东亚社会由传统走向现代,国际关系性质开始发生本质变化,中国和周边邻国的关系也开始发生变化。1904年日俄战争结束以后,日本完全占领了朝鲜,朝鲜亡国,成为日本殖民地。日本开始了对朝鲜长达40年的殖民统治,这段殖民统治对于日本与朝鲜半岛的关系产生了深远的影响,在日朝之间植下了相互不能信任的种子,一直影响到几十年后的今天都没有完全消解,并且直接影响到了东亚国际政治格局。日本对朝鲜的殖民统治一直持续到第二次世界大战结束。第二次世界大战结束时,同盟国之间主要是美、苏、英、中等国家先后召开一系列会议,根据各自利益谋求对战后世界格局做出安排,这其中就包括对朝鲜半岛的政策安排。

1943年12月1日,由中、美、英三国召开的开罗会议发表宣言,公开宣布三国对日作战的目的在于制止和惩罚日本的侵略,剥夺日本自第一次世界大战开始后在太平洋上夺得或占领的一切岛屿,把日本侵占中国的领土如东北、台湾、澎湖列岛等归还中国。宣言对战后朝鲜的政治地位作了明确规定,郑重宣布:"我们三大盟国轸念朝鲜人民所受之奴役待遇,决定在相当期间,使朝鲜自由独立。"①开罗会议明确了朝鲜半岛在战后要实现独立的政策,但留下了一个悬念,即在相当期间,使朝鲜自由独立。这个相当期间是多长,在这个时期内朝鲜的地位是什么等等一系列重要问题都没有明确,需要继续研究。显然,这主要是因为开罗会议没有苏联参加,而对朝鲜半岛的政策安排没有苏联的参与是不可能的。

1943年11月28日至12月1日,罗斯福、丘吉尔、斯大林在伊朗首都德黑兰举行会晤。德黑兰会议虽然没有专门讨论朝鲜问题,但是在会议期间,斯大林在不作承诺的前提下明确表示同意《开罗宣言》的内容,并认为朝鲜应当独立。

1945年2月,美、英、苏三国首脑在苏联克里米亚半岛的雅尔塔再次举行会议,协调盟国的对日作战行动和战后远东的政治秩序安排问题。雅尔塔会议期间,罗斯福在跟斯大林进行单独会谈时,提出了朝鲜的"托管"问题。罗斯福提议,在日本战败后,"朝鲜要有一个苏联代表、一个美国代表和一个中国代表实行托管","托管期也许要20年到30年","没有必要邀请英国参加朝鲜的托管"。斯大林认为"托管期愈短愈好,应该邀请英国参加"。雅尔塔会议的几个文件并未具体谈到托管朝鲜的问题,议定书在提到哪些领土将被托管时说,"这将是

---

① 《国际条约集》(1934—1944),世界知识出版社1961年版,第407页。

有待以后达成协议的事情"。但是,美苏首脑之间是保持着谅解的。

1944年初,太平洋的美军向日本本土逼近。美国国务院建议军事部门积极"参加在朝鲜境内或临近地区的作战行动",为以后美国作为主要一方"参与朝鲜内政"和"行使国际监督"创造条件。美国当时设想,由美、英、中等国组成占领军和军政府,届时如苏联已投入太平洋战争,也可以参加。1945年4月12日,罗斯福逝世,杜鲁门继任美国总统后于5月派特使霍普金斯去见斯大林,斯大林表示没有改变四国托管朝鲜的政策。在随后两国互换照会中又明确写明,苏联和美国同意:短时期的四大国(美国、英国、中国、苏联)托管,将是朝鲜未来独立的最好保证。

波茨坦会议召开时,美国军方仍然认为,发动对日本本土的登陆战最早要在11月份以后,而进攻朝鲜则要在更晚的时间。因此,当苏联提出应就朝鲜托管问题交换意见时,会议没有进行具体讨论。但是,在美、中、英三国于1945年7月26日发表的《波茨坦公告》中重申了《开罗宣言》的条款必须实施。同年8月8日,苏联在对日宣战的同时宣布:"参加盟国今年七月二十六日的公告"。由此可见,在二战结束前,美、苏、英、中等大国已经对战后朝鲜的政治地位作出了明确的安排,并许诺在适当时间恢复朝鲜的独立地位。但是,战争局势的迅速发展却改变了这一安排,并直接影响了此后几十年朝鲜半岛的国际政治格局。

杜鲁门后来回忆,在波茨坦会议期间,美、英、苏三国军事长官开会时曾同意,在俄国参加太平洋战争以后,应当在朝鲜整个地区就美国和俄国的空军和海军的作战范围画一条线。至于地面上的作战或占领区域,没有进行任何讨论。因为当时没有人想到,不管是美国的或者是苏联的地面部队,会在短期内进入朝鲜。当然,从美国本意来讲,最好是单独全部占领朝鲜。对此,杜鲁门回忆说,国务院极力主张在整个朝鲜的日本部队应由美国受降,但是美国要是以必要的速度把军队运送到朝鲜北部,那就无法保证我们在日本抢先登陆。此外,美国估计攻占朝鲜将付出重大代价,因而想把攻占朝鲜的战役连同"可能遭到的重大伤亡"由苏联去承担,自己则坐收渔人之利。因此,美国虽然知道苏联将于8月8日对日宣战,但并未准备近期内在朝鲜实施登陆作战。

1945年莫斯科时间8月8日苏联对日宣战。苏联红军从蒙古、苏联远东地区各个不同方向进入中国东北地区,向日本关东军发起猛烈进攻,同时向朝鲜北部迅猛推进。8月15日,由契斯季亚科夫上将指挥的苏联远东第二十五集团军跨过中朝边界,进入朝鲜北部。与此同时,苏联第一远东方面军南翼部队经过几天的突击,在太平洋舰队配合下,有效地切断了关东军和日本本土的联系,于8月12日攻占朝鲜北部的雄基、罗津两港口,不久又攻占清津、元山港,24日进占平壤。苏联红军在金日成领导的人民武装的有力配合下,迅速解放了朝鲜北部领土。

日本的突然投降和苏联参战后引起的远东局势的变化是美国所始料未及的。鉴于苏联已经对日宣战,大批苏军正"涌进"整个朝鲜半岛,而美国可调去的部队尚驻在"数百公里外的冲绳岛"。美国军方还告诉国务院官员说:"如果要在进入朝鲜半岛方面和俄国人比赛,那么美国能够在南朝鲜的釜山得到一个立足点就算是干得很好的了。"在这种情况下,为了能够在朝鲜半岛占有一席之地,美国参谋长联席会议只能责令陆军部提出一项关于堵住苏军南下的办法,搞出"一条尽可能向北推进",但又不致"被苏联拒绝"的界线。于是,美国陆军腊斯克上校在匆忙中提出了以北纬38度线作为分界线。美国之所以提出以38度线为界,主要有两个原因:一是为了占据朝鲜的一半地区(南部虽略小于北部,但由于汉城和重要的港口仁川、釜山等地均在这个地区,这对美国仍然是有利的);二是1945年初日本曾以38度线为界在朝鲜进行了军事部署。日本部署在朝鲜的军队,原由"朝鲜驻屯军"司令部指挥。1945年2月,日本"大本营"为了对抗苏联即将对日宣战和预防美军在日本本土登陆,对驻在朝鲜的日军"统帅机构"进行了改编:把驻在38度线以北的日军,划归关东军指挥;把驻在38度线以南的日军,划归直属于"大本营"的第十七方面军指挥。战后在朝鲜接受日军投降,同日本的这一军事部署并没有任何关系。但是,美国当时在既不能抽调兵力进驻朝鲜又不能把"分界线"划到朝鲜北部的情况下,为了能够占据朝鲜的一半地区,却把日本战时为对抗美、苏两国的这一军事部署作为它和苏联在朝鲜分别接受日军投降的一个"主要根据"。后来腊斯克在一份备忘录(1950年7月12日)中承认:"如果这条线为苏联所拒绝,美军按实力并不可能到达这么北面,但我们认为把朝鲜的首都包括在美军管辖区内是很重要的,因此还是提出了这条线。……我回忆起,当苏联人接受三八线时,我颇有点惊奇,因为我想,从我们双方在该地区的军事地位来看,他们可能会坚持一条更南面的界线。"

三八线不仅把朝鲜的旧都汉城,而且还将仁川和釜山两个重要海港包括在美军受降的南部地区之内,因而迅速得到了军方和国务院的同意。接着,杜鲁门向斯大林发出绝密信,并附有他给麦克阿瑟的有关日本武装部队投降细节的"总命令第一号"。斯大林复信表示,"基本上不反对命令的内容",对于有关朝鲜的做法没有异议。三八线就这样定了下来。

美国发布的"总命令第一号"关于陆军和海军的一节提到:"在满洲、北纬38度以北的朝鲜和禅太岛的日本高级指挥官以及一切海陆空部队和辅助部队应当向苏联远东军总司令投降"。"帝国总部、它在日本本岛、与本岛毗邻的小岛、北纬38度以南的朝鲜和菲律宾的高级指挥官以及一切海陆空部队和辅助部队应当向太平洋美国陆军总司令投降"。9月2日,麦克阿瑟向日本宣布了这项命令。根据"总命令第一号",美国第二十四军军长霍奇中将率领第六、第七、第四十步兵师,至9月8日、9日在仁川和釜山登陆,开始占领南部地区。这时,苏军为遵守协议,从已占领的汉城、仁川等城市撤退到三八线以北。

三八线本来是美苏两国为了接受侵朝日军投降而临时划分的,但随后却变成了美苏两个军事占领区的分界线。这条长达200多公里的分界线人为地把朝鲜半岛一分为二,不仅隔断了朝鲜南北的政治联系,而且隔断了它们的经济联系。三八线以南面积9.6万平方公里,占全朝鲜面积的43%;人口约2000万,占全朝鲜人口的60%。南部地区在历史上一直是农业地区,提供全国的粮食需求。三八线以北地区的面积为12.4万平方公里,占全朝鲜面积的57%;人口1000万,占全朝鲜人口的40%。由于北部拥有高度发达的水电资源,其中大部分工厂设在北方,其产品支持南部的农业地区。由于朝鲜南北在经济上有着极强的依赖关系,双方在经济上离开任何一方都无法做到自给自足。另外,朝鲜是一个单一民族国家,人为的分隔极大地挫伤了朝鲜人民的国家独立意识和民族尊严。朝鲜的事态演化证明,三八线的划分是朝鲜悲剧发生的直接原因。但是,朝鲜悲剧的种子是在第二次世界大战后期,尤其是对德战争结束以后,随着大国矛盾的逐渐显现,东西方两个阵营对峙局面的端倪初露而深埋在日益深厚起来的冷战土壤里的。

美国和苏联占领朝鲜以后,在南北部地区分别实行了不同的政策。由于美、苏两国在政治上的严重分歧和对立,朝鲜的托管问题始终成为一纸空文。当时,世界已经进入冷战状态,美苏两国在世界范围内展开争夺。杜鲁门和国务院的官员们从美苏争夺的大格局出发,认为朝鲜"是一个进行思想斗争的战场,而我们在亚洲的整个胜利就决定了这场斗争"①,"朝鲜犹如东西方之间在远东争夺势力和影响的缩影,象征着莫斯科和华盛顿之间的制度竞赛,因而无论朝鲜在军事上有无价值,支持一个非共产主义的朝鲜政权在政治上是十分重要的"②。美国认为,如果南朝鲜落入苏联之手中,不仅是美国在东亚的损失,而且是对其全球战略的损害。因此,美国"除了支持李承晚,再没有选择的余地"③。基于这一认识,1948年2月,美国借助联合国的招牌,强行决定在南朝鲜举行单独选举。在美军刺刀的威逼之下,曾被杜鲁门认为是"专横""任性""不得人心"的李承晚于8月15日组成了以自己为总统的"大韩民国"政府。在这种形势下,朝鲜北方于8月25日也进行了选举,并邀请南方的选民代表参加。9月9日,组成了以金日成为首相的朝鲜民主主义人民共和国政府。至此,朝鲜南北双方正式分裂,朝鲜半岛出现了两个政府长期并存的现象。

二、朝鲜半岛的战略价值

前述可以看出,近代以来朝鲜半岛就成为各大国争夺的目标,这种争夺一直延续到今天。之所以会出现这种情况,主要是由于朝鲜半岛具有重要的战略价值。朝鲜半岛的战略价值首先来自于它不可改变的地理位置。海权论的鼻祖艾·塞·马汉曾指出,任何地方的战略价值取决于以下三个基本条件:(1)它的位置,或者更准确地说,它的态势。(2)它的军事力量,攻势力量和守势力量。(3)它的资源,本身

---

① 杜鲁门:《杜鲁门回忆录》第2卷,三联书店1974年版,第380页。
② 《美国对外关系文件》第6卷,华盛顿:美国政府出版署1962年版,第784—785页。
③ 杜鲁门:《杜鲁门回忆录》第2卷,三联书店1974年版,第391页。

的资源及其周围附近的资源。① 马汉认为,在三个基本条件中,态势是最为重要的,是必不可少的,因为军事力量和资源都是可以通过外力补充的,然而,一个地方如果位于战略影响范围之外,那么它的态势则是人力无法予以改变的。② 因此,所谓战略要地就是能使力量倍增的支点,国际关系中有许多因素是可变的,但地理位置是无法改变的,一个地区的基本地缘环境也是难以改变的。从这个意义来考量,朝鲜半岛的地理位置就决定了它在国际关系中所具有的重要的战略价值。

从地理位置上来看,朝鲜半岛位于东北亚的核心地带,北部同中国和俄国接壤,东部同日本毗邻,西海岸距中国的山东半岛的最短距离约 190 公里,南部距日本的本州岛 180 公里。朝鲜半岛不仅连接日本海和东海,而且连接亚洲和太平洋,处于亚欧大陆与太平洋之间的"边缘地带"。这种"边缘地带"在地缘政治理论中占有特殊的价值。美国著名国际关系理论家斯皮克曼(N. J. Spykman)在《和平地理学》中认为,欧亚大陆的边缘地区处在大陆心脏地带和边缘海之间,在海上势力与陆上势力的冲突中,起着缓冲地带的作用。它面对陆海两个方向,这种水陆两面的特性是其安全的基础。朝鲜半岛恰地处陆海边缘地带,一直是陆海两大权势较量和对峙的核心部位。从较小的范围上讲,该半岛地处东亚大陆与日本列岛之间,它既可作为向东亚扩张的桥梁,又是彼此之间交流的和平通道。近现代历史已多次验证了朝鲜半岛在两种霸权势力争夺中所处的特殊地缘战略位置,它是帝国主义入侵亚洲大陆的跳板,也是亚洲大陆抵御帝国主义侵略的一个屏障。

从战略环境上来看,朝鲜半岛重要的战略价值不仅因为它处于特殊的地理位置,而且因为它邻近的四个大国——中俄美日都是世界大国,四国的国家战略以及相互之间关系如何对亚洲乃至世界的和平与安全都有很大影响。在这种情况下,朝鲜半岛上国家与周边大国的关系对东亚地区的安全形势就会产生直接影响。"它像一只怯生生的触角,神经过敏地长在大国的身边,因此就变成大国间冲突或平衡的温

---

① 〔美〕艾·塞·马汉:《海军战略》,蔡鸿幹、田常吉译,商务印书馆 1994 年版,第 126 页。
② 《海军战略》,第 128 页。

度计"。① 长期以来,朝鲜半岛被认为是"亚洲的巴尔干半岛"。② 关于这一点,韩国前总统朴正熙的说法更为形象:"如果我们的历史是一部受难和外国入侵的历史,那么这是朝鲜的地缘政治环境造成的。"③ 这些说法无疑清楚地说明了朝鲜半岛在东亚和亚太地区国际关系中的战略地位。在冷战时期,朝鲜半岛是美日苏中四大国利益的交汇处,是东西方之间对峙的缩影,两大集团曾在二战刚刚结束几年后就在这里打了一场战争;冷战结束后,朝鲜半岛仍是几个大国力量的缓冲地带,是观察东北亚及亚太地区政治、军事形势的晴雨表。朝鲜半岛局势每一阶段发展,都受到几个大国的政策和利益的制约和影响;同样,朝鲜半岛的局势也极大地关系到几个大国的利益和政策。

正是由于朝鲜半岛所具有的重要战略价值,所以整个冷战时期,美国一直把朝鲜半岛(韩国)视为反华反共的前沿阵地,成为它构筑的"新月形"包围圈的重要一环。冷战结束后,特别是苏联解体后,朝鲜半岛已经失去了对抗苏联的战略价值,但这并没有使美国认为朝鲜半岛已经失去其战略价值,恰恰相反,在美国看来,在新的形势下,朝鲜半岛又获得了多重的战略意义。

(1) 从安全角度考虑,南北双方实际存在的军事对峙和朝鲜核问题的爆发使朝鲜半岛仍然是一个具有爆炸性的潜在热点。而美国从其全球战略角度考虑,是希望朝鲜半岛及整个东亚地区保持稳定与和平,无论从哪个角度看,美国都难以承受在这一地区投入大规模战争的现实。这一点,从克林顿时期就已经十分明显,克林顿曾在韩国国会的演说中强调安全保障政策是支撑"新太平洋共同体"的重要支柱,同时表示,美国将继续在包括韩国在内的亚洲国家保持强有力的军事存在,这恰好与美国大幅度削减在欧洲的兵力部署形成鲜明对比。美国甚至把稳定朝鲜半岛局势作为优先对中国人权外交和对日本谈判之上的政策目标。1994 年美国国家安全战略报告《国家参与和扩展安全战略》中明确指出:"在考虑亚洲地区的时候,我们必须记住,安全问题是最为重要的。美国打算继续在这一地区发挥作用,我

---

① 高崇云:《中共与南北韩关系的研究》,(台北)正中书局 1989 年版,第 16 页。
② 〔韩〕金大中:《建设和平与民主》中译本,世界知识出版社 1991 年版,第 173 页。
③ 〔韩〕朴正熙:《我们国家的道路》,华夏出版社 1988 年版。

们是太平洋地区的国家。本世纪我们已在这一地区打了三次战争。为制止地区性入侵和确保我们自身的利益,我们将以积极的姿态在那里保持驻军,并将发挥作用。"美国政府高级官员洛德曾说过:美国亚太政策的重点最优先考虑的是努力解决朝鲜半岛的核危机。美国在那里要达到的目标是:一个无核半岛、朝鲜和韩国对话和履行各种保障条款规定和义务等。① 从目前形势来看,由于美国深陷伊拉克战争和伊朗核问题,就更不可能接受朝鲜半岛发生战争的现实,因此,即使一向宣称要对朝鲜实行强硬政策小布什政府也主张采用对话形式来解决半岛上的问题,而尽量避免提及武力威胁的手段。

（2）从经济角度考虑,战后美国一直是韩国的最大贸易伙伴,而韩国是美国的第六大出口市场,是美国农产品第五大出口市场,1996年两国双边贸易总值就已经达550亿美元,高于日、中贸易额。到本世纪中韩贸易额高于美韩,但美韩贸易仍处于重要地位,2005年韩美双边贸易额为715亿美元,美国是韩国第三大贸易伙伴,韩国为美国第七大贸易伙伴②。另据国际货币基金组织统计,韩国对美国出口在其全部出口中所占比重是亚洲中"四小龙"中最高的,达19.6%。而朝鲜半岛所在的东亚地区更是美国经济持续增长的新的发动机,如果亚太地区陷入动荡或者被别的世界大国控制将会对美国经济产生难以想象的打击,为了确保和加强美国在世界市场特别是亚太地区的经济竞争力,美国必然重视美韩以及美国和东亚地区的经济关系,迫切希望扩大对韩国市场以至整个东亚市场的占有。

（3）从东亚政策角度考虑,东亚是美国霸权战略中必须要控制的地区,而朝鲜半岛对美国在东亚地区制衡俄、中、日起着至关重要作用。苏联解体后,美国在东亚的战略对手已由原来的一个（苏联）变为多个（俄、中、日）。而同样处于这一地区的韩国则不但没有成为美国的战略对手,反而成为美国可以借助的力量,美国希望美韩盟友关系能够长期保持下去。1995年2月美国东亚战略报告正式修改了冷战刚刚结束时所确定的削减美军力量的政策。报告强调"美国和韩国的关系不仅仅是对条文的一种承诺,它也是我们国家支持和促进民主的

---

① 〔美〕洛德:《1994年亚洲政策重点》,美新署华盛顿1993年12月22日。
② 中国日报网站,2007年4月2日。

一个重要组成部分。即使在朝鲜的威胁消除以后,美国也打算从地区安全起见同韩国保持强有力的防务联盟"。在美国看来,美韩同盟除对付所谓"朝鲜的威胁"外,最重要的目的在于制衡日、俄、中几个大国势力。对于中国,自从20世纪90年代以来,美国就一直担心中国的强大会挑战它的霸权地位,不断有所谓"中国威胁论"论调出台,并实际上执行了一条遏制与接触并行的对华政策。对于俄罗斯,虽然失去了往日苏联的实力,但它所具有的广阔领土和发展潜力,尤其是俄罗斯历史上所形成的世界大国情结,使美国从来就没有真正对它放心过,即使俄罗斯已经不再坚持苏联时期的意识形态和价值观念,也没有再执行苏联时期与美国对抗的外交政策,但美国依然对它放心不下,在美国看来,倘若一旦俄罗斯恢复到前苏联的规模,将会对重新构成巨大威胁。对于日本,虽然日本是美国所宣称的在亚洲范围最重要,在世界范围也处于重要地位的盟友,但从根本来说,美国对于日本是不能完全放心的,日本在经济上日趋强大,正在图谋军事大国地位,而日本历史上一向具有至今不但没有消除反而一直蠢蠢欲动的"领导东亚甚至世界"的军国主义思想,使日本一直成为东亚地区的不安定因素。这一切也势将构成对美国的严重威胁,有可能动摇美国在亚太地区特别是东北亚地区的主导权。因此,基于上述种种考虑,美国需要韩国的鼎力相助,以牵制中、俄、日。可见半岛乃是美国在新形势下安全战略的一个关键性棋子。

由于上述原因,冷战后的美国依然重视朝鲜半岛,美国军队也没有因为苏联威胁的消失而撤出半岛。

朝鲜半岛对于中国来说,首先是中国东北部的安全屏障,一旦朝鲜半岛失去了,那么中国东北部将会受到极大的威胁,而且靠近京津,所以韩国与美国要在黄海演习,会使京津地带受到威胁。其次,朝鲜半岛还能成为制衡美日安全战略的前哨阵地。并且,朝鲜半岛也将成为中国经济建设的助力和合作伙伴。朝鲜半岛与我国不管是经济关系还是贸易关系都极为重要。中韩两国的双边贸易额2005年就已突破1000亿美元。中国已成为韩国与朝鲜第一大贸易伙伴和最大的出口市场。在不久的未来,中韩的贸易额将超过中日。中国东北、黄海甚至是京津地区要发展,朝鲜半岛对于中国来说都极为重要。另外,对于中国的统一,朝鲜半岛也可以起到助力的作用,一旦朝鲜半岛统一,对于中国解决台湾问题是极有好处的。和平解决朝鲜半岛核问题,实现朝鲜半岛和平统一,这有利于解决台湾问题。一旦和平解决了朝核问题,朝鲜半岛通过朝韩双方独立自主的和谈融合而统一,那么对于中国是有益的。和平解决朝鲜半岛核问题,将会使"核扩散"得到有效控制,能够有效防止台湾逾越"雷池"。朝鲜半岛和平统一,美国在韩驻军的理由也会消失,可以减轻在东北边境的军事压力,为国内建设提供和平环境,统一的朝鲜半岛会成为中国东北振兴的重要力量,中国的国家实力将会有更进一步的增强,将会在解决台湾问题上增加自身的砝码。

随着朝鲜第三次核试并宣称废弃停战协定,国内外舆论多呼吁中国应大幅调整对朝政策,甚至主张与朝彻底决裂,即所谓"弃朝论"。"弃朝论"主要有两个理由:一是现代军事科技高速发展,立体战逐渐取代传统的陆海战,从而使朝鲜半岛失去原有地缘政治优势,"屏障"与"缓冲"之说已过时;二是朝鲜现政权"专制",经济落后,核武疯狂,对中国背信等。笔者对此意见存疑。

先看第一条理由。无可置疑,现代高技术战争,海陆空立体战可轻而易举突破地理国家疆界,从而使原来某些区域战略优势弱化。因而传统地缘政治理论受到了新立体战理论的冲击。但对此不能简单而论,从而全盘否定传统地缘政治。

美国著名国际关系理论家斯皮克曼曾提出过公认的世界边缘地带理论:"谁支配着边缘地区,谁就控制欧亚大陆;谁支配欧亚大陆,谁就掌握世界的命运。"根据他的理论,朝鲜半岛可堪称是典型的世界边缘地带,朝鲜海峡乃海上航道咽喉之一。朝鲜半岛的战略价值可以说是永久性的。无论陆权论、海权论,还是空权论,其核心就是为夺取这些关键部位。现今出现所谓"高边疆战略理论",即"掌握最前沿科技＋控制关键地区＝世界霸权"。实际上,美国能称霸世界在相当程度上靠掌控这些关键部位。

朝鲜半岛的历史与现今恰好验证了上述论点。朝鲜半岛距中国首都近在咫尺,一直是中美日俄抗衡较量的战略要地。现今美国重返亚太,朝鲜半岛的战略地位不仅没下降,反而更加突出。可以说,朝鲜半岛是美国企图主导亚太与东北亚的核心地带,也是其遏制中国崛起的要地之一。同样它也是中国反美国制衡的一把利剑。这里还要特别强调,不能认为中国只重视朝鲜半岛北部的战略地位,而忽略南部及朝鲜海峡要道,国际舆论不少人把"朝鲜半岛 = 朝鲜",这是常识性的误区。

所谓第二点理由,无疑也是误见。他们认为中国对朝关系主要是出于意识形态或"冷战思维"。事实是自中韩建交后,中国已超脱意识形态。中朝关系已属正常国家间关系。中国并不完全认同朝鲜的内外政策,尤其坚决反对其拥核政策,两国也存在一些结构性矛盾。但中国绝不干涉其内政,这条原则对其他任何国家都一样。中国多数邻国是非社会主义国家,中国与其均保持睦邻善邻关系。中国极其重视与韩国关系,其友好程度并不亚于中朝。把中朝关系置于中韩关系之上的说法,不符合实际。中国重朝也重韩、"护朝"也"护韩"。两家战略地位对中国同样重要。中朝、中韩、中美均有合作,但也有各自矛盾与冲突。但合作归合作,问题归问题,不能顾此失彼。

"弃朝论"除上述误判外,还不明了"弃朝"后的恶果。由于失去中国的助力,朝鲜半岛将更加失衡。外部势力一旦介入,小则南北兵戎相见,无数难民出逃,大则核武动用与外流,结果不堪设想。即便南方武力统一北方,但北方军民岂甘休?结果必然是长期内乱,情景绝不会好于中东。一个动荡的朝鲜半岛不利于中国,也不利于东亚。而中韩均是受害者。"弃朝"成本要远高于"护朝"。当然,如果北方内部出现颠覆性变故,那另当别论。它只能自食其果,谁也救不了它。我们的战略考虑是:保持朝鲜半岛稳定,不能单凭对朝好恶而图一时之快。

第二节 朝鲜核问题

一、朝鲜核问题来龙去脉

多年来,朝鲜的导弹和核武器问题一直是东北亚地区安全的核心问题,也是朝鲜与以美国为首的西方国家摩擦的焦点。自从金正恩执政以来,朝鲜和美国将会采取何种政策,朝鲜核问题将向着怎样的方向发展成为人们关注的焦点。

朝鲜核技术的研制和开发自 20 世纪 50 年代末期着手进行。1959 年 9 月,朝鲜与苏联签署了《原子能开发支援协定》。1962 年,朝鲜在距平壤90公里处的宁边建造了一个原子能研究所,由苏联培训了部分核技术人才,并于1965年9月从苏联引进了用于研究的原子能反应堆。1974年朝鲜加入国际原子能机构,1985年又加入了《核不扩散条约》。整个冷战时期,朝鲜的核技术研究初具规模,在苏联的帮助下,朝鲜已经基本形成了从铀矿开采到废料处理的核燃料循环体系。

朝鲜半岛的核问题起始于20世纪90年代初。美国透露,1989年9月,美国卫星在距离平壤以北90公里的宁边地区发现了四个正在施工的核设施。随后美国公布了相关的照片。美国中央情报局认为,根据分析朝鲜到90年代中期,就有可能拥有核武器,要求国际社会予以制止。1991年5月,美国先后两次派特使赴日本通报朝鲜开发核武器情况,宣称朝鲜将提前1—2年研制出核弹。

接着,美国要求国际原子能机构对朝鲜核设施进行检查,已查明朝鲜是否违背条约搞核扩散。朝鲜方面则进行了坚决的否定和相应的反击策略,提出如果检查它的核设施,也必须同时检查美国部署在韩国的核武器。

为了迫使朝鲜同意美国的条件,美国采取了一些软硬兼施的措施,主要包括:利用日本对朝鲜施加影响。要求日本在与朝鲜正在进行的谈判中坚持一些朝鲜难以接受的前提条件,其中就包括朝鲜必须接受核检查,日本不予朝鲜进行有助于朝鲜增强军事实力的赔偿和经济合作。另外,还要求韩国将半岛的南北对话与核问题相联系。另外,美、韩也作了一些适当让步,主要包括美国撤走在韩国的战术核武器;停止美韩协作精神军事演习;提高"朝美接触"的级别。朝鲜方面做出了回应,除了要求对韩国进行核查外,朝鲜还发表声明反对在半岛部署和发展核武器,同时朝鲜开始有步骤地履行《核不扩散条约》。

经过各方复杂的斗争和相互妥协,终于达成协议,1992年5月开始,国际原子能机构对朝鲜申报的5处核设施进行了6次检查,没有发现朝鲜拥有核武器,并称朝鲜尚处于核技术开发的低级阶段。而美国对这一结论持怀疑态度,要求朝鲜开放两个军事设施供检查,并迫使国际原子能机构于1993年2月25日通过相应决议,要求朝鲜在一个月内做出答复,否则将对朝鲜实行经济制裁。但是美国的要求遭到朝鲜的强烈反对,朝鲜明确表示拒绝接受联合国通过的关于朝鲜核问题的决议,并要求取消对朝鲜经济制裁的决定,否则将看作是对朝鲜的宣战。朝鲜还宣布退出《核不扩散》条约,该决定将于 3 个月后生效。朝鲜的举动使美国等西方国家感到震惊,也使半岛的局势紧张起来。核问题争端出现白热化趋势。

正当问题陷入僵局之时,朝鲜提出核问题应由朝美通过直接会谈解决。1993 年 6 月美朝在华盛顿开始了自朝鲜战争以来第一次政府间高级会谈。经过双方紧张谈判,6 月 11 日,双方就一系列原则达成协议,主要内容包括:双方不进行武力威胁,保障半岛无核化和和平安全,互相尊重主权,支持半岛和平统一等。此后,朝鲜宣布暂不退出《核扩散条约》。

1994 年 3 月 1 日到 15 日朝鲜正式接受了国际原子能机构的检查。3 月 3 日开始,半岛南北双方恢复了旨在实现特使互访的第 4 次南北工作会谈。但是,最后南北双方会谈不欢而散,对于核查结果,各方也做出了截然相反的评价。

1994 年 5 月 14 日,朝鲜允许国际原子能机构对其在宁边地区更换的核反应堆的燃料棒进行检查,以确定是否将核反应堆用于别途。所谓燃料棒,就是供反应堆产生核裂变的原料。它可以产生一部分钚,而大约 8 公斤钚就可以制造一枚原子弹。因此,通过对燃料棒的检查,就可以确定反应堆是否生产用于制造核武器的原料。然而,就在国际原子能机构检查人员到达之前,朝鲜宣布,它已经开始更换了一座反应堆里的燃料棒。美、韩两国对此坚决反对,并认为朝鲜核问题"已到了非常危险的程度"。韩国还进行了全国性民防演习,美国向联合国提出对朝鲜的制裁方案。半岛核问题再度出现危机。

就在形势日益紧张之时,局势又一次出现转折。6 月 15 日,美国前总统卡特以个人身份抵达平壤进行访问,同朝鲜领导人金正日进行会谈,取得积极成果,在某些问题上双方达成共识。局势再度得到缓解。

1994 年 7 月 8 日,朝美第三轮高级会谈在日内瓦举行。会谈最终双方签署《朝鲜核问题框架协议》。协议的主要内容是:1.朝鲜同意冻结现有的核计划,不再对一座 5 兆瓦的核反应堆重新添加核燃料,停止两座石墨减速反应堆的建设,封闭其核燃料后处理厂,并最终拆除这些核设施,对于已经更换的 800 根燃料棒,双方同意暂时留存在朝鲜,朝鲜同意将来接受对其所有核设施进行检查。2. 美国将负责在大约10年时间内为朝鲜建造一座200兆瓦或两座100兆瓦的轻水反应堆,并同其他国家一起向朝鲜提供重油,作为能源的补偿。3. 朝美两国同意放松贸易限制,并为尽快在对方首都建立外交联络处进行努力。

该协议签署后,美朝关系得到改善,协议的执行也较为顺利。但是,1995年初,双方围绕由谁向朝鲜提供轻水反应堆问题产生分歧。美国想压朝鲜接受韩国的轻水反应堆。朝鲜则从国家安全利益角度出发,坚决拒绝接受韩国的轻水反应堆。双方为此僵持不下。美国国务卿克里斯托弗在4月21日提出朝鲜与美国应当重开谈判,从而避免因这一问题而影响美朝之间关于核问题框架协议的旅行。因此,5月下旬起,朝美两国开始进行会谈。

6月13日,在吉隆坡,双方就轻水反应堆供应问题达成协议。主要内容是:朝鲜同意由美、日、韩组成的"朝鲜半岛能源开发组织"(KEDO)作为选定轻水反应堆的型号和建设轻水反应堆合同的主要签约方;在提供轻水反应堆过程中美国是朝鲜的基本合作对象;朝鲜半岛能源开发组织由美国公民担任理事长;KEDO将履行作为基本合作对象的职责;确定2003年建成轻水反应堆,作为交换,朝鲜冻结其核计划。1997年8月,KEDO与朝鲜还举行了破土仪式。

尽管如此,朝鲜和美国在导弹和大规模杀伤性武器的扩散问题上摩擦和口角始终没有间断。1998年8月,美国对朝鲜平安北道大馆郡金仓里的大型地下核设施又提出疑义,认为朝鲜又有利用核设施进行核开发嫌疑,而迫使朝鲜接受检查。朝鲜则宣称如果进行检查必须给予一定的补偿。此后朝美之间就有关问题进行的谈判。1999年3月,朝美宣布就朝鲜接受核检查,美向朝鲜提供60万吨粮食援助达成协议。1999年5月和2000年5月,美国视察团2次视察了位于金仓里的可疑核设施,没有发现任何证据。

1999年5月25日,美国对朝政策协调官、前国防部长佩里访问朝鲜,双方就一些问题进行了磋商。9月7日美朝双方在柏林进行会谈,最终达成协议。美国答应放宽对朝鲜的经济制裁,而朝鲜则同意冻结其导弹试射计划。克林顿总统宣布,只要朝鲜确实遵守停止试射远程导弹的承诺,美国将放宽对朝鲜长达50年的经济制裁,放宽《与敌对国进行贸易法案》中的某些条款,其中包括解除对朝的部分贸易与金融来往、人员旅行、空中及海上运输等方面的限制。2000年4月10月,美国国务卿奥尔布赖特访问平壤,建议美朝在纽约恢复就核问题、导弹和恐怖主义的谈判,敦促朝方遵守已达成的协议。

2001年初布什上台后,执行了不同于克林顿的外交政策,朝美关系呈现急转直下的态势。布什认为克林顿对朝政策是失败的,宣布要重新检讨对朝政策,停止了与朝鲜的对话。

2002年1月,布什又指责朝鲜是邪恶轴心国家,有可能成为美国反恐战争的下一个目标。3月18日,美国《核态势回顾》报告将朝鲜列为七个核打击目标之一。10月3日,美国负责东亚和太平洋事务的助理国务卿詹姆斯凯利访问朝鲜。回国之后,他向政府汇报说,朝鲜向他承认了没有停止发展核计划。不过关于凯利的说法双方一直各执一词。11月14日,美国正式宣布,由于朝鲜没有履行1994年朝美核框架协议,决定从12月份开始中止对朝供应重油,并希望朝鲜半岛能源开发组织的成员国也停止向朝鲜供应重油。12月22日,朝鲜中央通讯社发表新闻公报宣布,由于美国中止提供燃料油,朝鲜已开始启封其被冻结的核设施并拆除监测核冻结的监测摄像机,以启动电力生产所需的核设施。23日,朝鲜劳动党中央机关报《劳动新闻》的社论中说:"如果美国保证不使用核武器攻击朝鲜,并愿意和朝鲜签订互不侵犯条约,朝鲜半岛的核问题会得到和平解决。"28日,国际原子能机构发表消息称,朝方官员已直接通知机构监查人员,朝鲜政府拒绝接受国际原子能机构总干事巴拉迪提出的允许监查人员继续留在朝鲜要求,并要求监查人员立即离开朝鲜。12月31日,两名该机构的工作人员离开朝鲜。

2003年伊始,朝鲜半岛依然问题不断。1月10日,朝鲜政府发表声明,宣布再次退出《核不扩散条约》,但同时朝鲜表示无意开发核武器。朝鲜核危机再次爆发。美国方面,一面宣称决不接受朝鲜的勒索,并说不排除使用武力解决的可能。1月23日,美国第七舰队的"小鹰"号航空母舰驶离在日本的基地。据美国海军人士说,出动"小鹰"号是为了监视因核问题而紧张的朝鲜半岛局势。此外,美国还制订了一项名为"突发计划"的作战计划,加强了美国在太平洋上的军事力量,以应对朝鲜半岛的紧急情况。接着美国又与韩国开始联合进行大规模的军事演习。但另一方面,从总统小布什到国务卿鲍威尔和国防部长拉姆斯菲尔德都在表示,朝鲜问题是可以通过外交谈判途径解决的。朝鲜方面,解除核冻结以后,由于美国没有回应它提出的一些要求,又采取了更为激进的措施,先后两次试射导弹,其中一次甚至选在了韩国新总统的就职典礼日。但是,朝鲜也一再重申,核问题需要朝美两国直接进行谈判,朝鲜并不想引起战争。

为使朝核问题和平解决,中国政府积极斡旋,于2003年4月促成有朝鲜、中国、美国参加的朝核问题三方会谈。2003年8月,中国在北京举行有中国、朝鲜、韩国、美国、日本、俄罗斯参加的朝核问题六方会谈,并确立了通过谈判和平解决朝核问题的原则。截至2008年6月,六方会谈已进行到第6轮。

2005年2月,朝鲜正式宣布拥有核武器。9月13日开始的第四轮朝鲜问题六方会谈第二阶段会议取得显著成果,通过了《第四轮六方会谈共同声明》。朝方承诺:放弃一切核武器及现有核计划。事情看起来向有利方向发展,但第二天朝鲜外务省突然发表声明:在朝鲜重新加入《核不扩散条约》(NPT)前,美国应该向朝鲜提供轻水反应堆。而美方则表示:在朝鲜放弃核武器、重返《核不扩散条约》并履行安全保障措施协定前,任何国家都不能与其开展轻水反应堆等核合作。朝美双方立场陷入死结,致使会谈成果无法实现,事情再次陷入僵局。

2006年7月5日,朝鲜在无预警情况下试射大浦洞二号、芦洞及飞毛腿导弹七枚导弹,并全部落入日本海。10月9日,朝鲜进行一次地下核爆。10月14日,联合国安理会一致通过关于朝鲜核试验问题的第1718号决议,对朝鲜核试验表示谴责,要求朝方放弃核武器和核计划,立即无条件重返六方会谈,并决定针对朝方核、导等大规模杀伤性武器相关领域采取制裁措施。

2007年7月14日,朝鲜关闭了宁边核设施。7月15日,国际原子能机构的核查人员确认,朝鲜关闭了宁边核设施的核心反应堆。

2008年6月26日,经过各方不懈努力,局势向好发展,朝鲜向六方会谈代表团提交其国内核子专案及核子设施清单,美方则允诺将朝鲜从"支持恐怖主义国家"的名单中除名,并解除"敌国贸易法"中相关贸易制裁。10月11日,美方认为美国和朝鲜之间,关于"恢复国际检查的谈判"目的已达到,同意把朝鲜从"支持恐怖主义国家"名单上除名。

2009年4月5日,局势又反复,因朝鲜发射一枚飞越日本的远程火箭,联合国安理会予以谴责,朝鲜则声称重新启动其钸浓缩反应堆,并命令在其主要核设施内的国际监督人员离境。4月13日,联合国安理会针对朝鲜试射通信卫星问题通过主席声明,要求朝鲜遵守联合国安理会禁止进行此类发射的1718号决议。朝鲜外务省第二天即发表声明,宣布退出六方会谈并将重启核设施建设。5月25日,朝鲜再次进行核试验。6月12日,联合国安理会通过1874号决议,对朝鲜提出最严厉谴责,要求朝鲜立刻停止核计划及导弹试射,加强对朝鲜经济制裁,授权各国可拦检朝鲜的可疑船只及货物。

2011年12月17日,朝鲜领导人金正日去世,金正恩接班成为朝鲜新任最高领导人。12月30日,金正恩被推举为朝鲜人民军最高司令官,正式掌控朝鲜政局。

2012年2月23日至24日,朝美第三次高级别会谈在北京举行。朝鲜同意在朝美会谈期间暂时停止进行核试验、试射远程导弹和宁边铀浓缩活动,并允许国际原子能机构对朝鲜暂停铀浓缩活动进行核查。美国则同意向朝鲜提供营养食品,并将逐步改善美朝两国的双边关系。4月13日,朝鲜发射应用卫星"光明星3号",但没有进入预定轨道。美国随后宣布,将不会履行与朝鲜先前达成的粮食援助协议。安理会4月16日通过主席声明,强烈谴责朝鲜发射卫星,并决定调整朝鲜制裁委员会的相关措施。7月20日,朝鲜发表声明说,由于美国不改变其对朝敌视政策,朝鲜"不得不全面重新考虑核问题"。12月12日,朝鲜宣布成功发射"光明星3号"卫星进入预定轨道。

2013年2月12日,朝鲜进行第三次核试验;3月11日宣布朝鲜停战协定完全无效,朝鲜半岛进入准战争状态。从目前来看,朝鲜核问题的形势依然不明朗,以核危机为中心的朝鲜半岛问题将如何进展,有关各方将采取怎样措施依然是世界关注的焦点。

二、朝鲜发展核武的危害

朝鲜坚持拥核的重要甚至是唯一理由是为应对美韩的军事威胁,采取"拥核自保""以核抗美"战略。客观地说,面对比自身强大多倍的美韩,其战略不无道理,有其合乎情理的一面。但综观当今东北亚与世界种种态势,令朝弃核已是大势所趋,各方之共识。朝鲜的拥核之说实是一种失策乃至愚钝逆流之举,中国对朝弃核主张政策是明确的。中国坚决反对朝鲜发展核武器。因为发展核武对朝鲜、对中国、对东北亚乃至世界都危害多多。

其一,朝鲜发展核武器不自保而且可能导致美国对朝鲜发动预防性打击,对朝鲜与中国构成双重安全威胁。从美国的利益看,朝鲜发展核武器破坏了国际核不扩散机制,威胁了美国在这一地区盟国的安全,朝鲜若发展远程导弹还将直接危及美国的本土,所以美国无法容忍。如果美国对朝鲜实行预防性打击,这势必引发朝鲜半岛地区动荡,甚至战争,从而影响中国的安全,给中韩经贸关系造成重创,并造成严重难民问题。

其二,朝鲜试验核武器直接威胁到东北地区的环境和居民的健康和生命安全。朝鲜国家面积小,山地多,对外关系又紧张,能试验核武器的地方不多,从朝鲜前几次核试情况来看,朝鲜选择的地方都离中国的东北边境不远。核武器试验一旦出问题,给环境与周边居民健康和生命造成的伤害不可估量。

其三,朝鲜发展核武器会加大核扩散的风险,危及我国家安全。朝鲜国家经济不景气,加之国际上又对它进行严厉的经济制裁,资金极为紧张,而发展核武器需要大量资金。在这种情况下,不能排除国际上一些力量觊觎朝鲜的核材料、核技术。

其四,朝鲜发展核武器势必加强韩国和日本国内主张发展核武器的声音,并最终有可能导致两者发展核武器。日本和韩国国内都有人主张发展核武器,近年来,这些势力有快速上升趋势。如果韩日发展核武器,中国周边核国家数量就大幅增加。核武器国家数量越多,爆发核战争的可能性就越大。

其五,朝鲜发展核武器势必破坏国际核不扩散机制,危及中国在海外的利益。随着中国的崛起和中国与外部世界关系的密切,中国在世界各地的利益大幅增加,核不扩散机制的弱化有可能导致拥核国家数量进一步增加,对中国在海外日益增多的人员和财产安全构成严重威胁。①

三、朝鲜应学习古巴无核经验

环顾世界,有诸多无核与弃核的经验值得朝鲜学习与借鉴。其中包括实行无核的古巴、越南等社会主义国家政策经验,与"先拥核而后弃核"的南非、乌克兰、哈萨克斯坦、白俄罗斯四国的"弃核模式"范例。

古巴经验,即"无核自强"。古巴近在美国身旁,周边几乎没有大国的支持,其形势比朝鲜严峻多倍。古巴遭受美国打压、孤立和封锁已长达40余年。1961年4月17日,一群由美国中央情报局组织和训练的约1400名古巴流亡分子入侵哈瓦那,试图用军事手段推翻卡斯特罗政权。此后美国曾637次策划暗杀卡斯特罗,但均以失败告终。20世纪90年代初,苏联东欧地区的社会主义国家发生"政治地震",古巴面临严峻的生存威胁。古巴与这些国家的经贸关系几乎完全陷于停顿。俄罗斯向古巴提供的石油减少了一半,停止了粮援,使古巴陷入了严重的能源与"断炊"的生存危机。

与此同时,美国政府趁机向古巴施压。1992年3月4日老布什叫嚷"卡斯特罗必定要下台"。他"期待着成为踏上卡斯特罗之后的古巴自由土地"的"第一位美国总统"。在美国政府的煽动下,迈阿密的古巴流亡分子招兵买马,组织"还乡团",叫喊要"打回哈瓦那过圣诞节"。当时西方媒体预言,古巴躲不过苏东社会主义政权崩溃的多米诺骨牌效应,"下次就该轮到古巴了"。

但是,古巴硬是在人民的支持下靠自强力量挺了下来。特别是在劳尔·卡斯特罗接班后,古巴朝改革开放方向稳步发展。2011年4月召开古共六大,推出较全面的改革方案,宣布要"更新古巴的经济模式",批准300多项经济改革措施,涉及国有企业改革、福利制度改革、农业改革等许多方面,在中国媒体上被解读为古巴的"十一届三中全会"。与此同时,古巴也力图改善与美国关系。"冷战"的结束虽然对古巴的冲击巨大,但一个正面影响是美国不再担心古巴成为苏联在其南面构筑的武装堡垒,从而不再视古巴为安全威胁,也不试图对其进

---

① 贾庆国:《朝鲜核武对华威胁大或成日发展核武借口》,《环球时报》2014年2月25日。

行激烈的"政权更迭"。尤其是 2009 年奥巴马上台后，宣布要和古巴"重新开始"，双方舌战也大为缓和。美古贸易额提升，美国实施的禁运在遭遇国际尤其是拉美国家的普遍抵制之下，也在逐步缓解。古巴也顺势而为，利用此机推进改革。古巴经济改革已获得明显成效，经济近年来呈上升趋势，古巴人民的生活有明显改善，现在古巴已渡过了"和平时期的最困难阶段"，逐步走上了经济复兴的道路。目前古巴的社会保障体系覆盖率几乎达 100%，教育水平在拉美名列前茅，医疗卫生事业成绩斐然。虽然古巴还有不少困难，物资还不很丰富，人们生活还有些清苦，但古巴改革与振兴之路则不可逆转。

应特别指出，古巴面临着同朝鲜同样的极其险恶的安全环境与挑战。但古巴除在 1962 年企图借苏联导弹力量与美抗衡外，自身一直没有高精尖的导弹设施，更无发展核武器的迹象，这与朝鲜形成鲜明对照。加强国防与安全自然是非常重要任务。"炮弹与面包同样重要"。军事专家指出，古巴军队的实力，在全球发展中国家中，排名是比较靠前的。但与强大的美国根本不成比例。据英国伦敦国际战略研究所报告，古巴 2000 年国内生产总值 160 亿美元，人均 2600 美元。国防预算 3300 美元，国防支出 7.5 亿美元。可见古巴军费开支占国民总收入比例并不高。

古巴的做法与经验无疑对朝鲜具有直接借鉴和启迪意义。从古巴的例证中，可以说明在面临险恶的安全环境特别美国的严重挑战的形势，非一定要以核武器做为与之较量的主要或唯一手段。如果朝鲜由"拥核自保"改为"弃核优经"或如古巴的"无核自强"，无疑会迅速摆脱当前经济困境，国际地位和影响也会为之大变。美国及其他西方国家无疑会另眼相视，朝鲜所期望的朝美关系会骤然升温，东北亚局势必将雨过天晴，也必将迎来半岛统一曙光。即使退一步说，美国仍对其采取强制手段，东亚周边国家特别是中俄韩均会采取相应措施，决不会袖手旁观。朝鲜不是阿富汗，更不是伊拉克与利比亚，应是屹立在东方的古巴。

四、朝鲜半岛核问题上美国责无旁贷

目前国际舆论几乎都把目光聚焦在朝鲜身上，多认为朝鲜是麻烦制造者，因此解决危机关键是迫使朝鲜停止非理性的挑衅。笔者认为,这种认识虽然不无道理,其实并不全面。原因在于人们忽略了朝鲜半岛的主宰力量美国的作用与政策。之所以如此断定,理由有四:

其一,朝美或南北力量对比中,朝方无疑处于弱势。且不说北部国民收入仅是韩国的1/100。即使在军事上,南部的先进北方几乎无法比拟。北方除军人数量、常规武器外并无多少优势,美韩有军事同盟,有数万美军驻扎,更有美国的核保护伞。北部绝非美韩对手。

其二,在美朝的多年博弈中,表面上看朝方似乎是事端的发起方,但认真思考,其实非全是如此。从九二年美朝框架协议至后来的多次六方会谈达成的几次协议,朝鲜曾做出过"去功能化"的弃核姿态,还炸掉了宁边的冷却塔等可取举措,然而,这一切却没有换来美国的对朝政策变化与对等让步。朝鲜之所以出尔反尔、渐行渐远直到后来执意拥核,在很大程度上是缘于美韩对朝政策的失当。美国不仅对朝方的安全以及与美建交、签订和平协定等合理要求置若罔闻,默许韩国李明博的"刀光"政策,更有甚者针对朝鲜连连大搞特搞军演。这一切无疑强化了朝方冒险心理与拥核的强硬姿态。实践说明,半岛局势到今天地步,朝美双方都有不可推卸责任。但美国做为强势一方,不能不说责任更大些。

其三,美国置朝安危与求和关切于不顾,一味追求武力逼朝就范。在力量对比极其悬殊的情况下,朝鲜关注的核心无疑是自身安全与自保。它的所有政策几乎均缘于此。但对此却得不到美的认可。美国有时也表示尊重朝政权的存在,但在实际上,美国从未放弃动用武力摧毁与颠覆其政权的意图。在生死存亡面前,弱者做出一些反常激烈言行,虽不可取并应受到舆论谴责,但也应从深处探寻其真因。

其四,实际上朝鲜半岛核武问题的祸首与始作俑者正是美国。据1994年由美国五角大楼公之于世的秘密文件记载,1950年6月25日朝鲜战争爆发,在战争初期,朝鲜人民军只用了三天时间就攻克了汉城,并继续往南推进,打得敌军毫无招架之力。就在朝鲜人民军进一步往南推进之际,主力部队被美军围在韩国大田一带。这时美国远东军司令部的军事专家们于1950年11月25日制订了一项核打击计划的建议,建议美军在韩国大田投放核炸弹,"以彻底歼灭被围困在大田一带的敌军主力部队"。美远东军司令部曾计划在人民军的重要军事营地投放核炸弹。后因朝鲜人民军实施"战略大撤退",麦克阿瑟指挥的所谓"联合国军"越过了"三八线"并向平壤推进,才使得这一核打击计划未能实施。但美国仍试图用核武相威吓。1951年4月,美国将9枚核武器交付战略空军直接保管,并随第99轰炸机联队进驻关岛基地,随时准备参加朝鲜战争。据另一个被发现的秘密文件记载,1953年7月27日签署朝鲜停战协定,1954年当时驻扎在韩国的联合国军参谋签署一份给美国五角大楼的报告中建议,如果另一方违反停战协定,将动员大规模的空军力量,"对中国本土投放核炸弹"。

美国自朝鲜战争结束后一直向韩国、日本提供核保护伞。"核保护伞"概念与政策是美国向其盟国作出的一种承诺,即盟国在遭受核攻击或者即将面临核攻击危险的情况下,美国将使用自己的核武器对发起进攻或具有进攻意图的国家进行报复。1965年1月12日,当时的美国总统约翰逊向日本首相佐藤荣作承诺:美国将履行承诺为其提供"核保护"。据认为,这是日美首脑之间首次明确提出"核保护伞"。后来又进一步延伸至韩国,根据美韩在1978年签署的《美韩共同防御条约》,美国重申致力于对韩国的安全和防务承诺,其中包括继续向韩国提供"核保护伞的承诺"。

从朝鲜战争停战至20世纪90年代初的约40年里,驻韩美军在韩国部署着数以百件核武器并不时进行军演。据解密的美国国防和外交文件称,驻韩美军1991年曾进行过给以朝鲜空中核打击的飞行演习。这次演习包括空对空和空对地打击,由驻扎在首尔以南270公里的群山基地的第8战术战斗机大队执行。直到1991年美国曾在韩国的16处设施内部署了数百枚核武器作为对朝鲜的威慑。1977年美国在韩国部署的核武器有453枚,1983年减少到249枚,到1985年减少到151枚,这些核武器共有11种类型。

随着朝鲜半岛局势趋于稳定,美国于1992年12月才将核武器撤出朝鲜半岛,但美国依然坚守为日韩提供"核保护伞"的承诺。现今核保护伞依然是美国与盟友维持盟约关系的重要基石,并有进一步强化趋势。美国国防部长拉姆斯菲尔德2006年10月在同韩国国防部长尹光雄举行会谈后重申,美国继续向韩国提供"核保护伞"。2009年6月美国总统奥巴马和李明博在会谈中又再次重申,美国将履行为韩国提供保护的承诺。

与此同时,美国在实践行动中不断提升核保护伞的级别与水平。

从上世纪下半叶起,美韩两国在朝鲜半岛上就曾进行多次核打击在内军事演习,其中就包括"关键决断"和"秃鹫"军演。今年的"秃鹫"军演中,美军三大核战争利器——B-2隐形轰炸机、B-52战略轰炸机和攻击型核潜艇先后赴朝鲜半岛韩国一端参与演习。5月美国甚至出动核动力航母"尼米兹"号驶入韩国釜山港,参加韩美联合海上军演。

综上所述,我们可以得出如下结论:

第一,美国是半岛有核化的积极首推者与始作俑者,是朝鲜半岛核武战略的祸首。朝鲜发展核武从始至终是伴随美国的核脚步起舞的。可说美国在先,朝鲜紧随其后。美国核威胁朝鲜的六十年,恰是朝鲜自1954年研发到"有核"的六十年。朝"拥核"我们坚决反对,但我们对美的核威慑战略同样也坚决否定。决不能只谈朝弃核,而放松与忽略对美核武威慑战略的谴责。

解决朝鲜核问题还须从美国率先减核与弃核着手。朝鲜不肯弃核,要因是美对朝采取双重与多重标准。现今在它实际上拥核的情况下,仍一味迫朝一家弃核实际上行不通。不如改变思维,另辟蹊径。半岛无核化口号无疑不能丢弃,但也应与其他地区无核化同时进行。美国、俄罗斯、中国也应少核化乃至无核化。美国做为超级核大国应做出表率,带头"减核弃核"。现在是该提醒奥巴马落实"无核世界"的时候了。不能纸上谈兵,要动真格的。只要美国勇于带头弃核、减核,何愁朝鲜、伊朗弃之不理?

第二,美国作为世界头号核大国,也是美朝力量对比占绝对优势方,其责任不容推卸。美应放弃"居高临下"的傲慢姿态,应与朝坐下来对等共谈弃核,并在改变核武威慑战略上做出实际表率。一味用武力威逼迫朝弃核而自己却置身事外,只能事与愿违,适得其反。美国应以世界与东亚大局为重,主动与朝对话。美国应吸取在历史上的沉痛教训。战端一旦启动,其恶果要远超过第一次朝战与几次中东战争。美国凭借先进武力最后可能制服朝鲜,但却要付出高昂代价。最佳选择应是:主动与朝领导人"示和"。人们清楚地记得,1962年古巴导弹危机的教训之一便是"要与你的敌人对话"。正是当年肯尼迪与赫鲁晓夫进行会谈,才避免引发一连串不可预测的结果。奥巴马上台前,也曾声言要与朝领导人亲自对话,而且期待在2012年年底前实现美朝关系正常化。可奥巴马现今似乎把这一诺言忘得一干二净。

第三,美国应给朝以安全承诺。朝不肯弃核的最大障碍是担心政权的安危,美国应充分考虑朝方的关切,应与中俄等国商讨弃核的可行途径与安全保障,可参考南非与乌克兰两种弃核模式,给朝弃核以更多鼓励、包容与出路,创造出一种令朝主动弃核的新型机制与氛围。

第四,撤出驻韩军队是解决半岛危机根本途径。美军驻韩久而久之似乎是天经地义,提此议成天方夜谭。但笔者坚持认为此问题乃解朝危机的症结。它是冷战产物,早该废弃。如果说驻日美军有防止军国主义复活的正面效应,情有可原,那么长期驻守韩国,却令人匪夷所思。中国志愿军早在1958年就全部撤离。美国既然能从伊拉克与阿富汗撤军,为何却死死赖在韩国不走?这点连美国有识之士也开始意识到驻韩美军的非法性。美国专栏作家布坎南4月7日在《阿斯伯里帕克新闻报》上撰文,要求奥巴马尽快与金正恩对话,并力主从半岛撤军。他说,要想避免半岛冲突,就要给金正恩留一条外交之路,美国也应该问问自己,冷战都结束20年了,2.8万美国士兵还留在朝鲜半岛做什么?

五、中美在朝核问题上的共识与分歧

朝鲜半岛是中美构建新型大国关系的检验场。如何处理好两国在半岛问题上的共识与分歧,乃是中美构建新型大国关系的具体体现,也是决定半岛未来走向的重要国际保障。因此,中美加大共识、妥处分歧,乃具重要战略意义。

中美有三大战略共同点:

其一,中美均竭力阻止和避免卷入新的朝鲜战争,均希望维持该地区的相对和平与稳定。双方都不愿意看到朝鲜半岛任何一方陷入战乱与火海。战争一旦爆发,南北双方均深受其害,汉江奇迹必将付之东流,中国、日本、俄罗斯乃至美国也均难避其灾。这是中美两国在半岛的最大核心利益与战略定位。

其二,均主张朝鲜半岛无核化,一致反对朝鲜拥核。朝鲜发展核武器势必会加大核扩散的风险,势必会加强韩国和日本国内主张发展核武器的"多米诺"效应,从而破坏国际核不扩散机制。中美均不希望看到半岛乃至整个东北亚成为核武泛滥之地。中美两国在朝鲜弃核问题上相向而行,尽管有分歧,但大方向一致。这是中美合作共识的另一战略定位,是第一共识的延续,二者相辅相成。

其三,维护韩国经济繁荣与政治安全,是中美共同利益所在。韩国是美国盟友,但也是中国的战略伙伴,是中美共同的好友,维护韩国的安全与繁荣是中美共同的战略需要。中韩、美韩两者在战略出发点与密切程度上虽有所差异,但两国对韩国的关切与情谊是一致的,谁都不想让她受到伤害。同样,韩朝二者均是中国友邦,中韩与中朝"一新""一老",中国对二者一视同仁,寄希望于两个兄弟消除敌意、相互信任、和平统一。

中美有三个分歧点:

分歧一:对朝政权是颠覆还是靠自身变革?与中国尊重他国主权与独立自主的**不干涉内政**立场相反,美国一直把实现更迭朝政权作为其目标。虽然有时也声称不去触动朝现政权,但觊觎之心却是世人知晓。张成泽事件发生后,美方便增加了对朝内部生乱甚至立刻崩溃的"幻影",韩国内也不时出现"收拾朝鲜残局"的"幻影"。

分歧二:是以武力威胁还是坚持以政治和平方式解决?在朝核问题上,美方一直惯用"大棒"策略,企图通过不断制裁、强化军事恫吓,最后迫朝就范。美方虽然也主张通过六方会谈,但更多或主要是实施以压促谈策略。这恰是中美在半岛问题乃至国际关系上的又一根本分歧。中方认为,武力施压只能刺激朝方的更大反弹。中国反对在周边"闹事",既说给朝鲜听,同样也说给美韩听。

分歧三:促朝弃核的主要责任在美方还是在中方?长期以来,美国一直居高临下,横加指责中国,甚至认为中国不愿使用强硬手段来迫使朝鲜弃核。中方认为,美朝关系才是朝核问题核心。半岛局势发展到现今地步,朝美双方都有不可推卸责任。朝鲜弃核理所当然,国际共识,中国是朝"弃核论"的坚定维护者。但美国作为强势与主宰一方,又是半岛拥核的始作俑者与"核保护伞"的唯一支撑者,其责任不容推卸。美国把责任推给中国的目的无非有二:一是推卸自身在半岛无核化问题上的罪责,二是企图把朝核问题作为"亚洲再平衡"战略的一张王牌,制衡与围堵中国,居心叵测。

中国在半岛的作用既不能无限夸大,也不能视而不见。由于中朝历史上形成的特殊关系,其话语权与影响力无疑大于俄日等国,但无论如何不能替代美国,更不能喧宾夺主,替代与操控朝鲜。中国在朝鲜已无一兵一卒,朝鲜在军事与外交上已完全自主。朝鲜民族自尊心极强,它绝不会允许他人对它指手画脚。中朝虽有同盟关系,但本质上早已不同于韩美关系。中朝关系实质上已经是一般的国家间关系。实际上,对朝弃核问题上,中国起到了它应有的作用,中国对六方会谈倡导与主持,在半岛各次危机中的频繁外交活动,在联合国的制裁举措等等,尽人皆知,不可抹杀。

综上分析,中美两国在半岛上纷争与共识并行,共同利益与共识点均属战略层面,而分歧虽然也有战略层面(如第三个分歧),但主要是在策略层面。因此可以说,两国共识远远大于分歧。中美新型大国关系的核心乃是合作共赢,不冲突、不对抗。朝鲜半岛应该成为中美构建新型大国关系的实验田,而非相互争斗的博弈场。中美两国在朝鲜半岛应加大战略共识、缩小纷争、妥处分歧。这是解决朝鲜半岛问题特别是化解和管控朝核危机的重要保证,也是构建中美新型大国关系的必然与需要。朝鲜半岛和平稳定弃核之时,乃中美真正构建新型大国关系之日。

第三节 朝鲜半岛统一问题

朝鲜南北分裂是第二次世界大战与冷战造成的,是意识形态不同与冷战思维的产物。朝鲜半岛是单一民族——朝鲜族生活的聚集地,朝鲜和韩国的和平统一是朝鲜民族的共同愿望,是人心所向。然而,由于社会制度不同和南北长期分裂所造成的互不信任、互不了解,以及大国因素的影响,使朝鲜半岛在统一的道路上布满了荆棘。

一、南北统一的发展历程

朝鲜半岛统一目前经历了如下的阶段:

第一,武力统一和武装对峙阶段。从南北两个政府成立之日起,南北方就把推翻对方政权、统一朝鲜半岛、确立己方在统一后的统治地位作为自己的主要目标。南方在美国的支持下,竭力主张用武力统一朝鲜半岛。北方则认为,解放朝鲜是朝鲜自己的内部事务,并相信朝鲜可以统一朝鲜半岛。然而,朝鲜战争证明了用武力方式统一朝鲜半岛,只能使统一问题变得更加复杂。朝鲜战争结束以后,南北双方都加强军备,使朝鲜半岛处于高度紧张状态,出现武装对峙的局面。

第二,南北接触对话阶段。20世纪70年代初,中美、中日关系的改善,为朝鲜半岛南北关系的缓和创造了较为有利的周边环境。1971年8月,金日成提出了北南协商的方针,随后双方红十字会代表打开了北南对话的大门,促成了1972年5月,南方情报部长李厚洛秘密访问平壤,并于7月4日发表了《南北联合声明》。《南北联合声明》主要内容有:(一)双方确认,统一祖国的原则是,统一应当在不依靠外来势力和没有外来干涉的情况下自主地实现之;(二)统一应当以和平的方法实现,不采取反对对方的武力行动;(三)应当超越思想、信念和制度的不同,首先作为一个民族,促成民族大团结;(四)为了缓和南北之间的紧张局势,造成信赖气氛,互相之间不再中伤诽谤,不进行武装挑衅,采取措施防止意外军事冲突;(五)南北间将进行多方面交流,以恢复中的民族联系,增进了解,促进自主统一;(六)双方将努力促成南北红十字会谈取得成功;(七)汉城和平壤之间将开设直通电话,以防止军事冲突及及时处理南北之间的各种问题。为落实协议事项,将成立一个由南北代表共同组成的南北协调委员会。

1972年11月成立了南北协调委员会,但由于双方分歧较大,其工作未能取得实际效果。1973年,南方提出了"两个朝鲜"分别加入联合国的建议。对此,金日成提出了统一祖国的五点方针,但未能得到南方当局的响应。随后由于朴正熙政权对南方民主力量的镇压,南北协调委员会的工作被迫终止。1980年1月,北方提出举行北南双方总理会谈,并于2月开始。但由于发生了全斗焕当局血腥镇压光州人民运动的暴行,北方宣布中止预备会议。以后,北南双方政治交往几乎陷于停顿状况。导致这一时期南北朝鲜仅有民间往来、文艺团体互访和官方的经济会谈。后来由于南方坚持与美军一起举行联合军事演习,各种会议也被迫中断。

第三,冷战后朝鲜半岛南北关系的新进展。20世纪80年代末90年代初,国际形势的变化给朝鲜半岛南北关系的缓和以及统一进程带来了新的转机。1989年2月,双方恢复了总理会谈预备会议。经过一年半的准备,终于在1990年2月举行了10年前准备举行而未能实现的双方总理会谈。经过四轮会谈,于1991年12月共同签署了《关于北南和解、互不侵犯和交流合作协议书》和《关于朝鲜半岛无核化共同宣言》。《关于北南和解、互不侵犯和交流合作协议书》主要内容有：（一）北南和解。双方互相承认和尊重对方的制度；双方不干涉对方内部事务；不对对方进行诽谤，不进行旨在破坏和颠覆对方的一切活动，遵守现在的军事停战协定，直到实现和平状态；在国际舞台上停止对抗和竞争，相互合作，设置北南联络处和北南政治分科委员会。（二）北南互不侵犯。双方不对对方使用武力，不以武力侵略对方；双方通过对话和协商和平解决意见分歧和纠纷问题；为保证互不侵犯，组成北南军事共同委员会；在双方军事当局之间设置直通电话，组成南北军事分科委员会。（三）北南合作与交流。为谋求各方经济统一、均衡的发展，双方实行资源的共同开发、物质交换、合作投资等经济合作与交流；实现科技、教育、文艺、体育、广播、电视等各个领域的合作与交流；实现各方成员的自由往来和接触，采取措施实行离散家属和亲戚自由通信、往来、会晤和访问；连结被断绝的铁路和公路，开设海上和空中航线；设置并连结邮政和电信交流所需要的设施；在国际舞台上进行经济、文化等各个领域的相互合作，共同对外；为履行合作与交流，组成北南经济合作交流共同委员会及各部门共同委员会、南北合作交流分科委员会等。《关于朝鲜半岛无核化共同宣言》的主要内容有：（一）双方不试验、不制造、不生产、不拥有、不储存、不部署和不使用核武器。（二）双方只把核能用于和平目的。（三）双方不拥有核后处理设施和铀浓缩设施。（四）为核查朝鲜半岛实现无核化情况，按照规定的程序和彼此检查对方选定的、双方都同意的场所。（五）为履行此宣言，组成北南核控制共同委员会。

　　然而在即将进入履行协议阶段时，由于美国和韩国对朝鲜核问题的不信任和强硬态度，使刚刚启动的南北和解进程受挫。1996年4月，美国总统克林顿和韩国总统金泳三会晤后，在联合声明中建议举行四方会谈（朝鲜半岛南北方、美国和中国），以"启动朝鲜半岛和平进程"，实现半岛的持久和平。1997年2月，四方会谈正式举行。1998年10月，第三次四方会谈就成立"缓和半岛紧张局势和建立半岛和平机制"工作小组问题达成协议。1999年1月第四次四方会谈正式启动工作小组，四方会谈进入了实质性阶段。在此期间，朝鲜半岛南北方的经济往来有了较大的发展。特别引人注目的是，1998年，韩国现代集团的名誉董事长郑周永率团三访朝鲜，达成多项合作协定，还会见了朝鲜最高领导人金正日。郑周永牵牛越过三八线，开创了南北经济合作与民间交流的新阶段，掀起了韩国大企业投资朝鲜的热潮。

2000年6月在举世瞩目的南北高峰会议上，曾发表《北南联合宣言》。

2007年10月4日，韩国总统卢武铉和朝鲜领导人金正日在平壤正式签署并发表《北南关系发展及和平繁荣宣言》，当时的形势非常好。

然而，2008年，随着李明博政府的执政，韩朝关系发生了重大的变化。新政府终止了金大中、卢武铉政府时期实行的对朝"阳光政策"与"和平繁荣政策"，而提出并执行了以"无核、开放、3000"构想为主要内容，以"务实和效益"为基础，以"相生共荣"为战略目标的对朝新政策，并提出三个方面的构想，即为了实现朝鲜半岛真正的和平，在努力解决朝核问题的同时，促进建立南北军事信任并缓和紧张关系；通过相生互惠的南北经济合作，推动朝鲜的发展进程，同时实现南北关系质的飞跃；减少离散家属、被绑架者以及战争俘虏等由分裂状态导致的痛苦，帮助解决朝鲜居民的粮食问题，从而实现南北共同幸福。对此，朝鲜方面采取了一系列强硬的抵制措施，结果导致所有的官方会谈全部停止；各种南北合作委员会相继"关门"；离散家属企盼团聚变得遥遥无期；已经开展了十年的金刚山旅游中断；现代峨山公司被迫撤出在朝员工，公司业务遭受重创，朝韩经济合作陷入全面瘫痪状态。韩朝关系处于一波三折，动荡不安。

2009年9月26日至10月1日，根据韩朝红十字会2009年8月会谈达成的协议，数百名韩朝离散家属在金刚山地区举行了2007年10月以来的首次会面。据韩国媒体报道，韩方一直希望离散家属会面能实现常态化和机制化。

2009年9月26日至10月1日，根据韩朝红十字会2009年8月会谈达成的协议，数百名韩朝离散家属在金刚山地区举行了2007年10月以来的首次会面。据韩国媒体报道，韩方一直希望离散家属会面能实现常态化和机制化。2012年7月，韩国政府发表"促进离散家属交流计划"，表示将采取多种措施促进包括民间渠道在内的韩朝离散家属交流。这是韩国政府根据2009年"南北离散家属生死确认和交流促进法"推出的计划。

2013年2月25日,韩国第一位女总统朴槿惠正式宣誓就职。鉴于李明博的强硬政策使南北双方陷入僵局,导致半岛局势陷入紧张,朴槿惠在2012年7月10日正式宣布参选时就强调,如果她当选韩国总统,将改善朝韩关系,推进朝鲜半岛"信任进程"。

当朝鲜和韩国分别进入金正恩时代和朴槿惠时代之后,在李明博时代一度被冷落的朝韩关系又有回温的迹象。

2014年8月14日,朝鲜祖国和平统一委员会发表声明,呼吁采取实际行动改善北南关系,消除阻碍北南和解和统一的障碍。声明说,虽然北南关系存在各种困境和障碍,实现民族的自主统一仍是全民族一致的愿望和意志,希望借8月15日民族解放69周年这一契机,打开北南关系改善的新局面。声明呼吁朝韩双方在8月15日民族解放纪念日之际共同努力,以实现民族完全的自主独立和祖国统一,并隆重迎接民族解放70周年。

朝方同时表示愿于8月18日韩国前总统金大中逝世5周年之日派高层人士在开城工业园区向韩方送花圈。对此,金大中和平中心15日回复朝方,希望将日期改为17日。按计划,韩国最大在野党新政治民主联合议员朴智元、前统一部长官林东源、已故前总统金大中的次子金弘业等5人将于当地时间17日下午前往朝鲜开城接收朝鲜为纪念金大中逝世5周年而赠送的花圈。

2014年10月4日,朝鲜人民军总政治局局长黄炳誓、朝鲜劳动党中央委员会书记崔龙海、朝鲜劳动党中央书记金养健等朝方高官访韩,并出席仁川亚运会闭幕式。朝鲜同意韩朝举行第二次高层会谈,时间为10月底或11月初。

2015年初,朝鲜通过板门店向韩方发去《致全民族呼吁书》,要求贯彻金正恩在新年贺词中提出的"统一任务",呼吁韩国不要追求体制对抗。新年以来,就首脑会谈与朝韩对话韩方已三次作出回应,双方都发出积极信号,朝韩关系如何发展,再受关注。

2015年新年伊始,韩似乎改变了对朝态度。金正恩倡议朝韩首脑会谈后,元旦当天韩国立刻作出了积极的、肯定的首次回应。第二次是朴槿惠12日在青瓦台举行开年记者会上表明只要朝鲜愿意,她不会设先决条件而同朝方举行首脑会谈。19日,朴槿惠再次强调:"目前首先要为朝鲜回应对话提议创造条件,韩朝合作要先易后难,力争早日为统一准备开展实质性对话。"有迹象表明,朴槿惠虽然会巩固和强化韩美同盟,但在对朝政策上可能与美国保持一定的距离。

二、南北统一方案的异同

(一) 朝鲜的"联邦制"与"一国两制"

1972年5月3日金日成发表著作《关于祖国统一三项原则》,即不依赖外来势力,不受外来势力干涉,自主实现祖国统一;不诉诸武力,和平实现祖国统一;超越思想、信念和制度差异,谋求民族大团结。在此基础上,金日成在1980年10月10日提出了"高丽民主联邦共和国"的方案①。"高丽民主联邦共和国"的设想在当时也被作为"一国两制"方案,该方案主要包括两点内容:

第一,朝鲜半岛会以一个民族、一个国家,两个政府、两种制度的方式实现统一。即完全超越意识形态的分歧,在保留南北各自现存的社会制度和政权形式的前提下,南北地方政府分别独立地实行地方自治;由南北代表组成的最高民族委员会解决南北之间的政治、经济、军事和文化方面的问题。1988年9月8日,金日成在庆祝朝鲜民主主义人民共和国成立40周年大会上所作的报告指出:"高丽民主联邦共和国是以民族共同的要求和利益为重,超越思想和制度,实现民族团结统一国家的最合理的形式。统一祖国,这并不是只为某个特定阶级或阶层的,而是为全体朝鲜民族的,因此,个别的阶级和阶层的利益应当服从于民族共同的利益。在北方和南方实际地存在着互不相同的思想和制度的情况下,为了实现祖国的统一,就应当根据谁也不吞并谁,谁也不被谁吞并,一方不压倒另一方,哪一方也不被另一方压倒的共存原则,照旧保留两种制度,以两个自治政府联合起来的方法形成一个统一的国家。只有建立高丽民主联邦共和国的办法,才是根据民族共同的要求和意志,依靠全民族团结的力量,自主地、和平地解决统一问题的最正确的办法。"

第二,统一后的高丽民主联邦共和国会永远是一个中立国家。即统一后的朝鲜半岛会是一个没有外国军队驻扎,并且不与任何国家结

---

① 朝鲜呼吁韩国响应"高丽民主联邦共和国"方案,http://news.ifeng.com/a/20141010/42172962_0.shtml。

盟的自主、和平、中立的国家。1983年6月30日、7月1日和5日,金日成在同秘鲁美洲人民革命联盟代表团的谈话中指出:高丽民主联邦共和国应该成为一个中立国家。

换句话说,明确地指出了高丽民主联邦共和国不做任何国家的卫星国,要成为不依赖任何外来势力的完整的自主独立国家、不结盟国家。说统一后不做任何国家的卫星国,这就意味着既不做中国和苏联的卫星国,也不作美国和日本的卫星国。被大国包围着的国家,统一之后成为中立国是最好的。

2014年10月10日是金日成提出该方案34周年纪念日,朝鲜祖国统一民主主义战线中央委员会当天发表备忘录,称祖国统一已成为无法拖延的课题。在北南长期存在不同思想和制度的现实条件下,尽快实现统一的最好方法是以一个民族、一个国家、两种制度和两个政府为基础建立联邦制统一国家。联邦制统一是不追求北南任何一方优越性和利益、不对任何一方造成伤害、双方都可接受的最光明正大的统一战略。联邦制统一会为消除在半岛长久存在的战争危险、确保世界和平与安全作出贡献。

2015年2月4日,朝鲜外交部下属的裁军与和平问题研究所研究员金艺珍(Kim Ye Jin)在《环球时报》发表了署名文章《解决朝鲜半岛和东北亚问题的万能处方》称,"通过'一国两制'来实现半岛统一,是最和平及合理的解决朝鲜半岛问题的唯一途径"。

从全文的内容来看,这篇文章所提出的"一国两制"思路基本继承了金日成"联邦制"的设想,是其在新时期背景下的版本升级。文章分析了"体制对抗下朝鲜半岛统一的危险",强调了半岛一方如果将自己的意识、制度强加给对方只能带来战争,分析了在当前的地缘政治背景下,朝鲜半岛如果持续陷于体制对抗,只能给朝韩双方,给周边国家,以及东北亚区域的长期利益带来灾难性的后果。文章着重强调了"通过'一国两制'来实现统一是唯一的途径",并论证了"两制"是可以共存的,但"一国两制"并非照搬照抄他国的经验,而是基于朝鲜半岛当前的现实,基于过去的协定,尤其是"自主、和平统一、民族大团结"三原则。文章还剖析了"'一国两制'促统后对东北亚的积极影响",包括在区域和平上由火药桶转向缓冲带;在政治军事上能够化解对峙的土壤,成为中立国家;在经济上为朝鲜半岛和东北亚区域带来巨大的利益等。①

（二）韩国政府在统一问题上的立场

与朝鲜主张建立"一国两制"或较为松散的联邦制国，让朝韩双方都享有独立的管辖权不同，韩国政府一贯主张建立紧密度更高的联邦制国家。金大中执政时期曾提出三个阶段构想：

1. 和解与合作：以和解与合作的关系替代在冷战期间的敌对情绪和不信任。在这一阶段，双方应优先解决人道主义问题，如作出安排，使离散的家庭团聚。

2. 韩联邦：在这一阶段，为有利于最终达到政治一体化，南北双方还将共同设立一个总统会议和一个部长会议，同时双方议会代表共同制定一部统一宪法。

3. 统一的民族国家：南北完全合并完成建立一个单一民族国家。建立统一的立法和政府，以实现政治一体化，完成全部统一。这种统一的特点是在一个民族之内建立单一的政府和单一的国家。

关于统一方案，金大中表示，他期待的不是德国式的吸收统一或越南式的武力统一。双方在和平共存、合作交流的过程中，都认为时机到了，达成协议了，这时就能实现和平统一，应实现南北双赢的统一。

朴槿惠政府执政后，在2014年3月在德国的德累斯顿发表演讲时明确提出三大倡议，即"优先处理南北关系中的人道主义事务、为韩朝共同繁荣建设基础设施、恢复南北民众之间的认同感，以期作为朝韩构建互信的第一步，为统一奠定基础"。对此韩国联合通讯社是这么解释的：朴槿惠的三大倡议为韩朝实现统一勾勒出了一幅路线图。首先，"优先处理南北关系中的人道主义事务，答应韩方愿意增加对朝人道主义援助项目"。其次，"为韩朝共同繁荣建设基础设施，韩国可以在通信和交通基建等领域投资，向朝方提供金融、税收等经济领域的培训，朝鲜应向韩方开放地下资源开采权，以实现互惠互利，韩方还可以积极推动韩国、朝鲜、中国以及俄罗斯多方合作的经济项目，包括铁路建设"。第三，"恢复南北民众之间的认同感"。朴槿惠呼吁南北

---

① 〔朝〕金艺珍：《解决朝鲜半岛和东北亚问题的万能处方》，《环球时报》2015年2月4日。

加强非政治性交流,提议在朝鲜半岛非军事区建造"世界和平公园",在首尔和平壤设立"南北交流合作办事处"。可见,韩国政府在统一问题上也有清晰的定位和立场,朴槿惠政府究竟会如何回应朝鲜的"示好",值得期待。

三、朴槿惠"统一必兴论"的提出

朴槿惠执政后把"统一"问题作为执政的第一要务与核心国政目标,提出了"为朝鲜半岛统一时代构建基础""统一是成功"等理念,总统朴槿惠还亲自担任统一准备委员会委员长,其意深远。朴槿惠的"统一兴国论""统一成功论"是对"统一必亡论"的彻底否决,值得大书特书,可圈可点。

"统一必亡"的说法,是出自一部叫做《南北韩,统一必亡》的书,作者是一位韩国(德藉)研究的学者朴成祚用德语撰写,于2006年译成中文在中国台湾出版。① 该书中心思想与结论顾名思义,即韩国和朝鲜不能统一,统一的话,肯定就要灭亡。理由是两国之间的差异实在太大,其中包括经济差距、政治体制差距、思维差距,远胜于东西德之间。此书观点极其类似中国"台独"言论。原以为韩朝双方却无人倡导"韩独"与"朝独",唯独中国有所谓"台独"势力,然而此书却让外界知晓原来韩朝内部也有"独立"思潮,而且这种思潮,仍大有漫延之势。据2013年末新世界党汝矣岛研究院青年政策研究中心的问卷调查中,调查对象大学生的47.3%回答说"没有必要统一"。回答"需要统一"的大学生数只是多了一点,为52.4%。② 这里"没有必要统一"的说法,虽然不完全等同于"统一必亡论",但二者的依据大体是一致的。前者是"必亡论"的群众基础,后者是前者集中体现与理论上的概括。南北韩分裂已持续了近70年,多数国民出生在分裂以后,出现接受分裂的倾向,无疑有其一定必然性与合理性。这种思潮如不制止,必有发展之势。如果再持续几十年,这一倾向必将扩大有能成为主流趋势,这对大韩民族来说无疑是一大可怕的悲剧。

---

① 朴成祚:《南北韩,统一必亡》,台湾允晨文化出版公司2006年版。
② 《周密准备才能实现统一》,《东亚日报》,donga.com[Chinese donga]JANUARY 07,2014,chinese.donga.com/gb/srv/service.php3？biid。

朝鲜半岛人民统一的愿望是南北政府双方共识。本世纪南北两次高峰会议文,已明文把实现民族统一大业放在最优先地位。直到目前南北双方尽管军事上极为对立,但南方与北方官方与民间均一直坚持统一民族大业。这是南北双方国家的核心利益与至高无上的民族利益,其他任何言行均应以此为最高准绳,这是历史赋予南北韩的历史使命与全体半岛人民最大心愿。这如同历史上美国南北的统一、现今中国两岸统一一样,是不可逆转的历史潮流,逆潮流而行将成为历史的罪人。分裂思潮可以有上百条理由,但再多理由均无法超越南北民族共同的最大心愿与民族感情,在统一大业面前均显得苍白无力。统一大业是半岛第一要事,重中之重,是一切事情的大前提,有了这个大前提,其他均可克服。朴成祚先生在其奇书《南北韩,统一必亡》中的几条理由,看似有理,其实均可克服与超越。中国大陆与台湾30—40年前在经济水平、政治体制、思维方式几方面并不比现今韩朝之间小多少,然而现今两岸差距愈益缩小,统一只是时间问题。差距不应是统一的不可逾越的障碍。

从经济层面分析,半岛北南均具有巨大潜力,韩国已发展到可观程度,倘若南北的经济力量合而为一,其势不可低估。据韩国统一和平研究院最近预测,南北韩开始融合后,南北韩人均 GDP 到 2020 年将达到 2.2883 万美元(南北平均值),2030 年达到 3.5718 万美元,2040 年达到 5.5767 万美元,2050 年达到 8.3808 万美元。年增长率也有望达到 4.47%,高于同样规模的发达国家。研究院方面针对二十国集团(G20)和被跨国会计公司普华永道(PWC)指为新一代领跑国的西班牙、波兰、尼日利亚、越南等 23 个国家,推算了经济力、人口潜力、技术力、总体国力排名,结果显示,如果南北韩实现融合,GDP 总和到 2030 年将达到全球第 11 位,到 2050 年将排在中国、美国、印度、巴西、日本、俄罗斯、墨西哥之后列第 8 位。高丽大学亚洲问题研究所预测,统一韩国到 2050 年将超越日本、英国、俄罗斯,继中国、印度、美国、印度尼西亚、巴西、墨西哥之后成为全球第七大经济体。尤其是人均 GDP 将在主要 23 个国家中紧随美国列第二位。① 韩国现代经济研究院统

---

① 《前瞻统一韩国 2030 年将超英法　新年特辑"统一和未来"》,《朝鲜日报》2014 年 1 月 2 日。

一经济中心负责人洪淳植(音)预测,韩半岛统一后,到2050年,经济规模将排名全球第8位,人均国民收入将达到8.6万美元,超过日本。① 正如朴槿惠所言:"统一将成为韩国经济再次飞跃、获得新增长活力的机会"②。韩有人担心统一的费用过大,但正如《东亚日报》所言:分裂费用比统一费用要多更多。"我们该选择什么样的道路是很明确的问题。国民和政府要拥有统一以后的幸福和利益大于分裂导致的痛苦和费用的认识,这样才能接近统一"。③ "要拥有统一以后的幸福和利益大于分裂导致的痛苦和费用的认识,这样才能接近统一"。④ 我们有理由相信:经过若干年之后半岛北方也必将会迎来一个类似南部上个世纪60—80年代的大发展"奇迹"。到那时,半岛将会更加强盛而耀眼于东方。世界都在变,朝鲜同样会变,也许会比你想象的要快。不要以固有眼光看待正在变化中的北方兄弟。

从国际政治层面分析。统一后半岛将一改过去被大国利用、争夺、角逐的对象,而会在未来发挥着极不寻常的积极作用。新加坡学者认为:长远来说"东北亚安全和政治格局将出现重组,韩朝加强合作,成为东北亚的重要一员"。在处理与周边大国关系时,为其自身安全和国家利益,与各大国只能采取等距离和和平中立外交政策。这不仅可以维护自身安全,而且可以在各大国中发挥其他大国所起不到的积极作用,甚至可能成为大国均有求于它的"特殊角色"作用。如金大中所言,统一后的半岛如同一个美丽姑娘被四个小伙追逐的场景。朝鲜南北方如能实现统一,完全有可能成为亚太六极结构中的重要一极(美、俄、中、日、(朝)韩、东盟),或东亚四极结构中的名副其实的一极(中、日、(朝)韩、东盟)。⑤

总之,统一是韩民族头等大事,"统一就是走大运""统一巨给力"⑥。"统一必亡论""长期分裂论"是韩民族的悲哀,绝不可为。

---

① 《亚洲经济》2014年3月14日,www.80sd.org/.chaoxian/2014/03/12/37774.html,2014年3月12日。
② 中新网,www.chinanews.com/gj/,2014年1月14日。
③ 《东亚日报》donga.com[Chinese donga]JANUARY 07,2014。
④ 《周密准备才能实现统一》,《东亚日报》donga.com[Chinese donga]JANUARY 07,2014。chinese.donga.com/gb/srv/service.php3?biid。
⑤ 金大中:《21世纪的亚洲及其和平》,北京大学出版社1994年版,第195—196页
⑥ 《朝鲜日报网》2014年1月6日。

四、中国乐见半岛和平自主统一

笔者在《亚太大国与朝鲜半岛》一书及有关朝鲜半岛的一系列文章中均详细阐明过乐见半岛统一的观点,这里再重申与补充一些想法。

中国领导人早在20世纪90年代就宣布"真诚希望南北双方通过接触和对话,逐步增加信任,改善关系,最终实现民族和解和国家的自立和平统一。"2013年6月,中国国家主席习近平同韩国总统朴槿惠举行会谈。习近平强调,"支持南北改善关系,实现和解合作,最终实现自主和平统一"。中国的核心立场概括起来,就是"和平、自主"四个字。中国之所以支持这一立场,其根本缘由是中国的国家战略利益,也是基于朝鲜半岛双方的共同利益。外界某些媒体所谓的中国"不支持朝鲜半岛统一"的说法,纯属是无稽之谈。中国学术领域虽然有不同看法,但从中国官方到包括学术领域在内的主流舆论,坚定支持统一的立场则不容置疑。中国反对的只是武力统一与外部力量的干预,因为它不符合中国与整个东北亚利益,也不符合朝鲜半岛南北双方的根本利益。

说中国不支持半岛统一的关键因素是担心统一后的半岛比过去强大,将构成对中国的威胁。笔者认为,这纯属西方旧的地缘政治和国际战略思维方式。出于这种思维逻辑:一国的强大要靠周边国家的分裂与动荡来维持。实际上,美日等国就是按这一逻辑行事的,对中国台海、对半岛政策恰是这一思维的产物。然而,中国不是美日,绝不能把美国对华持分裂立场与中国对朝政策相提并论。半岛统一与两岸统一有相同命运,中国不会采取对己一套对外又一套的双重标准,决不会效仿美国对中国统一的两面政策。中国如仿效美国,等于往自己脸上抹黑,会丧失东方大国的形象。中国不会干出这等傻事、蠢事。中国的安全是靠自身的强大与善邻睦邻的政策。把中国周边安全靠邻国分裂来维持的观点极其荒诞。再者,统一后的半岛,将会遵循美中之间平衡路线,和平中立将是其对外政策主轴,对强大中国不会构成威胁。统一后的半岛再强大,也比中国小上多倍。它只有担心受大国伤害,而无进犯大国的能力。朝鲜历史上从未侵略过它国,反只有遭受列强侵略的痛苦经历,在人口领土比朝鲜(韩国)大几十倍的中国

"不会因为朝鲜半岛民族统一而感到紧张"。①

说中国不支持半岛统一的另一误区是:统一后中韩领土领海之争将提上日程。笔者认为,半岛统一是客观历史必然,就如同中国两岸统一一样,它是朝鲜民族国家最大核心利益,它高于其他几乎所有问题。中国与世界只能尊重其核心利益并顺其发展。统一后,未来虽然有可能出现领土领海之争,但决不能因此而放弃与动摇对半岛统一的基本立场。领土领海之争与半岛统一问题是两个根本不同层次问题,顺序决不能颠倒,领土领海之争是次于或远低于半岛统一的第二位问题。前者是历史必然、民族最高利益与感情问题,后者则是难料与未知问题,更是第二层次的问题。不能把未知难料问题作为战略第一位问题。二者不能混淆。朝鲜半岛迟早要统一,而中国也绝对乐见,否则会落下千古骂名,中国决不能过于强调或只考虑中国自身的战略价值或未来问题,而忽视了朝鲜半岛的民族统一大业,否则中国会为此付出更为高昂的代价。②

但不管如何,中国内部与韩方确实存在这种担心,它在一定程度上影响半岛统一进程,应当予以重视,并应设法避免。为防止统一后的领土领海纷争,减少不必要顾虑,可否采取积极的防患于未然的措施。中国军方战略研究人士王翔曾发表《提灯计划——朝鲜半岛战略》一文。作者提出"韩半岛终极目标预设:一个统一、繁荣、民主、无核武器,且对华友好的韩半岛。目标实现后对中国是否有利,必须满足六个先决条件"。作者把这六个条件作为中国支持并促进朝鲜半岛统一的前提,也是中国对朝鲜半岛的目标政策,以图"实现中方利益最大化,减少因半岛出现大的危机……"这六项条件中之第一项即:"中国必须与统一后的朝鲜半岛签署有约束力、高级别的永久和平协议";第二项即"中国必须与统一后的朝鲜半岛彻底解决所有悬而未决的领土与领海争端,避免日后不安全因素发生"。③ 不管王翔提出的设想与方案可行性如何,但他的创意与思路颇有一定参考价值。

总之,中国支持朝鲜半岛自主和平统一政策决不会改变。崛起的

---

① 陈峰君、王传剑:《亚太大国与朝鲜半岛》,北京大学出版社 2002 年版。
② 同上。
③ 王翔:《提灯计划——朝鲜半岛战略》,凤凰卫视"时事亮亮点"2014 年 3 月 10 日。

中国与统一后强大的朝鲜半岛将会相互释放正能量,彼此不会构成威胁。"历史上强大的中国对朝鲜半岛没构成威胁,反而混乱而贫弱的中国危及朝鲜半岛的政局,同样统一的朝鲜半岛对中国不是威胁,分裂朝鲜半岛才危及对中国的安全",崛起的中国与统一的朝鲜半岛二者的关系应是"东北亚地区最为稳定的双边关系"①。

中国强调半岛和平自主统一,反对"武统论"与"速统论"。韩国媒体有关统一言论中,似乎没有明确统一采取何种方式,虽然也偶尔提及"和平自主"四个字,但实际上更多强调的是北方政权的动荡性,要效仿所谓"德国统一模式"。说白了即:通过韩国单方面(主导)大举北进,收复即将崩溃的北方政权,以快速方式一举拿下北方,一统天下。《东亚日报》甚至说:"统一很有可能像德国一样,因为朝鲜政权的突然崩溃而实现,而不是通过南北的协议"。② 故可称之为"速统论"。

这种"速统论"实际上已成为韩国社会主流的与指导的思维。而"速统论"的基础则又是建立在"朝鲜崩溃论"基础之上。《朝鲜日报》在2014年新年特辑《统一和未来:国内外专家看统一》以醒目小标题《统一近在咫尺韩是否准备就绪?》《统一会突然发生》《现在是准备统一的最佳时期》等加以详细报道。不看内容,只从标题就可"一目了然"。特辑中尤为引人注目的是引用了几位政府高官的言论,如前青瓦台外交安全首席秘书官千英宇说:"统一随时会到来。国民要明白统一越快越好,对所有人来说都是福,同时纠正不能统一的错误想法。"韩半岛先进化基金会理事长朴世逸说:"北韩体制很有可能会走向内部崩溃。如果现在不做好准备,北韩可能会成为中国的属国,而韩国会成为中国的边防国家。"前青瓦台国家安全助理罗钟一表示:"现在就要做好准备,让美日中俄等周边国家就韩半岛统一达成协议并提供帮助。"③

---

① 金景一:《韩半岛和平统一进程与中国》,载《韩半岛统一愿望和韩中关系未来》,首尔大学,2013年11月20日。
② 《周密准备才能实现统一》,《东亚日报》donga.com[Chinese donga] JANUARY 07,2014,chinese. donga. com/gb/srv/service.php3? biid。
③ 《周密准备才能实现统一》,《东亚日报》donga.com[Chinese donga] JANUARY 07,2014,chinese. donga. com/gb/srv/service.php3? biid。

客观地说,朝鲜半岛统一采取德国模式、越南模式还是中国两岸模式等,取决于多种内外因素,不排斥采取德国吸收模式的可能性,也不排斥朝鲜政权突变的可能性。可以有预案,但不能把主要工作与精力全放在这种虚设上面。如果种种条件具备,采取德国吸收模式,以"速决"方式,未尝不是一个选项。但就历史与现实观察,这种可能性可以说是微乎其微,不能把全部希望寄托于此,更不能把它作为完成统一大业的政策基点。对于德国式的吸收统一的模式,金大中早在《德国统一的教训和我们统一的方向》一书中认为,南北的统一一定要回避德国的吸收统一方式。① 二十多年的实践,已为金大中先生所言中。德国吸收模式的要害在于"朝鲜崩溃论"。严酷的现实是,北方拥有庞大的军事力量,并已拥有初级的核武,其政权至少目前并无分裂与崩塌重大迹象。金正恩施政三年,北方出现一定不稳状态是事实,但断定即刻"崩溃",根据并不充分,甚至是"虚设命题",一种一厢情愿的"幻影",按中国网民的话说,叫"不靠谱"。"崩溃论"几乎被韩国人"期盼"了差不多三四十年,一波接一波,每次都有鼻子有眼、神乎其神,可结果却成笑柄。

笔者以为,建立在"朝鲜崩溃论"基础上的德式统一,绝非是如韩方想象中的"和平主导",而只能是"武力统一"。"速统论"或"速战论"实质是"武统"论另一种说法。

"武统"是对20世纪50年代朝鲜战争沉痛教训的历史忘却,也是对南北两次峰会有关"自主和平统一"协议的背弃。2000年6月南北高峰会议《北南联合宣言》明确宣布将国家的统一问题要由其主人我们民族自己联合起来自主地加以解决;按照北方低层次联邦制和南方的联合制两种方案共同协商;通过各个领域积极发展合作交流与信任。2007年10月两国领导人在平壤正式签署并发表《北南关系发展及和平繁荣宣言》,主要是和解与统一问题、建立军事信任与和平机制以及加强经济、社会、文化合作与交流等内容。由此可见,两个协议共同的核心内容是"自主和平统一"。

朝鲜半岛当务之急当然是和平与稳定,其中最核心问题无疑是弃核问题,"统一"远没有提到议程上来,过多过早谈统一问题,时机与条

---

① 金大中:《我的思想我的路》,韩路社出版1994年版。

件尚不够成熟。"统一"需要先奠定半岛和平与稳定。这是中韩各界舆论所共识。实际上,稳定与统一是互动关系,有稳定才能更好统一,稳定是统一的基础,也是统一的第一步骤。当然统一也会极大地保持稳定,但唯有和平自主地实现南北统一,才能根除南北战争与动乱的根源。

还应强调:半岛统一是一个由量变到质变的渐进过程,不能期望一个早晨的"突变"。德国统一一般认为是"突变",但它的突变有其国际环境大背景,也有东西德内在诸多因素,与韩朝情况不能简单类比。更何况东西德统一也是一个渐进量变的过程。对此,朴槿惠总统深有了解。她说:我们一直误以为只有维利·勃兰特的东方政策带来了德国统一。勃兰特的东方政策虽然在统一过程中是一个分水岭,但就统一的整体蓝图来看,统一是从1949年西德政府成立后到1989年柏林墙崩溃的漫长旅程。① 这一"漫长旅程"的统一观点与朴总统倡导的对北信任进程是一脉相通的。朴槿惠在2004年3月28日在德国东部城市德累斯顿发表演讲时,向朝鲜提出三大倡议,即优先处理南北关系中的人道主义事务、为韩朝共同繁荣建设基础设施、恢复南北民众之间的认同感,以期作为朝韩构建互信的第一步,为统一奠定基础。② 笔者对此颇为欣赏。

朴总统的这些思想恰是对"速统论"的否定。但愿韩方能以朴总统这一思想为指针,放弃"速统论"与"武统论"思维,真正回到南北领导人已达成的和平自主统一协议的轨道上。协议中有关半岛统一原则、步骤、方案等,白纸黑字均写得明明白白,不可另起炉灶。

总之,统一必行,但不能强行,更不能"武行""速行",欲速则不达,水到才能渠成,"只能通过周密的准备和持续的努力来实现统一"③。

---

① 《要想让统一成为"大事"》,《中央日报》2014年1月17日。
② 《韩国总统提出统一三大倡议》,《东方早报》2014年3月30日。
③ 《周密准备才能实现统一》,《东亚日报》,donga.com[Chinese donga]JANUARY 07, 2014 06:15 chinese.donga.com/gb/srv/service.php3？biid。